사회적 가치

: 문명론적 성찰과 비전

사회적 가치 : 문명론적 성찰과 비전

인쇄 · 2019년 11월 30일
발행 · 2019년 12월 15일

지은이 · 김경동
펴낸이 · 한봉숙
펴낸곳 · 푸른사상사

주간 · 맹문재 | 편집 · 지순이 | 교정 · 김수란
등록 · 1999년 7월 8일 제2-2876호
주소 · 경기도 파주시 회동길 337-16(서패동 470-6)
대표전화 · 031) 955-9111~2 | 팩시밀리 · 031) 955-9114
이메일 · prun21c@hanmail.net
홈페이지 · http://www.prun21c.com

ISBN 979-11-308-1483-4   93330
값 30,000원

학술총서 50

사회적 가치

Social Value:
Civilizational
Reflections and Visions

: 문명론적 성찰과 비전

김경동

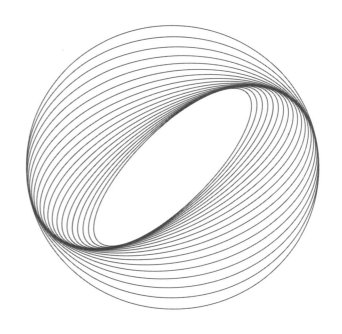

푸른사상
PRUNSASANG

지난 1월 26일(2019년) 『조선일보』는 현지 시각 24일 스위스 다보스 포럼에서 행한 최태원 SK그룹 회장의 연설에 관한 기사를 보도하였다(2019: A12). 사회적 기업 190여 개 회사가 4년간 창출한 사회적 가치를 측정하여 사회성과 인센티브를 제공한 결과 지원금(150억 원)보다 더 많은 경제적·사회적 성과를 만들어냈다는 보고와 함께 "기업이 가진 유·무형 자산을 이해관계자와 공유하거나 혁신적 기술로 부가가치를 키우는 시도가 더 많아져야 사회적 가치를 극대화할 수 있다"며 "많은 기업이 동참해주길 바란다"고 했다는 내용이다. 아울러 모임에 동참한 하버드대 경영대학원 교수가 그러한 SK의 사회적 가치 추구 활동이 기존의 일회성 사회공헌과 달리 지속적으로 선순환 효과를 자아내는 점에서 주목할 만한 모델이라 평가했음을 알려주고 있다. 이 모임의 주제가 사회적 가치의 전파였다는 사실 자체가 우리의 직접적인 관심사이므로 여기에 각별히 소개한 것이기도 하지만, 본 연구에서 또 한 가지 지적하고 싶은 점은 다보스 포럼 같은 글로벌한 행사에서 우리나라 기업가가 주도하여 사회적 가치라는 비교적 새로운 과제를 가지고 독자적인 경험과 생각을 세계적인 지도자 집단 앞에서 개진했다는 현상이 의미하는 바도 특별한 주목을 받아 마땅하다는 것이다.

이와 같이 길지 않은 4단 기사에 등장하는 주요 개념은 '사회적 기업,' '사회성과,' '사회적 가치' 및 '사회공헌'이고, 여기에 '사회적 경제,' '기업의 사회적 책임'을 추가하면 오늘날 경제 · 경영 부문에서 새로이 주목받는 담론에 유독 '사회'라는 화두가 집중적으로 떠오르는 현상을 발견한다. 그렇다면 당연히 사회학자는 어째서 하필 이 시대의 경제 · 경영 영역의 담론에 사회라는 단어가 그토록 자주 오르내리는지를 묻지 않을 수 없다. 기실 사회학 분야에서는 사회적 가치라는 주제를 본격적으로 연구하는 사례가 아직은 드문 편이라는 사실에 비추어 이제는 좀더 관심을 가지고 본격적으로 연구할 필요성이 있을 만큼 이 주제는 이제 사회과학의 여러 분야가 주목하기 시작할 만하다. 다만, 현재까지의 연구 성과나 그러한 연구가 다루는 실재 사례도 그리 보편적이라고 보기는 어려운 것도 현실이다. 그러므로 이 책은 사회학적 관심에서 사회적 가치의 철학과 실천과제를 천착하기 위한 기초작업에 착수하려고 한다.

그런데 이 문제는 현대문명이 전개해온 과정에서 경제 · 경영이 사회를 외면할 수 없게 된 배경의 추적을 요청한다는 뜻에서 문명사적 안목으로 접근할 필요가 있다. 물론 기존의 연구에서도 이 내용을 어느 정도는 소개하고 있으므로 여기에서는 그런 성과를 보완하는 수준의 개략적인 논의만 할 것이다. 그렇더라도 이 현상의 문명론적 의의를 제대로 음미하는 일이 중요함을 강조하려는 취지도 있다. 다만 본서는 미래지향적인 관점에서 이 방면의 연구를 더욱 진작시키는 데 필요하다고 생각하는 주제에 집중하고자 한다. 그것은 현재까지의 관련 분야에서 비교적 충분히 다루지 않은 이론적 담론에 치중하는 일이다. 기존의 연구도 이론적 논의를 하지 않는 것은 아니지만, 대체로는 허두에 인용한 신문기사에서 최 회장이 언급한 '사회적 가치를 극대화'하기 위한 갖가지 프로그램의 개발과 그 성과를 객관적으로 측정하는 방법론 등 주로 실용적이고 기술적인 문제가 주종을 이루었다고 보기 때문이다.

그처럼 '사회적 가치'의 의미를 주로 실질적인 목적으로 개념 규정하는 차원을 넘어 첫째로는 추상적이지만 한층 더 유의미한 수준에서 그 말 뜻을 천착하는 작업을 하려고 한다. 즉 사회적 가치의 철학적 의미를 규명하는 일이다. 이어서 두 번째 과제는 그러면 과연 사회적 가치란 내용적으로 어떤 가치를 가리키는지를 한층 더 격조 높은 안목으로 더욱 명백히 하는 작업에 착수한다. 이는 실상 누구도 완벽한 해답을 제시할 수 있는 성질의 사안이 아니다. 하지만, 적어도 한 번은 착수해야 할 일이기도 하다. 특히 이런 노력의 또 한 가지 중요한 의미가 있다. 지금까지 우리나라의 사회과학이 주로 서구학문의 이론적 방법론적 패러다임에 의존해왔다는 점을 상기하면서 이제는 우리 나름의 독자적이고 자주적인 문명론적 관점에 기초하는 대안적 담론(Alternative Discourse)을 제시하려는 것이다. 그 대안적 담론의 주류는 동방의 주요 사상적 조류에서 추출하는 내용이 될 것임을 미리 밝혀 둔다. 저자는 이미 이러한 담론에 관한 저서를 해외에서 출판하였음을 밝혀둔다(Kim, 2017a).

이러한 대안적 담론이 바로 허두에 소개한 최태원 회장의 다보스 포럼 참여의 의미와 맞닿는 하나의 작은 시도가 될 수 있다. 바꾸어 말하면 사회적 가치가 비록 서구에서 유래했다 해도 이것을 한국에서 선택적으로 수용하고 독자적인 연구에 의해서 새로운 이론과 방법론을 구성한다면 추후 어떤 계기에 가령 최회장 같은 지명인사가 국제모임을 주선할 때 우리의 독자적 패러다임과 그에 의한 구체적 연구결과를 세계에 알리는 기회가 될 수도 있는 것이다.

얼핏 듣기에 상당히 거창한 과업을 시도하는 인상을 줄 수도 있는데, 평생을 학문에 전념한답시고 이런저런 공부를 해오면서 이 나이가 되면 어떤 특정 주제의 세부사항에 초점을 맞추고 매우 전문적이고 기술적인 분석과 이론적 논의를 하는 스페셜리스트의 자세보다는 시야를 넓혀서 먼 눈으로 세상을 바라보는 일종의 종합적 지성, 이른바 제너럴리스트의 안목으로 접근하는 일도 의미가 있다고 여기게 되었다. 기실 요즘 후속세대의 학문태도가 바로 전자의 전형에 가까운 모습을 보게 되는데 학문을 할 때 우리가 그동안 지나치게 서방문명의 학문관에 파묻혀 있었다는 생각을 젊어서 처음 미국 유학 시절부터 갖기 시작했는데, 이제는 과감하게 그 틀에서 벗어나 우리 나름의 학문 패러다임도 추구해볼 만하다는 견해도 수용함 직하게 되었다. 가령 여기서 시도하는 동방의 인식론에서 말하는 격물치지(格物致知)의 접근법도 함께 활용하는 일은 세계적인 학문을 풍부하게 하는 데 기여할 수도 있다는 신념으로 이런 연구에 임하고 있음이다. 달리 말해서 반드시 사회과학적 연구가 실지로 현실세계와는 동떨어진 지나치게 추상적인 개념과 그것을 엮어 구성하는 논리를 위한 논리에 치중하는 이론적 담론에 매몰해서 일반 교양인들은 알아들을 수도 없고 자기네의 현실적 삶과도 별로 유관적합성도 크지 않은 담론을 쏟아내는 데 열중한다면 무슨 의미가 있는지를 묻자는 것이다. 아울러 서방 학계가 설정한 방법론적 틀에서 요구하는 면밀하고 정확한 계량적 연구기법에 매어 달려 결과적으로는 일반 독자에게는 생소하기만 하여 별반 의미 있는 것 같지 않은 자료를 양산하는 이런 학문적 태도는 성찰이 필요하다는 생각을 하면서 나의 독자적인 학문을 추구해왔다. 게다가 거듭 지적하지만 '사회적 가치'라는 매우 고차적인 담론을 다루는 사회과학적 학문활동이 지나치게 현장의 실질적인 이윤의 계산에 치우치고 그로 말미암은 기술적 연구 기법에 몰두하는 접근이 지배적인 현실도 문제가 있다고 보아야 하는 측면도 염두에 둘 필요가 있다.

먼저 이 책은 왜 사회적 가치를 이 시점에서 논의해야 하는지를 묻는 서론(제1장)에 이어 제1부는 문명론적 재조명을 시도하였다. 이를 위해서는 제2장에서 우선 동방(주로 동아시아)철학의 주축을 이루는 유학의 주요 사상체계인 음양변증법의 기본 원리와 그로부터 추출하는 사회변동의 원리를 소개한다. 그리고 사회적 가치의 주된 관심사가 될 내용 중에 문명론적 딜레마를 음양변증법의 논리로 어떻게 접근할지를 암시하는 내용을 다룬다. 혹자는 왜 하필이면 사회적 가치 연구에서 음양변증법이라는 동양고전이 등장해야 하는지 의아해하리라 본다. 그 이유는 본론에서 밝힐 것이므로 여기서는 언급만 한다. 이어서 제3장에서는 사회적 가치라는 매우 포괄적이고 추상적인 개념이라면 사회과학의 어떤 주요 주제보다도 거시적인 문명사의 긴 안목에서 조망해야 할 성질의 것임을 포착하기 위해서 문명사 자체의 흐름을 개관하고 있다. 문명사의 영역까지 다루는 뜻은 사회적 가치처럼 중요한 주제라면 당연히 과거 역사의 흐름이라는 맥락 속에서 파악할 필요도 있지만 특히 미래사회를 겨냥한 과제로 볼 때는 기술혁신이 주축을 이루는 현대 문명의 문맥 또한 반드시 짚어보아야 할 영역이기 때문이다. 그렇지만 현실적으로는 사회적 가치라는 단어가 주목을 끌기 시작하는 시대적 배경을 무시할 수 없다. 따라서 제4장은 바로 경제·경영 분야에서 어떤 과정을 밟아 사회적 가치라는 주제가 생명을 얻기 시작하여 오늘에 이르게 되었는지를 살핀다. 여기에는 기업윤리, 기업의 사회적 책임과 사회적 공헌 그리고 나아가 자원봉사 운동과 같은 새로운 운동이 생성전개하는 과정 속에서 사회적 가치가 주요 관심사로 떠오르는 모습을 점검하고자 함이다.

그와 같은 역사적 배경을 뒤로하고 이 제2부는 본격적으로 사회적 가치의 문제를 철학적, 사회학적으로 새로운 관점을 제시하면서 전개한다. 우선 제5장은 사회적 가치의 철학적 의미를 추적하고, 나아가 사회학적 관점에서 어떤 미래지향적 비전을 제시할 때 사회적 가치가 어떻게 자리 매김을 하게 되는지를 탐색한다. 이른바 삼차원적 접근으로 미래비전을 제시하게 되는데, 이를 요약하는 미래사회의 명칭은 '문화적 교양으로 정화한 성숙한 선진사회'는 긴 이름이 붙는다. 첫째 차원은 제6장에서 선진사회의 의미를 정리하고, 두 번째는 제7장에서 성숙한 사회의 비전을 탐구하며, 세 번째 차원으로 가면 제8장의 문화적 교양으로 정화한 사회의 이념형을 제시한다.

이제 마무리 단계인 제3부는 본격적으로 사회적 가치란 어떤 가치체계를 구성하는지를 묻고자 제9장엔 이른바 인류 보편적 가치의 탐색을 시도하였다. 그 동안 학계가 제시한 여러 종류의 보편적 가치를 망라하다시피 하여 정리를 한 것이다. 그리고 마지막 단계에 이르면 제10장에서 저자 본인의 독자적 가치체계를 구성하고 그 안에서 사회적 가치의 자리매김을 시도하였다. 이어 이 책은 간략한 결론으로 마무리하였다.

물론 실용적인 연구도 필요하다. 그러나 그러한 연구를 뒷받침하는 철학적 천착과 그 연구가 갖는 인간적인 삶의 가치를 상고하는 일도 바람직하다는 관점에서 이 책을 살펴보아주었으면 하는 작은 소망을 피력하는 것이니 너그러운 양해를 바랄 뿐이다. 사회학계에서는 사회적 가치 문제를 주도적으로 연구하고 있는 이재열 교수의 조언이 큰 도움을 주었고, 마침 푸른사상사에서 어려운 가운데서도 기꺼이 출판을 맡아주시기로 했기에 세상에 모습을 드러내게 되었으니 한봉숙 대표님을 비롯해서 맹문재 주간님, 지순이 실장님, 그리고 특히 애 많이 쓰신 김수란 팀장님과 관계 직원 여러분께 특별한 감사의 뜻을 전하고 싶다. 그리고 마침 이 분야 일을 하는 큰댁의 김준현 조카가 표지 디자인을 제공해주어서 고맙고, 글을 쓰고 책을 꾸리는 일을 할 때는 주변에 누구도 근접하지 않는 환경을 만들어주려고 세심한 관심을 보여주는 아내 이온죽 교수의 각별한 보살핌이 없이는 이런 작업이 불가능하다. 항상 미안하고 고마울 따름이다.

현재 우리 사회는 경제가 어려워지고 정치는 혼란스러우며 국가안보마저 표류하는 가운데 여러모로 갈기갈기 찢어져 시민이 물심양면으로 상처만 입는 처지에 놓여 있다. 그런 상황에서 지금이라도 기업이든 정부든 또 시민사회든 모든 부문에서 사회적 가치를 더욱 활발하게 창출하는 일에 힘을 모아 동참하여 우리나라 사람들, 나아가 전 지구적 공동체의 인류 모두가 행복한 삶을 함께 누릴 수 있는 세계로 발돋움하는 데에 마치 호수에 던져진 조그만 조약돌 한 개가 잔잔한 파문을 일으키는 만큼의 보탬이라도 된다면 참으로 행운이라 여길 것이다.

2019년 늦가을 낙엽이 지기 시작하는 시절에
누더기처럼 해지고 있는 우리 사회의
안타까운 모습에 가슴 아파하며
지은이 사룀

차례

제3부 사회적 가치의 가치체계

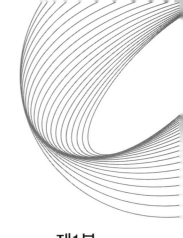

제1부

문명론적 재조명

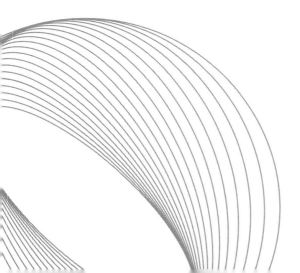

제1장
서론 : 왜 '사회적' 가치인가?

우리나라에서 사회적 가치에 관한 연구와 이를 실현하기 위한 실천은 상당히 활발하게 진행 중인 줄 안다(고동현 · 이재열 · 문명선 · 한솔, 2016; 박명규 · 이재열, 2018). 다만 현재의 연구에서 아직은 '사회적 가치'라는 개념 자체를 체계적인 이론의 틀에서 명확하게 규정하는 일, 또는 사회적 가치의 의미와 중요성을 다루는 이론틀 자체를 분명히 제시한 보기는 드물다(한국행정학회, 2019). 그러므로 본 연구의 주 관심사는 이와 같은 우리 학계의 빈자리를 겨냥하여 하나의 체계적인 이론틀을 조성하려는 보기를 시사하려는 데 있다. 특히 이런 과업을 수행할 때 대개 서구에서 개발한 개념과 이론을 넘어 동방의 주요 사상도 함께 참작하여 비교적 새로운, 혹은 차이가 있는 패러다임을 구성하는 일을 한다는 점에서 하나의 혁신적 탐구라 할 것이다.

사람들이 무슨 일을 시도할 때나 일상에서 결정을 내릴 때 어떤 마음의 자세로 임하는지가 행복과 의미 추구에 결정적인 영향을 미친다. 이른바 마음의 '프레임(frame)'이 인간의 세계관과 행동의 선택 등을 좌우한다는 이론이다. 노벨경제학상 수상자인 Kahneman(Kahneman and Tversky, 1979)이

제창한 프레임의 이론에서는 상위 수준(upper level)과 하위 수준(lower level) 프레임을 비교한다. 상위 프레임에서는 '왜(Why)'를 묻고 하위 프레임에서는 '어떻게(How)'를 묻는다. 이 두 가지 프레임의 차이를 이렇게 비교한다(최인철, 2008: 24-25).

상위 프레임은 왜 이 일이 필요한지, 그 이유, 의미, 중요성, 목표, 가치 등을 묻고 비전을 물어 이상을 세운다. 따라서 안목은 장기적이고 결과는 근본적인 해결에 가까이 간다. 하지만 하위 프레임은 그 일이 쉬운지, 어려운지, 시간을 얼마나 걸리는지, 성공 가능성은 얼마나 되는지, 어떤 순서를 밟아야 하는지 등 구체적이고 기술적인 절차를 묻는다. 그래서 궁극적인 목표나 큰 그림을 놓치고 주변머리의 이슈들을 좇느라 에너지를 허비한다. 그러므로 우리가 견지해야 할 프레임은 상위 수준의 삶의 태도이고 자손에게 물려줄 위대한 유산이라고 한다.

그렇게까지 나갈 필요는 없지만, 본 연구의 목표는 이처럼 상위 수준의 '왜'를 묻는 담론에 초점을 맞춘다. 우리가 다루는 사회적 가치라는 주제는 생각하기에 따라서 우리의 삶을 좌우하는 사회의 특성을 겨냥한 매우 의미심장한 것인 만큼, 그것을 연구하는 학자나 그 가치의 구현을 위해 실무적 정책적 활동을 실천하는 실무자나 이런 마음가짐으로 접근하는 것이 유익할 것이다. 그래서 이 연구는 현재 진행 중인 이 분야의 연구에서 대체로 미진하다고 여기는 '왜'라는 질문을 하는 철학적 담론과 이론적 천착에 집중하고자 한다.

이 저술의 두 가지 큰 과업 중 하나는 이 주제를 다루는 패러다임을 현재까지 이 분야에서 시도해보지 않은 거시적인 문명사적 안목에서 접근하는 것으로 정립하는 일이다. 그러기 위해서는 우선 어떤 연유로 경제·경영 부문에서 특별히 '사회적'이라는 용어가 현저해졌고 그러한 현상을 가리키는 단어를 담아내는 담론의 화두는 어떤 형식으로 변해왔는지를 묻는 일부터

할 것이다. 다만 이를 위한 사유의 틀 또는 분석의 시각은 기존의 서구 중심의 사회과학적 패러다임에만 의존하지 않고 우리의 문화적 전통 속에서 대안적 관점과 접근법을 탐색하여 동서양 문화의 융합을 시도하는 방향으로 잡았다. 지금쯤은 동방문화가 제공하는 대안이 전지구적인 유관접합성을 확보할 수도 있다는 점을 보여줄 때도 되었다고 보기 때문이다. 이런 취지에는 그만한 현실적 요청이 전혀 없는 것도 아님을 몇 가지 사례로 시사하겠다.

먼저 20세기 말 미국의 일부 지성계에서 제기한 흥미로운 문제의식을 주목하고자 한다. "서양문명은 실패작이었는가?(Was Western Civilization a Bad Idea?)"라는 매우 도발적인 질문을 제기한 모임에서 Michael Novak(1991)이라는 저명한 보수 계열 지성인은 서양이 금세기의 위대한 이념적 투쟁에서 제기된 세 가지 중 두 가지 쟁점은 이미 해결하였다고 주장하면서 이렇게 말했다.

우리는 민주주의가 독재보다 나은 정부 형태이며 자본주의가 사회주의보다 더 공정한 경제체제라는 결론을 얻었다. 이제 우리가 직면한 질문은 "우리가 과연 어떤 도덕률(morals)에 따라 살아가야 하는가?"이다. 이야말로 미래를 겨냥한 쟁점인 것이다.

이와 같은 서양 지성계의 질문을 우리는 하나의 도전으로 받아들일 수 있는가? 미래 세계의 인류가 의지하고 살아가야 할 도덕가치와 기준을 동방문명이 제공할 수는 없는가? 물론, 그 것을 반드시 유교에만 국한시킬 필요는 없으나, 유교적 전통을 다른 동방사상과 아울러 창조적으로 재구성하는 피나는 노력의 중요성만은 가벼이 넘길 수 없다. 앞으로 세계가 희구하는 해답이 거기에서 나올 개연성이 매우 높기 때문이다. 이런 취지에서 미국의 대표적인 유학 연구가인 컬럼비아대학의 Wm. Theodore de Bary 교수가 1988년 서울올림픽 기념 국제학술회의에서 발표한 글에서 지적한 서방문명의 문제점과 그 대안이 될 수도 있을 유학의 전통에 관한 언급을 직접 인용한다(de Bary, 1989).

> 19세기의 신유학자들은 서양의 힘과 기술에 압도당하고 하는 수 없이 이를 수용하기는 했지만 그래도 해결되지 않은 심각한 문제를 두고 고민한 바 있다. 과연 어떻게 이처럼 한없이 뻗어가는 듯한 힘과 기술의 전개를 추구하면서 동시에 그렇게 원심적인 세력을 일정한 범위 안에다 제한하고 전통적으로 '천하만상과의 합일'(즉 만상을 마치 자신의 혈육인 양 느끼는 상태)로 요약하던 인간적인 목표에다 맞추어 주는 도덕적 중심을 함께 생각하지 않을 수 있는가 하는 의문이었다. 동아시아에서는 지금도 이 문제의 해답을 탐색하는 사람들이 있지만 다른 사람들은 벌써 오래전에 그 질문 자체의 제기를 중지하고 말았다. 많은 사람들은 그저 서양의 지배적인 장기 추세를 좇을 따름이다. 서양에서는 심각한 사회문제를 다룰 때 자제력이라든가 도덕적 지도라든가 하는 따위의 것들은 용납할 만한 대안으로 간주되지도 않는 경향이 점차 강해지고 있는 듯이 보인다. 오히려, 서양에서 너무도 자주 사용해온 해결 방법이란 것이었는데, 이런 방법이 효력이 없다는 것은 이미 증명된 바이다. 인간 영혼의 더욱 더 깊은 심층 문제에 대해서는 점점 더 주의를 기울이지 않으면서 자꾸만 돈이나 더 많이 쓴다면 이는 필시 파국으로 밖에 이르지 못할 것이다.

여기서 우리는 de Bary 교수가 그나마 희망을 버리지 않고 언급한 "동아시아에서는 지금도 이 문제의 해답을 탐색하는 사람들이 있지만"이라는 대목을 놓쳐서는 아니 될 것이다. 물론 이 자리에서 구체적인 논의를 자세하게 할 계제는 아니지만 그러한 가능성에 관한 몇 가지 문제의식만은 염두에 두고 진행할 것이다.

이 지점에서 우리는 그 대안을 찾는 의미 자체에 관해서 잠시 성찰을 할 필요가 있다. 이미 지적한 대로 우리나라는 지금까지 근대화 과정에서 서방의 문물을 들여와서 그걸 잘 적용함으로써 우리 나름대로 우리 식 근대화를 해온 것은 사실인데 그동안에 유감스럽게도 우리가 갖추고 있었던 예로부터 유산으로 물려받은 동방의 문화와 문명의 내용을 상당히 많이 잊어버리거나 혹은 솔직히 소홀히해온 것이 사실이다. 잘 키우고 계발하여 우리 나름의 새로운 문명을 만들어갔어야 하는데 서양문명에게 결국은 굴복한 셈이다. 그러면 지금 우리가 생각해야 할 것은 무엇인가? 이제는 서방문명 자체의 문제점을 성찰하는 시대가 되었는데 거기에서 무언가 새로운 대안이 나오자면 그 새로운 것에서 중요한 한 몫을 해야 할 내용의 뿌리를 어디서부터 찾아야 하느냐를 생각해야 할 필요가 있다는 것이다. 그렇다면 그것은 역시 동방의 문명과 사상의 뿌리 속에서 찾아야 한다는 명제가 힘을 얻게된다. 그러나 그것만 가지고는 아직은 부족하다. 서방이 그동안 아주 지배적인 문화를 향유했던 그러한 시대를 살아왔기 때문에 이제 우리가 추구해야 할 것은 일종의 동서 문명의 '화쟁'이라 할 것이다. 이 말은 아시다시피 신라시대 원효대사가 즐겨 쓰던 말이다.

대립과 분열을 종식시키고 화합을 이루기 위한 불교적 논리를 집대성한 원효사상의 총결산격인 저술이 『십문화쟁론(十門和諍論)』이다. 그 내용을 요약하자면, 부처가 지향한 세계관은 온갖 모순과 피아(彼我)의 대립과 시비의 쟁론이 모두 끊어진 절대 조화의 무쟁(無諍)의 세계인 데 비해, 원효는 피아의 대립과 모순이 있는 현실에서 모든 대립과 모순과 다툼을 조화하고 극복하여 하나의 세계로 지향하려는 화쟁사상을 제안했던 것이다. 이 이론에서 원효는 불교의 실상법(實相法)에서 말하는 불변(不變)과 수연(隨緣), 염(染)과 정(淨), 진(眞)과 속(俗), 공(空)과 유(有), 인(人)과 법(法) 등이 모두가 일법

(一法)·일심(一心)·일리(一理)의 양면일 뿐이지 원래부터 대립과 양단의 존재도 아니고 이원적인 원리도 아니라는 철저한 불이사상(不二思想)의 원리를 이 화쟁이론으로 해명하고 있는 것이다. 그런 화쟁론에 의하면 인간세계의 화(和)와 쟁(諍)이라는 양면성을 인정하되, 이 화와 쟁은 마치 서양의 변증법 논리처럼 정(正)과 반(反)에 집착하고 때로는 타협하는 합(合)이 아니라, 정과 반이 대립할 때 돌이켜 정과 반이 가지고 있는 근원을 꿰뚫어보아 이 둘이 본시 둘이 아니라는(불이) 것을 체득함으로써 쟁과 화를 동화시켜 나가는 원리를 전개한 것이다. 이런 뜻에서 원효의 화쟁이론은 불교의 변증법적 논리의 백미일 뿐 아니라 변증법적 논리의 최고봉이라 할 만하다. 같은 동방사상인 음양변증법보다도 더 심오한 논리라 하겠다(김형효, 2010).

여하간, 이처럼 서로 다르지만 결국은 하나인 동서문명의 이론적 관념들을 잘 조화하기만 하면 새로운 문명의 창안이 한층 더 높은 차원에서 이루어질 수 있을 것이라는 신념을 가지고 이제 동방사상이 제공할 수 있는 아이디어는 어떤 것인지를 기존의 이론과 아울러 상고하려는 것이다. 여기서 내세우는 동방의 이론도 결국 언젠가는 이런 사상이 서양의 사상과 만나 새로운 변증법적 합일로 나아가기를 희망하면서 이러한 지적(知的) 작업에 착수하려는 것이다.

그러면 왜 그런 대안적 접근이 필요한가? 오늘을 사는 인류는 역사상 처음으로 경험하는 급격하고 신기한 변동의 소용돌이 속을 살아가고 있다. 그러한 변화의 불쏘시개는 기술 혁신의 역사다. 문명의 시발 자체가 인간이 발명하여 이용하는 기술의 혁신에서 촉발했기 때문이다. 그리고 그 변화는 인류 문명 전반에 걸친 거대한 변환(the Great Tranformation)을 자아내고 있음이다. 이런 까닭에 이 저서의 서두는 그와 같은 변화를 이해하기 위한 준거틀로 동방의 음양변증법적 논리를 먼저 소개하는 데서 열고자 한다. 그리고 이어 기술혁신이 촉발한 문명사의 진전 과정을 개관할 것이다. 그 연장선상에서 이제 사회적 가치가 등장하게 된 배경으로서 경제·경영 분야가 겪은 현대사의 줄거리를 되새기면서 현재 사회적 가치의 담론이 위치한 학술적 맥락을 밝혀내려고 한다. 그리고 후반에는 주로 미래를 지향하여 인류가 걸어가야 할 길을 모색하는 과업의 일환으로 우리가 이룩하고자 하는 바람직한 사회의 모습을 그려보면서 그 문맥에서 사회적 가치의 의미를 철학적, 사회학적으로 재정리하려고 한다.

제2장
음양변증법적 사회변동론

왜 하필이면 음양사상인가? 원래 음양이론은 우주론적 사유에서 출발하는데, 우리가 다루는 사회적 가치와 무슨 연관이 있는지 의아하게 여길 것이다. 따라서 이 대목에서 잠시 숨을 고르고 왜 이런 접근이 필요한지를 되새겨보려고 한다.

첫째, 우선 사회적 가치가 고차적인 추상성을 띠는 두 단어를 품는다는 점에 주목할 필요가 있다. '사회'가 어떤 유형의 사회임을 특정하지 않는 한, 그 낱말이 함축하는 폭은 무한정이다. '가치'라는 말 또한 그 뜻하는 바를 명확하게 적시하는 일이 만만치 않을 만큼 대단히 추상적인 개념이다. 그렇다면 그 주제를 다루는 연구자의 시야는 되도록이면 크고 넓어야 할 것이다. 더구나 사회는 이미 존재해온 지가 적어도 수만 년의 연륜을 쌓았을 뿐더러 앞으로도 아마 인류가 생존하는 동안에는 끝없이 존속할 터인데, 그렇다면 연구하는 이의 안목은 미래를 향해 멀리 내다보는 것이 되어야 할 것이다.

그런데 현재 진행 중인 사회적 가치의 사회과학적 연구는 주로 실용적인 관심사에 치중하는 경향이 있음을 앞서 언급하였다. 그 자체로서는 성과 측

정과 같은 목전의 실천적 요구에 응하고자 미시적인 계량적 작업을 하는 일
도 당장에는 의미가 있고 중요하기도 하다. 그러나 사회적 가치라는 주제가
요구하는 광범위하고 원대한 시야와 안목에는 크게 미치지 못하는 한계가
있다. 더구나 가치라는 추상적인 개념이 함축하는 바를 담아내려면 그처럼
단기적이고 협소한 접근이 다룰 수 없는 내용을 포용할 여지가 없다. 아무
리 현실적 필요가 시급하다 해도, 그 결과는 상당히 중요한 여러 측면에 관
련한 쟁점들을 도외시하는 것으로 끝날 수밖에 없다. 그 다른 측면이 실제
로는 보기보다는 더 의미심장하고 실질적으로도 유익한 내용일 수도 있음
을 가벼이 볼 수는 없다는 말이다. 그래서 본서는 우주론과 문명사라는 거
시적이고 장기적인 전망에서 이 주제를 조망하기를 시도하는 것이다.

둘째, 이제 곧 본론으로 들어가겠지만, 여기 소개하는 음양변증법의 원리
가 제안하는 중요한 교훈은 어떤 현상이든 어느 한쪽으로만 지나치게 편중
한 안목으로 바라보지 않도록 주의하라는 것을 일깨우려 한다. 그것은 현재
연구자들이 집중적으로 치우쳐 있는 연구방법에만 문제가 국한하지 않는
다. 사실 더 중요한 측면은 기왕에 그처럼 의미심장한 주제를 다루면서 인
간이 살아가야 할 미래의 사회를 겨냥하여 사회적 가치의 구현을 추구하는
거면 음양변증법이 시사하는 중용과 평형의 원리에 기초한 사회조직 원리
로써 새로운 사회의 비전을 구상하고 제시하는 시각 자체가 균형을 중시하
는 방향으로 정립하려는 자세를 취해야 할 것이다. 이점은 특히 이 책의 후
반부에서 구체적으로 보여주려고 한다.

그뿐 아니라, 곧 이어서 문명사적 성찰을 시도할 터인데, 여기서도 현대
문명이 서방의 과학기술문명과 자본주의 시장경제의 영향 아래 전개해온
점을 고려하면 인류의 삶을 좌우하는 문명 자체가 지나치게 한쪽으로 기울
어져 있었음을 상기하지 않을 수 없게 된다. 인간의 사회적인 삶이 어찌 기
술과 자본주의라는 문명의 한 단면으로만 편향하면서 전개해야 하느냐 하

는 근원적인 쟁점도 한 번은 신중하게 되짚어봐야 한다. 과학기술의 눈부신 발달과 자본주의적 경제 덕분에 인류의 삶이 적어도 물질적으로는 호전할 것을 부인할 수는 없지만, 인간의 정신문화와 비물질적인 생활영역에 관한 학문적인 관심도 함께 중시하고 진정성을 가지고 살펴보는 일도 소홀히 할 수 없기 때문이다. 여기에도 중용과 균형이라는 원리가 반드시 살아 있어야 할 것이다.

셋째, 그리고 음양변증법의 또 한 가지 이치는 무슨 일에나 한쪽 극단으로 편향하지 않고 중용과 균형을 적절하게 유지하려면 환경 변화에 적응하는 데서 유연성이 필수라는 원리다. 사회적 가치라는 비교적 새로운 현상을 분석하고 파악하여 설명하고 나아가 이를 실현하고자 할 때에도 유연하고 개방적인 사고를 잘 유지하여 어느 한쪽으로 기울거나 편벽한 결론이 나오지 않도록 주의할 필요가 있다. 그리고 사회적 가치 구현을 위한 실천에서도 마음을 열고 유연한 자세로 어느 이해관계집단의 눈치를 보아 단기적인 이익을 중시하는 특정 가치로만 치중하는 프로그램에 집중하지 않고 넓은 시야로 원대한 미래지향적 수평선을 바라보아야만 떠오를 수 있는 혁신의 실마리를 찾고자 최선을 다해야 한다는 점을 명심해야 할 것이다.

이와 같은 몇 가지 쟁점만 살펴보아도 우리가 지금까지 거의 일방적으로 의지해온 서구문명이 개발해온 학문의 패러다임도 이제는 평형을 위해서 대안을 찾아 서로 보완함으로써 학문의 발전도 기하고 전 인류적 차원의 사회적 가치의 구현을 추구하는 것이 바람직하다고 생각하기로 한 것이다. 이런 취지에서 지금부터 음양변증법의 원리를 간략하게나마 살펴보기로 한다.

1. 음양변증법의 기본 원리

음양사상은 중국에서 유래하는 동양사상 중 유가와 도가의 이론에서 공유하는 것이지만 역시 그 주류는 『역경(易經)』, 혹은 『주역(周易)』이라는 유학의 경전에서 연유한다. 다만 그 사상의 오묘함과 방대함은 이런 글에서 쉽게 소화할 수 있는 성질의 것이 아니므로 여기서 소개하는 내용은 매우 축약한 간결한 해설에 불과함을 밝혀둔다(김경동, 1993; Kim, 2017a). 우선 흥미로운 보기 한 가지로 다음과 같이 서방에서 이해하는 『역경』의 음양사상 원리를 소개한다(Ralph Waldo Emerson; Market, 1998: 31).

> 자연의 모든 사상(事象)은 둘로 나뉘어 있어서 하나는 다른 것으로 완성시켜야만 하는 반쪽에 불과하다. 영혼과 물질, 남자와 여자, 주관과 객관, 안과 밖, 위와 아래, 예와 아니요 등등. 만상의 전체적인 시스템은 각각의 구성요소가 모두 표상하고 있다. 모든 피조물에서 우리는 조수의 간만과 같은 부침, 낮과 밤 등을 떠올리게 된다.

정다산(丁茶山) 선생의 해설에 따르면 본래 음(陰)은 일광이 구름에 가려서 그늘진 것을 가리키고 양(陽)은 해가 빛을 비쳐 언덕 위로 펄럭이는 깃발을 볼 수 있다는 형상에서 유래하는 개념이다. 후일 사상가들이 형이상학적, 우주론적, 그리고 도덕철학적 의미부여를 한 것이다. 음양변증법이라는 이론적 틀로 재해석하려는 것이다. 기본적으로 우주만상을 양분하여 파악하며, 우주는 음과 양의 두 가지 '기(氣)'로써 이루어져 있다는 우주론을 함축한다. 이 둘은 상대성의 관계 속에서 의미가 있다. 하나가 없이는 다른 하나도 존재 의미가 없다. 음과 양은 반드시 서로를 필요로 하며, 음 속에는 양이, 양 속에는 음이 들어 있다. 그리고 대상의 종류와 문맥에 따라 각각

양이 될 수도 음이 될 수도 있는 역동적 개념이다. 예로, 아버지는 자식에게는 양이지만 자신의 아버지와는 음의 위치에서 상호작용한다는 말이다. 이처럼 대대적(待對的)인 양분법의 사고는 도가의 경전인『노자(老子)』에서도 여러 군데 발견할 수 있다. 여하간에 음양의 이분법은 오늘날 정보화 시대 디지털 원리에서 1과 0이라는 두 변수로 모든 계산과 기능이 가능하다는 사실에 비추어 시사하는 바가 크다.

원래 이 둘은 성질상 차이, 모순, 대치의 상대적 개념이지만, 동시에 서로 보완, 호혜, 조화의 관계를 띤다. 이 점에서 단순히 모순으로만 파악하는 서양 변증법 논리와는 근본적으로 차이가 난다. 음양은 상호작용하여 우주만상을 생성 변화시키는 힘, '기' 다. '양'기는 만물을 생성케 하는 시작하는 힘(氣), 생산적 요소, 씨(종자)이고, '음'기는 생산이 이루어지는 바탕, 만물을 완성시키는 요소, 밭이다. 이 둘의 상대적 관계는 오행설에서 유래한 '상생(相生)' 혹은 '상승(相勝)'과 '상극(相剋)'의 역학으로 규정한다. 음양의 생산적인 상호작용은 상생관계고 상극의 상호작용은 변화를 초래한다. 오행설을 좀더 부가하면 자연을 형성하는 금수목화토의 다섯 가지 요소는 상생(상승) 상극의 관계에서 역동적인 변화를 일으킨다. 금수목화토의 상생관계 순서는 : 쇠(金)는 물(水)을 낳고 물은 나무(木)를 키우며 나무는 불(火)을 일으키고 불은 흙(土)을 낳는다. 반면 수화금목토는 상극관계의 배열순이다. 물은 불을 끄고 불은 쇠를 녹이며 쇠는 나무를 파괴하고 나무는 흙을 능가한다. 이 순환논리는 계절 등 우주자연의 현상에만 적용하지 않고 인간 역사와 정치(국가)의 흥망성쇠를 묘사, 설명하는 데에도 광범위하게 응용하였다.

여기에 태극설을 도입하면 음양의 관계가 더욱 흥미롭다. 다음의 [그림 2-1]을 보면 왼쪽 화살표의 설명이 음소양장(陰消陽長)이다. 원 안에 있는 흰색 부분(양)이 아래에서 위로 갈수록 커지는 형국이므로 오른쪽 흐린 부분의 음이 쇠해지는 반면 양이 세진다는 것이다. 반대편 오른쪽 화살표가

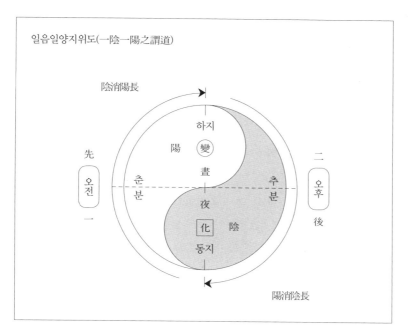

[그림 2-1] 태극과 음양의 역동적 관계

움직이는 아래에 이번에는 양소음장(陽消陰長), 즉 양이 쇠하는 대신 음이 신장한다는 것을 가리킨다. 이러한 움직임은 또 하루의 시작인 아침과 한 해의 개시인 봄에서 여름으로 이동함을 함축하고, 다시 여름을 지나 가을에서 겨울로 오후에서 저녁으로 움직이는 우주만상의 변화를 형상화하고 있다. 이 그림이 시사하는 바를 시스템 이론으로 풀이하면, 원으로 형상화한 태극은 일종의 폐쇄시스템(closed system)이다. 거기에 양과 음의 두 세력이 서로 밀고 당기며 시스템의 역학을 형성해간다. 양이 커져서 왕성해지면 자연히 음은 축소할 수밖에 없지만, 밀려서 졸아드는 음은 다시 양의 뒤에서 커지면서 밀기 때문에 이번에는 불가피하게 양이 줄어든다.

그림의 왼쪽 상단에 일음일양지위도(一陰一陽之謂道)라는 문구가 보인다.

이 글귀는 『역경』에서 나온 말인데, "한 번은 음이 되고 한 번은 양이 되는 것, 이를 일컬어 '도'라 한다"는 뜻이다. 이 말에 이어, "이 도를 계승하는 것이 선(善)이고 이 도를 이루는 것이 '성(性)'이다(繼之者善也 成之者性也)"라고 하였다(이가원, 1980: 430, 448; 김경동, 1993: 27). 이를 좀 더 구체적으로 풀이한 주염계(周濂溪)의 「태극도설」에서는 음양의 상호작용을 더욱 명확하게 해설하였다(배종호, 1985: 79; 김경동, 1993: 27).

> 태극의 움직임이 '양'을 낳고 움직임이 극에 달하면 고요함이 되고… 고요함이 '음'을 낳는다. 고요함이 극에 달하면 다시 움직임으로 돌아간다. 한 번 움직이고 한 번 고요함이 서로 그 뿌리가 된다… 두 가지 '기'가 서로 감응하여 작용하면 만물을 낳고 변화시키며, 만물이 생성발전(生生)하여 변화가 무궁하다(太極動而生陽 動極而靜… 靜而生陰 靜極復動 一動一靜 互爲其根… 二氣交感化生萬物 萬物生生而 變化無窮焉).

이런 순환논리를 좀더 쉽게 풀이한 구절 하나만 더 보태면, "해가 지면 달이 오고 달이 지면 해가 뜬다. 해와 달이 서로 밀어서 밝음이 생긴다. 추운 겨울이 가면 더운 여름이 온다. 춥고 더움이 서로 밀어서 세월(한 해)이 이루어진다(日往則月來 月往則日來 日月相推而明生焉 寒往則署來 署往則寒來 寒署相推而歲成焉)."(이가원, 1980: 469; 김경동, 1993: 28)

여기에서 우리는 음양변증법의 사회변동의 일반이론을 유추하는 원천을 발견한다. 이제 그 이론적 원리 세 가지의 요체를 간략하게 개관하기로 한다(김경동, 1993; Kim, 2017a).

2. 음양변증법의 사회변동 원리

1) 한계(limit) 및 '반(return)'의 원리

음양변증법의 순환론적 논리에는 음과 양이 서로 밀어서 변화를 일으키지만 음이 다하면 양이 생기고 양이 다하면 음이 생기는 한계의 현상을 상정한다. 모든 양분적 요소는 각각 끝이 있고, 하나가 끝이 나면 다른 하나가 나타난다는 관념이다. 여기에는 또한 일단 한계에 도달하면 반드시 되돌아온다는 '반(反)'의 원리를 내포한다. 『역경(易經)』의 11번째 태괘(泰卦)의 해설 : "평탄한 물건 치고 기울어지지 않는 것은 없다. 가는 것 치고 돌아오지 않는 것은 없다(无平不陂 无往不復)."(이가원, 1980: 112) 또한 "역(易)의 원리는 궁하면 변하고 변하면 통하고 통하면 오래감이다(易 窮則變 變則通 通則久)."[『역경』 계사하전, 2](이가원, 1980: 461) 이를 원용한 율곡선생의 아래와 같은 국가 변화 삼단계설은 유명하다 :

① 창업(創業) : 혁명, 새 국가 창업, 질서의 기초로 신법제 구축;
② 수성(守成) : 법제 계승, 실현, 안정기;
③ 경장(更張) : 안정기의 타성, 부패 등을 혁신 새 국가 탄생.

실은, 이런 '반'과 '복(復)'의 원리는 도가의 『노자』에도 찾아볼 수 있다. "근본으로 돌아간다는 것은 '도'의 움직이는 법칙이다(反者道之動)"[『노자』 40장]라든지, "천지만물의 현상이 많이 번창해도 결국 각기 그 뿌리(道)로 되돌아간다(夫物芸芸 各復歸其根)"[『노자』 16장]는 구절, "하늘의 도는 지나치게 여유 있는 데서 덜어서 부족한 데를 보충한다(天地之道 損有餘而 補不足)"[『노자』 77장] 및 "고로, 성인은 격심함, 사치, 교만을 버린다(聖人去甚 去奢 去

泰)"[『노자』 29장] 등이 대표적인 보기다(김경탁, 1979: 200-201; 115-116; 김경동, 1993: 29).

사회학자 Pitirim A. Sorokin(1962)도 그의 문화변동 이론에서 한계의 원리(the Principle of Limit)를 제창하여 문화의 한 가지 유형이 한 방향으로 극도로 번성하면 반드시 그 안에 실패의 씨앗을 품어 끝이 온다고 보았다. 요는 극단(한계)에 이르면 되돌아오게 마련이므로 삼가고 조심하는 도리가 성인의 길이다. 여기서 두 번째 원리와 만난다.

2) 중용의 원리 : 절제(moderation)와 균형(equilibrium)

시스템 이론에서도 시스템에 변화가 생기는 것은 그 체계의 여러 요소들 사이에 적정한 균형(equilibrium)이 무너질 때 일어난다고 본다. 균형개념의 백미는 아무래도 동방사상의 '중(中)'의 원리라 할 만하다. '중'은 서양식으로는 Aristoteles의 황금률(golden mean)과 유사하지만, 동방사상에서는 유학의『중용(中庸)』사상에 뿌리를 둔 것이다.『중용』에서 말하는 '중'은 "어느 한쪽으로 기울지도 않고 지나치거나 부족함이 없는 상태로서… 천하의 바른 길이다(中者不偏不倚無過不足之名…天下之道)."(이민수·장기근, 1980: 203; 김경동, 1993: 31)

'중'의 개념은 '화(和)'와도 맞물려 인간행위와 사회질서에 도덕적 완성을 추구하는 원리가 된다. 희로애락의 정감이 미처 발동하지 않은 상태를 '중'이라 하고, 감정이 발해도 저마다 제자리를 옳게 차지하는 것을 '화'라고 한다. 이 '중화'에 이르면 천하가 자리를 제대로 잡아 만물의 육성이 이루어진다. 중용사상은 불행(calamity)과 멸망(demise) 대신 안정과 안전(security, safety)을 위해서 극단과 불균형을 피하라 한다. "편안함을 지나치게 믿으면 위험해지고, 순탄하다고 믿어 마음을 놓으면 멸망하고, 태평한 꿈에 취해 있으면 난리가 난다. 그러므로 군자는 편안할 때 위험을 잊지 않고, 순탄할 때 멸망을 잊지 않고, 태평시절에 전쟁을 잊지 않는다. 이로써, 자신은 물론 국가를 보존할 수 있다(危者 安其位者也 亡者 保其存者也 亂者 有其治者也 是故 君子 安而不忘危 存而不忘亡 治而不忘亂 是以 身安而 可保也)."『역경』계사하전, 5](이가원, 1980: 469-470; 김경동, 1993: 32-33)

이처럼 일견 역설적인 논리의 암시에서 '중'의 사상은 '정(正)'의 사상과 만난다. 모든 것은 처해야 할 바른 자리(正位)가 있고, 행함에 있어 바른 때(正時)가 있기 때문이다. "임금은 임금, 신하는 신하, 아버지는 아버지, 아들은 아들 노릇을 제대로 해야 한다(君君臣臣父父子子)."『논어(論語)』안연편(顏淵篇)]는 공자(孔子)의 '정명론(正名論)'을 반영하는 논리다(김학주, 2009a: 200; 김경동, 1993: 30).

그러나 이 중용의 사상은 단지 정중만을 주장하지 않는다. 정중이 있으면 '시중(時中)'도 있다. 천명에 따라 '도'에 어긋남이 없이 자기의 자리를 온전하게 지키고 과욕을 부리지 않는 중용, 즉 모든 변화의 양극적 다양성을 선(善)의 정당성으로 지향시키는 이념적 중용과, 그때그때의 시간적 상황에 꼭 알맞은 처신을 하는, 즉 시대사회의 현실 속에서 적절한 적응방법을 확보하는 상황적 중용이 있다. 앞의 것을 '정중(正中)', 뒤의 것을 '시중(時中)'이라 한다. 이 둘은 서로가 대립적인 것이 아니고 변증법적인 상호성의 관계로 이해한다. 율곡 선생은 사회를 변혁하는 방법으로 근본주의적인 접근(從本而言)과 현실주의적 관점(從事而言)으로 나누고, 때에 따라서는 원칙에 따라 문제해결을 시도하지만, 좀더 실질적인 필요에 착안하여 개혁을 도모할 수도 있음을 시사하였다. 여기서 우리는 적응성이라는 개념과 균형 또는 평형이라는 말과 만난다. 이 적응성의 주제는 이어 바로 언급할 내용이다.

3) 유연성(flexibility)과 적응력(adaptability)의 원리

시스템도 한번 균형이 깨지면 이를 회복하려는 성향이 있고 균형교란으로 변화가 일어나면 체계가 분화하므로 다시 통합하려는 성향이 있다는 것이 진화론적 사회변동론이다. 사회체계가 환경의 변화에 얼마나 잘 적응하여 시스템 자체의 생존을 지탱하느냐가 관건이다. 여기서 시스템의 유연성이 문제가 된다. 유연해야만 적응하기가 수월하다. 따라서 적응력의 향상을 진화라고 본다. 유연성의 원리를 한층 더 깊이 있게 이해하기 위해서 유교와 도교의 사상을 참조할 만하다. 바로 앞에서 중용은 한 쪽으로 기운다거나 아니면 과하거나 부족함이 없는 상태, 즉 균형을 의미하며 이 균형이 깨지면 사람이나 사회에 변화가 온다는 뜻임을 고찰하였다. 그런 상황에서 필요한 것이 바로 '시의(時宜)'에 잘 적응하라는 '시중(時中)' 즉 적응력이다. 여기서 율곡선생의 말을 다시 들어보자(조남국, 1985).

> 무릇 시의라고 하는 것은 수시로 법을 고치고 만드는 변통을 함으로써 백성을 구하는 것을 말합니다. 정자(程子)가 『주역』에 관해서 논하여 말하기를 『주역』을 공부하는 뜻은 때를 알고 추세를 파악하는 일이라 하였고, 또 이르기를 때에 따라 변역하는 것이 가장 보편적인 도리라 하였습니다. 대개 법이란 시대에 따라 알맞게 제정하는 것이므로 시대가 바뀌면 법은 오늘의 상황에 일치하지 않는 것입니다… 이 모두가 어찌 성인이 변역하기를 즐겨서 한 일이겠습니까. 시대의 필요에 부응하고자 하였을 따름입니다.

그런데 흥미로운 것은 여기서 지적하는 『주역』은 역설적인 변증법의 논리를 펴면서 사람이 어떻게 행동하는 것이 현명한지를 비유로 가르친 바 있는데, 위에서 율곡선생의 위태로움을 알고 행동하면 자리가 안전하다는 비유에서 이미 인용하였다. 바로 이와 같은 자세로 삼가며 대비하여 시의에 따른 변역을 시도하는 것이 곧 적응을 뜻한다면 그러한 적응은 개인의 의식이나 사회의 조직원리나 구조가 유연해야 가능하지 경직할 때는 어려운 법이다. 유연성과 적응력의 연관을 중용의 관점에서 풀이하면 :

① 음양의 조화가 수시로 변화를 창출하는 환경 속에서
② 극단, 과도, 부족으로 쏠리지 않는 중용을 지켜 변역화하려면
③ 경직한 의식, 조직원리, 구조로는 감당하기 어렵다.
④ 한 번 기울어져 한계에 도달할 때, 부드러운 것은 용수철처럼 다시 튕겨나와 제자리로 돌아오는 진동(振動)을 할 수 있지만
⑤ 경직한 것은 벽에 부딪히면 부서지든지 벽에 손상을 입힌다.

이와 같은 유연성, 신축성의 가치를 가장 높이 산 사상이 바로 도교사상이고 그중 노자가 대표적인 사상가이다. 이 노자의 『도덕경』은 유연함을 칭송하고 강조하는 논리로 가득 차 있다. 그중에서 백미라 할 수 있는 내용을 담은 한 두 구절만을 소개한다(김경탁, 1980: 286; 김경동, 1993: 35)[『노자』76장].

사람이 살아 있을 때는 부드럽고 약하지만 죽으면 굳고 강해진다. 초목도 살아 있을 때는 부드럽고 약하지만 죽으면 말라 굳어버린다. 그러므로 부드럽고 약한 것은 삶의 현상이요, 굳고 강한 것은 죽음의 현상이다. 이러한 즉, 군대가 강하면 다른 나라의 침입을 받아 망하고, 나무가 강하면 꺾이게 마련이다(人之生也柔弱 其死也堅强 草木之生也柔脆 其死也枯槁 故柔弱者生之徒 堅强者死之徒 是以兵强則滅 木强則折).

여기서 유연한 것이 살아 있다는 증거라면 그것이 적응력의 원천일 수밖

에 없음을 암시한다. 그래서 부드럽고 약한 것이 오히려 딱딱하고 강한 것을 이긴다(弱之勝强 柔之勝剛)는 원리를 제시하고 그 전형적인 보기로 물의 중요성을 되풀이 부각시킨다(김경탁, 1979: 80)[『노자』 8장].

> 선(善) 가운데도 최상의 선은 물(水)과 같다. 물은 모든 만물을 잘 자라게 하지만, 높고 깨끗한 곳에 있으려고 다른 물건들과 다투지 않는다. 항상 사람들이 비천하고 더럽다고 싫어하는 곳에 스며든다. 그래서 이러한 물의 성질은 도(道)와 비슷하다(上善若水 水善利萬物而不爭 處衆人之所惡 故幾於道).

물은 딱딱한 바위를 당장에 공격해서 이기지 못하는 듯 피해 돌아 흘러가지만 훗날 바위는 어떤 모습으로든 변형을 경험하고 만다. 유연성의 승리를 비유하는 말이다. 경직한 의식과 행동과 조직원리로 변동하는 시대적 상황에 고집스럽게 대처하다 보면 오히려 체계가 붕괴하고 말지만 유연한 대처는 적응력 때문에 다시 균형을 찾고 더 뻗어 나갈 기회를 찾을 수 있다.

이상의 세 가지 사회변동 원리는 이제부터 살펴볼 문명사의 변동을 이해하고 미래를 겨냥한 바람직한 사회를 구상할 때나 그 문맥에서 사회적 가치의 가치체계를 탐구할 때에도 항상 염두에 두고 신중을 기하되 유연한 자세로 임할 것을 권유하는 것이라고 할 수 있다. 이제 바로 문명사적 관점에서 기술변동의 여파로 드러나는 사회의 변동을 점검하겠지만 그러한 기술이 촉발한 사회문화적 변화의 진정한 의미를 파악하려고 할 때도 이와 같은 세 가지 원리가 유용한 정신적 자료가 될 수 있을 것이다.

3. 문명론적 딜레마의 음양변증법

음양변증법적 사유는 문명사의 전개에서 인류가 직면하는 어려운 갖가지 딜레마를 미리부터 직시하고 현명하게 대비하는 자세를 갖추는 데 도움이 된다. 그러므로 여기서는 그와 같은 문명사적 딜레마를 개략적으로 열거하고 다음 주제로 옮아가고자 한다. 문명이란 인간의 역사에서 획기적인 변혁의 소산이다. 적어도 전과는 전혀 다른 인간생활의 유형과 내용을 창출하는 변화가 일어나야 하고 그 변화를 지속할 수 있어야 문명은 생존한다. 다시 말해서 문명 자체는 변화이고 변화란 새로운 것을 산출하는 일이므로 스스로를 새로이 하지 못하는 문명은 유지할 수가 없다. 그러므로 문명의 유지가 가능한 사회인지를 파악하기 위해서는 다음과 같은 질문을 하게 된다 (Kim, 2007; 2017a).

① 그 사회는 생태적, 경제적, 전 사회적 환경에 효과적으로 적응하여 성공적으로 존속하고 있는가?
② 그 사회는 분화한 구성부분 간의 갈등으로 분열하지 않고 통합에 의하여 공동체적 연대와 사회적 안정을 유지하고 있는가?
③ 그 사회는 전 사회적 목표에 관한 의사결정을 효과적으로 내릴 수 있고 그 목표를 달성하기 위해 필요한 자원을 충분히 동원할 수 있는가?
④ 모든 사회제도는 개개의 구성원들의 욕구를 적정 수준에서 충족시키고 있으며 심각한 일탈행동을 예방할 수 있을 정도로 제어하고 있는가?

이상의 근본적인 질문과 함께, 이제는 문명론적 딜레마의 항목만이라도 열거하기로 한다.
첫째는 인간과 자연에 관련한 딜레마다 :

① 인간과 자연
② 인간과 기술
③ 인간과 도시

둘째는 인간의 본성과 관련한 딜레마다 :

① 욕망과 이상
② 신체와 정신(몸과 마음)
③ 물질과 영혼
④ 감성과 이성

셋째는 인간과 사회 사이의 긴장 관련 딜레마다 :

① 개인과 집합체(집단)
② 자유와 질서(권위)
③ 권리와 책무
④ 이상적 규범과 실제 현실
⑤ 공동사회(Gemeinschaft)와 이익사회(Gesellschaft)
⑥ 특수주의와 보편주의

넷째는 문화 관련 딜레마다 :

① 비속(저속) 문화와 세련(교양) 문화
② 실용적 문화와 인문적 문화
③ 문자 문화와 디지털 문화
④ 국민(민족) 문화와 세계(전 지구) 문화

⑤ 지방 문화와 세계(전 지구) 문화

다섯째는 국가, 시장, 시민사회의 삼각구도의 딜레마다 :

① 시장(경제)과 분배(복지)
② 시장(경제)과 국가(정치)
③ 시장(경제)과 시민사회(사회)
④ 시민사회(사회)와 국가(정치)
⑤ 전지구화 시대의 세계체계−시장−국가−시민사회의 사각구도 딜레마

결국, 문명의 문제는 인류가 이와 같이 복합적으로 얽히고설킨 딜레마와 쟁점들을 어떤 패러다임으로 해소해나가느냐 하는 데로 귀착한다. 우리가 사회적 가치를 심도 있게 진지하게 논하고자 하는 이유도 바로 이런 연유가 배경에 도사리고 있음이다. 이런 문명론적 딜레마에 관한 정확하고 적절한 인식 없이 사회적 가치의 구현은 불완전할 수밖에 없음이다.

제3장

문명사 전개의 개관

1. 문명의 시작 : 제1차 기술혁명(제1차 농업혁명)

　우리가 다루는 사회적 가치를 포함하여 경제 · 경영에 관련한 여러 형태의 '사회적' 관심은 결국 자본주의 시장경제체제 자체의 성격에 관한 비판적 논란의 역사적 전개와 궤를 같이한다(박명규 · 이재열, 2018). 다만 이 문제는 단순히 자본주의의 변천에만 국한할 성질의 것이 아니라 서구 발 근대화라는 전 지구적 대변환의 큰 틀에서 검토해야 할 문명론적 쟁점이라는 관점에서 접근할 필요가 있다. 이를 위한 일반론적 분석틀로 가장 적합한 것은 곧 '생태론적' 모형이라 할 수 있고 이는 아래 [그림 3-1]의 모습을 띤다(Hardert et al., 1974: 160; 김경동, 1997: 537). 인간의 사회 · 문화적 조직 생활은 자연의 생태환경 속에서 생존하는 인구의 삶인데, 인간이 발명한 기술로써 자연에 변화를 자아내는 과정에 전개하고 작동한다는 구도다. 이 네 가지 요소는 서로 떨어질 수 없는 상호의존적 상호작용의 관계를 갖는다.

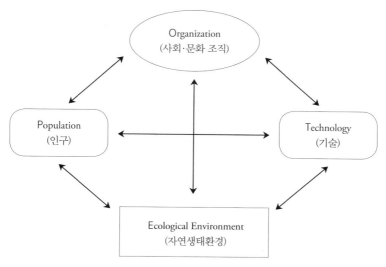

[그림 3-1] 생태론적 체계(POET System)

문명은, 이 모델에 따르면, 우선적으로 기술 혁신에서 비롯한다. 인간이 역사상 처음으로 농경기술을 발명하여 자연을 변형시킴으로써 생산성이 올라가 잉여자원을 갖게 되고 거기에 힘입어 직업의 분화, 즉 노동분업이 일어나서 생겨난 비영농 인구가 따로 모여 사는 도시가 발생하였으며 이렇게 복합구조를 띠는 사회를 조직하고 통활하기 위한 국가가 성립함으로써 비로소 문명이 발흥하기 시작하였다(Elias, 1982[1939]). 이러한 변혁을 제1차 기술혁명(제1차 농업혁명)이라 일컫는다.

2. 제2차 기술혁명(산업혁명)

본 연구의 주제인 사회적 가치의 쟁점은 15-16세기 전환기에 서구에서 시발한 근대화 과정에서 제2의 기술혁명이라 지칭하는 산업혁명이 일어난 이후의 시대에 사회변동을 추동하는 핵심적인 요인이었던 근대 자본주의와 직접 연관성이 있다. 자본주의적이라 볼 수 있는 경제행위는 인류문명의 시초로부터 줄곧 인간의 물질적인 삶을 지탱해온 현상이기는 하지만 특히 우리의 표적이 되는 유형은 바로 이 근대화가 초래한 경제체제로서 과거와는 성격이 판이한 합리적 근대적 자본주의였다는 차이가 중요하다. 기실 서구문명의 전개사에서 이른바 '거대한 변환(The Great Transformation)'(Polanyi, 2001)이라 지칭하는 변혁은 산업혁명 이후 자본주의 시장경제의 변질이 주요인으로 발생했다고 볼 수 있다. 여기서 드러난 사회문화적 변동의 주요 내용은 우선 주요 사회학자들이 정리한 것을 요약하기로 한다.

먼저 제2차 기술혁명(산업혁명+제2차 농업혁명)의 ① 기술 혁신은 무기물(inanimate) 에너지원(석탄, 물, 석유, 가스, 원자력 등)을 이용하여 공장에서 공산물을 대량생산하는 공업화를 생성했다. ② 공장노동자와 그 가족이 공장 소재지 중심 공업도시로 대거 유입하여 급속한 도시화가 진전하여 마침내 대중사회화가 확산하였다. 아울러, ③ 근대 국민국가(nation-state)가 성립하고 신흥자본가 계급(bourgeoisie) 중심의 시민민주주의의 기틀을 마련하였다. 이 과정에서 일어난 사회문화적 변화는 크게 공업문화(industrialism)와 도시문화(urbanism)로 집약할 수도 있다.

1) 생태계 교란

공업화는 우선 재화의 대량생산으로 경제성장을 이룩하고 대량소비가 가능한 생활수준의 향상으로 빈곤 퇴치와 물질적 풍요, 삶의 기회 확대, 건강 호전(수명 연장 등)의 긍정적 효과를 초래한 것만은 부인할 수 없다. 반면에, 공업화는 온갖 생태적 교란을 야기하였다.

- 공장건설 및 가동에 요하는 자원 소모(토지, 특히 농지와 산지, 건설자원 으로서 철강, 모래, 시멘트, 목재 등, 건설장비, 전력 등)
- 건설(주택, 학교, 사무실 등 및 기계 설비용 자원)
- 에너지 자원(석탄, 석유, 목재, 수자원, 원자력 기타)
- 유통에 필요한 인프라(도로용 토지, 숙소 등)
- 공장가동으로 발생하는 오염, 공해(물, 공기, 삼림, 토양, 생물 종 다원성 훼손, 건강 장애 발생, 질병, 사망 등)
- 지구 온난화 문제(오존 파괴, 자외선 피해, 빙하 해빙 등에 따른 기후 혼 란과 그에 의한 홍수, 가뭄, 쓰나미, 지진 등 대규모 재난, 해수면 상승에 따른 침하지역 발생
- 공장지대의 인구증가로 인한 폐기물 증가
- 결과적으로 인간의 건강과 생활 편익 등에 부정적 영향 등이다.

2) 공업문화

공업문화의 차원에서는 다음과 같은 특징을 드러낸다(Bell, 1973 ; Toffler, 1981).

- 언어, 생활양식, 여가 등의 표준화, 규격화(Standardization : language, life style, leisure etc)
- 일과 직업의 특화, 전문화(Specialization, professionalization : labor or oc-cupation)
- 효율의 극대화(Maximization : efficiency)
- 권력과 권위의 중앙집권화(Centralization : power and authority)
- 동시화(Synchronization : centrality of time and time synchronization)
- 인구 집중화(Concentration : mostly urbanization of population)

- 산업, 사회계급, 이익집단, 비정부기구 시민단체, 핵가족, 지역, 부분문화, 세대, 성별 등의 다원화(Pluralization : industries, social classes, interest groups, NGOs, nuclear families, regions, subcultures, generations, gender)
- 기술이 지배하는 일차원적 인간(technology-dominated one-dimensional man)
- 기능적 합리성(functional rationality) : 기계적 합리성
- 진보성(progressivity)
- 익명성(anonymity)
- 조직규범의 관료화 사회(Bureaucratization in terms of organizational norms) : 분류성향 (taxonomic propensity), 관리가능성(manageability)
- 공사 분리(disjuncture between the private and public)
- 목표환치(換置, goal displacement)
- 대형 관료조직체에 의한 '관리형(managed)' 사회(비인간화) : 관료주의적 도구적(수단적) 합리성으로 인간소외
- 대량소비용 대량생산품으로부터 소비자의 소외(alienation of consumers from goods mass-produced for mass-consumption)
- "소비자가 왕이다"의 환상 : 실제는 무기력한 소비자('consumer is king'[?] in propaganda, powerless in reality)
- 소비로서 문화감상의 이행 : 가족, 종교, 공동체에서 대중, 세속, 거대도시로(cultural appreciation as consumption shift from family, religion, community to mass, secularity, megapolis)
- '과시소비'의 규범화('conspicuous consumption' as norm)
- 제도적 분화의 결과, 일과 가족, 일터(직장)와 집(가정) 사이의 의미 있는 삶의 단절, 직업과 지역공동체 사이의 괴리

3) 과잉도시화

한편, 공업화에 동반하는 도시화의 문제에서도 먼저 과잉도시화(over-urbanization)의 문제가 심각하므로 이 문제를 잠시 고찰하고 도시문화를 개관하겠다. 공업화가 급속히 진행하는 과정에 점진적 도시화가 무시 당하고 이른바 과잉도시화가 일어났다. 이로 인하여 생태환경에도 커다란 충격을 초래하였다.

- 제한적 도시 공간에 과다한 인구가 집중하여 주택, 도로, 상하수도, 전력, 교통수단 등 부족, 폐기물, 오염물질, 공해 폭증 등 사회간접자본과 생태환경의 문제가 폭주하였다.
- 또한 도시의 국내 분포에서도 대, 중, 소도시의 상대적 분포의 불균형으로 인구, 재정 자원, 권력, 문화향유 기회 등 도시 간 불균형이 문제로 떠올랐다.
- 그 결과 특히 수도권과 같은 특정 대도시에 자원과 기능이 집중하고 농촌의 상대적 황폐화를 초래하였다.
- 거대도시의 포화 상태를 방지하려는 신도시 건설의 폐해로 갑작스레 과도한 인력, 자원 투입 필요로 생태환경에 충격을 초래하였다.
- 거대도시 중심 전 지역 광역집합도시화(conurbation)도 촉진하여 토지 이용의 불균형을 비롯한 생태환경의 훼손이 심각해졌다.
- 거대도시의 대형 토목건설 사업(아파트, 마천루, 호텔, 교육문화 시설 등)으로 인한 자연훼손, 공해, 도시경관 왜곡 등이 진행하였다.
- 도시계획의 유무와 관련 산만한 계획 추진 결과, 난개발의 불편과 경관 훼손이 문제가 되었다.

4) 도시문화

그리고 그러한 비정상적 도시화가 자아낸 도시문화(Urbanism)의 특징은 아래와 같다(Wirth, 1938: 3-24).

① 대규모 인구 집중
② 인구 고밀도
③ 이질성(직업적, 문화적)
④ 활동의 분화도가 높을수록 상호의존성 증대
⑤ 다수 인구 속에 신체접촉 증가하나, 아는 사람 제한적(익명성, 분화한 역할로 상호 인지, 타인의 내면 알기 어려움)
⑥ 감성적, 정서적 유대 결여
⑦ 경쟁과 자기이익추구, 상호착취의 정신이 지배
⑧ 인간관계 : 사무적, 비인격적, 일시적, 영구성 부족
⑨ 가족, 친족집단 영향력 약화, 익명성 탓에 사회규범 해이
⑩ 공식적 사회통제에 의한 규제
⑪ 인간적 성품 : 순수성 상실, 이악해짐(sophisticated)
⑫ 인생, 타인에 무관심(indifference, apathy)
⑬ 범죄, 비행, 자살, 부패, 퇴폐, 정신적 도착 등 빈번

5) 사회문화적 변동

이와 같은 공업문화와 도시문화의 여파로 사회적 구조와 인간관계 및 정신세계의 변동도 관찰할 수 있다.

일반적으로 원자화한 사회조직으로 말미암아 사회적 이견과 불합의가 비등하여, 마찰과 갈등이 빈번해진다. 그리고 사회의 근간인 가족의 변질이

현저해진다. 핵가족화, 부부중심가족 증가, 정상적인 가족주의 쇠퇴로 비정
상 가족(이혼에 의한 불완전 가족, 재혼에 의한 성 다른 자녀 가족, 조손가
족, 소년소녀가장 가족, 1인 가구 등)이 증가하는 현상이 발생하고 있다. 나
아가, 전반적으로 인간관계의 유형과 성격이 다음과 같은 방향으로 이행하
는 추세가 두드러진다.

- 아는 사이 ⇒ 모르는 사이
- 친근한 사이 ⇒ 소원한 사이
- 목적적(표출적, expressive) ⇒ 사무적 상호작용(관계)
- 정서적 관계 ⇒ 이해 관계
- 영속적 관계 ⇒ 일시적 관계
- 내집단(in-group, we-group) 신뢰 관계 ⇒ 외집단(out-group, they-group) 배타 관계
- 헌신몰입 관계 ⇒ 제한적 관심 관계
- 집합주의 ⇒ 개인주의
- 협동적 관계 ⇒ 경쟁적 관계 : 비자발적(involuntary) 협동
- 진정한 관계 ⇒ "진정성 없는(inauthentic)" 관계

인간의 심성과 가치관의 특징도 변화가 일어난다.

- 물질중심주의(황금만능, 황금숭배, 화폐가 인간가치의 교환가치 척도 : "돈 많은 부모 만나는 것도 실력이다!")
- 쾌락주의(육신적, 선정적 쾌락, 찰나의 쾌락, 각종 중독)
- 욕구조절 불가, 열망수준 지속 상승, 이에 미치지 않는 현실과 괴리, 상대적 박탈감(불만으로 갈등, 자해 등 초래)
- 정교한 유흥, 여가문화, 구경꾼 문화, 일과 여가 구분

- 극단적 자기중심성 개인주의(타인의식 결여, 자아의식 왜곡, 타자지향성)
- 세속주의 : 영혼의 황폐, 갈 곳 없이 집 잃은 영혼(homeless mind), 우울증, 자살, 묻지 마 범죄
- 효율성, 실용성 추구
- 교육 가치의 왜곡 : 졸업장 출세 목표 교육(교육낭만주의 실종, 사회도덕 인성 교육 및 창의 판단력 교육 실종)
- 인간가치의 객관화, 간접화, 의사물상화(擬似物象化, reification)

　　이상의 근대화 과정이 자아낸 거대변환을 종합적으로 정리한 20세기 초 사회학자 Ferdinand Tönnies는 이 전환을 공동사회(Gemeinschaft)에서 이익사회(Gesellschaft)로 이행하는 변천이라 규정하여, 여기에 약간의 철학적 의미를 부여한 것이 특이하다. 전자는 사회적 결속이 선택에 의한 것이라기보다는 인간 존재의 본질적이고 자주적인 의지(Wesenwille)에 기초한 유대감이 기초가 되는 사회의 이념형으로서 근대화 전 단계의 가족과 농촌공동체가 대표적 보기다. 이런 사회의 지배적인 조직원리는 공유하는 가치관과 성원들의 강한 충성심을 요구하는 사회규범에 내재한다. 인간관계는 자발적이고 온화하며, 친밀하고 정서적이고, 서로 믿을 수 있고 정직한 것이 특징이다. 말하자면 일종의 공동체주의적인(Communitarianism) 사회상이다. 이에 비하여 후자는 도시적인 대중사회로서 인간관계의 바탕은 선택의지(Kürville)에 있고, 개인의 자기중심적인 이해관심이 지배적이다. 가치관과 규범을 둘러싼 합의가 부족하고 집단을 향한 헌신적 몰입도 드물다. 이런 사회에서는 전자에 비해 변화가 끊이지 않고 합리성과 효율성 이름으로 전통은 의문시한다. 관계적 특성은 타산적, 경제적, 의도적(인위적)이어서 상호불신이 만연한 것이다(김경동, 1997: 163-164).

이 같은 변동의 충격은 사회적 가치의 추구와 실현에도 직·간접적인 영향을 미치지 않을 수 없다. 위에서 열거한 수많은 항목의 변화는 이미 사회적 가치의 변질을 내포하는 셈이다. 그리고 그러한 변화는 다음 단계의 문명사적 변동으로 이행하면서 또 새로운 사회적 가치의 추구로 변이하기도 한다.

3. 제3차 기술혁명(정보통신 기술혁명)

이제 20세기 후반부터 전개한 획기적인 정보화의 사회적 충격을 개관할 차례다. 이 시기의 세계는 주로 정보통신 분야의 기술혁신을 주축으로 하는 이른바 제3차 기술혁명(The Third Technological Revolution)이 주도하는 시대로 규정한다(Bell, 1990). 한마디로 이는 컴퓨터 혁명이다. 상세한 기술혁신의 내용을 모두 적시할 필요는 없고 소위 새로이 등장한 지식정보사회(Information Society)는 여러 분야의 기술혁신이 종합적으로 작용하여 질적으로 차원이 다른 기술적 가능성을 제공함으로써 생성한 신유형의 사회다. 먼저, 신물질 기술 소산인 반도체로 만든 축소형 종합 데이터 처리 칩을 장착한 컴퓨터로 계산(작동)하는 정보기술(IT, information technology)과 광학 파이버, 인공위성, 장거리 전기통신(telecommunication) 기술 등, 통신기술의 혁신적 조합이 창출한 정보통신기술(ICT, information-communications)이 융합하여 일궈낸 정보통신혁명의 결과다. 여기에 이 모두를 아우르는 융합(fusion)과 수렴·통합(convergence)의 유비쿼터스 기술(ubiquitous tech-nologies)이 선도하는 시대로 접어들었고, 마침내 뇌공학, 사이버네틱스(cybernetics), 가상(擬似) 현실 등 새로운 분야 기술의 융합으로 제4차 산업시대를 촉진하고 있다. 이 과정에 통합적으로 작용하는 요소는 다음과 같다(하원규, 2003).

① 재료공학이 발명한 신물질(예 : 광섬유)을 이용하여 통신의 속도를 획기적으로 증대시킨 변화('네트워크화,' networking)다.

② 네트워크라는 물리적인 하부구조의 기반 위에 전 세계의 모든 미디어와 컴퓨터를 연결시키는 소프트웨어 기술의 접목이 '인터넷화(internet)'다.

③ 전자 하드웨어에서 인터넷 소프트웨어를 세상 밖으로 끌어내어 전 세계 사람들이 비교적 쉽게 정보를 검색하고 교류할 수 있도록 한 '월드 와이드 웹(World Wide Web, WWW)'은 전 지구적 정보가 거미줄처럼 얽힌 새로운 망이다.

④ 과거 전기, 전기기계(기전) 기술을 전자공학 기술로 전환하여 이를 정보통신 기술과 접목, 다양한 사회경제적 기능을 수행할 수 있게 하였다(e-기업, e-교육, e-의료 등).

⑤ 전자공학 기술혁신으로 자료의 변수를 1과 0(가상변수)으로 숫자화한 디지털 소프트웨어에 의하여 정보를 인식, 생산, 저장, 관리, 전달 및 사용하는 역량을 단순화, 증강함으로써 정보(자료) 처리방식을 아날로그에서 숫자로 전환한 것이 '디지털화(digitalization)'다.

⑥ 디지털 기술의 발달로 음성, 문자 데이터, 영상 등의 모든 정보신호를 컴퓨터가 쉽게 신속하게 처리하여 여러 종류의 전달매개인 멀티미디어와 연결시켜 통신할 수 있도록 해주는 '융합(fusion)'기술에 힘입어 기존의 제품이나 산업 간에 '컨버전스(convergence, 수렴통합)'가 일어날 수 있게 되었다.

⑦ 컴퓨터가 수행하는 자동화(automation) 조작기능을 운전자, 조종사, 조작사 등을 뜻하는 사이버(cyber, 그리스말 kybern(et))에서 유래하는 사이버네틱스(cybernetics, 제어와 전달의 이론과 기술을 비교 연구하는 학문)와 뇌과학의 이론 등과 결합하여 인공두뇌(artificial brain)에서 다시 인공지능(artificial intelligence)에 이르는 기술이 소위 제4차 산업혁명이라는 이름으로 새로운 힘을 얻고 있다.

⑧ 이제는 유비쿼터스(ubiquitous) 컴퓨팅 기술을 적용하여 물리적 공간과

전자 공간의 융합으로 생성하는 제3의 공간(the Third Space)에서 통합적인 통신의 가능성을 열었다. 원래 유비쿼터스란 편재성을 일컫는데, 인간의 통신 행위와 관련해서는 컴퓨터 기술의 발전이 :

- 무슨 일이나 (anything)
- 언제나(anytime)
- 어디서나(anywhere)
- 누구하고나(with anybody)
- 어떤 연결망, 어느 매체나(thru any network or any media)
- 어떤 기기를 쓰거나(using any device)
- 어떤 서비스를 위해서나(for any service)

이용 가능한 상태를 자아낸다. 그리고 더 나아가 이른바 가상현실(VR, virtual reality) 및 증강현실(AR, augmented reality)이라는 세계로까지 확장할 수 있게 되었다. 그리고 온라인 세계와 오프라인 세계 사이의 간격도 그만큼 줄이고 있다.

그 정도의 기술 관련 정보는 충분치는 않지만 더 이상 추가하기는 지면의 문제가 있으므로 이에서 마무리한다. 우리의 직접적인 관심사는 그러한 기술혁신이 사회생활 특히 인간관계에 어떤 영향을 미치느냐 하는 것이다. 이 문제도 다양하고 복합적인 면이 있음에도 역시 축약하여 개요만 살펴보아야 할 것 같다. 그리하여 고찰의 초점을 두 가지 현상으로 축약하기로 한다. 하나는 이른바 네트워크 사회 혹은 연결망 사회(network society)이고 다른 하나는 온라인 세계인 사이버 공간에서 펼쳐지는 사이버 세계다.

1) 연결망 사회

연결망 사회(network society, 초연결사회라고도 함)는 대체로 1990년대 초에 등장한 개념으로 디지털 정보 및 통신기술이 창출한 연결망으로 인하여 생성한 사회, 정치, 경제, 문화 영역의 변동의 확산과 관련하여 창안하였다. 물론 굳이 그 개념의 원천을 추적한다면 20세기 초의 사회이론가들로 거슬러 올라간다. 그중에서도 사회학자 Georg Simmel이 근대화와 공업자본주의가 사회적 관계, 조직, 생산 및 기타 경험에 미친 영향을 분석하는 데서 소개한 보기가 두드러진다. 다만 새로운 정보통신기술의 혁신이 자아낸 사회적 결과를 본격적으로 다루기 시작한 20세기 말에 네덜란드의 Jan van Dijk(1991)와 Manuel Castells(1996) 등이 이 말을 쓴 초기 학자들이고 그 전에도 1978에는 James Martin이 대중매체와 장거리통신매체의 연결망으로 '이어진 사회(The Wired Society)'라는 용어를 사용하기도 하였다.

연결망 사회란 전자공학과 디지털 컴퓨터 네트워크에 기반하여 네트워크의 분기점을 거쳐 정보를 생성, 처리, 분배하는 정보통신 기술로 작동하는 사회구조를 일컫는데, 그 특성은 사회의 모든 수준(개인, 집단, 조직체 및 전체사회)의 원초적 조직양식을 가능케 하는 사회적 및 매체의 연결망의 하부구조로 이루어지는 사회구성체라는 것이다. 특히 현대 사회에서 진행하는 개인화로 말미암아 네트워크의 기본단위는 바로 이 연결망으로 엮인 개인이 된다. 그러나 네트워크 사회가 대중사회와 다른 점은 그 범위가 확장과 축소를 함께 경험한다는 사실이다. 다시 말해서 동시에 전 지구적 수준으로 넓어지면서 지방화도 일어나는 소위 지구지방통합(glocal)의 현상이 벌어진다. 나아가, 연결망은 정보통신 기술에 힘입어 현실을 초월하여 가상현실을 창출하며, 자연과 사회를 포함하는 모든 생명체의 복합시스템의 조직양식이 되기도 한다. 다만 이처럼 전 지구적 차원에서 작동하는 네트워크의 논리도 그 내용(program)에 따라 전 세계의 모든 개인이나 집단을 골고루 포용하지 않고 그 연결망 속에서 상호작용하는 권력관계로 배제와 차별이 일어난다는 사실은 주목해야 할 사항이다.

2) 사이버 공간의 사이버 사회와 개인

이제는 온라인 세계에서 생성하는 사이버 공간에 이루어지는 사이버 사회의 성격과 그 안에서 드러나는 사회적 특성 및 인간 실존의 문제를 성찰하기로 한다. 다만 이 주제는 내용의 특성상, 지면 문제가 있으므로 장황한 서술적 설명보다 개요의 나열로 대신한다(김경동, 2002; 김문조, 2000; 최호철, 2000; 추병완, 2002; Rafaeli and Newhagen, 1996).

(1) 물리적–공간적 특징(Physical–Spatial Features)

- 탈영토, 무경계(boundaryless)
- 전지구적 확장(global expanse)
- 탈육신(bodyless)
- 무구조(structureless)
- 무실체(substanceless)
- 탈중심(centerless)
- 탈뿌리 (rootless)
- 이동성(mobility)
- 속도(speed)

(2) 사회문화적 특성(Social–Cultural Characteristics)

- 접근 용이 (accessibility)
- 편리(convenience)
- 익명성(anonymity)
- 익면성(匿面性 : faceless)
- 개방(openness)
- 평준화–평등(성별, 연령, 계급, 지위, 지역, 학벌 등 : leveling/ equality)

- 수평적 관계(개방성/평등 : horizontal relations)
- 무차별(성별, 연령, 계급, 지위, 지역, 학벌, 인종, 종교, 신념 등 : non-discriminating)
- 자유(사회적 규범, 제약, 금기, 제재, 억제 약화; freedom)
- 탈억제, 유대 약화 (이동성 : week ties)
- 문화와 관계의 사물(사)화(私物化, 私事化 : privatization)
- 개인화(individuation)
- 통제가능(control)
- 다원적 정체의 확인, 정립, 변경 가능(multiple identity)
- 다양성(배경, 관심, 이해관계 등 : diversity of contacts)
- 흥미, 심미적 매료(excitement)
- 정보 보존성(무훼손 : information conservation)
- 최소투자, 최대효과(minimum input, maximum output)
- 물리적 거리(physical distance)
- 온라인과 다른 심리적 기제(on-line psychological mechanism)
- 파괴 세력(destructive force)
- 정보의 바다(sea of information)
- 연결망(network)
- 매체(media)
- 생활세계(lifeworld)
- 상호작용(양방향성 : interactive)
- 상호의존(interdependent)

(3) 정치적 기능

[1] 긍정적 측면(Positive Aspects)

- 참여민주주의(participatory democracy)

- 여론형성(opinion formation)
- 의제설정(agenda setting)
- 집단형성(group formation)
- 이익 표출(expression of interest)
- 동원(mobilization)
- 군집 행동(collective action)
- 선거운동(election campaign)
- 집합적 의사결정(투표: collective decision making, voting)

[2] 부정적 측면(Negative Aspects)

- 숙의 부족(lack of deliberation)
- 경청 부족(lack of listening)
- 감성매체(emotional media)
- 정보격차(information divide)
- 기존 의견의 단순 보강(simple reinforcement of opinion)
- 강요(coercion)
- 이견 부정(denial of dissent)
- 무책임(irresponsible)
- 집단 비판과 배척(collective criticism/exclusion)
- 관용 부족 lack of tolerance
- 다양한 대안/의견 인식 부족(lack of awareness of diverse options/opinions)

(4) 사이버 공간의 명암 : 전반적 평가

[1] 긍정적 요소

- 다양한 문화(cultural diversity)
- 다양한 체험(diversity experience)

- 열린 문화(open culture)
- 자아실현 가능 공간(space for self-actualization)
- 정보교환(information exchange)
- 건전한 인간관계 형성(sound human relationship)
- 자율적 자아 표현(autonomous self expression)
- 사회적 지적 자원 확장(expansion of social intellectual resources)
- 미래문화 접촉(exposure to future culture)

[2] 부정적 요소(보편화, 상업화, 다중매체화에 의한 부정적 결과)

- '경찰 없는 거대도시(metropolis without police)'
- 무법지대(a land of disorder/lawlessness)
- 음란물 유통(pornography)
- 폭력물(violence)
- 불건전 통신 언어(은어, 비속어, 욕설 등: unsound languages)
- 유언비어(rumor)
- 개인 비방(slander)
- 인터넷 사기(internet fraud)
- 남의 것 망가뜨리기(cracking)
- 바이러스 제작유포(virus spreading)
- 흑색선전(mud-slinging)
- 개인정보 오·남용(abuse/misuse of private information)
- 제작권 침해(copyright violation)
- 사이버 불량배(cyber hooligan)
- 성폭력(cyber sexual harrassment)
- 사이버 성매매(cyber prostitution)
- 사이버 집단 따돌림(cyber collective exclusion)
- 사이버 범죄(cyber crimes)

- 자살 사이트(suicide sites)
- 폭탄제조유포 사이트(explosives, bomb sites)
- 엽기 사이트(bizarre sites)
- 인터넷 중독(internet addiction)

4. 제4차 기술혁명(제4차 산업혁명)

현재 급격하게 진행하는 문명사적 변환은 위에서 언급한 다양한 분야의 기술의 융합으로써 가능해진 인공지능(AI, artificial intelligence)을 중심으로 전개할 제4차 기술혁명의 시발이다. 이는 아직 시작에 불과하므로 그 사회적 충격을 예측하는 일은 더 두고 볼 일이다. 다만 이미 로봇이 각종 직업의 기능을 사람 대신 수행할 수 있다는 개연성이 매우 크다는 사실을 전제하고 주요 변화의 성격을 간추리면, 우선 가장 시급한 쟁점은 인간의 직업생활 자체가 달라질 뿐 아니라 로봇이 대체하는 상황에서 사람이 할 수 있는 새로운 직업을 창출하는 문제와 많은 사람이 실직상태인 데서 발생하는 문제로 쏠린다. 이에 대처하는 길로서 모든 인구에게 공평한 기본 소득(basic income)을 제공하는 과제와 일하지 않고 남는 시간을 인간이 어떤 식으로 활용하는가 하는 새로운 숙제가 떠오른다. 그리고 인간관계에도 변화를 예상할 수 있을뿐더러 이것이 인간과 기계의 관계로도 확장하는 새로운 사회적 관계 형성이 심각한 과업으로 등장할 것이다. 이 맥락에서 새로운 사회적 가치의 창안이라는 근본적인 질문과 마주하게 될 것이다.

이 같은 전망 아래 그런 상황에서 인간이 어떻게 처신할 지에 관한 논의는 앞으로 좀더 신중하게 고려해야 하겠지만, 여기에서는 일단 그러한 문명사적 변혁이 주로 기술혁신을 주축으로 하여 어떤 사회문화적 충격과 변화를 초래하였는지를 성찰하는 김에 그러한 변화가 우리 사회에서는 어떤 성격을 띠게 되었는지를 잠시 점검하기로 한다.

5. 한국 사회변동의 특성

사회는 원래 항상 변한다. 하지만 그 변화의 성격에 따라서는 결과가 특별하지 않고 범상해서 크게 염려하거나 시급히 대처를 하지 않아도 좋은 수가 있는가 하면, 충격이 워낙 엄청나서 그대로 가다가는 무슨 일이 일어날지도 모르는 대단히 심각한 문제를 자아낼 수 있는 변동도 있다. 이런 때는 속히 문제해결에 나서야 함은 두말할 나위도 없다. 우리가 지금 겪고 있는 변동은 바로 이 두 번째에 해당한다. 이런 상황이라면 사회체계의 운영 패러다임을 한시라도 빨리 바꾸는 일에 착수해야 하는 것이다.

그러면 우리 사회가 겪고 있는 변동은 대체로 우리의 현대사에서 지난 반세기가 가장 기복이 심한 변화를 겪은 시기라 해도 과언이 아닐 터이니 그 기간을 중심으로 특성을 살펴보되, 그러한 변동의 배경에 작용한 역사적 역학도 중요하기 때문에 한 세기 정도, 즉 20세기 초까지로 돌아가 약 백 년에 걸친 변화를 간추려 돌이켜보기로 한다. 이것도 결국은 문명사의 한 대목인 현대의 전반적인 변화의 일환으로 간주할 수 있으므로 이 맥락에서 고찰해보려는 것이다(Kim, 2017b).

1) 고속성 : 지나치게 빠르다

우선 지난 반세기의 사회변동의 가장 두드러진 특징은 무엇보다도 '고속도(rapidity)'다. 어떤 한 가지 새로운 일이 나타났다 하고 신기해하며 어리

둥절하고 있는 사이 눈 깜짝할 틈도 주지 않고 벌써 새로운 일이 터지고 낡은 것은 한순간에 눈앞에서 사라지는 모습을 시시각각으로 경험하는 시대가 된 것이다. 이런 급변의 대표적인 보기로 휴대전화, 컴퓨터 그리고 각종 가전제품과 같이 우리의 일상 속에서 너무나도 익숙한 전자기기의 진화 속도는 참으로 신기하기만 하다. 기술 혁신의 고속질주를 말한다. 거시적으로는 전 세계가 알아주는 고속 경제성장이 가장 두드러지고 눈부신 사례다.

이 속도를 두고 한 가지 매우 놀라운 현상을 지적하겠는데, 바로 인구 문제와 관련이 있다. 과거 우리가 경제성장을 처음 시도하던 1960년대 초만 해도 인구 성장률이 너무 높아서 경제를 아무리 일궈도 실질적인 효과를 거두기가 어렵다는 문제를 안고 고민을 많이 해야 했다. 그래서 가족계획이라는 이름으로 인구 억제정책을 열심히 독려하고 시행해왔는데, 이제 한 세대가 막 지나는 어느 날 우리는 크게 두 가지 인구 문제에 또다시 봉착하게 되었다. 지금 세계에서 출산율이 떨어지는 속도가 제일 빠른 나라가 대한민국이어서 저출산 문제가 여간 골치 아픈 일이 아닌 처지에 와 있고, 동시에 우리나라는 세계(특히 OECD, 경제협력개발기구) 회원국 중에서 고령화가 가장 빠른 속도로 진행하는 나라로 우뚝 서게 되어서 앞날이 어둡기 짝이 없는 형편에 놓이게 되었다. 변화의 속도를 보여주는 예는 이 밖에도 숱하지만 우선 우리의 현재와 미래의 삶을 극적으로 전환케 한 동시에 자칫하면 또 '재앙'이 될 수 있다고까지 일컫는 거창한 결과를 안겨 준 것만 언급해도 그 정도다.

우리나라에 오는 외국인이 제일 처음 배우는 말이 '빨리빨리'라고 할 만큼 한국 하면 속도에서 으뜸을 자랑하게 된 것 같지만, 빠른 것이 항상 반드시 좋은 것만은 아니다. 너무 급하게 일을 하다 보면 뭔가 제대로 챙겨야 할 것을 놓치든지 아니면 마치 음식을 급히 먹다가 체하듯 과속이 오히려 심각한 부작용을 낳을 여지가 얼마든지 있기 때문이다. 그래서 대형 건축물이나 구조물을 고속으로 완성한 결과가 1990년대 중반의 성수대교나 삼풍백화점 붕괴와 같은 참사를 불러왔다고 하는 것이다.

2) 격변성 : 너무 갑작스럽고 격렬하다

이처럼 변화가 급속도로 일어나는 것도 특별하지만 우리의 역사는 참으로 기구하다고 해야 하나, 무슨 일이 갑작스럽게 터지는 '격변(급격한 변동, abrupt change)'의 반복으로 점철되어 있다. 지난 19세기 후반부터 제국주의 열강의 침투 압력에 시달리던 나라가 마침내 20세기 초에는 국권을 상실하는 비극을 맞게 된 때부터 우리의 현대사는 온갖 예상 밖의 급작스런 이변의 연속 속에 전개해왔다 해도 과언이 아니다. 일제강점과 함께 밀려든 외래문화의 홍수에 어지럽던 우리는 태평양 전쟁을 맞았고, 이어 광복이 갑자기 찾아와서 기뻐 날뛰는 것도 잠시 민족분단이 닥치는가 하면 결국에는 동족상잔의 6 · 25 남침이 덮쳤다. 전후의 잿더미에서 겨우 정신을 차리려던 찰나 4 · 19라는 정치적 격변이 들이닥쳤고 일 년이 지나면서는 군사정변이 일어났다.

그리고 우리의 역사를 혁명적으로 바꾸게 되는 5개년 경제개발계획의 시행으로 급속도의 공업화와 도시화를 겪었다. 경제적으로는 천년의 빈곤을 퇴치하는 쾌거였지만 어두운 정치에 억눌려 숨죽인 시민사회의 폭발을 막지는 못했다. 끊임없는 시위와 저항 끝에 대통령 시해라는 비극적 사건이 터지고 이어 또 한 번의 쿠데타가 우리를 강타하게 된다. 그것도 현대사에서 씻을 수 없는 비극을 남기는 엄청난 갈등을 깔고서다. 드디어 군부정치에 종지부를 찍는 1987년의 민주적 이행(democratic transition)과 사회적 자유화(societal liberalization)를 하루아침에 실현하게 되고 평화적 정권교체의 틀을 마련하는 계기가 되었다. 하지만 정권이 바뀔 때마다 대통령을 포함하여 그를 둘러싼 친인척과 측근인사의 비리로 곤욕을 치르는 수치도 반복하고 있다. 그리고 21세기를 맞이한 우리는 퇴임 대통령의 자살, 탄핵과 구속 등 참담하고 기막힌 사건을 봐야 했다.

그런 와중에도 경제는 더욱 커지고 기술은 계속 발달하여 마침내 우리는 세계에서 몇 째 가는 정보사회로 진화하였고 OECD라는 자칭 '신사의 클럽'에도 회원으로 참여하게 되었다. 그 과정에서 IMF(국제통화기구)라는 실체도 불분명한 국제 금융기구로부터 외화를 빌리는 대신 저들의 지침에 따라 경제를 근본부터 뜯어고쳐야 하는 국치에 버금가는 대가를 톡톡히 치렀다.

사회 부문을 보면 일제 강점으로 전통적 사회 조직원리는 하루아침에 힘을 잃어갔고, 광복과 전쟁을 겪으면서 이념 갈등의 소용돌이도 맛보았다. 전쟁은 수많은 인명을 앗아가기도 했지만 계급구조의 재편을 포함하여 사회 자체의 해체와 재구성을 강요했고, 연이은 정치적 변혁으로 혼란이 끊이지 않는 고달픈 삶을 겪었다. 경제성장을 위한 공업화는 불가피하게 도시의 팽창을 초래했고 이 과정에서 가족과 근린공동체(이웃)의 질적인 변화가 일기 시작하였다. 특히 1987년의 사회적 자유화는 시민사회의 활성화를 가능케 했으나 또한 우리 사회를 엄청난 갈등으로 몰아갔다.

그 혼란 속에서 우리 사회는 인구 변동의 영역에서 참으로 의도하지 않은 두 가지 변화를 경험하고 있다. 하나는 출산율 저하요 또 하나는 인구의 고령화다. 경제개발 시도 초기에는 인구증가율이 경제성장률을 앞지르는 불균형을 우려하여 가족계획에 적극 참여했던 것인데 약 한 세대가 지나는가 싶더니 이제는 지나치게 급속도로 출산율이 떨어지는 심각한 문제가 지속하고 있다. 그뿐 아니라 1997년의 외환위기를 겪으며 대기업체와 주요 금융회사가 대대적인 구조조정을 추진해야만 했고, 그 결과로 대규모의 실업이 갑작스레 발생하였다. 이로 인해서 가족이 해체하고 노숙자가 늘어나는 이색 변화를 겪어야 했고 중산층의 위축이라는 사회 계층구조의 악화가 유래했다. 나아가, 젊은 세대의 실업 확산과 동시에 이들이 장차 부모 세대의 사회경제적 계층 지위를 유지하기조차 어렵다는 비관론에 휩싸이게 되었다.

삶의 양식과 가치관을 포함하는 문화적인 측면에서도 격변은 예외가 아니다. 일제강점기에는 일본사회가 여과한 서방 문화가 침투하면서 우리의 전통적인 문화를 급속하게 잠식했지만 광복 후에는 미국문화의 직수입으로 알게 모르게 우리 문화의 모든 영역에는 미국화가 깊숙이 번져 들어가기도 하였다. 공업화와 도시화는 그 나름의 특성을 우리 문화 속에 심는가 하면 정보화는 우리의 삶을 가히 혁명적인 수준으로 변혁시키는 데 일조하고 있다. 그 과정에서 우리의 대중문화는 이제 서방문화의 일방적 수용의 틀을 깨고 독특한 '한류' 문화를 다른 나라에 퍼뜨리기 시작하는 기대하지 않은 변화를 경험하는 중이다. 이처럼 우리의 현대사는 정치, 경제, 사회 그리고 문화 모든 분야서 갑자기 닥치는 격변의 연속적 반복이라 할 만하다.

3) 폭발성 : 거의 폭발적이다

속도와 격변이 뒤섞이는 가운데 우리 사회는 지난 세대에 걸쳐 갖가지 분야에서 가히 '폭발적인(explosive)' 변화를 자아내었다. 인구폭증, 공장과 산업체 폭증, 크고 작은 규모의 공식조직체 급증, 자동차 폭증, 온갖 전자기기를 비롯한 소비재 폭증은 물론 정보 폭증, 대중문화 폭증, 도시폭증에 아파트 폭증 등 보기를 일일이 들기도 어려울 정도다.

4) 편파성 : 한쪽으로 많이 기울어졌다

사회변동은 역사적인 흐름 속에서 자연스럽게 일어나기도 하지만 현대사에서는 인위적으로 의도해서 추구하는 소위 계획적인 변동이 관행으로 일반화하면서 그 목표와 수단에 '편파성(one-sided)'이 두드러지는 현상이 나타났다. 한 쪽으로 편중하는 변화가 일어나거나 추구하게 되었다는 말이다. 예컨대, 일제강점기의 문화는 일본판 서방문화 일색으로 젖어 있었고 광복 후에는 미국문화 일변도를 겪었다. 그 시기에는 또한 좌우이념 갈등을 잠재우기 위한 조처로 공산주의 자체를 불법화하는 편파적 불균형이 결과하였다. 전쟁 와중에는 불가피하게 전쟁 중심으로 모든 일을 처리해야 했으므로 이 시기부터 우리 사회에서 군인, 군대, 군부의 상대적 지위가 상승하는 현상도 일어났다. 이런 것이 후일 군사 쿠데타의 배경으로 작용했을 개연성을 부인하기 어렵다.

경제성장을 지상목표로 삼았던 1960~80년대에는 이른바 '경제제일주의'라는 명목으로 정치적 민주주의 정착, 사회보장과 복지 증진, 시민사회의 활성화 같은 사회의 주요 가치목표는 뒷전으로 밀어내기도 했고, 공업화가 주된 성장 요소가 됨으로써 농업의 개발을 소홀히 다루는 편중이 일어났다. 대규모 도시가 속속 새로 태어나는 와중에 농촌이 상대적으로 불리한 위치에서 피폐해지기도 하였다. 대기업에 편중하는 정책으로 경제를 일구려 하니 중소기업은 불리할 수밖에 없다. 전통적으로 남성중심의 사회여서 여성이 대체로 소외와 차별을 감수해야 했다 해도 근대화 과정에서조차 가족 안에서나 직업세계에서나 아직은 여성의 지위가 여전히 불리한 양상을 숨길 수가 없다.

일단 경제성장을 이루어가는 과정에서는 황금만능주의, 물질지상주의 가치관이 우리의 의식을 지배하는 편중현상도 볼 수 있게 되었다. 그런가 하면 같은 맥락에서 교육가치관도 한쪽으로 쏠리어 대학 진학과 직업 선택이 몇몇 학교 또는 직업으로 집중하는 편파적 경향이 뚜렷해지기도 하였다. 또한 기술 혁신이 갑작스레 빠르게 일어나면서 정보통신기술의 열매를 이용하여 사회경제적 이득을 취하기 쉬운 젊은 세대와 중상층 이상의 계층에게 유리한 사회경제적 구조가 자리잡고 있다. 균형의 문제가 지금 우리 사회의 주요 쟁점이 되는 것이 모두 이러한 편중과 편파성 탓이기도 하다.

자유민주주의 정치와 자본주의 시장경제를 추가하는 과정에서도 편파성이 두드러지게 되었다. 민주주의와 시장경제가 자유를 떠받들다 보니 사회적 균등에 금이 가기 시작했다. 우리가 공업화를 시작할 초기에는 국가의 지원과 보호 아래 민간기업 부문이 경제성장을 일구어내는 방식으로 개발을 추구하여 성공을 거두었으나, 민주주의의 신장으로 이제는 국가의 공권력이 축소하기 시작함으로써 기업부문이 그동안 국가의 보호 속에 구축한 기득권을 거머쥐게 되어, 개발 시기 후반에 오면 이미 시장의 경쟁 자체가 불공정하게 되었다. 뜀뛰기를 하는 운동장이 평평하지 못하고 선수 중에는 이미 다른 선수들보다 유리한 앞줄에서 출발하는 형국이 된 것이다. 대중소기업 사이의 불균형이 여기에서 연유하였고 나아가 대기업이 이제는 국가의 손이 약해진 틈을 타 대학, 언론, 법조, 심지어 문화계 등 사회의 주요 부문에서 영향력을 독점하는 현상을 빚어내고 있다. 정치는 '1인 1표'의 원칙으로 작동하지만 시장은 '1원 1표'라는 자본의 힘에 의한 영향력 행사가 가능한 방식으로 움직이기 때문에 그로 인한 편중과 불균등이 심화하는 모습이다.

민주주의와 시장경제라는 두 가지 정치경제적 가치와 이념은 어차피 개인의 가치를 중시하는 것이므로 개인주의를 부추기는 결과를 초래하였다. 객관적 여건에서도 공업화는 농업처럼 공동체적인 조직원리로 이룩하기 어렵고, 도시생활은 일반적으로 공동체적 인간관계보다는 개인중심의 이익사회를 자아낸다. 여기서 극단적으로 자기중심적인 개인주의가 싹터서 번져나간다. 자유민주주의나 자본주의가 아무리 개인을 중시한다 해도 그 것은 어디까지나 사회의 공공성, 공익을 존중하고 공동체적인 책임을 완전 히 폐기하는 이념이나 제도는 아니다. 그런데 우리 사회가 전통시대에나 식 민지 시절에는 본래 공공성과 책임성을 중시하여 개인주의 이념의 가치관 과 제도에 익숙하지 않은 상태에서 갑자기 외부에서 개인주의 물결이 들이 닥치다 보니 결과적으로 이론적 바탕도 없고 이념적 합의도 없고 사회적 책 임도 지지 않는 '결격형 개인주의(Individualism-by-default)'에 빠져들게 된 것이다. 극도로 자기중심적 개인주의를 말한다.

5) 과도성 : 만사가 도에 넘친다

이와 같은 편파성과 맞물려 나타나는 다른 한 가지 변동의 특성은 '과도 성(excess)'이다. 무엇을 해도 지나치다는 것이다. 특히 한쪽으로 기울었다 해도 그나마 어느 정도의 균형이나 제어가 따르면 모르는데 그 편중이 과 하게 기울어지는 모습을 보이게 된다는 말이다. 일본 편중, 미국 일색, 권력 독점, 부의 독과점, 극에 달하는 부정부패, 교육을 둘러싼 과열경쟁, 극도로 자기중심적인 개인주의, 심지어는 가족을 중심으로 하는 특수관계 집단의 이해에만 치우치는 '집단이기주의'라는 말이 나올 정도로 극단적인 개인주 의, 극에 달한 황금숭배, 지독한 남아선호 가치관(Boy Preference Values) 등 어느 것 하나 과하지 않은 것이 없다. 게다가 인구 억제를 강조하다 보니 결 과적으로 지나쳐서 이제는 저출산에 고령화가 극도로 빠르게 진행하는 것 도 마찬가지다.

6) 불연속성 : 끊기고 이어짐이 부족하다

위에서 지적한 여러 모습의 변동이 진행하면서 우리의 역사에는 심각한 '단절'과 '불연속성(discontinuity)'이 나타났다. 빠르게 갑작스레 대량으로 변화가 일어나니 돌변한 상황에 적응하고 새로운 것에 익숙해지기 위해 노력하는 사이 지나간 것은 쉬 잊어버리고 역사가 이어지기 어려운 상태를 연출하게 되는 것이다. 특히 한 번씩 격변의 돌풍이 지나가면 세대교체라는 이름의 사람 물갈이와 청산이 급속히 일어나고 과거는 몹쓸 것처럼 폐기처분 당하는 운명에 처하기가 일쑤다. 특히 최근 들어 불순한 패거리 정치의 정치적 의도로 '적폐청산'이라는 미명 아래 적정한 절차를 무시한 채 과거를 모조리 씻어버리려는 행태로 말미암아 역사의 연속성에 금이 가고 있다.

7) 역사의 농축성 : 앞뒤 역사가 걸쭉하게 섞여 있다

그러나 미묘하게도 그러한 단절이 표면상으로 드러난다 해도 역사 자체 속에는 과거의 앙금이 그대로 잔존하는 '농축 역사(condensed history)'가 전개한다. 이를 '압축 근대화(compact modernity)'라고도 한다. 짧은 시간에 엄청난 변동을 겪으면서 과거와 현재, 전통의 유산과 신문명의 요소들이 뒤범벅으로 혼용하여 우리의 삶과 의식과 행위에 영향을 미치는 모습을 가리킨다. 오늘날 한국사회의 특성은 서방근대화 모형을 그대로 본딴 전형적인 현대사회라고 보기 어려운 매우 복잡한 요소들을 동시에 담고 있다는 것이다. 말하자면 조선조 시대, 일제강점기, 미군정기, 전쟁 후유증 시기, 공업화와 고도성장의 시대, 정보화 시대 등을 거치면서 과거를 버린 것 같지만 실은 지난날의 사회적, 문화적 요소의 찌꺼기들이 부분적으로 남아 마치 음료수의 침전물처럼 역사를 걸쭉하게 만들고 있다. 불연속 속의 과거와 현재, 고유문화와 외래문화, 촌락문화와 도시문화, 저급문화와 고급문화, 비속문화와 교양문화 등의 다양한 문화요소들이 농축 상태로 뒤섞여 있는 역사를 우리는 살고 있는 것이다.

몇 가지 구체적인 보기를 들어보자. 고급 자동차를 운전하는 사람이 차창문을 열고 담배꽁초를 도시의 도로나 고속도로에다 집어 던진다. 도심 한가운데 8차로, 10차로 대로를 할머니가 유유히 건너가는데 물론 횡단보도도 아니고 적색 신호등이 근처 어디에도 보이지 않는다. 깔끔하게 정돈해놓은 도로의 보도블록 여기저기에 가래침이나 껌의 자국이 시커멓게 눈살을 찌푸리게 한다. 주택가 일방통행길에는 날마다 수많은 자동차가 버젓이 역주행을 한다. 분명히 교차로 신호등이 붉은색으로 바뀌어도 파란색 등을 보고 출발하려는 자동차를 가로막고 적색신호를 무시하고 재빨리 내달린다. 신호등을 무시한 차들이 저 먼저 가겠다고 대로의 사거리를 꽉 메운 채 사방이 서로 갈 길을 막고 꼼짝도 못하는 풍경이 우리 눈앞에서 좀처럼 사라질 기세가 아니다. 시골 도읍 중심부의 웬만한 도로에는 차와 사람이 뒤엉킨 모습을 쉽사리 볼 수 있다. 우리나라 정도의 경제대국에다 교육대국이면 이런 일상의 규칙위반 같은 것은 이제 좀 없어져도 될 사항이다.

한국 사회의 특이한 인정 이야기도 마찬가지다. 인정입니다 하고 내미는 선물이 과할 뿐 아니라 반드시 무언가 청탁이 따른다. 선거 관련 법령들이 갈수록 엄격해지는데도 선거 때마다 검찰이 바빠지고 정권이 바뀌는 시점에는 어김없이 대통령의 친인척과 측근들이 법망에 걸린다. 대기업체의 총수로서 감방 신세를 지지 않은 사람이 없을 거라는 농담은 농담이 아니고 현실이다. 음식물이나 휘발유 같은 필수품을 인체에 해로운 물질과 섞어 일확천금을 노리는 버릇은 언제다 고쳐지려나 궁금하다. 어린이집이나 보육원 같은 복지시설을 운영하는 장본인들이 아이들을 상대로 몹쓸 짓을 서슴지 않는 도덕불감증도 보도매체의 심심찮은 특종 깜이다.

이런 모든 현상을 해당 개인의 부도덕으로만 돌리기에는 우리 사회의 시스템과 그것을 운용하는 사람들의 사회적 가치의식이 후진적이라는 의구심이 너무도 크다. 한마디로 무언가 잘못되어 있다는 생각이 우리 사회에 만연하다. 많은 사람들이 요즘 모이기만 하면, 도대체 왜 이 모양 이 꼴이냐 하는 불평들을 많이 한다. 불만이 많다는 것은 무언가 우리 사회가 제대로 돌아가지 않는다고 하는 현실의 방증이다. 만약 모든 사람들이 행복하고 즐겁게 살 수 있게끔 사회가 잘 운용되고 있다면 뭐 때문에 불평을 하겠는가? 그래서 사회가 좀 성숙해지자면 패러다임을 고쳐보아야 한다는 말이다.

결국 이 모든 문제가 지난 한 세기 내지 한 세대 동안에 일어난 사회변동의 결과이거나 그 여파로 생긴 것임을 짐작키 어렵지 않다. 너무 급하게, 격렬한 변동이 폭발적으로, 편파적으로 과도하게 일어난 탓에 역사는 단절을 경험하고 걸쭉한 농축역사가 우리 사회 속에 도사리고 작동하는 것임을 위에서 살펴보았다. 장차 성숙한 사회로 변신하기 위한 패러다임의 전환도 이와 같은 역사의식에 기초해서 구상할 필요가 있기 때문이다. 그리고 앞서 지적한대로 이제부터는 인공지능이라는 인간의 창조물이 인간을 대신하여 수많은 직업을 수행하게 되는 맥락에서 사람과 기계의 새로운 관계가 이루어지며 인간은 새로운 일거리를 만들거나 찾아야 하는 여건을 어떻게 맞이할지를 미리부터 고민해야 하는 처지에 놓이게 되었음을 기억할 필요가 있다. 사회적 가치도 그러한 시대적 변화와 무관하지 않다는 것도 유의할 일이다.

6. 미래사회의 예견

이상에서 기술혁신 위주의 문명사를 개관하면서 미래 사회의 예견이 간단하지 않음을 알 수 있었다. 그럼에도 불구하고 많은 전문가의 다양한 미래 예측 시나리오가 있는 것도 사실이다. 여기에서 그 모든 예측이나 예보를 소개할 필요는 없지만 한 가지 눈여겨 볼 만한 보기만 참고로 제시한다. 흥미롭게도 이 예측은 최근의 것이 아니고 서구사회에는 이미 정보통신 기술혁명이 진행하기 시작하고 삶의 질에 관한 관심이 막 높아지고 있던 1960~70년대의 격동기라는 문명사적 맥락에서 나온 것이라는 점에서 주목할 만하다. 당시 Graham T.T. Molitor라는 사회학자가 과감하게도 미래의 사회적 가치와 인류의 목표가 어떤 식으로 변천할지를 부각시키기 위해서 제안한 것이었다(Molitor, 1973, II: 203−208).

- 1차산업(농어업 등) 및 2차산업(제조업)에서 3차산업(서비스업) 및 4차산업 (지식 정보산업)으로
- Maslow의 욕구(가치) 서열의 생존에서 안전, 소속, 존중을 거쳐 궁극적으로 자아실현으로
- 재화에서 서비스로
- 재화와 용역을 근육의 힘으로 생산하던 양태에서 기계와 인공두뇌에 의한 생산으로
- 아무런 외적인 도움 없이 사람의 머리의 힘으로만 지식을 창조하던 것에서 전자자료 처리의 도움으로 더욱 확장한 지식 창조로
- 물질주의에서 감각문화(the sensate)로
- '사물'의 강조에서 경험의 강조로
- 기본적 필수의 수요에서 쾌적함의 수요를 거쳐 장차는 한층 높은 감각적 욕구 충족으로
- 생리적인 욕구에서 심리적인 욕구로
- 물리주의적인 자연과학에 기초한 경성(hard) 과학의 강조에서 사회과학과 같은 연성(soft) 과학의 강조로

- '없는 자'의 빈곤에서 '있는 자'의 공유하는 풍요와 평등주의로
- 양에서 질로
- 몇 가지 혁신적인 기술창출에서 막대하고 다양한 새로운 기술 혁신으로
- 결핍에서 풍요를 지나 이제는 초풍요로
- 제한적이고 뚜렷한 선택에서 너무 많아서 어지러울 만큼 다양한 선택으로
- 오래 쓸 수 있는 물건을 쉬 버릴 수 있는 것으로 바뀌도록 하는 소위 계획적 노후화(planned obsolescences)에서 다시 폐기물 재생으로
- 소유권에서 차용권으로
- 자기중심의 이해관심에서 넓은 사회적, 인도주의적 안목으로
- 독립과 자급자족에서 상호의존으로
- 일반적 종합가(generalists)에서 특수전문가(specialists)로
- 개인의 자유가 자발적 제약을 거쳐 의무적인 제약으로
- 이윤중심에서 사회적 책임과 공공이익에 관한 균형적인 관심으로
- 청교도적인 일의 윤리에서 하나의 권리로서 여가 생활로
- 다원주의적인 자아생존을 위한 경쟁원리에서 인간주의적인 완성으로
- 원자화한 제도로부터 대규모의 다원적인 제도로
- 국가중심에서 다국가 규모를 거쳐 '하나의 세계' 규모의 활동으로
- 분산체제가 중앙집권체제를 지나 궁극에는 전 지구화로
- 단순한 활동이 복합적인 활동으로
- 뻔하던 것에 매여 있던 지식이나 기술에서 눈에 뜨이지 않고 식별하기 어려운 것(방사성, X광선 등)으로
- 비합리적인 혼돈에서 논리적인 계획으로

이 목록에 담긴 각종 흥미로운 예측의 일부는 이미 진행 중인 것도 있고 반드시 그런 추이로 진행한다고 보기 어려운 것도 있으며 과연 장차도 그대

로 이루어지리라는 확신을 보장할 수 있을지가 불확실한 보기도 있다. 그럼에도 인류가 함께 성찰해볼 만한 내용을 시사하는 것만은 부정하기 쉽지 않다. 다만 우리의 직접적인 관심은 이와 같은 항목 중에서 우리의 관심사인 사회적 가치의 구현이라는 목표에 적합한 사례도 분명히 발견할 수 있으리라 보고 주의해 살필 필요를 강조하고자 한다.

이상의 문명사적 재조명을 거시적 안목에서 되돌아보면 거기에는 매우 미묘한 음양변증법적 변동이 반복되어왔음을 놓칠 수가 없다. 그 결과 또한 명암의 양면으로 인간의 삶에 충격을 심각하게 남긴 것도 관찰 가능하다. 특히 현대문명은 기술주도적 변동의 시기로 기술의 상대적 위치가 더욱더 강력해지는 추세 속에서 어느 한 가지로 기우는 극단적인 편향으로 말미암은 반작용을 우려해야 할 소지도 만만치 않다. 음양변증법의 변동원리 중에서 한계에 닿으면 되돌아온다는 원리와 극단을 피하라는 중용의 원리를 생각하지 않을 수 없는 게 현실이다. 우리나라의 사회변동에서도 이처럼 편파성과 과도성이 현저한 것도 관찰하였거니와 역시 중용을 놓치는 우는 범하지 말아야 한다는 교훈을 깊이 되새겨볼 필요가 있다. 여기에 사회적 가치를 재음미할 때에 항상 염두에 두어야 할 원칙을 생각하는 의미가 있다.

또한 이 목록에서 예시한 개연성 있음직한 변화에서도 마찬가지로 음양이 상호작용하면서 자아내는 다양한 변형과 예상할 수 있는 결과의 빛과 그림자를 읽을 수 있다. 항상 모든 변화에는 음양의 양기(兩氣)가 개입하고 있으며 거기서는 어김없이 음지와 양지의 양면적 결과가 나타나리라는 기대는 언제나 품고 예비할 필요가 있다. 그러한 거시적인 변동의 물결 속에서 사회적 가치의 역동적 변용의 의미도 충실히 되새기는 자세가 필요하다.

제4장
자본주의 전개와 경제 · 경영의
사회적 관심의 변천

　이번에는 우리의 시야를 좁혀서 사회적 가치가 관심의 대상으로 떠오른 배경을 자본주의 경제의 생성변화 과정이라는 협의의 문명사적 문맥에서 검토하기로 한다. 서구 중심의 근대화 초기 자본주의는 비교적 자유로운 경쟁을 근간으로 작동하는 과정에서 과도한 독과점 현상을 초래하였다. 이로 말미암아 사회적 자원 배분의 극심한 양극화가 심각한 사회적 갈등과 혼란을 야기했으므로 이에 반기를 들고 나타난 것이 19세기의 사회주의 · 공산주의 이념이었다. 여기에도 음양의 상호 균형, 즉 중용의 문제가 발생한 셈이다. 특히 Karl Marx는 산업혁명으로 구축한 공업생산 자본주의의 맹점을 다음과 같이 지적하였다. 자본가는 잉여가치 창출을 위해 근로자를 착취(시장 판매를 위한 노동의 열매 몰수)함으로써 사회적 양극화가 심화하고, 이는 갈등을 조장하여 혁명으로 갈 수밖에 없다. 근대 공장노동은 창조적 활동으로서 가치가 있음에도 불구하고 노동의 결과로 만든 제품과 자아의식을 탈취함으로써 근로자는 일방적으로 소외(alienation)를 경험하게 된다. 이런 상태의 근로자의 자아의식은 더 이상 인간이 아닌 짐승으로 전락하며, 인간의 조건으로서 타인과 함께 노동하는 관계에서 기쁨을 얻어야 하나, 공업자본주의의 노동과정은 이런 관계를 파괴한다. 이런 소외는 문화(종교)와 일상생활에서까지 소외를 조성하는 부작용을 낳는다(Hall, et al., 2006: 176-177). 물론 당시에도 이 같은 Marx의 지론만 있었던 건 아니고 사회적 경제라는 개념 또한 독점자본주의가 자아낸 번영의 그늘에 두드러진 사회경제적 불평등의 확장을 수정하려는 반작용으로 떠올랐으나 크게 주목을 받지는 못한 것 같다.

그후 20세기 초의 세계대전과 대공황의 여파로 수정주의 경제가 대두하면서 서구세계는 일시 풍요의 세대를 경험했지만, 20세기 말 금세기 초에 진행한 급속한 정보통신기술 혁신에 힘입어 펼쳐진 전지구화의 파도 속에 닥쳐온 금융자본주의의를 주축으로 한 신자유주의 경제체제의 충격적 교란사태는 심각한 사회경제적 양극화뿐만 아니라 극단적 개인주의의 팽배로 말미암은 공동체 붕괴 등의 모습으로 표출하고 말았다. 바로 이런 상황을 계기로 기업경영의 사회적 책임, 사회 공헌,] 그리고 마침내 사회적 가치라는 명목의 새로운 시도가 연이어 고개를 들기 시작하였다.

주목해야 할 것은 그러한 변혁의 충격은 비단 경제 부문에만 국한하지 않고 사회 전반에 걸쳐 '위기' 의식을 자아낼 만큼 위험한 결과로 나타난다는 점이다. 특히 주목할 부문이 정치다. 여기에서도 민주주의의 위기를 우려하는 논란이 확장하고 있다. "경제에는 시장이 있지만, 사회에는 시장이 없다"고 천명한 투자의 귀재 George Soros도 거리낌 없는 시장이 사회 속에 너무 깊이 파고들어서 억제받지 않고 더욱 강렬해지는 자유방임 시장과 시장가치가 삶의 모든 영역에서 열린 민주주의 사회를 위협하고 있음을 다음과 같이 갈파하였다 (1997: 2-3).

지나치게 강력한 경쟁과 너무 부족한 협동은 참을 수 없는 불평등과 불안정을 일으키는 원인이다. 오늘날 우리 사회의 지배적인 가치가 있다면,

이는 시장의 마술을 신봉하는 것이다. 자유방임 자본주의 교의는 방해 받지 않는 자기이익의 추구가 공통의 선을 가져다준다고 주장한다. 그런데 만일 그것을, 특수이익보다 우선해야 하는 공통의 이익을 인정하는 논리로써 진정시키지 않는다면 우리가 누리는 현재의 시스템—아무리 불완전하다 해도, 열린 사회의 자격이 있는데—은 무너질 소지가 크다.

사실, 최근 미국사회에서는 자가성찰적 비판의 목소리도 높아지고 있다. "미국은 가장 야심차고도 자랑스러운 이상을 거의 버리다시피 하였다 : 경쟁적인 경제 안에서 성취를 추구하는 활력을 돋우는 불평등과 민주주의가 기약한 공동체를 단결시키는 평등 사이에서 영원히 불완전하지만 끊임없이 토론하고 추구하는 균형을 상실하고 있음이다."(Brill, 2018: 31) 현대문명의 맹점은 바로 이 균형이 급속히 사라지고 있다는 것이다.

사회문화적 측면에서도 자본주의적 경제성장이 가져다주는 물질적 풍요를 둘러싼 가치관과 생활양식의 변화를 발견할 수 있다. 시장원리를 추구하는 자본주의는 화폐가 가치를 좌우하는 '교환가치'가 우선하므로 황금만능 문화를 조장하고, 소비가 필요조건이므로 돈이 좌우하는 소비문화를 부추긴다. 소비의 표적은 풍족한 물질생활과 육신적 즐거움이 되며 일보다 여가생활에 더 큰 가치를 부여하는 이른바 '즐기기의 도덕' 혹은 '재미의 도덕(fun morality)'이라는 새로운 규범적 가치기준이 그 어떤 가치보다도 우위를 차지하게 된다. 물질지상, 소비지향, 쾌락주의가 지배하면서 사람들의 정신세계는 황폐해지기 시작했고, 삶의 진정한 가치에 관한 판단이 혼란해지면서 사회적 규범을 보는 관점에도 난맥상이 나타난다. 게다가 부정과 부패로 얼룩진 정치경제의 역사는 일반시민들의 준법정신에도 영향을 미쳐 질서관념이 희박해지고 일탈을 보고도 쉽게 용납하는 도덕적 마비를 초래하였다.

시장경제는 어차피 경쟁으로 작동하고 성장한다. 다만 지나치게 방종한 경쟁에 매몰 당해야 하는 개인은 자기방어를 위해 자기중심적 담을 쌓는다. 여기에 극단적 자기중심적 개인주의(extreme individualism)의 원천이 있다. 어차피 소비지향의 쾌락추구는 개인중심주의 성향을 띤다. 게다가 사생활 보호를 강조해야 하는 대단위 다가구 주택은 각자의 격리(seclusion)와 은둔 (cocooning)을 찾는 공간으로 변질하였다. 이런 환경에서 진정한 의미의 이웃은 존속하기 어렵다. 현대의 대중사회에서는 전반적으로 사회적 유대와 사회적 관계의 분절(segmentation)이 보편화하고 점차 희박해지는 '상호작용의 진공상태'가 자아내는 결과는 고립, 고독, 소외 그리고 결국은 '관계를 갈망하는 문화(a culture craving relationships)'를 조장한다. 가족의 기능과 가족관계의 성격에 변화가 나타나면서 공동체의 해체와 붕괴가 시작하였다.

이러한 사회문화적 환경 속에서 기업경영은 효율과 이윤에 눈이 멀어 책임과 복지로부터 멀어진다면 과연 지속가능할까 하는 새로운 도전에 봉착하게 되었음이다. 여기에 경제·경영도 이제는 '사회'를 외면한 채 유의미하게 살아남기 어렵다는 각성이 싹틀 수 밖에 없는 계기가 있었다. 더군다나 지난 한 세대를 거치면서 급격하게 진전한 정보통신 기술의 혁신과 이와 짝을 맞춰 날갯짓 하는 생명공학, 물질공학, 나노공학, 항공우주공학 등 분야의 과학기술혁신은 인간의 삶을 뿌리로부터 송두리째 뒤흔들 기세로 진행 중이다. 이를 수단으로 새로운 경제·경영을 도모하고자 한다면 구시대의 이윤극대화를 위한 효율에 매달려 머뭇거릴 수가 없을 만큼 전반적인 변화의 속도와 규모가 이제 제2의 '거대한 변환'이라 할 수 있는 시대를 살고 있음을 진지하게 인식해야 하는 문명사적 요청과 마주 서야 한다. 사회적 가치가 '중요하고 의미 있는(significant)' 개념인 것도 이와 같은 복합적인 변혁이 자아내는 신세계에서는 피할 수 없는 융합의 가치기 때문이다.

1. 기업윤리

1) 기업윤리의 쟁점화 과정

일단 사회적 가치론의 원류를 추적하면 기업활동의 윤리적 쟁점으로 귀착한다. 기업이란 본원적으로 이윤 추구 활동이다. 그런 뜻에서 자본주의적 활동이기도 하다. 자본주의의 역사를 잠시 돌아보면 유럽의 중세 봉건사회에서 근대 자본주의의 합리적 산업경영에 기초하지 않고 상업과 금융업(특히 고리대금업)으로 특이한 지위를 차지했던 유대인들의 상업활동을 지목한 데서 유래한 천민자본주의 개념과 만난다(Weber, 1968; 김경동·김여진, 2010). 유대인들이 상업활동 자체를 합법적으로 인정받지 못하고 제한을 두었던 맥락에서 스스로 천민민족(Pariavolk)을 자처하며 제도권에 기생하여 갖은 수단으로 이득을 취했던 것을 일컫는다. 천민자본주의는 비합리적이며 정치기생적인 것이 특색으로, 유대인뿐 아니라 실은 전근대사회의 영리활동이 일반적으로 지니고 있었던 특징으로 간주하기도 한다. 이러한 관행은 또한 전근대 사회에 만연하던 일반적인 부패를 반영하므로 기업 행위의 반윤리적인 요소를 지목하는 근원이 되었던 것이다.

이에 대비하여, 근대의 합리적 자본주의는 적어도 그 이념형에서 보면, 이 같은 천민자본주의의 정경유착과 같은 비합리성과 기업부문의 집단이기주의를 극복하고, 보편적 경제원칙을 따르는 자본주의정신에 기초한 경제체제다. 노동생산 자체가 인생의 의무이며 엄격한 규율과 조직원리에 준하여 직책에 헌신하는 금욕적이고 윤리적인 활동으로 간주하며, 영리 획득 행위도 근검절약의 생활윤리와 합리적인 경제윤리로 무장한 전문인의 금욕적 직업윤리에 의거하여 이루어지는 것으로 규정한다(Weber, 1968; 김경동·김여진, 2010). 그런데, 이와 같은 기업의 반윤리적인 현상이 현대사회에서 다시 주목을 받게 되는 시대적 사건이 일어난 것이다.

　앞서 살펴본 대로, 정보통신기술의 혁신과 아울러 그에 힘입어 급격하게 전개한 전지구화(globalization)라는 거대한 사회변동의 이면에서 1980년대에 서방세계의 세계적인 주요 기업체들이 기업경영 활동 전반에 걸친 심각한 불상사를 일으킨 사건을 가리킨다. 그 충격은 물론 전지구적인 것이었고, 미국을 중심으로 기업부문에서는 위기 관리 차원에서 우선 문제의 핵심을 기업윤리로 파고드는 자가비판의 시도가 있게 되었다. 이 과정에서 소위 가치 전환(value shift)의 필요성이 대두하였고 그것이 곧 윤리 문제로 귀착한 셈이다. 일본이나 우리나라에서도 이 문제는 대략 1990년대부터 관심의 대상으로 떠오르며 세계적인 추세에 발맞추려는 방향으로 전개하기 시작하였다(신유근, 1994; Paine, 2003; 김정년 2008; 中村瑞穗, 2007).

　요컨대, '기업체 불상사' ⇒ '위기 관리' ⇒ '가치 전환'의 흐름을 거치며 기업윤리가 쟁점화하는 시대적 변천과정은 이러하다. 일단 불상사가 일어나자 법적인 처벌과 동시에 사회적 비난과 비판이 쏟아졌고 이에 대응하는 시급한 위기 관리를 우선 조직체 내부의 기능적 차원에서 다루고자 했을 때는 가치와 윤리의 적용이 불가피해졌다. 아울러 기업체의 불상사는 곧바로 시장에서 점하는 지위에 영향을 미치므로 대(對)시장 전략에서도 가치와 윤리 문제가 등장해야 했으며, 더 나아가 이제는 전 사회의 차원에서 위기 관리를 서둘러야 했으므로 여기에도 가치와 윤리가 주요 화두로 떠올랐고 이제는 전지구적 가치 문제로 번져나가는 단계에 이르렀다. 특히 주목할 것은 이러한 가치 전환의 과정에서 1990년대 미국의 업계에서는 중요한 질적 변화를 경험했다는 점이다. 초기에는 일단 급한 대응책으로서 법률 준수 즉 컴플라이언스(compliance)의 차원에서 가치를 확립할 필요가 생겼으나 이제 전사회적, 전지구적 평가를 받아야 하므로 결국은 소극적 법률준수에 머물 수 없고 모든 이해 당사자를 아우르는 가치 공유(value sharing)의 수준으로 윤리 문제가 확대하게 된 것이다.

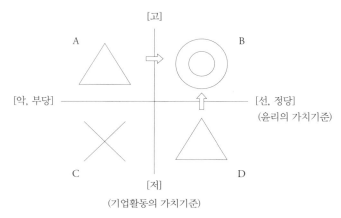

[그림 4-1] 기업활동과 윤리의 가치기준 관계

그러면 기업윤리의 의미를 가치의 관점에서 어떻게 이해할 것인가? 이를 간략하게 접근하려면 위의 [그림 4-1]의 틀로 요약하는 방법이 있다(梅津光弘, 2002: 5). 이 그림에서 가장 부정적인 모형 C는 이제 극복 대상이고, 모형 A와 모형 D는 과도기적 형태이므로 궁극에는 모형 B를 성취해야 이윤 극대화라는 기업가치와 선하고 정당하다는 윤리적인 사회적 가치를 모두 성취하게 된다는 뜻이다(梅津光弘, 2002, 5). 물론 인습적인 관념은 사업이란 수단방법 가리지 않아야 돈을 벌 수 있다는 식으로 이 두 가지 가치가 양립불가능한 것으로 간주해왔다. 하지만 21세기의 기업은 이제 그러한 좁은 생각에서 탈피해야 함을 암시하고 있다. 오히려 윤리적으로 우월한 기업체가 재정적으로도 이윤에서도 앞선다는 연구결과도 있는 게 사실이다(Robbins and Judge, 2007).

다만 현실 세계에서는 이 둘 사이의 긴장관계를 무시할 수 없고 이를 극복하고자 하는 노력이 대체로 몇 단계의 변천과정을 겪으며 나타나는 점을 고려하고자 다음과 같은 진화양상을 요약한 보기가 있다. 현실적으로 반드시 모든 기업행위가 이런 단계를 순차적으로 경과한다고 할 수는 없지만 기업윤리의 발전 양상을 점검하는 기준틀로서 의미가 있으므로 여기에 소개한다(유성은, 2007: 86; 김성수, 2009: 36: 김경동·김여진, 2010: 84-85).

① 제1단계(무도덕 단계, Amoral Stage) : 윤리도덕의 문제를 전혀 고려하지 않고, 부도덕한 경제행위로 처벌을 받고 대가를 치르더라도 이익 극대화만 달성하는 것이 목표다.

② 제2단계(준법단계, Legalistic Stage) : 법규만 지키고 위법행위만 없으면 더 이상의 도덕적 문제를 윤리적 관점에서 고려하지 않는다.

③ 제3단계(대응단계, Responsive Stage) : 일단 윤리 문제를 인식하고 기업의 사회적 책임을 다하는 것이 기업활동에 이득이 된다는 인식으로 지역사회 봉사 등 대외 이미지 제고의 홍보효과를 겨냥한 사회공헌책임에 임한다.

④ 제4단계(윤리관 태동단계, Emerging Ethical Stage) : 윤리경영과 경영성과 실현 사이의 균형을 추구하여 기업신조, 윤리강령 제정발표, 윤리위원회 조직, 윤리사무국 설치 등 제도적 정착으로 기업목표와 경영이념에 윤리를 반영하고자 시도 한다.

⑤ 제5단계(발전적 윤리단계, Developed Ethical Stage) : 기업경영에 윤리를 우선하는 신념을 확립, 기업윤리관과 원칙을 천명할뿐더러 행동으로 실천함으로써 발전적 윤리경영의 명성을 유지한다.

2) 기업윤리의 주요 내용

실상 기업윤리의 내용은 기업경영에 관계하는 이해관계당사자의 구성과 그 상호연관성이 매우 복합적이므로 자세한 해설은 생략하고 주요 사항의 개요만을 다룰 수밖에 없다([그림 4-2] 참조; Hartman(2005: 116); 이종영 (2008: 176; 김경동 · 김여진, 2010: 88).

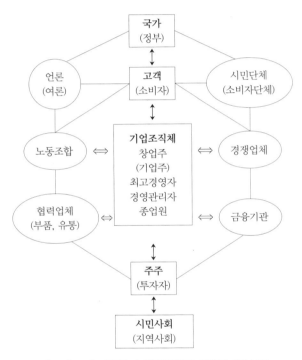

[그림 4-2] 기업윤리 행위주체와 이해관계당사자

우선 기업경영 일반의 차원에서 이해당사자에 따라 주요 윤리 쟁점과 몇 가지 구체적인 윤리 문제 행위를 다음 [표 4-1]에 예시한다(김경동 · 김여진, 2010: 89; 99-101 참조).

[표 4-1] 윤리경영(기업윤리)의 주요 일반적 내용

이해관계당사자	윤리적 관심사	윤리 관련 문제 행위
① 주주, 투자자	지배구조, 주가변동	주가 또는 가격 조작
② 기업주/경영자	기업체 신인도, 경쟁력	비윤리적 부패 기업관행
③ 종업원/노동조합	임금, 상여금/회사관련 자부심	저임금, 체불임금, 근로조건 무시
④ 고객/소비자	신뢰성, 안전, 품질	허위과장광고, 폭리, 유해 결함 상품
⑤ 협력거래업체	판매량 감소, 매출액 감소	납품하도급 거래 시 금품수수
⑥ 경쟁업체	기업체 이미지, 소비자 상표전환	덤핑 판매, 입찰 시 담합, 부정낙찰
⑦ 금융기관	대출 위한 기업체 평가	금융대출 부조리, 부정 돈세탁
⑧ 시민(소비자)단체	안전, 고발, 개선	허위정보, 과대광고, 폭리, 유해 상품
⑨ 지역(시민)사회	생태환경 보존 보호	산업폐기물 불법처리, 환경훼손
⑩ 언론(여론)	안전, 기업윤리	각종 부조리
⑪ 국가(정부)	안전, 깨끗한 정부, 여론	뇌물 제공, 정경유착
⑫ 생태환경체계	생태환경 보존 보호	오염(토양, 해양, 대기, 수질), 자연환경 파괴, 소음공해, 폐기물, 기후변화, 오존층 파괴, 산성비, 사막화
⑬ 다국적 기업	현지국에 직접 피해 금물 현지국에 손해보다도 혜택 현지국의 발전에 기여 종업원의 인권 존중 윤리적 표준 범위 내 현지문화 존중 정당한 세금 납부 현지의 법질서 유지 위한 현지국 지방정부와 협력	부패, 뇌물공여, 세금포탈, 불건전 상품 판매, 불건전 노무관리, 불공정 노사협정, 생태환경 공해 유발, 불공정 거래 강요, 불평등계약, 특혜조치 요구, 전략·특화·육성산업 지배

3) 기업 조직체 내부의 윤리적 쟁점

이제는 약간 장황하기는 하겠지만, 기업윤리를 윤리경영이라는 측면에서 검토하기 위하여 기업 조직체 내부에 초점을 맞추고 그 맥락에서 발생하는 각종 윤리적 쟁점과 문제 행위를 비교적 상세하게 제시하되 일종의 표와 같은 개요만을 [부록 4-1]으로 정리한다(김경동 · 김여진, 2010: 89-99).

[부록 4-1] : 윤리경영의 분야별 윤리 쟁점과 윤리관련 행위 유형

1. 인적자원 관리

기업체 내부의 윤리경영에서 가장 중요한 요소는 역시 사람이다. 인적자원을 관리할 때 무엇보다 중시할 요소는 구성원의 기본적인 인권 관련 제도와 행위이며, 여기에는 ⓐ 자유시민권의 존중과 ⓑ 공정한 직장 여건 마련이라는 가치가 자리한다. 이 두 가치 가치를 존중하기 위해서는 다음과 같은 행위에서 윤리 문제를 주의할 필요가 있다.

A) 권리 차원에서는
① 일할 권리, 정당하고 공정한 보수를 받을 권리, 안전한 작업 환경과 보건 확보 조건을 요구할 권리, 직장생활의 질적인 여건 요구의 권리를 주목해야 한다.
② 사생활(privacy) 보호의 권리, 직장과 가정생활의 균형 찾을 권리, 외부활동의 권리, 단체행동의 권리, 공정하고 하자 없는 절차(due process)에 의한 대우를 받을 권리가 있다.

B) 인사노무관리 측면을 보면,
① 임용, 승진, 기율, 해고와 같은 일반적 고용관계의 영역,
② 직무상 차별, 성적 괴롭힘이나 희롱(sexual harassment), 그리고
③ 고용관계, 인사노무 영역에서 종업원의 권리, 의무, 책임 등이 해당한다.

2. 생산 관리

다음은 기업체의 구성원인 사람들의 주 업무인 생산활동 특히 제조활동와 관련한 윤리문제가 쟁점으로 떠오를 것이다. 거기에는 ⓐ 공정(工程), 자재, 품질, 재고, 원가 관리 영역 등 물리적 측면, ⓑ 생산에 종사하는 사람들의 인간적 차원, 그리고 그 결과로서 ⓒ 경제적 고려를 하게 된다.

A) 생산관리 윤리의 목표로는

① 최고 품질을 보장하는 양질의 적격한 물품을 소비자에게 제공하는 일

② 저렴한 원가로 생산하는 문제

③ 신속한 생산활동으로 작업시간이나 사무처리시간을 단축하는 과제 등을 윤리적 척도로 평가할 수 있다.

B) 경영자와 관리자의 윤리와 관계 있는 윤리적 척도는

① 생산과정에서 근로자에게 인간적인 고려를 우선하는 문제가 핵심이며, 특히 종업원들이 일하는 삶의 질적 향상을 도모할 수 있는 쾌적한 작업여건 속에서 직무상 만족감 얻을 수 있도록 할 의무가 이에 해당한다.

② 소비자에게도 인간적인 측면의 윤리 문제를 배려해야 한다. 사용하는 자재나 부품의 질, 생산해내는 제조물의 품질이 인간에게 유해하거나 불법적인 기준 미달 사항에 주의해야 한다.

③ 지역사회를 대상으로 해도 인간적인 도리도 물론 있어야 한다. 공장입지로 현지 주민에게 피해를 주거나 생산과정에서 발생하는 생태파괴의 환경 윤리 문제 야기가 금물이다.

④ 기술개발 관련해서는, 창조, 개량, 라이센싱, 특허 등 과정에서 도용, 모방 등의 문제에 주의해야 한다는 경고도 있다.

3. 마케팅 관리

마케팅이란 ⓐ 기업체가 생산하는 제품을 판매하여 이익을 창출하는 경제적인 기업

목표와

ⓑ 소비자의 만족과 마케팅 과정에서 발생하는 사회적 영향 사이의 딜레마를 둘러싸고 대두하는 윤리 문제가 발생한다.

A) 제품관리의 윤리에는 ⓐ 인간에게 해로운 사회적 유해물인가, ⓑ 공해를 유발하는가, ⓒ 혐오제품인가를 둘러싼 다음과 같은 쟁점이 고려 대상이다.

① 제품안전 문제 : 제품 자체의 결함, 위험하게 만들어진 상태, 건강식품의 위험, 포장과 이름 붙이기, 생태적 환경에 대한 영향 등

② 제조물 책임(product liability)의 문제 : 제품의 일정한 결함이나 안전성 부족으로 인한 피해와 그와 관련한 배상, 리콜 처리 등

③ 제품모조의 문제 : 허가 없이 발명품이나 상표 모방, 원산지 허위 표기, 상품 등록권 침해 등이 이에 해당하는 문제다.

B) 가격관리의 윤리는 수요공급의 함수관계로 결정해야 하는 시장경제 체제에서 가장 어려운 실질적인 과제인 동시에 거기에 윤리문제가 수반하기 마련이다.

① 가격결정의 윤리성 : 주로 시장 메커니즘이 허용하는 수준보다 높은 가격의 책정

② 실질적 가격인상의 윤리성 : 표면상 가격인상은 하지 않으면서 내용적인 가격인상의 효과를 얻고자 하는 관행(함량 감축, 품질 저하 등)

③ 가격할인의 윤리성 : 경쟁 과정에서 할인에 의한 마케팅 행위(대형 할인점 등)

④ 가격광고의 윤리성 : 광고에서 타회사와 비교하는 문제

⑤ 기타 정보교환, 재판매 가격유지, 약탈적 가격책정 등이 문제가 된다.

C) 유통관리의 윤리는 생산자에서 도소매상을 거치는 유통과정에서 발생할 수 있는 심각한 불공정 거래의 문제가 다음과 같은 모습으로 쟁점화 한다. ⓐ 거래거절 ⓑ 차별적 취급 ⓑ 경쟁자 배제 ⓒ 고객 부당유인 ⓓ 거래강요 ⓔ 우월지위 남용 ⓕ 조건부 거래 ⓖ 사업 활동 방해 ⓗ 부당지원 등이다. 구체적으로는

① 생산자의 유통경로 관리의 윤리 : 대규모 제조업자가 우월한 지위 이용, 불공정하게 경쟁 제한

② 도매상의 윤리 : 가맹점, 체인점의 중앙에서 가맹점의 공급 행위를 일방적으로 결정하는 등 영향력 발휘

③ 소매상의 윤리 : 상품 선정과 구입, 납품업자와 구매계약, 매장면적 배정, 소매점 세일 가격 광고, 할인율 결정 등의 과정에서 드러나는 행위

④ 구매관리의 윤리 : 구매관련 종업원의 사적 이익 추구, 공급회사에게 우위의 구매회사가 압력 행사 등의 양태로 윤리문제가 발생할 수 있다.

D) 판매원의 윤리는 ⓐ 판매할당량과 성과급의 연관성 ⓑ 승진/승급과 판매수입의 연결 ⓒ 현장 의사결정 등의 특성으로 인한 판매원의 윤리문제 등이다. 여기에는 이런 윤리문제가 될 행위가 있다.

① 공급의 사적인 이용문제

② 대고객, 대경쟁자, 동료와 상사, 상충하는 이해관계자 등 관련 발생하는 비윤리적 문제

③ 선물과 접대 등이다.

E) 광고관리의 윤리 : 광고란 유료로 소비자에게 제품에 관한 정보를 전달하는 행위인데 이 과정에서 허위, 과도, 공격적 과장 등의 문제가 발생한다. 예를 들어,

① 금지된 광고의 사례 : 없는 사실의 허위광고, 사실과 다른 왜곡, 특정부분의 한정된 사실 확대, 실제와 차이 나는 표현, 기간 경과 후의 계속 광고, 배타적인 절대적 표현 등

② 광고대행사의 윤리 : 사실성과 진실성, 메시지의 효과, 시청자의 이해관계 문제 등

③ 광고주의 윤리 : 국민의 복지, 편익, 공공질서 유지 등의 목표 위반, 진실, 허위, 과대 표현, 비방 중상, 모방 표절, 명예손상, 불공정 거래, 사회도의와 규범, 미풍양속 침해 등

④ 광고매체의 윤리 : 사회적, 국제적으로 문제시되는 광고주를 위한 광고, 미풍양속에 위배되는 광고, 허위, 비방 등이 있다.

4. 재무 · 회계 · 금융 관리

통상 수많은 기업비리나 부정부패는 기업활동이 생성전개하는 기본인 자금을 조달하고 관리하는 재무, 회계, 금융 방면에서 일어난다.

A) 재무관리의 윤리는 ⓐ 자금조달과 ⓑ 기업소유구조 및 지배구조의 윤리로 분류하고 다음과 같이 다시 세분하여 검토하게 된다.

ⓐ 자금조달 관련 쟁점은

① 기업공개 윤리 : 공개 전 증자남발과 발행가 과대산정

② 기업 내용 공시의 윤리 : 경영자의 불리한 정보의 의도적 공시 회피, 공시의 지연 등

③ 내부자 거래의 윤리 : 증권시장의 효율성 저해와 거래의 공정성 문제로 나타나고

ⓑ 기업소유구조와 지배구조 관련해서는 기업체의 소유와 지배구조가 밀접하게 연결되어 있고 전문경영자형 소유 · 지배와 지배주주의 소유 · 경영 결합의 폐쇄적 유형을 두고 문제가 되는 것이므로 여기에서 야기하는 윤리 쟁점은

① 공개와 투명성

② 지배주주의 사적 소비

③ 이전거래, 상호출자, 상호지급보증, 경영권 과대보호, 사회이사와 사외감사 문제 등으로 접근한다.

B) 회계관리의 윤리는 주로 다음 두 가지 범주의 사람들과 관련한 문제다.

① 회계 관련 종업원과 회계사 : 종업원은 허위 증빙서 작성 금지, 내용이 틀린 서류를 정확하다는 주장 금지, 회계사의 의무로는 해당기업체의 재무상태 관련 정확한 표시 증명, 이해 관계자에게 신뢰 가능한 정보 제공 등의 의무가 있고,

② 공인회계사 : 이들의 서비스는 국가사회의 복리에 중대한 영향을 미치므로, 전문적 서비스를 제공받는 이해관계자의 공익을 증진시킬 책임이 있다.

C) 분식회계의 윤리는 다음의 구체적인 행위와 관계가 있다.

① 자산과 수익의 과대 계상

② 비용의 과소 계상

③ 부채의 과소 계상, 누락

④ 충당금과 준비금 조작

⑤ 회계추정의 변경

⑥ 거래의 악용

⑦ 합병·분할의 이용

⑧ 파생금융상품의 이용

D) 금융기관의 윤리는 다음의 세 가지 문제를 일으키는 행위를 다룬다.

ⓐ 은행의 자금조달 및 운영 문제에는

① 자금조달 과정의 편법 이용

② 자금운영상 대출 커미션, 청탁, 양건예금(꺾기) 대출, 타점권 이용 대출 등 관행이 있다.

ⓑ 불공정 증권거래 문제는 어느 한쪽이 상대의 자유 제한 또는 부당한 방법으로 불이익 강요의 문제로서 :

① 통정, 위계에 의한 시세조정과 시세고정행위

② 일임매매

③ 신용거래 관리

④ 투자상담 등에서 생기는 문제가 해당한다.

ⓒ 금융기관 소유와 예금자 보호란

① 대기업체의 여신편중 심화

② 금융기관 부실 초래

③ 유동성 및 지급능력 보유와 함께 예금자 보호의 의무

④ 특혜금융, 구제금융 문제점이 있다.

ⓓ 보험회사의 윤리는

① 모집제도에서 가입자에게 물질적 유인 제공

② 모집인원 과열 스카우트

③ 상속세 회피를 포함한다.

5. 정보관리

　지식정보사회에서는 정보의 관리가 핵심적인 기업경영의 요소가 되며, 컴퓨터와 통신기술의 융합이 자아내는 기술적 영역이 큰 비중을 차지함에도 불구하고 이런 문제를 다루는 제도적 뒷받침 이 미비한 문제가 있다. 따라서 이 방면의 윤리 문제는 더 복잡하고 해결을 위한 채비가 더욱 중요해진다.

　A) 지적재산권 관련 윤리 문제는 다음과 같다.

　① 일반적 저작권, 특허권, 상표, 기업비밀, 산업기밀 등의 침해, 도용의 문제가 심각하다.

　② 특히 정보사회에서는 많은 자료와 정보가 인터넷 혹은 사이버 공간에 개방되어 있어서 침해하기 쉽다는 문제가 있다.

　③ 기업비밀과 산업기밀의 보호는 기업활동에 치명적인 손실 초래하므로 각별한 주의 요한다.

　④ 대개 전현직 종업원, 핵심인력 스카웃, 컨설팅과 기술자문업체, 유치 과학자나 기술연수생 등이 개입하는 문제도 복잡해진다.

　B) 사생활 정보 : 이런 사회에서는 ⓐ 개인의 사적인 정보가 열려 있는 상황이므로 윤리문제 다양할 뿐 아니라, ⓑ 기업체는 종업원의 근무상태 감시, 퇴직 후 개인정보 보관 이용, 서비스 제공자의 제3자에게 제공, 판매 등에 주목 필요가 생긴다. 구체적인 윤리관련 행위의 예는 아래와 같다.

　① 인터넷 접속대상 감시

　② 직원의 이메일 발송 및 수신 감시

　③ 사무실 책상 서랍 수색

④ 휴대전화 통화내용 도청

⑤ 개인통화기록 검색

⑥ 현금 자동지급기의 사용시간, 위치 등 기록

⑦ 신용카드 사용내역 검색

⑧ 고객명단 공개 또는 판매

⑨ 몰래 카메라, 전화도청기 이용 감시

C) 정보내용의 정확성 : 정보 의존도가 높은 현대 지식정보사회에서 정보의 정확성을 확보하고 보증하는 것이 중요한 과제이므로 정보 제공자는 구성과 정확한 정보 전달의 법적, 윤리적 의무에 유념해야 하고, 제품에 관한 정보, 개인정보, 전자상거래 정보 등이 신뢰의 문제와 직결한다.

D) 유해하고 파괴적인 행위 : 특히 컴퓨터상의 정보윤리 문제는 정보파괴, 금전손실, 시간손실 등 매우 유해하고 파괴적인 결과를 초래할 수 있는 여지가 큰 만큼 해킹, 악성 프로그램 유포, 자금과 정보의 절도 등 범죄 행위가 일어날 여지가 많다는 데 특히 주의할 것이다.

기업윤리와 윤리경영의 문제는 위에서 요약한 것보다는 훨씬 더 다양하고 복합적인 현상이므로 이 책에서는 더 소상한 분석을 하지 않고 다음의 주제로 옮아가고자 한다. 그것은 다름 아닌 기업의 사회적 책임과 사회공헌이다.

2. 기업의 사회적 책임과 사회공헌

1) 시대적 전개과정

기업활동이 비록 경제 영역에서 일어나는 현상이라 할지라도 여전히 사회라는 전반적인 맥락 안에서 진행하는 일이다. 따라서 기업이 그 안에서 작동하는 사회 전체와 맺는 관계의 성격에 관한 논의가 없을 수 없다. 그 한 축이 바로 위에서 검토한 기업의 윤리 문제다. 그런데 윤리경영의 문제는 1980년대 서방세계의 주요 기업체들이 방만한 운영의 결과로 자아낸 전 지구적 시장의 교란과 실패에 대응하는 위기 관리 차원에서 표면화한 데 비해, 그에 앞서 1960~1970년대에 미국사회가 겪은 청년세대의 반체제운동, 유색인종 중심의 민권운동 및 여성해방운동과 같은 격렬한 사회운동이 자아낸 혼란과 격변의 물결 속에서 기업체들도 이미 새로운 게임의 룰을 짜야 할 절박한 필요에 직면하여 등장한 것이 소위 기업의 사회적 책임이라는 담론이었다.[1]

물론, 기업의 사회적 책임이라는 개념은 이미 Howard R. Bowen(1953)이 소개한 저서에서 등장했지만, 본격적인 관심은 1971년 재계와 학계의 지도급 인사 200인으로 구성한 경제개발위원회(The Committee for Economic Development)라는 기구에서 '기업체의 사회적 책임(The Social Responsibilities of Business Corporations)'이라는 제하의 보고서를 발간하면서 공론화하기 시작하였다. 이 보고서는 기본적으로 기업과 사회의 계약이라는 사회계

---

1 기업의 사회적 책임에 관한 논의는 다음의 자료들을 주로 참조하였다. 김정년
   (2008); 이종영(2008: 176); 김성수(2009); 中村瑞穗(2007); Sims(2003); Hartman
   and DesJardins(2008); Shaw(2008); 김경동 · 김여진(2010: 101-113); 김경동(2012:
   241-269); 박명규 · 이재열(2018).

약설에 기초하여 사회적 책임을 세 가지 내용으로 집약하였다.

① 경제적 기능의 능률적 수행에 관한 책임(제품, 고용, 경제성장 등)
② 사회적 가치관, 우선순위 등의 변화에 대응하는 민감한 의식을 가지고 업무를 수행하는 책임(생태환경보전, 종업원의 고용조건이나 직장 내 관계, 소비자 관계 등 상세한 사항에 관한 배려), 그리고
③ 사회적 환경의 개선에 적극적으로 개입할 책임(특히 빈곤, 도시환경 악화와 같은 사회문제 해결에 협력하는 일 등)이었다.

이 위원회는 또 기업체와 사회의 관계를 새로운 각도에서 제시하면서 당사자의 유형을 둘로 분류하였다.

① 구성참가자(constituencies) : 종업원, 주주, 고객(소비자), 납품업자, 지역 사회 주민 등
② 전체사회(the larger society) : 경쟁업체, 노동조합, 이익집단(NGO), 교육계, 언론, 정부(행정기관) 등이다.

그리고 주요 활동으로는 10개 분야를 지목하였다. 1) 경제성장과 효율, 2) 교육, 3) 고용과 훈련, 4) 시민권과 기회균등, 5) 도시 재개발, 6) 생태환경 대책, 7) 자연보호와 레크리에이션, 8) 문화예술, 9) 보건의료 그리고 10) 대정부관계가 그 분야들이다.

그리고 1970년대 중엽부터는 학계가 한층 더 본격적인 연구와 교육을 실시하기에 이르러 기업과 사회(business and society) 또는 경영에 있어서 사회적 쟁점 과제(social issues in management)라는 명목의 관심사가 떠오르기 시작하였고, 그 맥락에서 기업활동의 사회적 결과(social consequences)나 사회적 충격(social impacts)의 중요성에 관한 인식이 높아지면서 바로 기

업의 사회적 대응성(corporate social responsiveness) 혹은 기업의 사회적 실적(corporate social performance)을 부각시키게 된 것이다. 이 시기의 사회적 쟁점과제는 다음과 같다.

① 기업 외적 사회문제 : 빈곤, 마약중독, 도시의 황폐 등
② 일상적 경제활동의 대외적 영향 : 생산시설에 의한 오염, 재화와 용역의 품질·안전성·신뢰성, 마케팅 활동에서 발생하는 분규·기만, 공장폐쇄·공장입지의 사회적 영향 등
③ 기업내부에서 발생하되, 일상적 경제활동과 본질적으로 연관 있는 쟁점 사항 : 고용기회의 평등, 직장 내의 보건·안전, 일하는 삶의 질적 향상, 산업민주주의 등

마침내 20세기 말, 세계적인 금융위기를 거치면서 금융자본을 중심으로 발생한 부의 양극화를 향한 대중의 분노가 시애틀의 전지구화 반대 시회나 "월가를 점령하라(Occupy Wall Street)"의 구호를 외치며 진행한 군중시위 등 반기업 정서의 폭발이 일어났다. 이에 2000년대 초 경제협력개발기구(OECD)는 글로벌 기업 가이드라인을 개정하고, ISO는 글로벌 기업이 준수해야 할 규범과 원칙을 확산하기 위한 ISI 26000을 제정반포 했으며 유럽연합에서도 기업의 사회적 책임을 강조하는 각종 논의와 실험을 실시하였다. 이처럼 경제·경영 분야에서 사회적 관심이 높아지는 가운데 앞에서 지적한 대로 기업의 부도덕한 관행들이 속출하여 경제에 큰 타격을 주는 사건이 1980년대에 연발하는 사회적 배경을 반영하여 이제 기업의 사회적 책임 문제는 단순한 사회적 결과에 국한하지 않고 윤리와 도덕의 문제로 이행한 것이다. 경영학 안에서도 윤리경영, 의사결정의 윤리적 측면 등에 관한 연구가 활발해지는 동시에 응용철학 분야의 도덕철학 내지 윤리학의 이론

과 분석방법을 도입, 현실 문제를 다루는 응용윤리학의 한 분야로서 기업윤리학(business ethics)이 대두하기도 하였다. 그리하여 기업의 사회적 책임은 한층 더 심오한 학문적 관심사가 될 뿐 아니라 실제 상황에서 가치공유와 함께 제도화가 더욱 체계적으로 이루어지게 되었다.

2) 기업의 사회적 책임 : 이론적 쟁점

기업의 사회적 책임을 다루자면 사회가 무엇을 의미하는지에 관한 논의가 필요한데, 이 책에서는 추후 이 주제의 사회학적 담론 분석을 시도할 예정이므로 여기에서는 주로 경영학 분야의 몇 가지 이론적 관점을 간략하게 살펴보기로 한다. 이를 위해서는 먼저 '책임'이라는 단어의 의미를 잠시 음미할 필요가 있다(Hartman and DesJardins, 2008: 154-157; 김경동, 2012: 241-242).

첫째, 일반론적 관점에서 어떤 개인이나 집단을 대상으로 일을 맡기든지 계약 기타 상호의무를 규정하는 특수 관계를 맺을 때는 상대방을 믿을 수 있다는 전제가 깔려 있다. 이런 맥락에서는 당사자 상호간의 신뢰, 신용, 신빙성(reliable, dependable, credible) 등을 보장할 책임이 있다. 책임 있는 회사라고 할 때 그 기업체는 고객에게 좋은 서비스를 제공하는 믿을 만한, 신뢰할 수 있는, 신용이 좋은, 신빙성 있음을 인정한다는 말이다.

둘째, 어떤 행위나 사건의 원인(cause)으로 책임이 있다는 뜻도 있다. 무슨 일이든 원인이 있어야 결과가 나오기 마련이다. 이 때, 그 일의 책임이 원인제공자에게 있다는 의미다.

셋째, 가령 회사가 주변 환경을 오염시켰음이 확실할 때, 오염의 원인제공자로서 책임이 있다는 위의 두 번째 의미에 더해, 그 문제를 일으킨 잘못을 시정할 필요를 제시하여 그에 상응하는 책임을 묻는다는(liable, accountable) 의미가 따른다. 우연한 사고는 문제의 원인으로서 책임이 있을 수는 있지만 그에 대한 시정의 책임을 물을 수는 없다는 차이가 있는 용법이다. 그런 원인제공자의 행위가 문제를 일으키는 결과를 자아내면 그 과오의 책임을 묻고 당사자는 그 책임에 상응하는 처벌 기타 반작용을 부담해야 한다.

넷째로, 공익성에 근거한 강제적 책임 부과(bind, require, compel, restrict)가 있다. 개인과 집단(조직체)은 사회 속에 생존하면서 국가사회가 법률 기타 규칙으로 정해놓고 모든 구성원들이 반드시 그 규범을 지키고 전체 공동체에 기여할 의무를 부과한다. 법률 준수, 납세, 교육, 병역, 근로 및 동원 참여 등 최소한의 의무는 수행할 책임이 있다. 기업체도 잘못이 없고 하고 싶지 않아도 해야만 하는, 하도록 요구할 수 있고 때로는 강제도 할 수 있는 사회적 의무가 있다는 말이다. 사회의 공익을 위해 기업체의 행위를 제약하고 강제로 수행하도록 요구할 수 있다.

이 네 번째 의미는 다시 세분하여 생각할 내용이 담긴다.

① 법적으로 제약하고 책임을 지는 행위가 있다.
② 법으로 규정하지 않아도 사회의 윤리적 규준에 의해 다른 사람들에게 해를 끼치지 않아야 하는 책임이 있다.
③ 비록 어떤 문제의 원인제공은 하지 않더라도 그 문제를 예방할 책임도 있다.
④ 사회를 위해 좋은 일을 행하여 한층 더 낳은 사회, 살기 좋은 사회를 이룩하는 데 기여할 책임이 있다는 가장 광범위한 책임이 있다. 여기에 우리는 기업 사회공헌의 철학적 기초를 발견하게 된다.

(1) 협의의 책임

이런 개념적 의미를 염두에 두고 기업의 사회적 책임을 고찰할 때 가장 근원적인 질문은 "과연 기업을 운영하는 사람과 업체는 사회에 어떤 책임이 있는가?"이다. 여기에 위에서 살펴본 기업윤리라는 쟁점을 결부시키면, "과연 기업(사람과 업체)은 사회에게 도덕적·윤리적 행위 당사자인가?"라는 철학적 질문으로 이어진다. 가령 이 질문을 가장 협의로 해석한다면, 아마도 기업인은 "내가 돈 벌자고 기업을 운영하는데 그것 말고 무슨 다른 사회적인 차원의 책임이 있으며 돈벌이만 잘하면 되지 무슨 도덕적·윤리적 책임까지 사회가 내게 요구하는가?"라는 대답이 나올 법하다. 솔직히 말해서 우리나라의 기업인들을 상정할 때 대다수는 이런 생각을 할지도 모른다. '사회적'이라든지 '책임'이라는 용어가 그들과는 상관없는 것이라고 할 개연성이 높다. 한마디로 우리나라의 자본주의는 아직도 기본적으로 천민자본주의의 성격을 거의 탈피하지 못했을 수도 있다는 말이다.

그러나 일부 대기업체에서는 표면상이든 진정으로든 이미 윤리경영이나 사회적 책임에 익숙하고 또 이를 실천하고자 노력하는 것도 사실이다. 그러므로 일단 이를 뒷받침하는, 혹은 이런 노력의 배경을 이루는 이론적 관점이 어떤 것인지를 분석하기 위한 틀은 고찰해봐야 한다. 이때 가장 기초적인 견해로 Milton Friedman류의 신자유주의 관점이 제일 먼저 떠오른다. 이들은 우선 기업의 사회적 책임을 인정은 하는데, 다만 그 유일한 사회적 책임은 그 사회의 게임의 룰에 따라 돈벌이를 충실히 하는 것일 따름이다. 자유시장경제 체제에서 민간기업체가 국가의 공공영역에 해당하는 어떤 공적인 책임까지 지라고 강요하는 것은 옳지 않고 저들의 일차적인 책임은 이해관계당사자, 특히 주주의 경제적 이익을 확충하는 것임을 강조한다. 그들이 볼 때는 기업체가 이윤 추구 아닌 다른 활동을 하면 경제체제 자체가 비효율적이 되기 때문이다.

이런 관점에서 책임은 무엇을 뜻하는가? 결국 위의 네 가지 책임의 의미 규정에서 보면 첫 번째 '공익' 또는 '공공성'의 범주의 책임이다. 기업의 지상목표는 이윤 추구이고 이는 곧 시장의 경쟁 속에서 취하려는 업주와 주주의 개인적인 이익을 위한 행위가 된다. 이 같은 자유주의적 관점에서는 이 책임 외에는 달리 책임져야 할 일을 부과할 수 없어야 한다고 주장할 수 있다. 하지만 그런 자본주의 시장경제 원리를 이론화한 Adam Smith조차도 인간이 본원적으로 지니는 도덕적 정서(moral sentiments)가 타인의 정서와도 동감할 수 있음을 표명하고 이로 인해서 인간은 비록 이윤 추구를 하되 '현명한 사리 추구(prudent self-interest)'를 할 수 있다는 것이다. 그러므로 인간의 동감의 범위 안에서 자기이익을 추구하는 행위로써 사회 전체의 경제가 발전한다고 하였다(김병연, 2018: 104-107).

굳이 Smith를 불러들이지 않아도 모든 인간의 행위는 아무리 그 주목적이 자기이익 추구라 할지라도 항상 '사회' 속에서 다른 사람들과 관계하는 맥락에서 이루어진다는 사실과 그러한 사회의 여러 제도와 조직원리의 작동이 정상적이라야 개인의 이익추구도 원활할 수 있다는 사실을 상기하면, 기업인(체)의 책임이 돈 잘 버는 데만 그칠 수 없고 어떤 계기와 기제에 의해서든 사회적 책임을 면할 수 없음을 알 수 있다. 그런 상식적인 인식에서도 그러하거니와 기업활동이 사회에 온갖 비인간적이고 반사회적인 결과를 자아내고 있는 문명사적 현실을 관찰만 해도 기업이라고 사회적 책임이 없을 근거가 있다고 보기는 어렵게 되었으므로 사회적 책임을 좀더 광의로 해석하는 이론적 관점이 등장한 것이다.

(2) 광의의 책임

기업체가 이윤 추구를 하는 것 자체가 문제되는 것이 아니라 그런 목적이라 해도 달성하자면 사회 속에서 움직이며 다른 구성요소들과 항상 상호작용이라는 사회적 관계 속에 얽혀서 다른 구성원들의 협조가 있어야 생존이 가능하다. 그러면 마땅히 그 소속 사회와 어떤 관계를 맺고 유지할지를 결정할 필요가 생긴다. 이 질문에 답하기 위한 학자들의 견해를 정리하는 방식도 여럿 있지만 대략 두 가지 접근만 개관한다.

[1] 시민사회 속의 기업

첫 번째 접근은 시민사회 속의 기업이라는 관점에서 사회적 책임의 의미를 다룬다. 여기에는 다음의 네 가지 관점이 있다.

① 계몽적 자기이익 추구 모형(enlightened self-interest model) : 이 모형은 기본적으로 회사의 자기 이익추구를 전제하고, 그 목적을 달성하는 과정에서 기왕이면 사회적 책임도 다하면 그것이 회사에 유리하다는 매우 초보적인 사유라고 할 수 있다. 그로 인해서 회사의 평판도 좋아지고 위험도 줄이며 브랜드 이미지도 높이고 이해관계 당사자들과도 좋은 관계를 유지하게 되므로 장기적 전략으로서 유리하다고 판단하는 견해다. 이때의 책임이란 역시 사회가 요구하니까 이에 응한다는, 하나의 의무로 간주하는 공익지향적 책임의 범주에 해당한다.

② 사회적 공공선 추구론(public good) : 이 이론도 공익적 의무를 염두에 둔 것이지만 그 지향점은 기업체 자체의 이해관계보다 일단 사회를 겨냥하여 회사의 결정과 행위가 사회에 미치는 영향이라는 관점에서 공공선에 기여하는 것으로 인식하려는 점에서 사회 쪽으로 관심이 한 발 나아가는 자세를 엿보게 한다. 그럼에도 여전히 기업 차원의 대사회 관계라는 일방적 접근이라는 한계가 있다.

③ 사회계약 모델(social contract model) : 여기서는 기업체가 지역사회의 여러 구성원들의 도움으로 운영하고 이윤을 창출하는 만큼 저들 이해관계 당사자들의 도덕적 권리를 존중해야 할 의무가 있다는 것이다. 이것이 일종의 묵시적 사회계약이라고 간주하는 셈이다. 더구나 기업활동이 행사하는 각종 경제행위가 자아내는 의도하지 않은 사회경제적 결과의 도덕적 책임도 져야한다고 본다. 이 관점은 기업과 사회의 관계를 사회적

계약으로 명시하는 점에서 진일보한 면이 있고 또한 소위 잘못되면 그 책임도 진다는 이른바 accountability 의 책임관을 담는 데서 역시 위의 둘과는 차별을 둘 만하다.

④ 기업시민론(corporate citizenship model) : 여기에서는 기업체 자체를 사회의 시민으로 간주하는 적극적인 태도가 특징이다. 시민이라면 당연히 시민다운 책임의식이 필요하고 그런 자세로 사회문제에도 대응하는 공적인 중요성을 강조한다. 기업체는 이윤을 창출하는 기업활동의 능력을 가지고 있는 시민의 일원인 만큼 그 역량 혹은 힘(power)을 발휘하여 마땅히 지역사회에서 특별한 선행 등의 기여를 하는 것이 곧 사회적 책임이라고 보는 것이다. 여기서 우리는 기업의 사회공헌이라는 새로운 관점의 씨앗과 만난다.

[2] 이념적 지향

두 번째 접근은 사회적 책임의 이념적 특성에 의한 분류다. 여기에도 몇 가지가 있고 이를 도형으로 [표 4-2]에 집약하였다(이종영, 2008: 113).

[표 4-2]에 요약한 내용을 간략하게 해설하면 아래와 같다. 여기서 가로 축은 사회적 책임의 대상으로서 회사의 주주를 중시하는 내부지향과 다양한 이해관계당사자들을 상대로 하는 대외적 지향으로 구분하고, 세로 축은 바로 위에서 검토한 기업체의 경제적 이익과 사회를 지향한 도덕적 책무로 그 동기를 구분한다. 그 결과 네 개의 공간이 나오고 각 공간에는 이념적 지향 네 가지가 등장한다.

기업의 사회적 책임에 관한 논의는 다음의 자료들을 주로 참조하였다. 김정년(2008); 이종영(2008: 176); 김성수(2009); 中村瑞穂(2007); Sims(2003); Hartman and DesJardins(2008); Shaw(2008); 김경동 · 김여진(2010: 101- 113); 김경동(2012: 241-269); 박명규 · 이재열(2018).

[표 4-2] 기업의 사회적 책임의 이념적 지향

사회참여의 동기 차원	사회적 책임의 대상자	
	주주(내부)	이해관계당사자(외부)
도덕적 책무	② 박애주의	④ 도덕적 이상주의
경제적 이익	① 생산성주의	③ 진보주의

① 생산성주의 : 기업체의 목적은 이익 극대화로써 주주의 이익증대를 추구하는 것으로 보고 이를 위해서는 생산성을 제고하는 것이 기업의 사회적 책임에 해당한다고 보는 일종의 협의의 지향이다.

② 박애주의 : 일단 주주의 이익추구를 목표로 하되 단순한 경제적 손익 이상의 사회적 책임도 감당하려는 지향이다. 기업외부의 사회활동에 참여함으로써 간접적으로는 회사의 장기적 이익을 확보하겠다는 일종의 계몽적 자기이익 추구 모형이기도 하다.

③ 진보주의 : 기업활동은 당연히 이익추구를 목표로 하지만, 중요한 것은 누구의 이익이며 누구에게 책임을 갖느냐 하는 것이다. 이때 주주보다는 다양한 사회의 이해관계자들의 이익을 우선시해야 한다는 관점이 진보주의 이념이라 할 수 있다. 결과적으로는 회사의 이미지 평판에서도 이득을 얻고자 하는 것이다.

④ 도덕적 이상주의 : 기업활동의 동기마저도 도덕적 책무에 있고 이익 창출도 다양한 사회적 이해관계당사자들을 표적으로 삼아야 한다는 이념이다. 그러자면 미온적인 사회적 역할에 머물 수 없고 적극적으로 순수한 이타심에서 기업활동을 수행한다는 태도다.

이처럼 기업을 두고 오로지 경제적 이익추구라는 실질적 가치와 무조건 사회에 도덕적으로 책임을 진다는 이상주의는 두 가지 모두 현실성이 적은 극단이고, 실제 사회에서는 이 둘의 중간지대에서 작동한다고 보는 것이 사실에 가까울 것이다.

3) 기업의 사회적 책임 : 영역과 성격

그러한 이론적 담론과 이념적 지향을 바탕으로 하여 구체적으로 기업이
사회적 책임으로 여기는 영역은 우선 [표 4-3]에 요약한 대로 종합적인 가
치와 책무의 차원에서 검토할 수 있다(김정년, 2008 : 64 ; Paine, 2003).

[표 4-3] 기업의 사회적 책임 관련 영역과 내용

책무의 범위	가치의 영역	
	정의	인간성(박애)
기본적 책무	(협의의 법령 준수)	(윤리 실천)
	잘못된 행동을 하지 않는다	자신을 절제한다
	사기행위를 하지 않는다	다른 사람에게 상처를 주지 않는다
	훔치지 않는다	지역사회에 해를 끼치지 않는다
	계약을 지킨다	인권을 존중한다
	법의 문언(文言)을 준수한다	배려심을 갖는다
완벽에 가까운 책무	(윤리 실천)	(사회 공헌)
	옳은 일을 한다	자신을 성장시킨다
	정직하다	다른 사람을 돕는다
	공정하다	사회를 발전시킨다
	약속을 지킨다	인간의 존엄성을 장려한다
	법의 정신에 따른다	용기를 갖는다

이것을 다시 영역별로 나누어 분류하면 다음과 같다. 기업의 사회적 책임은 일차적으로 경제적 책임에서 출발하여 사회적 책임과 생태환경 보호의 책임에 이르는 3대 영역으로 확대한다(이종영, 2008: 122-124).

① 경제적 책임 : 기업체 본연의 활동영역으로 재무상태, 적절한 이익, 주가, 연구개발, 재투자, 투자홍보 등
② 사회적 책임 : 노사관계, 작업장 안전, 인권, 차별금지, 뇌물, 지역사회관계, 공정 경쟁, 제조물 책임 등
③ 에너지와 물 절약, 생물 다양성, 폐기물 배출 감소, 친환경 경영 등

근년에 이르러 사회적 책임론이 확산하면서 단순히 기업체 수준을 초월하여 전지구적 차원의 지속가능성(sustaiability)이라는 일반적 가치에 기초한 지속가능한 발전(sustainable development)의 영역과 맞닿게 된다. 가령 1997년에 발족한 민간단체인 GRI(Global Reporting Initiative, 전지구적 자율보고운동)는 UN환경계획과 협력하여 지속가능성 보고지침(Sustainability Reporting Guidelines)을 마련하였다. 이 내용은 위에서 예시한 주요 사회적 책임 영역의 내용과 중복되므로 자세한 해설은 생략하고 개요만을 참고 삼아 [표 4-4]에 소개한다(이종영, 2008: 127; 김정년 2008).

[표 4-4] GRI 발전가능성 보고 지침

분야	세목 내용
경제 분야	경제적 효율성, 고객, 공급업자, 종업원, 주주
생태환경 분야	자재, 에너지, 물, 생물다양성, 배기/배출 처리, 제품/서비스, 준법, 교통, 총체적 관심사항
사회 분야	노무관리, 건강과 안전, 인권, 차별, 지역사회 공헌, 부패, 제조물 책임

4) 진화하는 기업의 사회적 관심 : 책임에서 공헌으로

이상의 논의에서 기업부문의 사회적 관심이 우선 최소한의 단순한 경제적 책무에서 비롯하여 법적인 책임을 거쳐 이제는 대내외적 윤리경영으로, 거기에서 더 넓은 의미의 사회적 책임으로, 그리고 그 연장선상에서 마침내 사회적 책임의 일환으로 기업의 사회공헌으로 진화해온 모습을 놓칠 수 없다. 이 말은 기업부문이 전체사회가 겪는 역사의 흐름 속에서 대사회 관계를 고민하는 태도가 달라지는 모습을 약술하는 셈이다. 이 현상을 집약적으로 쉽게 파악하기 위한 도식적 표현이 [그림 4-3]처럼 역피라미드형임은 이러한 변천의 의미를 상징적으로 나타낸다(Sims, 2003: 44; 이종영, 2008: 124-125; 김정년, 2008; 김성수, 2009: 143; 김경동, 2012: 244-245). 지금부터 이 그림의 의미를 자세히 살펴보기로 한다.

[그림 4-3] 기업의 사회적 책임 역피라미드

① 먼저, 이 피라미드의 최하단에는 기업체도 사회의 일원으로서 사회의 존속의 기반이 되는 경제적 책무를 다하는 것이 마땅한 책임이라는 생각이 깔려 있다. 사회가 기업에게 요구하는 경제적 책임은 이익 극대화, 시장 점유율 확대, 기술혁신, 배당극대화, 경영전략 등 적자생존의 원리를

적용하므로 윤리학적 관점에서는 윤리적 이기주의에 해당하는 책임관이다. 구체적으로는 기업체 본연의 활동영역으로 재무상태, 적절한 이익, 주가, 연구개발, 재투자, 투자홍보 등의 영역에서 책임을 다 해야 한다.

② 다음, 사회는 기업체들이 기업활동을 전개함에 있어서 용납할 수 있는 행위의 규준이 되는 법률적인 규범을 준수할 것을 기대하므로, 이러한 법적 책무 또한 이행해야 한다. 이는 사회가 의무적으로 강요할 수 있는 책임으로, 공정거래, 뇌물 불공여, 담합 불참가, 각종 법률과 규정 준수 등을 이행하여 최대다수의 최대행복 추구에 기여한다는 뜻에서 윤리학의 공리주의에 입각한 책임관이다.

③ 이상의 책임은 제도적 틀 속에서 기업의 사회적 책임을 가리키는 것이라면, 강요는 할 수 없지만 도덕적 차원에서 사회가 기대하는 책임으로서 윤리적 책임이 있다. 사회의 일원으로서 당연히 지켜야 할 기준으로 무엇이 옳은지, 정의로운지, 공정한 지를 판단해야 하고 나아가 사회 전체의 구성원인 기업의 다양한 이해관계당사자들에게 해를 끼치지 않아야 하는 윤리적 의무가 있다. 투명거래, 법정신 존중, 인권, 생태환경 보호, 신뢰와 안전, 문화 존중 등의 가치를 추구하는 윤리학의 의무론적 정신에 바탕을 둔 책임관이다.

④ 그 차원을 넘어서면 결국 기업체도 넓게 보면 사회의 선량한 시민으로서 활동해야 할 책임이 있다는 기대가 놓인다. 여기에는 어떤 제도적 의무나 윤리적 압력보다도 기업체 스스로가 자유재량으로 자발적으로 선행을 한다는 의지로써 전체사회와 지역공동체를 위하여 경제적, 인적 자원을 제공하고 사회구성원들의 삶의 질적 향상에 기여할 책임을 말한다. 주로 기부, 자선사업, 지역사회 기여, 자원봉사 등에 의하여 사회적 약자의 최대 복지를 추구하는 의미에서 윤리학 중에서도 정의론에 입각한 책임관이다. 우리가 기업의 사회공헌을 논할 때는 바로 이와 같은 숭고한 정신에 바탕을 둔 기업의 사회적 책임 이행을 지칭한다고 할 수 있다는 것이다.

실지로, 기업의 사회적 책임이라는 개념의 정의를 살펴보면 이미 사회공헌을 내포한다는 점을 미루어 짐작할 수 있다. 예컨대, 유럽연합에서는 "더 나은 사회, 더 깨끗한 생태환경을 만드는 데 회사가 자발적으로 기여하기로 결정하는 모든 행위"로 정의한다(김경동·김여진, 2010: 102). 다음은 "기업체가 윤리적으로 행동하고 경제개발에 기여하면서 작업장은 물론 가족과 지역공동체와 사회 전체의 삶의 질적 향상을 기하는 데에 지속적으로 헌신할 것을 요청하는 것"이라는 개념 규정도 있다(Sims, 2003: 43). 그런 만큼 기업이 사회적 책임 수행을 위해 기업의 사회공헌 운동을 도입하게 된 것은 자연스러운 추세다. 특히 여기에는 기업의 자발적 기여와 지속적 헌신이라는 기업 자체의 이니셔티브가 작용하고 있다는 점에서 일반적인 사회적 책임과 차별성이 있다고 볼 것이다.

5) 기업의 사회공헌 : 의미와 특성

일단 기업의 사회공헌 활동은 기업의 사회적 책임 활동의 한 형태라는 것이 일반적 견해다. 말하자면 진화한 기업의 사회적 책임에 해당한다고 보는 것이다. 사회적인 요구에 부응하는 사회적 책임을 다하는 과정에서 사회공헌 활동을 수행하게 되는 일종의 패러다임의 전환이 이루어지는 현상으로 볼 수 있다. 특히 이는 책임이라는 일방적 요구에 대응하는 차원을 넘어 기업의 경영전략과 연계하여 브랜드 이미지 제고 등으로 재무적 성과도 달성하게 되는 등 기업의 목적과 사회적 욕구를 동시에 달성한다는 점에서 의미가 각별하다(DiMaggio and Powell, 1983; Tschirhart and St. Clair, 2005).

이러한 패러다임 전환의 성격을 우선 도표([그림 4-4])로 요약하고(조희재, 2009: 56), 국내외의 보기를 들어 소개하면 다음과 같다(유성은, 2007: 87-88; 전경련, 2009; 삼성사회 봉사단, 2009; 현대자동차 복지지원팀,

2009).

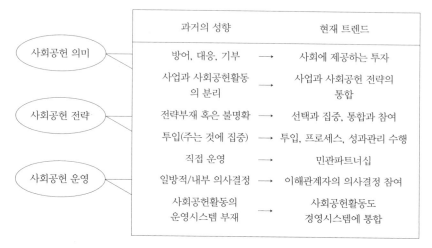

	과거의 성향		현재 트렌드
사회공헌 의미	방어, 대응, 기부	→	사회에 제공하는 투자
	사업과 사회공헌활동 의 분리	→	사업과 사회공헌 전략의 통합
사회공헌 전략	전략부재 혹은 불명확	→	선택과 집중, 통합과 참여
	투입(주는 것에 집중)	→	투입, 프로세스, 성과관리 수행
사회공헌 운영	직접 운영	→	민관파트너십
	일방적/내부 의사결정	→	이해관계자의 의사결정 참여
	사회공헌활동의 운영시스템 부재	→	사회공헌활동도 경영시스템에 통합

[그림 4-4] 사회공헌활동 패러다임의 변화

① 윤리경영평가지수 계산을 위한 개념으로 사회적 기대 충족(social expec-
   tation fulfillment) 또는 자발적 기여(voluntary contribution)를 사용하는
   보기

② 기업부문과 (지역)사회 간의 상호작용이라는 관점에서 사회참여활동(so-
   cial involvement), 기업의 지역사회 관계(corporate community relations)
   또는 기업의 지역사회 봉사(corporate community service programs)라는
   표현

③ 사회와 기업의 동방성장을 염두에 두고 의도적으로 펼치는 자선행위를
   주축으로 하는 전략적 사회공헌활동(strategic philanthropy)의 개념

④ 기업의 사회적 시민정신 혹은 기업시민 정신(corporate citizenship)의 발
   현으로서 기업 자원봉사(corporate volunteerism)로 인식하는 예(삼성사회
   봉사단)

⑤ 아예 사회적 공헌(social contribution)으로 표기하는 보기(현대자동차)

　그런데 흥미롭게도 기업 사회공헌 개념의 역사적 원류를 더듬어보면, 1952년 미국에서 처음으로 법적인 인정을 받았다는 보도가 있다. "미국 뉴저지에 있는 한 재봉틀 회사가 프린스턴대학에 1,500달러의 기부금을 전달했는데, 이 회사의 주주가 주주의 이익을 침해했다는 이유로 무효 소송을 제기했다. 뉴저지 법원은 기부 행위가 기업의 사회적 책임의 범주로 인정된다는 판결을 내렸다. 이 사건을 계기로 기업의 사회공헌 활동은 확대하기 시작했다." 그것이 현재는 사회공헌의 패러다임이 '선택에서 필수'로, '비용에서 투자'로, 그리고 '공급자 중심에서 수혜자 중심'으로 변했다고 분석했다는 것이다.

　특히 한 가지 주목할 사항은 표현과 실천 방법은 다르지만 결국 주종을 이루는 사회공헌 활동은 기업 차원의 자원봉사 운동이라는 점이다. 학계에서는 대개 '회사지원 자원봉사(employer-supported volunteering)' 혹은 '종업원 자원봉사(employee volunteer programs)'라 칭하며 기업체가 중심이 되어 종업원들이 지역사회를 위한 각종 자원봉사에 참여하도록 회사가 권장하고 지원하는 공식, 비공식적인 정책의 성격을 띤다(Rochester et al., 2010: 107). 여기에는 자원봉사 프로그램을 관리하기 위한 다양한 제도적 장치와 대사회관계, 여러 종류의 자원봉사 활동 및 참여하는 종업원들에게 제공하는 갖가지 유인(인센티브)과 지원 방식 등이 있을 수 있다(Tschirhart and St. Clair, 2008; Lipp, 2009: 20-21; Rochester et al, 2010: 107-110; 김경동, 2012: 252).

6) 자원봉사의 철학적 의미와 가치

이 대목에서 자세한 해설은 불필요하지만 자원봉사의 '가치'를 다루는 철학적 의미를 잠시 살펴볼 필요가 있다. 이는 우리가 다루는 핵심주제인 사회적 가치의 중요한 구성요소로 자리하기 때문이다.

(1) 개념의 정의

먼저 가장 보편적으로 학자와 실천가들이 흔히 쓰는 자원봉사의 개념 규정의 보기를 유엔이 '2001 세계 자원봉사자의 해(IYV, International Year of Volunteers)' 선포에 즈음하여 제시한 것을 소개한다(이강현, 2011: 79; UNV, 1999). "자원봉사활동이란 강제가 아닌 자유 의지에 의한 선택으로 대가를 바라지 않고 자신 이외에 개인이나 공동체에 혜택을 주기 위하여 자신의 시간과 재능, 에너지를 제공하는 일이다."

[1] 자발성의 내용

이 개념 정의를 다시 약간만 분해하여 요약하면 가장 중요한 요소가 '자발성'이며 그 내용은 다음과 같다(김경동, 2012: 103).

① 강제(coercion, 국가, 법률, 물리적인 힘)에 의하여 억지로 하지 않고
② 자유의지(voluntary will, free will, willing)에 기초하여
③ 자유재량(discretion, free choice)을 발동하여
④ 물질적 보상, 금전적 이득(financial gain, wage, 돈, 급여)을 대가로 받지 않고 (non-profit, absence of remuneration)
⑤ 생계유지 수단으로서 직업적 활동이 아닌
⑥ 정부의 정책적 활동이 아닌(non-governmental)

⑦ 사회적 공익에 기여하는 행위

[2] 봉사의 의미

다음, '봉사'의 의미는 아래와 같은 내용을 담는다(김경동, 2012:108-109).

① 재화나 서비스의 무상 제공
② 남을 위해 베풀기(giving), 나누기(sharing), 돌보기(caring) 등 도움 활동
③ 하인, 공무원(servant)처럼 섬기는 행위
④ 손님 접대
⑤ 지속적 관심과 돌보기(애프터 서비스)
⑥ 신을 섬기는 예배(기독교의 용법)

(2) 철학적 의미와 가치지향

[1] 자원봉사의 철학적 가치지향 : 인도주의

사회의 어떤 가치지향에 의해서 사람들은 자원봉사라는 행위를 서슴없이 하는가? 학계에서 지목하는 주요 가치항목들을 먼저 개관해보자(Dekker and Halman, 2003; Musick and Wilson, 2008: 85-97; Rochester et al, 2010: 16-18; 김경동, 2012: 118-119). 우선 넓은 의미의 '인도주의(humanitarianism)'라고도 할 수 있는 가치지향이 몇 가지 있다.

첫째는 이타주의(altruism) 내지 선행(beneficence)의 가치다. 이는 다른 사람들에 대한 측은지심(compassion)이나 돌봄(care)을 지시하는 도덕적 명령(moral imperative)에 기초한다. 이러한 이타성이란 자유재량에 의한 봉사지향의 뿌리로서 다음과 같은 네 가지 유형의 인간이 지닌 '이타적 충동(altruistic impulse)'의 소산으로 이해한다(Warriner, 1972).

① 감정이입(empathy) : 공통한 느낌과 태도를 지닐 줄 아는 인간이 남의 일도 내 일처럼 기뻐하고 슬퍼할 때 감정이입을 경험한다.

② 동정심(sympathy) : 타인과 함께 공통의 상황을 공유하고 함께 느낄 수 있는 협동적 이타심의 바탕이 동정심이다.

③ 인간적 연민(anthropopathy) : 서로 다르지만 함께 괴로워할 능력이 있음을 인정할 때 타인을 위해 슬퍼하는 이타적 충동의 발현이다.

④ 자선(philanthropy) : 다른 사람들의 고통을 인식하고 인정하여 이제는 그들을 위해 무엇인가를 해야겠다는 이타적 충동이다.

둘째는 연대(solidarity)의 가치다. 함께 사는 사회나 집단에 대한 일체감, 정체의식의 표출인 동시에 그 집단과 사회 및 구성원들의 복리에 공헌해야 한다는 책임감의 표현이기도 하다.

셋째는 상호성(reciprocity)의 가치다. 내가 남을 도우면 언제, 어디선가는 내가 필요할 때 도움의 손길을 기대할 수 있다는 이해를 내포한다.

넷째는 공평성(equity)과 사회정의(social justice)의 가치다. 불평등과 불의는 도덕적으로나 사회적으로나 잘못된 것이므로 힘을 기울여 해소해야 한다는 신념에 기초한다.

[2] 자원봉사의 철학적 가치지향 : 복지

가령 가족과 친척이나 친구가 시행하는 '비공식적 보살핌'이 감당할 수 없는 사회적 필요나 욕구가 발생할 때는 과연 어떻게 대처할 것인가 하는 문제와 관련이 있다. 이런 상황에서 대처하는 방안은 세 가지가 가능하다(김경동, 2012: 119-120).

① 시장논리에 기초한 대응이다. 필요한 것은 돈으로 사서 해결하되, 국가나 자원봉사의 도움은 시장에서 구매할 능력이 없으므로 그러한 욕구나

필요를 충족시키지 못하는 상황에서만 시행해야 한다.

② 그 책임은 전적으로 국가에 있고 세금으로 충당해야 한다.

③ 회원으로 참여하든 돈과 시간을 기부해서 참여하든 주된 역할은 자발적 부문이 실천으로 감당해야 한다.

[3] 자원봉사의 철학적 가치지향 : 공동체주의

오늘날처럼 개인주의가 극단으로 흐름으로써 자아내는 고독과 격리의 문제를 해소하고 푸근하고 따뜻한 인정이 넘치는 사회를 이룩하고자 하는 가치지향으로서 '공동체주의적' 가치에 관심을 가질 필요가 있다. 그 내용을 요약하면 다음과 같다(Kearney, 2007; Rochester et al, 2010: 17−18; 김경동, 2012: 120−121)

① 자원봉사는 포용적인(inclusive) 운동이다. 보통 자주 거론하는 인종, 종교, 성별, 나이, 학력, 계층 등 어떤 인구학적, 사회경제적 특성이든 차별 없이 자원봉사에 참여할 권리(right to volunteer)를 중시한다는 원리다.

② 자원봉사는 자유의지에 의한 선택(choice)으로 행한다. 자원봉사는 개인적인 가치관과 신념에 입각하여 참여할 뿐 아니라 참여하지 않을 권리도 선택적 대안이며, 언제, 어디서, 어떤 봉사활동을, 얼마나 길게 혹은 단시간에 할지 등에 관한 선택도 본인의 자유다.

③ 자원봉사는 양방통행 과정(two−way process)이다. 위에서 잠시 언급한 것처럼 자원봉사는 시혜자와 수혜자 사이의 일방적 행위가 아니고 봉사자 자신에게도 혜택이 있다는 것과 봉사자들 사이에도 상호교환적 활동이 가능하다는 원리다.

④ 자원봉사는 특유의 기여(distinctive contribution)를 하는 행위다. 보수를 받고 하는 일 대신에 하는 일 정도가 아니고 그 나름으로 가치를 창출하는 일임을 인정해야 한다.

⑤ 자원봉사는 봉사자에게 힘을 실어주는(자율성 부여, 권한부여, empowering) 기능을 수행한다. 보통 말하는 기능 축적이나 지식 획득의 기능을 넘어 자기가 하는 일에서 자신감을 얻고 공동체나 사회에도 창의적인 공헌을 할 수 있다는 원리다.

⑥ 자원봉사는 어떤 효과(impact)를 자아낸다. 자원봉사로써 공동체와 사회에 경제, 사회, 문화, 생태적 변화를 초래하는 효과를 거둘 수 있다.

[4] 자원봉사의 철학적 가치지향 : 인간주의

흔히 자원봉사를 언급할 때 '누구를 도와준다'는 표현과 '누구를 위해 봉사한다'는 말을 혼용하지만 두 가지 표현이 내포하는 태도의 성격에는 차이가 있다. 이 둘은 모두 무엇인가를 주는, 제공하는(giving, offering) 행위지만 그 성격이 다르다는 말이다.

대개 도움을 줄 때는 재화와 서비스를 주고받지만 봉사는 제공자와 수용자 사이의 상호성은 물론 동격 혹은 평등의 기회도 내포한다. 도움이란 자신의 소유를 일부 타인에게 선물로 공유(share)하는 행위를 함축하지만 봉사는 나의 소유를 공유하는 데 그치지 않고 나 자신(what we are)의 일부를 제공하는 것도 포함한다. 그러니까 자원봉사는 자신을 무상으로 내어놓고 수혜자와 동등한 지위에서 나의 참여와 공유를 선물로 제공하면 수혜자는 그것을 자기 마음대로 이용할 수 있는 관계를 함축한다. 이처럼 자신을 거저 준다는 말의 철학적 함의는 곧 사랑이며 자기초월이다. 동서양의 종교에서는 이와 같은 자기초월적 주기(giving)의 가치를 사랑, 자비, 인(仁), 연민 등 여러 가지로 표현하지만 실상 근본은 하나다. 사랑이다. 이것이 인간주의의 핵심이다.

봉사의 인간주의적 이해는 우선 개인의 선택과 행위의 자유를 존중하는 태도를 전제한다. 따라서 봉사의 관계는 수평적이며 대화와 진솔한 만남의 기회를 제공하며 개방성을 증진하며 상호간의 선택을 존중하는 관계다. 이런 관계에서는 대체로 봉사의 경험으로부터 쌍방이 모두 혜택을 입는다. 봉사는 자율성과 독립성을 조장하는 과정을 촉진함으로써 양방 모두의 변화와 장기적이고 영속적인 결과를 초래할 가능성을 제공한다. 이런 봉사의 태도를 표출하는 관계를 만들어가는 자원봉사자는 신뢰를 조성하고 봉사자와 수혜자는 모두 상호간에 한층 더 생산적인 관계를 형성할 수 있게 된다.

(3) 기업자원봉사의 시대적 의의

자원봉사의 형식을 띠고 추진하는 사회공헌 운동은 급변하는 시대에 새로운 과제로 떠오르고 있다. 전 지구적 차원에서 시장경제에 의한 인류의 삶의 질적 향상을 도모해야 하는 현실에 비춰볼 때 기업부문의 상대적 중요성은 무시하기 어렵다. 그렇다면 기업부문이 우리 사회의 어두운 곳에 빛을 밝혀주고 우리 사회의 모든 계층이 사회적 자원을 공유할 수 있는 나눔과 배려의 문화를 진작시키는 운동에 동참하는 것은 시대적 소명이라 할 것이다. 이런 뜻에서 기업체의 사회공헌 활동은 단순히 기업에 유익한 사업으로만 인식할 것이 아니라 마땅히 참여해야 할 사회적 책임으로서 수행하는 것이다. 기업부문이 사회공헌 프로그램을 활성화하는 것은 곧 시민사회의 자발적 부문을 강화하는 과업의 하나로 볼 수 있고, 그로 말미암아 나라의 품격을 높이고 선진사회를 이룩하는 길목에서 매우 중요한 기여를 하는 것이 될 것이다. 또한 이와 같은 기업부문의 자원봉사 운동이 갖는 의미와 가치는 우리 사회가 현재 급속한 변동 속에서 앓고 있는 심각한 질병인 사회적 갈등, 이로 인한 사회의 분열, 그리고 구심점을 상실한 국가가 방향감각을 잃고 표류하는 형국에서 갈등을 해소하기 위한 전사회적인 노력의 핵심적인 프로그램인 나눔과 배려 문화의 진작과 실천이라는 점에서도 찾을 수 있다. 기업체의 사회공헌은 바로 이 운동의 최전방에서 이끌어 나가는 역할을 해야 할 과제다. 그리고 그러한 운동의 저변에는 우리 사회의 부정과 비리를 극복하기 위한 윤리운동의 이념이 굳건하게 자리하고 있어야 한다. 그이유는 명백하다. 기업체의 사회공헌 운동은 곧 기업체의 사회적 책임 운동이며 그것은 다시 기업윤리에 기초한 것이기 때문이다.

아울러 사회공헌으로서 기업자원봉사는 이제 전 지구적 차원에서 새로운의미를 지니게 되었다. 최근 세계자원봉사협회(IAVE, International Association for Volunteer Effort)가 발표한 전 지구적 차원의 기업자원봉사에 관한 연구보고서에 의하면 "기업자원봉사란 전 지구적 수준은 물론 각 지역, 국가 차원의 심각한 문제와 관련하여 의미 있는 변화를 창출하기(make a significant difference)를 원하는 회사들이 추동하는 역동적이고 전 지구적인 운동의 힘"으로 규정하고 있다(Allen et al., 2011: 5). 사회 전체와 자원봉사를 하는 종업원과 저들의 활동을 권장하고 지원하는 회사들에게 모두 이로운, 전지구적 차원에서 인정받는 전략적 자산(globally-recognized strategic asset)으로 인식하기에 이르렀다.

3. 공유가치 창출

경제 · 경영의 사회적 관심이 변천해온 과정은 단순한 경제 위주의 이윤창출에서 법적 책무 이행, 윤리경영의 책임, 사회적 책임으로 진화하여 이제는 적극적으로 사회 속에서 봉사운동을 벌이는 사회적 공헌으로 번져나가는 모습을 점검하였다. 이런 추세와는 병행하면서 또 다른 사회적 가치창출의 형식으로 공유가치 창출(Creating Shared Value: CSV)이라는 개념을 도입한 예가 있다. 이는 기본적으로 "기업이 사회가 추구하는 새로운 가치를 만들어내면서 기업 자체도 직간접적 이익을 얻는 경영원리"라고 규정한다 (Porter and Kramer, 2011; 고동현 외, 2018: 17). 달리 말하면, 경제·사회적 조건을 개선시키면서 동시에 기업경영의 핵심 경쟁력을 강화하는 일련의 기업정책 및 경영활동을 의미한다고도 할 수 있다.

이러한 CSV가 위에서 검토한 기업의 사회공헌을 내포하는 CSR(기업의 사회적 책임)과 다른 점은 기업의 대사회 활동의 기본적 자세의 성격에 있다(공동현 외, 2018: 17; 조동성 외, 2014: 79; 이재열, 2018: 386-387). 후자는 기업이 재무적 성과와 이윤의 일부를 자선적인 사회활동에 기부하는 형식으로 사회적 책임을 다하는 것으로 인식하는 반면, 전자는 기업의 고유한 경제·경영 활동과 공동체를 위한 사회적 가치 추구 활동을 결합함으로써 그 둘의 일체화를 이루고자 하는 것이다. 더 자세히는 CSR에서는 우선 기업이 수익을 창출한 연후에 부가적으로 사회에 책임을 다 하기 위해 사회공헌 활동을 하는 데 비해, CSV에서는 기업활동 자체가 사회적 가치를 창출하면서 동시에 경제적 수익을 추구하는 방향으로 갈 수 있다는 것이다.

따라서, CSR은 기업의 본원적인 활동과는 일단 무관하게 생각하므로 이를 위한 전담부서도 만들고 또 기업의 재무적 성과가 높지 않아서 사회공헌 활동에 충분히 투입하기 어려워지면 중단할 수도 있으며 나아가 기업 측에서 사회적인 물의를 일으키면 이를 보상하는 차원에서 기부하는 형식으로 사회적 책임에 응한다. 그러나 CSV는 기업의 이윤 극대화를 위한 전략 내에 사회적·환경적 가치를 통합하므로 대사회 활동을 비용으로 인식하는 CSR과는 달리 CSV는 기업의 사회·경제적 효용을 증가시키는 점에서 기업의 경쟁 우위를 위한 기회로 간주하는 데 초점을 맞춘다. 그리고 CSV를 위해서는 기업 본연의 전략을 재창조해야 하므로 기업 전체의 조직과 예산을 투입해야 한다. 그리하여 기업의 이익이나 재무성과 혹은 손실이나 저급한 성과와는 무관하게 진행하며, 회사의 모든 부서의 활동에 이미 녹아들어 있고, CSR처럼 기업에서 사회로 일방향이 아니라 기업과 사회가 쌍방향 교류에 의해서 사회적 가치를 선택하고 추구한다.

그리고 기업이 공유가치를 창출하기 위해 충족시켜야 할 세 가지 조건을 다음과 같이 예시한다.

① 제품과 시장의 재구상 측면 : 기업은 시장에 더 나은 서비스를 제공하거나 새로운 시장을 창출하거나 혁신에 의하여 비용을 낮춤으로써 사회적 요구를 충족시켜야 한다.

② 가치사슬의 생산성 재정의 차원 : 기업은 필수 천연 자원에 관련하여 일종의 집사(감시인) 역할을 하고, 경제와 사회 발전을 촉진시키면서 자원 투입과 분배의 양과 질, 비용 및 신뢰 등을 개선할 수 있도록 해야 한다.

③ 지역 클러스터 구축의 책임 : 기업은 사회와 동떨어져 혼자 영업활동을 하지 않는다. 기업이 경쟁력을 확보하고 사회와 함께 성장하기 위해서 기업은 믿을 만한 지역 공급업체, 도로와 통신과 같은 인프라, 재능 있는 인력, 효과적이고 예측 가능한 제도 등과 함께 클러스터를 구축해야 한다.

요컨대, 이 공유가치 창출의 아이디어는 아직 널리 적용하는 단계는 아닌 것 같고 또 일부에서는 그것이 사회적 책임이나 사회공헌 개념을 지나치게 일방적으로 부분적인 내용만 지적하는 약점이 있음을 지적하는 견해도 있다. 예컨대 위 [그림 4-4]에서 보여주듯이 사회공헌 사업은 전략적으로 기업의 영리사업과 통합하는 방향으로 전이가 이루어지는 추세고, 사회공헌 활동도 경영시스템에 통합하는 경향을 이미 나타내고 있다는 점을 간과하기도 했다는 것이다. 그러나 일단 이 CSV는 원천적으로 가치추구형 기업 활동을 강조한다는 점에서 편협한 자본주의의 개선을 요청하는 현세태에서 주목 받을 만하다. 그렇게 볼 때 기업활동 자체 안에 이미 가치추구를 품고 있는 사회적 기업과 맥을 같이 하는 동시에, 그보다는 오히려 수준과 방향에서는 일보 진전한 새로운 형태의 대기업 전략이라는 평가도 있다(조동성 외, 2014; 이재열, 2018: 387).

4. 사회적 기업

그러면 이 계제에 사회적 기업을 잠시 고찰하기로 한다. 우선 참고로 사회적 기업(social enterprise, 또는 social business라고도 함)의 개념 규정 몇 가지만 간추린다(심상달 외, 2008: 59–60). 가령 경제협력개발기구(OECD)의 정의는 다음과 같다. "사회적 기업은 기업적 방식으로 조직되는 일반 활동 및 공익활동을 아우르며, 그 목적은 이윤 극대화에 두지 않고 특정한 경제 및 사회적 목적, 그리고 재화와 용역의 생산이나 사회적 배제 및 실업 문제에 혁신적인 해결책을 제시하는 데 두고 있다." 한편, 영국의 통신산업부 사회적 기업과에서는 이렇게 규정한다. "사회적 기업은 사회적 목적을 우선으로 하는 사업체로서 기업의 잉여금을 주주와 소유주의 이윤을 극대화하기 위해 운영하기보다는 그 사업체 또는 지역사회를 위해 재투자하는 기업이다." 우리나라에서는 대개 2000년대 초에 자활공동체의 형태로 도입한 사회적 기업의 아이디어가 2007년 「사회적기업육성법」의 제정으로 구체적인 모습으로 서서히 자리잡고 있다. 이 법에서 규정하는 사회적 기업의 의미는 다음과 같다. "사회적 기업은 취약계층에게 사회서비스 또는 일자리를 제공하여 지역주민의 삶의 질을 높이는 등 사회적 목적을 추구하며 재화와 서비스의 생산·판매 등 영업활동을 수행하는 기업이다."

1) 사회적 기업의 생성 배경과 철학

앞서 기업윤리 문제를 다룰 때 이미 지적한 대로, 20세기 후반에서 21세기 초에 이르러 전 지구적 차원의 경제 내지 금융질서의 위기적 상황에 관련한 전문가들의 반향이 두드러지게 되었다. 한 마디로 그것은 사회주의의 실효성이 역사에 의해서 부정당한 이후 제조업 중심에서 금융업 중심으로 축을 틀어버린 신자유주의적 시장경제논리의 실책의 산물이라는 각성이다. 인간이 이렇게까지 자기중심적으로 살 수는 없다는 뼈저린 반성이 나오게 되었다. 여기에 기업경영의 윤리를 부각시키는 추세와 함께 자본주의의 새로운 모형을 요청하는 시대적 배경을 읽는다. 그것이 경제적으로는 이윤창출을, 사회적으로는 공동체적 나눔을 동시에 추구하려는 사회적 기업이라는 새로운 시도로 나타난 것이다.

앞서 기업의 사회적 책임론을 다루는 맥락에서도 잠시 언급은 했지만, 자본주의의 창시자 Smith는 처음부터 자본주의의 지나친 이기심과 탐욕의 발동이 사회양극화와 인간소외 같은 병폐를 자아낼 수 있음을 간파하고 이를 제어할 수 있는 근거를 인간의 도덕적 정서(moral sentiments)에서 찾을 수 있다고 생각하였다. 이러한 정서가 개인으로 하여금 화합하는 사회집단에서 자신을 기율할 줄 아는 구성원이 되도록 작용하는 요소로 보았다. 특히 그의 개인주의적 신념은 인간의 자애(自愛, self-love)에서 덕과 사회이득의 원천을 찾으려 하였다. 아무리 이기적인 사람도 자신만을 생각할 수 없고 남도 생각해야 하며 자신의 행동의 동기에 관해서도 남이 공감하는지를 중시한다고 보았다. 그런데 이 자애는 다른 사람의 피해를 고려하지 않는 이기심(selfishness)과는 달리, 자신의 보존을 위해 당연한 것이지만 타인에게 자비나 자선을 베푸는 봉사와 선행을 함으로써 그들이 자신에게 존경과 사회적 인정을 보내 주므로 스스로 자긍심을 갖게 되고 보람과 즐거움을 느끼는 것이라는 논리다. 스스로를 사랑하는 자기중심적 자애와 남에게 선행과 봉사로 자선을 베푸는 자애(慈愛)는 이렇게 서로 뗄 수 없는 성질의 것으로 본 것이다. 이처럼 자신을 향한 이웃의 수용 또는 거부의 느낌에 보합적인 심리적 메커니즘을 그는 동정심(sympathy)으로 이해했고, 이것이 바로 사회적 의식이 뚜렷한 공동체를 형성하고 유지하는 주요인이라고 보았다(Smith, 1759[1966]). 그뿐 아니라 그의『국부론』(Smith, 1776[1950])에서도 모태로부터 존재하여 무덤까지 가는 자신의 삶의 조건을 개선하려는 개인적 욕망으로 경제개발이 가능하다고 보았지만, 그러한 욕망도 정의의 정서(the sentiment of justice)와 정부에 의한 정의실현으로 제한해야만 한다고 주장하였다. 여하간 Smith는 이기심을 통제하는 메커니즘으로 자율적 절제와 자생적 사회규범을 명시하였으며 시장의 '보이지 않는 손(invisible hand)'에 의한 공통의 선을 실현할 수 있도록 하는 도덕적 정감으로 자본주의도 공동체적 가치를 추구하는 것으로 간주하였던 것이다.

　이처럼 자본주의의 정신은 원래 개인주의 시장원리와 공동체적 공생원리를 내포하는 것이었는데, Smith도 처음부터 염려했듯이 기업인의 독점욕으로 인해서 역사적 현상으로서 시장경제는 시대에 따라 지나친 이기주의로 흘러 오늘에 이른 것이다. 특히 근자에 인간의 이기적 탐욕으로 인한 전 지구적 경제위기를 초래한 사실을 반성하고 이를 교정하고자 하는 새로운 자본주의 정신을 이념적 근거로 하는 것이 바로 '공동체자본주의'다. 공동체자본주의란 "다 같이 더 잘사는 건강한 공동체를 만들기 위해 창의적인 방법으로 수익을 창출하고 나눔을 실천하는 경제체제다"라고 규정한다(심상달 외, 2008: 2). 이는 노벨 경제학상 수상자인 Joseph Stiglitz가 제창한 경제체제의 새로운 모형에 기초하고 있다(Stiglitz, 2008; 심상달 외, 2008: 9). 그에 의하면 경제성장은 단순히 GDP를 증가시키는 문제만이 아니고 지속가능(sustainable)해야 하며 소외되는 사람이 없이 포용적이어야(inclusive)

한다는 것이다. 우리가 시민사회를 논할 때 으레 국가, 시장의 대비축으로 시민사회를 생각하는데, 공동체자본주의 경제체제는 시장의 힘을 활용하여 국가와 시민사회의 역할을 보완한다는 삼각관계를 내포한다는 점에서 역시 새로운 관념이라 할 수 있다(심상달 외, 2008: 2).

그러면 공동체 자본주의의 특성은 무엇인가를 요약한다(심상달 외, 2008: 16).

① 사회구성원 모두의 인간다운 삶의 질을 향상시키는 것이 목적이다.
② 노동의 신성함과 직업이 소명(calling)이라는 청교도적 윤리를 받아들이며 동시에 직업은 공동선에 기여할 수 있어야 한다는 확고한 관점을 견지한다.
③ 소외계층과 사회적 약자들의 천부 인권을 기본으로 한 경제정의가 선택이 아닌 의무임을 천명한다.
④ 정직(integrity)과 이를 바탕으로 한 신뢰 구축에 주안점을 둔다. 여기에는 개인, 기업체 및 모든 조직체의 투명성(transparency)과 책임성(accountability)과 법치(rule of law)의 절대적 준수를 전제한다.
⑤ 목표달성을 위해 창의적인 시장경제원리에 의거한 수단을 계발하여 이를 효과적으로 활용한다.
⑥ 이런 경제를 성공적으로 정착시키고 확산시킬 역할을 주도적으로 할 사람은 일종의 도덕적 엘리트(moral elite, moral agent)인 '정감인(情感人)'이다. 이들은 개별적으로 보이지 않는 곳에서 일하기 때문에 이들의 사회적 헌신(social commitment)을 묶어서 선한 영향력이 증대할 수 있게 상호 연대(solidarity)하도록 한다.
⑦ 작지만 강한 국가와 자유롭고 공정한 시장을 지향하지만, 국가와 시장의 실패가 가능하다는 것을 인정하고 이를 해결할 주체로서 건강하고 효율적인 시민사회조직체들(NGO, NPO, CSO, VO)들의 역할을 강조한다. 이를 위해서는 이들 시민사회의 각종 단체들이 전문성과 경영 투명성 및

효율성 제고 그리고 탈정치화가 선결과제임을 천명한다.

　좀더 구체적으로 사회적 기업 운동이 생성한 역사적인 상황을 잠시 살펴본다. 이미 1970~1980년대 구미 각국에서는 정도의 차이는 있으나 경제의 둔화 · 침체와 이에 따른 정부의 재정적자가 두드러지기 시작하던 시기다. 이때 국가는 정부의 예산을 삭감하는 조처를 취하게 되는데 일단 복지서비스 분야를 필두로 하여 일반적인 비영리 부문의 조직체와 운동을 위한 정부의 지원이 대폭 감소하게 된다. 동시에 나라에 따라서는 복지국가 체제의 축소, 분권, 민영화 및 서비스 감소 등의 정책으로 나타나기도 하였다. 이와 같은 국가적 변혁의 맥락에서 국가가 더 이상 감당하지 못하게 된 복지서비스나 고용의 문제 및 시민사회의 비영리부문을 위한 정부재정 지원의 축소 등에 대처하는 시민사회부문의 한 가지 대안으로서 상업적인 수익 창출에 의한 고용창출, 국가를 대신한 복지 제공, 시민사회 자체의 경제적 기능 활성화 등을 주안으로 하는 새로운 운동을 창안하게 되었고, 이것이 말하자면 사회적 기업의 모습으로 등장하게 되었다는 것이 전문가들의 견해다. 이런 현상은 비단 구미 지역에만 국한되지 않고 점차 전 세계의 여러 지역으로 번져나가게 된 것이라는 설명이다(Salaman et al., 2004; Kerlin, 2010: 6-8).

2) 사회적 기업의 의미와 기능

　이 같은 원리에 기초하여 운영하는 사회적 기업의 일반적인 의미는 "영리적인 수익 창출을 통해 획득한 이윤으로 사회적 목적을 추구하는 기업"으로 규정할 수 있다(심상달 외, 2008: 59). 여기서 말하는 사회적 기업이 추구하는 '사회적 목적'이란 다음과 같다.

① 직접 재화와 서비스를 생산하여 제공한다.
② 다른 사람에게 사회적 서비스를 제공할 수 있는 재원을 마련해 주는 나눔형 방식으로 기업을 운영한다.
③ 이 두 가지를 동시에 혼합 수행한다.
④ 이런 활동으로 고용을 창출한다.

사회적 기업이 일반 기업조직체 및 시민사회의 여타 조직체나 결사체와 다른 차별성을 띠는 것은 1) 시장에서 거래를 한다는 일반적인 경제적 기능을 수행하는 기업지향성을 띤다는 것, 2) 그러면서도 주된 목표가 거래와 상업적 결과와는 다른 사회적 목적을 지향한다는 것이다. 따라서 사회적 기업은 기업활동을 하는 조직체임에 틀림없지만 사회적, 생태환경적, 윤리적 목적과 같은 다양한 목적을 추구한다는 것, 그리고 3) 여러 이해관계당사자들이 참여하는 사회적 소유의 개념을 가진다는 것이다(조영복, 2010: 12).

기능적인 면에서 사회적 기업의 특성을 요약하면, 한층 더 강력한 경제와 공정한 사회정의 실현에 기여하는 역동적이고 지속가능한 기업으로 이해할 수 있는데, 이를 더 세분해서 보면 다음과 같은 기능을 수행한다(조영복, 2010: 14).

① 사회적 필요 충족의 기능 : 기업의 사업적인 성공의 결실을 사회적인 목표와 생태환경의 개선이라는 목표를 위해 사용한다. 또한 소외계층을 위하여 고용 및 생산활동의 기회와 이를 위한 기술을 제공하기도 하며, 때로는 복지수당 의존을 극복할 수 있도록 지원할 수도 있다.
② 윤리적 시장의 확산 기능 : 윤리경영의 차원에서 소비에서도 윤리적 관행을 중시하는 시장이 확장하는 시대적 상황에 대응하는 한편, 공정거래 등 선구적인 윤리관행을 채택함으로써 전반적인 윤리경영의 기준을 제고하는 기능을 한다.

③ 공공 서비스 개선 기능 : 서비스의 디자인을 새로이 개발하고 새로운 접근법을 개척하여 서비스의 공급 계약을 수주할 수 있다.

④ 기업활동을 증가시키는 기능 : 사회나 생태환경에 변화를 일으키고자 하는 벤처기업가들로 하여금 기업활동에 새로이 참여하게 유도함으로써 전반적으로 사회의 경제적 기업활동을 확충하는 한편, 여성, 청년이나 기타 취약계층에서 더 많은 사업을 설립하도록 권장하는 기능도 하게 된다.

이와 같은 기능은 주로 시민사회의 자발적 조직체가 사회적 기업을 설립하여 수행하게 되는 것도 한 가지 특징이지만, 영리기업체도 넓은 의미에서 나눔형 사회적 기업체(혹은 착한 기업체)에 포함시키는 수가 있다. 사회적인 대의를 위해 현존하는 기업체들이 직접 참여하는 방법으로 이루어지는 공동체적 경제활동을 할 수 있기 때문이다(심상달 외, 2008: 4-5).

사회적 기업의 조직형태는 일단 비영리 회사가 주종을 이루지만 협동조합이나 일반 중소기업체 또는 비영리 부문의 협회 형식을 띠기도 한다(Kerlin, 2010: 9). 그리고 이들이 주로 활동하는 분야는 크게 다섯 가지로 분류할 수 있다(조영복, 2010: 18).

① 은퇴자나 여성의 제2, 제3의 인생 분야 : 미소금융이나 대안교육과 같은 활동
② 생태환경 지킴이 사업 분야 : 생태관광이나 공정무역 등
③ 사회정의 실현 분야 : 재활용, 그린에너지, 도시공산 등
④ 사회갈등 해소 분야 : 영국의 도시재개발 에덴 프로젝트와 같은 보기
⑤ 정부제공 서비스 사업 분야 : 돌봄 서비스, 지하철이나 주차장 서비스 등

특히 근년에는 SK를 비롯하여 삼성, 현대차, LG, 포스코 등 대표적인 대

기업체들이 직접 사회적 기업 형태로 사업을 전환하거나 사회적 기업을 대대적으로 지원하는 등 이 운동을 더욱 확충하고 있는 추세가 눈에 뜨인다 (『조선일보』, 2011. 8. 21: B8).

5. 소결

지금까지 경제·경영 부문의 사회적 관심이 전개해온 역사적 배경과 의미를 개관하였다. 다만 사회적 가치 연구에서 한 번씩 언급하는 사회적 경제의 주제는 위에서 다룬 내용과 부분적으로 겹치는 면이 있어서 전반적인 논의의 문맥으로 보아 여기에 포함하지 않는다. 크게 보아 오늘날 세계적으로 경제·경영 분야에서 어떤 연유로 특별히 사회적 관심을 갖지 않으면 아니 되었는지를 이해하려 했고, 그 맥락에서 사회적 관심의 성격이 원초적인 경제적 책무에서 법률적인 책무로 일단 이행한 다음, 그것도 부족하다는 인식에서 윤리적 책임론이 등장하였고, 이제는 '사회적' 책임이라는 범주로 재정립한 다음 거기에 사회공헌이라는 더 적극적인 제안이 떠올랐다. 그리고 한 걸음 더 나아가 아예 공유가치 창출과 사회적 기업이라는 수준까지 이르렀다.

그런데 여기서 한 가지 주목할 사항이 떠오른다. 이런 추세는 어디까지나 자본주의 시장경제체제 위에 성립하는 시민사회의 경제적 부문에서 기업을 경영하는 처지에 서서 거기에 '사회'를 어떻게 접목시킬 것인가 하는 접근이 주종을 이룬다는 사실이다. 이 말은 그러한 사회적 가치 자체가 주제라기보다는 경제·경영을 더 효과적으로 전개하려면 사회적 가치에 관심을 가지고 운영해야 한다는 시대적인 요청에 대응하는 차원에서 떠오른 쟁점임을 암시한다. 경제부문이 그와 같은 관심을 가지고 실천에 나선다는 사실이야 환영해야 할 일이지만, 사회적 가치는 비단 그 부문에서만 강조하고 그런 특정 관심에서만 중시해야 할 그런 사안이 아니라는 점을 상기시키고자 한다.

이 지점에서 우리는 다시 음양변증법적 역학의 작동을 감지하게 된다. 자본주의 경제체제가 지나치게 재정 중심, 이윤 중심으로 치우치는 불균형으로 말미암아 사회 전체의 체계가 제대로 작동하지 못하고 정치부문에서도 자유민주주의가 위기에 직면하고 있으며 사회적 불평등의 심화가 사회의 안정과 통합을 저해하는 형국이 벌어지고 있는 것이다. 그러한 불균형의 시정을 위한 노력이 윤리경영, 사회적 책임, 사회공헌, 이제는 사회적 기업이라는 새로운 명목으로 등장하였음이다. 이런 사태 해결의 대응은 그 자체로서는 가치 있고 바람직하지만 거기서 그칠 수 없다는 지혜를 우리는 음양변증법적 사회변동의 원리에서 얻어야 한다. 유연성을 가지고 대처하여 하루속히 경제부문과 사회의 부문 사이의 평형을 되찾아야 비로소 중용의 안정을 찾을 수 있을 것이기 때문이다.

특히 현재 진행 중인 급격한 문명사적 전환의 맥락에서 신자본주의 체제의 맹점과 아울러 그것의 영향 아래 모습을 드러내고 있는 사회정치적 위기를 극복하기 위해서는 바로 '사회적 가치'의 정상화가 더욱이 주목해야 하는 쟁점으로 의의가 크다 할 것이다. 그러므로 이제부터는 본격적으로 '사회적 가치'의 주제에 초점을 맞추고 그 개념의 철학적 의미를 재음미하면서 미래를 지향하는 인류사회의 이상적인 비전을 제시하는 차원에서 사회적 가치의 중요성을 부각시키고자 한다.

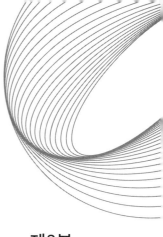

제2부
사회적 가치의 철학적 · 사회학적 의미

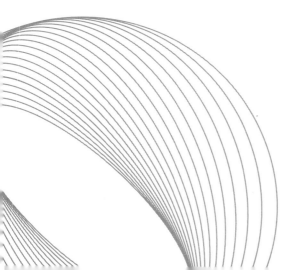

제5장
'사회적 가치'의 철학적 해석

이 장에서는 주로 '사회적'이라는 말의 의미와 왜 사회적 가치인지 그 철학적인 의의를 살펴보려고 한다. 다만 필요에 따라 약간의 사회학적 해석을 곁들일 것이다. 사회적 가치가 어떤 의미를 가지는 지를 탐구할 기초를 마련하고자 함이다. 적어도 현재 나와 있는 문헌군(群)을 살펴보아서는 실천적 정책 수립을 위한 사회적 가치의 평가에 활용할 지표로 그 의미를 담아내는 작업이 주종을 이룬다. 물론 이론적 배경에 관한 해설을 곁들이는 사례가 없지는 않으나 하나의 일관성 있는 패러다임의 틀 속에서 구성한 독자적 이론틀을 제시한 예는 보이지 않는다. 철학적 접근이란 그러한 이론적 담론의 기반을 이루는 작업이라 할 수 있다.

1. 사회의 의미

사회적 가치라는 말을 쓸 때는 사람이 사는 '사회의' 가치로 이해하겠지만 다시 잘 살펴 따져보면 이때 사회가 무엇을 뜻하는지는 명백하게 떠올리기가 쉽지 않다. 구체적으로 어떤 공간과 그 안에 모여 사는 사람들을 지목할 수 없으면 그저 막연한 집합적 군집(무리)에 불과하다. 아니면 거시적인 개념으로서 경제, 정치, 문화 부문을 구분하고 경제와 사회, 정치와 사회, 문화와 사회라고 할 때처럼 인간의 군집생활에서 어떤 제도적으로 규정한 범주의 하나로 쓰지만, 그 또한 구체적으로 경제와 사회가 어떻게 다르며 무엇을 꼬집어 사회라 지칭하는지는 명백하지 않다. 사회학자들도 각자 의미 부여를 해서 쓰기 일쑤다. 물론 사전에는 그 나름의 자전적 의미를 제시하지만 그 또한 정확하거나 동의를 바탕에 둔 해설이 아닐 수 있다.

사회학은 태동 초기부터 사회는 실재하는 실체가 있는 현상이냐 아니면 실체적 존재보다는 관념상으로 실재한다고 규정하는 그 무엇이냐를 두고 실재론과 관념론 사이의 논쟁이 지금도 끝나지 않은 상태다. 최근에는 소위 관계주의라는 새로운 관점을 시사한 예도 있다(이재열, 2018). 그러나 이 이론도 충분한 내용을 담은 것 같지는 않다. 이처럼 대단히 모호한 개념을 가장 잘 이해하는 길은 그 단어 자체를 정의하는 일에 집중할 것이 아니라 사회의 특성을 규정하는 구체적인 개념을 사용하는 간접적인 방식일 것이다. 그것이 동방사상, 특히 유가사상에서 두드러진 접근이다. 거기에는 굳이 '사회'라는 추상적인 용어를 창안하여 논지를 어렵게 전개하기보다는 처음부터 구체적인 모습으로 실재하고 관찰 가능한 '관계'와 '지위' 그리고 '집단'이라는 개념으로 바라보는 사상을 제시한 것이 특징이다. 이런 방법론을 일컬어 즉물적 인식(experiential cognition)이라 하기도 한다. 이러한 즉물적 접근의 특징은 서방에서 제시한 실증주의와 관념주의 또는 경험주의와 주관주의 식의 이분법적 방법보다 경험과 직관을 융합하여 사물의 본성을 인식하고 이해하려는 것이다. 이 같은 공부 방법을 유학에서는 격물치지(格物致知)라 한다. 성심을 다하여 집중하며 관찰하고 공부하면 사물의 이치를 깨닫는 경지에 이른다는 인식론이다.

지위와 관계는 사회학의 기초개념이다. 그것이 사회가 성립하는 기본 요소로서 사회가 특별한 문제없이 존속하는 데 필수적인 질서의 근거가 된다. 질서는 사회학의 가장 기본적인 관심사이기도 하다. 관계는 일단 개인과 개인 사이에서 의미를 주고받는 말과 행동, 즉 상호작용의 산물이다. 이런 상호작용이 반복하여 특정한 유형을 띠면 그것이 관계로 굳어진다. 여기서 한 가지 명심할 것은 관계라는 말은 개인과 개인 사이의 대인관계와 아울러 집합체와 집합체 사이의 사회적 관계를 아우르는 개념이라는 사실이다. 물론 개인 간의 관계가 복수로 맺어지면서 집합체(집단)를 형성하면 집합체 간에도 관계가 형성하면서 전체사회의 구도를 완성하게 된다.

　사회의 구성원들이나 집단들이 각기 자신이 위치하는 지위에서 타인과 관계를 맺음으로써 사회가 성립하지만 그들이 지위에 걸맞은 관계를 잘 유지하지 못하면 사회의 질서가 무너지고 사회는 하나의 온전한 실체로서 존속하기가 어려워진다. 그러므로 구성원들과 집단들은 그러한 관계적 맥락에서 질서를 흩트리지 않도록 하는 약속에 기초한 규범의 체계를 구축하여 그들의 행동을 제재하도록 하였다. 이들 규범은 지위와 관계에 걸맞은 행동을 하라는 사회의 명령이며 규칙이요 지침이다. 그리고 이런 규범은 가족을 위시하여 사회의 초년생들에게 주입하는 사회화라는 교육적 과정에서 습득하는 문화의 소산이면서, 집합체들은 그 나름의 규범체계를 따로 구축하여 각자의 행위를 규제한다. 사회적 규범을 체계화하여 구성원 각자의 개인적 욕구충족과 아울러 구성원의 집합체인 사회의 기능수행과 존속을 도모하는 데 필요한 제도가 생겨난다. 태고의 원시상태에서는 최초로 생겨난 가족이 거의 모든 제도적 기능을 감당했으므로 이를 제도적 융합(institutional fusion)이라 일컫고, 사회의 규모가 커지고 제도적 기능이 다양해지면서 가족으로부터 분화하여 경제, 정치, 종교, 교육 등의 다양한 제도가 태어났다.

　그런데 동방사상에서는 이처럼 사회가 성립하는 기본요소인 관계와 지위의 가장 원초적이고 근본적인 유형을 삼강오륜(三綱五倫)으로 표현하면서 군신, 부자, 부부, 장유, 붕우의 다섯 가지 관계와 그 관계의 바탕인 지위를 명확히 하고 그에 걸맞은 행동과 삶을 규정함으로써 질서를 유지하려고 한 것이 앞서 음양변증법적 준거틀의 논의에서 잠시 언급한 공자의 정명론(正名論)이다. 모든 사람과 만물이 명분대로 움직이고 존재하면 만사가 제대로 된다는 이론이다. 사회의 질서 또한 지위의 이름과 실제 행동이 일치해야 성립·존속한다는 이치다. 제(齊)나라 경공이 공자에게 정치에 관하여 묻자 공자는 임금이 자신이 처한 지위에 적합한 행동과 삶을 올바로 지키면 정치가 저절로 바른 길을 갈 수 있다는 대답을 군군신신부부자자(君君臣臣父父子子)라는 여덟 자 한자로 요약한 바 있다. 임금은 임금답고 신하는 신하답게, 아버지는 아버지답고 자식은 자식답게 처신하며 산다면 정치가 바로 선다는 논지다(김학주a, 2009: 200). 물론 여기서 '××답다'는 말의 의미는 유가 사상이 주장하는 갖가지 도덕과 가치의 표준에 기초한 규범(명분)에 어긋나지 않는다는 뜻이다. 이 내용은 추후에 본고에서도 언급할 것이지만, 이 자리에서는 그러한 지위와 관계의 유형화가 사회를 성립시키고 질서를 지탱하는 요건임을 적시하고 나아가 그 맥락에서 인간의 도덕적 행위와 가치의 실현을 추구한다는 취지를 밝히는 것이 주안점이다.

다음으로 사회학은 사회의 의미를 한층 더 구체화하기 위하여 앞서 지적한 대로 사람들이 모여 사는 집단으로 인식한다. 가족이라는 원초적인 집단에서 비롯하여 이웃이 가까이서 공동생활을 하는 지역공동체, 분화한 각종의 사회적 기능을 맡아 수행하는 제도적 조직체, 그리고 국가 등의 공식적 집단이 있고 거기에 곁들여 취미 동호회, 동창회 등 여러 종류의 비공식 집단이 존재한다. 이 집단의 특색은 그 안에 속하여 생활을 함께 누리는 구성원들의 관계의 특성으로 규정할 수 있다. 일반 사회학에서도 가족은 원초집단(primary group)이라 하는데, 그 이유는 인간이 태어나서 유소년기를 거치며 그 안에서 사회적 인간으로서 자아의식과 사회적 정체의식을 함양하는 최초의 집단으로서 그 사회적 기능도 개개 성원의 기본적인 욕구충족과 사회의 유지존속의 기반을 제공하기 때문이다.

유가의 사회관에서도 인간관계의 근본은 원초집단인 가족의 맥락에서 부부와 부모자녀 관계로 규정하고 이에서 동심원적으로 확대하여 전체사회, 전 지구적 공동체로까지 뻗어 가면서 그 안에서 상호작용하며 공동으로 살아가는 성원들의 지위와 관계가 달라지는 것으로 인식한다. 그러나 한 가지 중요한 특징은 가족의 울타리를 벗어나서도 원초집단인 가족 내의 관계와 지위의 성격을 어느 정도는 그대로 유지하려는 성향이 두드러진다는 점이다. 예컨대 정부기구를 갖추어 나라의 백성(國人)을 다스리는 기능을 하는 조직체를 국가(國家)라 하여 집 가(家)라는 글자를 그대로 쓰는 것도 특이한 면이 있다. 따라서 나라의 백성(국인)도 국가라는 집합체 속의 가족 구성원과 비슷한 지위로 간주하려는 경향을 보인다.

여기서 주목할 점은 유가와 같은 동방사상은 '사회'라는 관념을 기본적으로 원초적 집단인 가족의 확장이라는 관점에서 정립한다는 특징이다. 그러니 그 안에 사는 백성의 사회적 지위나 관계도 마치 가족 내부의 관계와 근본적으로 다른 것으로 보지 않는다고 할 수 있다. 아무리 사회의 구성원인 인구 규모가 증가하고 사회의 기능이 복합적으로 분화하여 다양하고 복잡하다 해도, 인간관계의 원리에서는 가족적인 특성을 기본으로 유지하면서 기능적 다양화로 말미암은 변질은 그 나름으로 대처하는 기본인식에는 변함이 없어야 한다는 관념이 핵심을 이룬다고 할 것이다.

그러므로 이 책에서는 사회적 가치를 논할 때도 '사회' 혹은 '사회적'이라는 용어의 의미를 이러한 유가적 관점에서 접근하려는 시도를 할 것임을 천명한다. 그렇다고 해서 서방의 기존 이론과 개념을 배타적으로 도외시하는 일은 현실성이 없고 새로운 융합의 접근을 취함이 옳을 것이다. 이런 시각에서 한 가지 흥미로운 비유를 들고 본론을 시작하고자 한다. 가령, 인간 또는 사람이라는 말을 표기할 때 동서양의 문자 모양이 기묘하게도 독특한 차이를 보인다. 우선 우리말의 '사람'은 '시옷(ㅅ)'이라는 자음으로 시작하고 한자에서는 사람 인자(人)를 쓴다. 이 두 글자 혹은 자모의 공통점은 두 개의 획이 서로 비스듬하게 기대어 서 있는 형상이다. 이에 비해, 서구의 라틴계 언어에서는 인간(Homo, Human)을 표기하는 단어의 자모가 대문자 H이며, 형상을 보면 두 개의 획이 직립으로 서 있고 그 두 획을 잇는 기호는 가로줄이다. 이 보기가 시사하는 것은 동방의 문자가 표현하는 모양새가 사람이 서로 의지하며 비스듬하게 연결 짓는다는 데 반해, 서방 문자에서는 두 개체가 따로 곧추 서 있고 그 둘을 잇는 관계의 특색은 수평적이라는 점이다. 만일 이 비유가 최소한의 적절한 의미를 은유적으로나마 표현하는 것으로 본다면 본서의 사회관에서도 이 두 가지의 융합을 시도하는 것이 아주 무의미하지는 않을 것임을 암시한다 해도 무방하지 싶다.

여기서 시사하는 바는 보는 관점에 따라 사회적 관계의 성격이 다른 유형으로 나타난다는 사실이다. 그러므로 이제는 이와 같은 사회를 구성하는 기본 요소로서 사회적 관계의 유형과 성격을 자세히 살펴보기로 한다. 다만 사회적 관계를 논할 때는 항상 그 사회를 구성하는 사람들을 개개의 인격체로 간주하는 시각과 아울러 그들이 구성하는 집합체를 동시에 분석과 고찰의 대상으로 다루면서 연구에 임하는 접근이 필요하다. 다시 말해서 가령 사회적 가치를 드높이기 위한 행위나 정책을 추구한다고 할 때는 그 가치의 혜택이 동시에 사회 구성원 개개인에게도 해당하고 또 사회 전체 혹은 일정한 단위의 집합체 자체에게도 해당한 것으로 이해하는 접근이 필수라는 뜻이다. 사회적 관계의 특성을 구분하는 기준은 관점에 따라 다양하겠지만, 여기서는 대체로 일반적인 관계의 성격을 구분하는 준거틀만 이용하기로 한다. 한 가지 보기로 앞서 문명사적 변천의 거시적 분석을 시도할 때 공업사회의 도시문화가 자아내는 인간관계의 변천의 특징을 가령 아는 사이에서 모르는 사이, 친근한 사이에서 소원한 사이 등등으로 예시한 적이 있음을 상기하는 것도 참고할 만하다. 그런 보기에서 우선 추출할 수 있는 관계의 유형을 새로운 틀로써 정리하면 다음과 같은 범주가 드러난다.

① 지인 여부 : 아는 사람(집단) — 모르는 사람(집단)
② 친소 관계 : 친근하다 — 소원하다
③ 긍정 — 부정 관계:
　좋아한다 — 싫어한다
　사랑한다 — 미워한다
④ 지속성 : 영속적 — 일시적
⑤ 목적적(인정적) — 수단적(사무적) 관계:
　정서적 — 이해 타산
　헌신몰입 — 제한적 관심
⑥ 신뢰 관계 :
　신뢰 — 불신
　진정성 있는 — 진정성 없는
⑦ 협동 — 경쟁
⑧ 동조 — 갈등
⑨ 지지 — 반대
⑩ 포용 — 배타
⑪ 동격인정 — 차별대우
⑫ 존중(존경) — 무시(멸시)
⑬ 수평 관계 — 수직 관계:
　상하관계
　권위관계
⑭ 연고 관계 : 연고자 — 무연고자

⑮ 연결망 관계 : 디지털 사회의 연결망에 참여하는지의 여부로 결정하는
   관계

　여기에 포함한 관계의 유형이 전부를 포괄하는 것이 아님은 두말할 나위
도 없지만 일단 이 정도의 준거틀이라도 사회적 가치 분석에 충분히 유용하
리라 보고 다음 주제로 넘어간다. 여기서 특별히 눈여겨 볼 사항은 이러한
인간관계 내지 사회적 관계에는 음과 양의 대대적 현상 간에 상호작용이 일
어난다는 점과 그 과정에서 자칫하면 한 방향으로 치우치는 변화가 일어나
게 된다는 사실이다. 가령 위의 15가지 대대적 관계 모형은 어느 한쪽으로
만 쏠리는 것이 반드시 현명한 것만은 아니라는 데 주목해야 한다. 맥락에
따라서는 수평적 관계보다 수직적 관계가 더 유익할 수도 있고, 그 반대일
수도 있으며, 협동보다는 경쟁이 유리할 수도 있는 법이라는 것을 유념해야
한다. 여기에 시의에 따른 유연한 적응의 원리가 음양변증법적 사고의 주요
특징이며 그리하여 양극단으로 치우침보다는 중용을 덕목으로 삼는 것이
더 인간적일 수 있다는 이치를 깨닫는 길이 열린다. 그리고 이와 같은 관계
의 변화는 곧 사회적 가치의 변화도 함축한다. 관계의 성격이 바뀜에 따라
사람들의 사회적 가치 또한 변화하는 동시에 특정한 시점의 특수한 맥락에
서 형성한 사회적 가치 역시 변화가 필요할 때가 있다는 말이다.

2. 사회적 가치의 철학적 해석

　현존하는 사회적 가치 관련 연구에서는 사회적 가치의 개념을 주로 경제
적 가치와 대비하는 맥락에서 대체로 좁은 의미에서 규정하거나 구체적인
정책 형성을 위한 지표의 나열로 접근하는 추세가 두드러진다는 사실을 이

미 언급하였다(한국행정학회, 2019). 그렇게 하는 데에는 그 나름의 이유가 있고 그러한 틀 안에서는 이론적인 의미를 부여할 수 있다. 그러나 이 책의 취지는 그러한 실천적이고 기술적인(technical) 차원의 접근도 필요하지만 지금쯤은 한층 더 일반적인 수준에서 그 개념 자체의 철학적, 사회학적 의미를 탐구하여 앞으로 이 주제를 다루는 연구는 더 폭넓은 전망에서 접근할 필요성을 강조하려는 데 있다. 그리하여 더욱 충실하고 의미있는 내용을 담아낼 수 있는 대안적 패러다임을 제시하려는 것이다.

먼저 가치라는 개념의 의미부터 개관하고, 거기에 '사회적' 가치라는 수식어를 붙이면 과연 그 말은 무엇을 뜻하는지를 논의하기로 한다. 여기에는 불가피하게 인류가 바라는 가치 있는 사회는 어떤 사회여야 하는지에 관한 철학적 비전과 도덕적 가치 판단 그리고 이를 뒷받침하는 사회학적 해석을 소개할 것이다. 이미 위에서 문명사적 성찰을 하면서도 언급한 바 있지만, 서양에서 크게 부각시키고 있는 사회문제로 눈을 돌리면, 지나친 개인 중심주의가 자아낸 가족관계의 변질과 공동체의 와해 현상, 그리고 거기서 파생한 인간의 고독과 소외 등을 고려할 때, 인간관계의 정상화를 위해서도 유교를 중심으로 하는 동방 사상의 인정주의적인 인간관계관과 공동체주의적인 사회관이 매우 중요한 지침이 될 수 있다. 비록 민주주의와 자본주의가 보편성을 확보했다고 해도, 그들이 지니는 약점과 그들이 일으키는 부작용을 감안하면 상당한 보완이 필요함을 쉽사리 간과할 수 없다. 여기에도 유교 등 동방 사상의 기여 가능성을 무시하기 어렵다. 또한 지난 20여 년 어간에 일어난 전 지구적 차원의 금융대란이 궁극적으로는 자본시장의 작동에서 드러난 윤리관의 붕괴에서 연유함을 서방 세계 자체에서도 날카롭게 적시하고 있는 실정이다. 따라서 공직은 물론 기업경영에서도 윤리의 중요성을 새삼 강조하고 있다. 이런 관점에서 유교전통을 비롯하여 풍부한 동방의 문화적 유산이 지구촌 전인류의 화합, 평화, 번영, 행복을 위하여 어떤 메시지를 전할 것인가? 적어도 이런 질문은 한번 과감하게 해볼 수 있다는 것이다.

왜 우리는 지금 사회적 가치를 주요 담론의 주제로 삼는가? 이 질문은 우리에게 철학적 대답을 요구한다. 앞에서 경제·경영 분야에서 이 가치의 중요성을 기업 차원에서 다루게 된 사실을 검토했지만, 이제는 그 영역을 넘어 공공기관, 시민사회의 각 분야 및 사회 전반, 나아가 전지구적 수준으로까지 이 문제가 주목을 받고 있는 점을 고려할 때, 그 이면에는 분명히 인류가 추구하는 미래의 인간사회가 달성해야 할 목표에 사회적 가치가 중요한 자리를 차지하게 될 것이라는 희망이 도사리고 있다고 보아도 좋을 줄 안다. 우리의 안목을 거기까지 넓히고 높이지 않아도 좋다면 현존하는 수준의 연구로도 충분하다. 그러나 우리는 적어도 이상적인 기준에서 보면 아직은 비록 미완성 상태라 할지라도 일단 하나의 시도로서 미래지향적 비전을 공유해봄직 하다고 생각하므로 이를 과감히 제안하려고 한다.

1) 가치란 무엇인가?

그럼 우선 간략하게 가치(values) (또는 가치관, 가치의식)의 의미를 상고한다. 가치는 사람들이 주어진 대상을 두고 가치가 있다고 판단할 때 바람직스럽다(desirable), 선호한다(preferable), 좋다(good), 옳다(right), 중요하다(important), 아름답다(beautiful), 유쾌하다(pleasant)고 생각하는 기준인 동시에, 어떤 개인과 사회가 추구하는 목표(goal)를 선택할 때 또는 어떤 행동을 할 때 의지하고 행동의 동기를 정당화하는 원칙과 기준이며, 무슨 행동을 어떻게 해야 하는지에 관한 관념 내지 신념이고, 무엇을 평가하기 위해 설정하는 표준(standard)이기도 하다. 요는 인간의 판단, 평가, 선택의 행위를 결정하는 의식의 내용이며 그에 기초하여 행동으로 표출하는 기준이다.

이런 의미의 가치는 인간의 관념이나 신념 중에서도 쉽사리 변하지 않고 비교적 지속성적인 성질을 띠는 것이 특징이다(Bell, 2004: 4; Rokeach, 1973; 1979; Williams, 1970; Zavalloni, 1980).

일부 사회과학 연구자들이 가치의 개념 자체의 철학적 의미를 두고 벌이는 철학적 학파들의 논쟁을 해설하고 그 중 어떤 특정 학파의 견해를 채택하는 관행을 보이기도 하는데(한국행정학회, 2019), 여기서 다루는 사회적 가치의 연구에서는 그런 철학적 논쟁이 반드시 필요하거나 유용하다고 보지 않기 때문에 본서에서는 매우 간략한 사회학적 가치의 개념 규정만 소개하는 것으로 충분하다고 생각한다.

2) 사회적 가치는 공공성 가치

근자에 철학과 사회과학의 여러 분과에서 '공공성' 회복이라는 화두가 상당한 주목을 끌기 시작하였다. 이러한 움직임의 태동은 앞에서 논의한 자본주의 경제체제가 소위 신자유주의적 흐름을 타고 지나친 개인의 취득 욕심(acquisitiveness)을 자극하는 방향으로 움직임으로써 극도의 경쟁을 자아내어 사회가 갈등과 혼란으로 신음하게 만든 현상에 경각심을 불러일으키고자 하는 갖가지 이론적, 실천적 기도가 새로이 나타나고 있는 것과도 맥을 같이 한다. 다시 말해서 신자유주의적 사유의 바탕이 되는 개인중심주의 인간관과 사회관에 대응하는 새로운 철학적, 사회과학적 사고를 장려하려는 지성계의 운동이라고 할 수 있다. 거기에 사회적 가치가 자리하고 있음이다. 그러한 추세의 한 가지 조류는 과도한 개인중심에서 벗어나 인간의 삶의 진정한 토양이 바로 사회라는 사실을 부각시키려는 노력의 일환인 셈이다. 그 사회성의 한 축이 바로 공공성(public spirited, public minded orientation)이다. 사회적 가치는 곧 공공성의 가치가 된다.

물론 현재의 학문적 성과는 이 공공성의 개념과 철학적 의의 및 사회학적 속성 등의 여러 측면에서 충분한 담론에 의한 합의나 완벽한 이론적 체계를 갖추었다고 보기는 어려운 상태에서 여러모로 탐색하는 수준에 있다고 할 수 있다. 그러므로 여기서는 그중 한두 가지 대표적이라 할 만한 관점을 정리 소개하는 일로 만족하려고 한다. 이때도 역시 문명론적 접근을 시도하려는 것이다. 그중 하나는 주로 서구사상의 문맥에서 공공성 개념의 철학적 해석을 요약하고, 다른 하나는 동방의 유가사상의 공공성 이론을 간략하게 집약한다.

　첫 번째로, 서구철학의 관점부터 살펴본다. 공공성의 문제를 신자유주의 철학과 대비하는 시각에서 개인 중심의 사유를 사회 중심으로 옮기려는 담론이다. 사회를 중심으로 본다는 것은 위에서 우리가 사회의 의미를 개략적으로 검토할 때 지적한 것처럼 사회는 '관계'로 이루어진다는 점에 초점을 돌린 것이다. 개인들이 무리 지어 사는 사회지만 어디까지나 사회가 성립하자면 관계가 우선한다는 데서 출발한다. 그러면 그 관계의 의미를 위에서 요약한 것처럼 단순한 현상적 표면만 보지 않고 그 철학적 의미를 존재론, 인식론, 그리고 가치론의 세 가지 준거틀로 재구성하려는 것이다(임의영, 2017).

　우선, 존재론적으로 인간은 태어나서 자라는 동안 다른 사람(개인)들과 관계의 틀 속에서 사회적 자아로 자아정체를 형성해가는 존재라는 점을 중시한다. 추후에 인간의 성숙과정을 논하는 문맥에서 다시 언급하지만, 상징적 상호작용론(Symbolic Interactionism)이라는 사회학적 관점을 대표하는 Herbert Mead에 의하면, 인간은 주체적 자아(영어로, I)로 태어나지만 주변의 타인들(others)과 언어라는 상징적인 기호를 써서 이루어지는 사회적 상호작용을 거쳐서 타인이 자기를 보고 상대해주고 행동하는 모습을 거울 속에서 보듯이 자아의 모습으로 스스로 만들어가는 과정을 밟게 된다는 것이

요체다. 이를 일컬어 경상자아(the Looking-Glass Self)라 한다. 이 타인이라는 거울 속 자아가 객체적 자아(영어로, Me)로서 자아 속에 생겨남으로써 비로소 사회성을 품은 건전한 자아정체를 형성해간다는 것이다(Mead, 1935).

마치 음양변증법의 음기와 양기가 끝없는 역동적 상호작용 속에 만상을 창조하고 변화시키고 발전시키는 것처럼, 나라는 존재는 음으로서 주체적 자아와 양으로서 객체적 자아가 지속적인 변증법적 상호작용으로 자아정체를 형성해가는 과정을 거쳐 비로소 정상적인 사회생활이 가능한 사회적 인격체로 성장하고 살아간다. 그러므로 인간은 처음부터 개인과 개인이 따로따로 완전히 별개로 존재할 수 없는 필연적 관계성의 존재라는 관점이 성립한다. 여기에 공공성의 존재론적 기초가 있다.

다음으로, 공공성 철학의 인식론에서는 인간의 본성에 관한 지식의 근거를 밝히려고 한다. 신자유주의적 인식론은 인간이 근본적으로 자기이익 추구의 목표로 타인과 관계를 맺는다고 본다. 그러한 관점에서 보는 사회라는 관계의 인식은 관계 속의 인간이 얼마나 자기이익 추구에 유능하고 유효한지만 알아내면 그만이지 어떤 전인적인 관계 같은 것은 안중에도 없다. 말하자면 일종의 수단적 이성에 의한 인간존재의 수단적인 인식론이다. 그러나 인간은 그런 이익추구만이 아니라 필연적 관계와 연대 속에서 상호 경쟁과 갈등도 하지만 협력과 화합도 한다. 그리고 애정도 나누고 의지와 상상력도 교류하는 존재다. 서로를 이해하고 감정이입도 가능하며 공감하는 전인적 교류가 가능한 존재로 인식한다. 이를 위해서는 단순히 수단적 이성만이 아니라 감정, 상상력, 의지 같은 이성 외적인 요소를 내포하는 인식의 공간이요 기제인 '마음'이 작동함으로써 사고, 감정, 기분, 정서, 의욕, 등 인간 내면의 상태와 전면적으로 만날 수 있는 공감의 경험을 할 수가 있다. 따라서 공공성 철학의 인식론은 공감의 인식론이다.

마지막, 가치론적으로는 인간관계의 윤리적 측면을 다룬다. 윤리는 본질적으로 책임의 문제다. 사회 속의 인간은 자신의 행동이 결과하는 책임을 어떻게 감당하는 것이 사회적으로 공정한지를 판단하고 그 책임을 다 하며 살아가야 사회가 안정할 수 있다. 자유주의의 해석은 어떤 행동이든 그 책임의 소치는 개인 각자의 몫이다. 하지만 인간의 사회는 관계의 복합적인 구조와 제도 속에서 이루어지고 유지·변천한다. 아무리 개인에게 책임이 있다 해도 그 책임의 궁극적 근거는 그러한 행동이 일어나게 된 맥락으로서 갖가지 사회의 조건과도 무관하지 않다. 그런 한에 있어서 책임의 문제를 전적으로 개인에게 돌리기보다는 사회 구성원들이 함께 공유하는 공유 책임도 생각해야 한다. 이것이 공공성 윤리의 가치론이다. 결국 공공성 철학의 관점으로 보면 사회적 가치는 공공성의 가치가 되는 것이다.

공공성 담론은 비단 서구사상에만 국한하지 않는다. 동방의 유가사상에서도 이 주제는 궁극적으로 가장 중요한 자리를 차지한다. 다만 서구의 담론과 차이가 나는 것은 서양의 공사구분이 국가와 사회를 지칭하는 공적 영역(public)과 개인을 가리키는 사적 영역(private)의 확연한 차별을 지목하는 것과는 차원이 다른 관점이라는 점이다. 동방의 유가사상에서는 이 주제를 우주론의 차원에서 인간본성을 다루는 심리학의 수준에 이르는 광폭의 이론적 틀을 제시한다는 특이성을 보인다. 그리고 그 원천은 주로 성리학이다. 그러므로 여기서는 성리학의 관점에서 보는 공공성의 담론을 개관하기로 한다(한형조, 2013). 우선 주자의『중용장구』서문의 일부를 인용해본다(한형조, 2013: 024-025).

(인심은) 위태롭고 불안정하며, (도심은) 미묘해서 감지하기 어렵다. 그런데 사람은 누구나 형체(육신)를 갖고 있으므로, 상지(上智)(현자)라고 해도 인심이 있고, 또 누구나 본성(정신)을 갖고 있으므로 하우(下愚)(무지한

자)라고 해도 도심이 있다. 이 둘이 마음속에서 얽혀 '뒤섞 여(雜)' 있는데, 제어하지 못하면 (인심은) 더욱 위태로워지고, (도심은) 더욱 깊이 숨을 것이다. 그렇게 되면 천리(天理)의 공公이 마침내 인욕(人欲)의 사私에 굴복하게 된다. 면밀히 성찰(精)하면 이 둘 사이가 섞이지 않을 것이고, 자기중심을 잡고 있으면—, 본심의 정(正)이 나와 더불어 있게 된다. 이 노력을 지속적으로 해나가면 도심이 늘 내 몸의 주인이 되고, 인심은 그 명령을 들을 것이니 위태로운 것이 안정되고, 은미한 것은 더욱 밝아진다. 그리하여 행동과 말에 과불급의 차가 없는 경지를 누리게 될 것이다.

이 인용문이 말하는 공과 사는 천리지공(天理之公)과 인욕지사(人欲之私)를 각각 가리킨다. 공은 천리와 도심(道心), 사는 인욕과 인심(人心)을 표상하고 있음을 알 수 있다. 그러니까 공공성이란 우선 우주론적으로 하늘에 해당하고 인성론적으로는 그 하늘의 이치 (도)에 순응하는 사람의 마음이다. 유학의 공사 구분이란 "개인이 늘 사회와 연관되어 있다는 것, 그리고 사회적 질서는 개인의 심리·정신적 건강에 의존하고 있다 는 발상 이다…… 유교에서 공公이란 '건전한 감응(感應)의 상호작용과 그 네트워크'를 말한다! 사(私)란 그것을 방해하는 제반 독소를 총칭한다! 그래서『중용장구』가 인욕지사(人欲之私)를 '극복' 하고 천리지공(天理之公)을 '확보'하라고 권하는 것이다."(한형조, 2013: 025-027) 이 문맥에서 개인의 심리·정신적 건강을 해치는 조건으로는 첫째는 인간의 악(惡)이 자기망각 또는 비자각적 상태에서 연유한다는 점을 일깨우려 항상 깨어 있어 스스로를 의식하고 성찰하라는 것이고, 둘째는 인간의 자기중심성과 타자를 쉬 받아들이지 못하는 닫힌 완고한 경직성을 극복하라는 것이며, 이 둘의 해결은 '경(敬)'의 자세로 끊임없이 스스로를 수양하고 훈련할 것을 답으로 제시하였다.
그와 같은 과정을 거쳐 사 즉 유아지사(有我之私)라는 실존적 개인은 이기적인 고착을 깨고 자기를 넘어 작동하는 공 즉 무아지공(無我之公)을 확대시키면 나와 남 사이에 막혀 있던 벽이 허물어지고 진정한 소통과 대화가 가능해진다는 원리다. 이때부터 비로소 타자의 목소리가 들리기 시작하고 남의 고통과 기쁨, 나아가 전체적인 삶 속으로 감정이입 혹은 공감이 가능해진다. 이로써 각 개인은 건강한 자아를 회복하는 동시에 사회가 생기를 되찾아 제대로 질서를 보장할 수 있게 된다는 것이다. 이런 경지에 이르면 삶의 문제를 해결하는 과정은 국가라는 강제적 규범으로서 공이 아니라 심리적·정신적으로 건강한 개인이 구성하는 자율적인 퍼블릭이라는 공의 공간에서 자발적인 각성과 협력으로 이루어지게 된다(한형조, 2013: 024-038). 이런 의미에서도 사회적 가치는 마땅히 공공성의 가치일 수밖에 없다.

3) 사회적 가치는 인간주의 가치

사회적 가치는 사회가 창출하는 모든 활동과 제도가 가치 있는 것이어야 한다는 명제를 전제한다면, 그 가치는 당연히 인간주의적이어야 한다. 인간주의(humanism) 철학의 다양한 조류가 있지만, 인간주의가 지향하는 핵심은 '사람 중심(people-centered)'의 생각이다. 사람의 존귀함을 인정하고 사람답게 살 수 있는 잠재력을 지닌 존재로서 이성적일 수 있고, 자유로울 수 있으며, 사랑할 줄 알고, 채울 길 없는 역량을 무한정 지닌 존재임을 믿으므로, 사람을 향한 동정심과 연좌감에 기초한 책임의식과 주관적인 삶의 세계에 관한 깊은 이해에 바탕을 둔 사상이다. 동시에 인간주의는 인간을 지배하는 어떤 표준이든 반드시 인간 자신으로부터 도출해야 하고 인간의 척도에 맞게 설정해야 한다. 어떤 문화, 생활양식, 관습, 금기, 신앙, 제도, 사회구조 또는 기술이라도 인간의 자유나 권리를 파괴하고 인간이 지닌 잠재력의 계발을 저해하며 인간의 삶 자체를 위협할 때는 언제든지 폐기하거나 개선해야 한다고 믿는다(김경동, 1978). 요컨대 인간주의가 추구하는 사회는 사람이 진정으로 사람답게 살 수 있는 조건을 제공해야 한다. 그것이 바로 사회적 가치의 진정한 의미다.

이처럼 인간을 중시하는 사상은 물론 동방에서도 볼 수 있다. 가령 유가에서는 어린아이들을 교육하는 교재의 하나인『동몽선습(童蒙先習)』에서 "하늘과 땅 사이의 만물 중에 오로지 인간이 가장 귀한 존재이다(天地之間萬物之衆 惟人 最貴)"라는 명제를 첫 구절로 제시한다. 귀한 까닭은 사람이 금수와 다르게 오륜(五倫)이라는 인간관계의 기본원칙을 존중하며 살기 때문이라고 한다. 관계를 중시함은 곧 사회 속의 인간임을 강조하는 것이며 그 사회가 인간다운 삶을 보장하려면 인간 스스로가 다음과 같은 '인의예악지신'이라는 근본적인 사회적 덕목을 실천하며 살아야 한다. 이를 본저는 '신육덕(新六德)'이라 이름하고 이들을 오늘날의 새 시대에 맞게 재해석하여 적용하는 접근이 필요함을 제안하려는 것이다. 자세한 해설은 장황하므로 개략적인 의의만을 요약한다.

(1) '인(仁)' : 사회가 성립하는 정서적 바탕

사회가 성립하려면 정서적 기초로서 인(仁)을 필수로 한다. '인'은 글자 그대로 사람 인(人), 둘 이(二), 두 사람이다. 곧 인간관계를 가리킨다. 그런데 그 관계의 성격이 중요하다. "인이 뭡니까?" 하고 제자 번지가 물으니 공자께서 "사람을 사랑하는 것"이라고 대답하였다(樊遲問仁 子曰 愛人)[『논어』안연편](김학주, 2009a: 206). 이야말로 가장 기본적인 인간주의적 덕목이다. 기실 "인이란 곧 사람(仁者人也)"이라는 언명이『중용』제20장(김학주, 2009b: 64)과『예기』표기편(이상옥, 2003c: 1346)에 등장하기도 한다. 그 뒤 맹자에 오면 인(仁)의 해석이 더 정교해진다. 길을 가다가 어린아이가 물에 빠진 것을 보고 그냥 지나가는 사람이 어디 있겠는가? 사람은 자연스럽게 마음속에서 불쌍한 생각, 즉 '측은지심'이 발동해서 뛰어들어가 아이를 건지게 되어 있다는 것이다. 요즘도 지하철에 술 취한 사람이 떨어지면 자기 목숨을 걸고 살려주는 사람을 의인이라고 한다. 이런 측은지심이 다름 아닌 인(仁)의 단서가 된다(惻隱之心 仁之端也)는 것이 맹자의 사상이다『맹자』공손추, 상](김학주, 2002: 140). 한마디로 인이란 사람을 사랑하고 남을 위해 봉사하는 마음이다.

인간의 사랑과 측은한 마음과 자비로운 정감이 '인'이라면 이러한 정서가 구체적인 사회적 맥락에서 드러나는 모습을 유교에서는 효, 우, 목, 인, 임 및 휼의 육행(六行)으로 표현하고 있다.

① 효(孝)는 가족의 부모자식 관계에서 특히 부모에게 향한 사랑과 공경;
② 우(友)는 형제와 친구 간에 우애로 다독이며 서로 아끼는 생활;
③ 목(睦)은 가족과 친족간에 모두가 화목하게 지냄;
④ 인(姻)은 외척, 인척들과 두터운 정분을 나눔;
⑤ 임(任)은 어떤 일을 맡아서 사회를 위해 공헌하며 남을 위해 힘씀;
⑥ 휼(恤)은 어려운 사람들을 도와주는 일을 가리킨다.

이 목록이 비록 낡은 가치를 표현하는 듯해도, 새로운 시각으로 이해하고 소화한다면 현대사회의 각박해지고 와해되어가는 공동체를 되살리는 길에서 신중히 고려할 지침으로서 충분히 가치가 있다. 최근 초등학교 어린이들에게 '가족'이라고 생각하지 않는 사람, 즉 가족의 범주에서 제외하는 사람이 누군지를 물었는데, 자신의 할아버지 할머니가 '가족이 아니다'라는 응답률이 77%였다는 조사가 있었다. 이제는 가족이란 자기하고 함께 사는 자기 부모뿐이라는 말이다. 같이 사는 사람들이 가족이라면 현재 우리나라의 1인가구와 2인가구가 각각 25%를 약간 상회하여 이 두 종류의 가구를 합치면 절반 이상의 가구가 두 명 이하의 사람이 산다는 말이 된다. 그러니 가족에 관련한 가치관이 바뀔 수밖에 없는 실정이다. 이런 현실 앞에 우리는 가족과 공동체와 인간관계의 의미를 정말 다시금 진지하게 생각해봐야 한다. 그래서 낡은 것 같지만, 효, 우애, 화목, 정분, 이런 친족관계가 온통 옛날 것으로만 치부할 수 없는 중요한 가치가 되는 이유가 분명 있음이다. 그리고 사회의 일을 맡아서 열심히 해야 하고, 남을 도와서 더불어 살자는 자원봉사와 기부 같은 나눔 운동의 가치를 찾는 단서로서 매우 의미 있는 덕목들임을 알 수 있다.

(2) '의(義)' : 사회질서의 기초

의란 사람으로서 마땅히 지켜야 할 바(義者宜也)[『중용』 제20장](김학주, 2009b: 64)를 가리키며 인간의 가야 할 길(義人路也)[『맹자』 고자, 상](김학주, 2002: 381) 즉 '도(道)'를 의미한다(道者義也)[『예기』 표기편](이상옥, 2003c: 1346). 마땅히 해야 된다는 것이 무엇일까? 사람이 짐승이 아니라는 데서부터 출발한다. 사람이 사람다워야 하는데 "사람이 어떻게 그럴 수 있느냐?" 하는 질문이 나오게 된다. 사람이 그럴 수 없다는 것은 사람이면 해서는 안 될 마땅한 어떤 이유가 있다는 것을 함축한다. 거기에는 기준과 가치가 있는데 그걸 제대로 이행하며 살라는 것이다. 그것은 기본적으로 사회생활을 해야 하는 인간이므로 사회의 질서와 규칙의 준수일 터이며 거기서 더 나아가 공정하고 정의로움의 도(道)다. 그리하여 의로써 천하를 재단하는 것이다(義者 天下之制)[『예기』 표기편](이상옥, 2003c: 1344). 의는 곧 정의롭고 공정한 사회질서의 규칙의 기준인 도(道)가 된다.

그런데 유학의 사상에서 그러한 인간으로서 마땅함의 근거는 바로 '인'이라는 점이 특이하다. 질서 잘 지키고, 정의롭고, 공평해야 한다는데 그것은 근원적으로 사람을 사랑하는 '인'에 합치하는 것이 마땅한 것이기 때문이라는 말이다. 곧 '의'는 '인'에서 나온다는 유학 특유의 논리다. 심리적으로 선하지 못하고 옳지 못한 일을 부끄러워하고 싫어하는 마음이 의의 시초다(羞惡之心 義之端也)『맹자』공손추, 상](김학주, 2002: 140). 그 이유는 의롭고 마땅함의 근거는 본시 인이기 때문이다(仁者義之本)『예기』예운편](이상옥, 2003b: 652). 따라서 군자는 이득이 있을 일을 눈앞에 보고서도 타인에게 사양하는 덕을 베풀 줄 아는데 이것이 바로 의로움이다(見利而讓義也)『예기』악기편](이상옥, 2003b: 1034).

이처럼 인의가 같이 간다는 점은 아주 절묘한 사상이라고 볼 수가 있는데, 이러한 조합에서 우리는 미묘한 변증법적 지혜를 읽는다. '인의'라는 두 가지 덕목은 서로 떨어지면 곁길로 가기가 쉬워진다. 정으로 흐르면 인정주의, 정실주의, 연고주의가 되고, 정의와 질서만 강조하면 경직하고 냉정해진다. 인정주의가 정실로 흐르면서 거기에 마땅히 해야 할 바에 관한 의식이 결여하면 비리와 부정으로 나타나기가 쉽다. 반대로 너무 법과 규율만 경직하게 따지고 지키려다 보면 자칫 인정이 메말라버린 극도의 이기적이고 수단적인 이익사회로 변질할 수도 있다. 그러므로 이 둘이 함께 가면서 바르게 살되, 정을 잃지 말아야 한다는 요청이 담겨 있다.

(3) '예(禮)' : '인의'의 생활 속 실천 원리

금수와 다른 인간의 질서는 예로써 드러낸다. 예는 우리가 흔히 알다시피 예절을 잘 지키는 것과 동일시한다. 하지만 유학에서는 그렇게 간단한 덕목이 아니다. 공자는 예를 대단히 중시해서 가령 우리가 혼례나 제사 같은 행사를 할 때, 모든 절차를 매우 합리적이면서도 엄격하고 그러면서 동시에 아주 인간적인 기준에 맞게 그렇게 해야 하는 것이 옳은 방법이라고 보았다. 그런데 그 예는 때에 따라서 마땅한 바를 좇아야 한다, 즉 '예종의(禮從宜)'라고 해서 여기에 의(宜) 자가 들어가 있다. 주목할 것은 바로 그 의(宜)

자는 '의의야(義宜也)'라는 문구에도 나타났다는 점이다. '의는 마땅히 할 바로다'라고 한 것이다. 그러니까 의(義)에도 '마땅히'가 있고 예(禮)에도 '마땅히'가 있다면 결국 예(禮)는 본래 의(義)에 우선 바탕을 두고 인간이 마땅히 해야 할 바를 실천해야 한다는 말이다. 따라서 그것은 말과 행동에서 절도를 넘지 않음(禮不踰節)이고, 행동을 바르게 닦고 말을 '도(道)'에 맞게 하는 것이 '예'의 근본(行脩言道)이 되는 것이다.

과거에 성인이 예를 만들어 사람들에게 가르쳐서 그들로 하여금 도의적인 행동규범이 있게 함으로써 스스로 금수와 다름을 알게 한 것이 바로 예다(聖人作爲禮以教人 使人以有禮 知自別於禽獸)『예기』곡례편](이상옥, 2003a: 50). 역시 이러한 예라는 것은 사람이 사양하는 마음에서 나온다(辭讓之心 禮之 端也)『맹자』공손추, 상](김학주, 2002: 140). 따라서 도덕과 인의도 예가 아니면 성립할 수가 없는 것이다(道德仁義 非禮 不成)『예기』곡례편](이상옥, 2003a: 47). 그러면 어떤 자세로 예를 실천하는가? 안연이 스승에게 인에 관해 여쭈니 공자 말씀하기를 스스로를 누르고 이겨서 예로 돌아가는 것 이라 하였다(顏淵問仁 子曰 克己復禮 爲仁)『논어』안연편](김학주, 2009a: 194). 몸가짐과 언행을 바르게 하고 충직함과 신의가 예의 근본이며 의리는 예의 표현이기도 하다. 남을 높이고 공경하며 절도를 지키고 사양하고 겸손함으로써 예를 밝히게 된다『예기』곡례편; 예기편, 곡례편, 중니연거편; 관의편](이상옥, 2003a: 45; 47; 51; 2003b: 660; 2003c: 1518). 그뿐 아니라 나라를 다스리고 사직을 안정시키며 인민을 질서 있게 바로잡는 것이며 이로써 후손을 이롭게 하는 것이 예라 하였다『춘추좌전』장공 23년; 희공 11년; 소공 5년](이석호, 1980, 상: 106; 218; 303; 431; 하: 95; 606).

동방사상에서는 일반적으로 도(道)라는 것이 매우 중요한 개념인데, 하늘의 명(천명)을 깨우쳐서 그 하늘의 뜻을 따라 행하는 것을 도(道)라 했으므로, 도(道)는 인간이 마땅히 가야 할 길을 뜻하고, 길(道)이 아니면 가지도 말라는 공자의 말씀을 실천하는 지침이다. 앞에서, '마땅히 지켜야 할 바'를 '의'라 하고 '의'의 근거가 '인'이라 하였으니, 따라서, '도덕'과 '인의'도 예가 아니면 이루어지지 않는다. 아울러, 교화로써 풍속을 바로잡는 일(교육), 분쟁 해결과 소송의 판결(법), 정치와 인간관계의 질서, 심지어 제사하고 신을 섬기는 일(종교) 등 모두가 '예'가 아니면 제대로 될 수가 없다.

　현대적인 문맥에서는 다른 사람들 앞에서 예절을 지키는 일을 주로 가리키지만, 실은 더 중요한 '예'의 특징은 인간관계에서 드러나는 염치(decency)와 일을 처리하는 바른 절차의 도리라 할 수 있다. 사람이 염치를 알고 행동한다는 것은 남에게 해를 끼치는 짓을 하지 말아야 한다는 것이고, 최소한도 인간적으로 해서는 안 될 짓을 하면 염치없는 사람이라고 한다. 과거에 '얌체'라는 말이 유행한 적이 있는데, 가령 줄 서는 데 새치기 같은 것을 일컫는 말이었다. 특히 타인을 생각하는 배려가 너무 부족한 우리의 현실에서 남을 항상 의식하고 먼저 양보하는 태도를 어릴 때부터 훈육하는 것이 중요하다. 그리고 함께 살아가는 사회생활에서 규칙과 질서를 존중하고 준수하는 것이 도덕사회의 기본이라는 점은 지나치게 강조할 수 없다.

(4) '악(樂)' : 아름다움의 질서

　이제 네 번째는 악(樂)인데 음악에서 말하는 그 악이다. 그러면 왜 갑자기 음악인가? 음악이란 대개 감정을 잘 표현해서 소리로 나타내는 예술행위를 말하는 것인데, 공자는 이 음악을 대단히 중시하였다. 그래서 실제로 악기도 연주하고 노래도 하며 즐기곤 했다고 한다. 악이란 소리에서 말미암아 생겨난 것으로, 그 근본은 사람의 마음이 사물과 마주하여 느끼는 바에 있다. 주위에서 일어나는 현상과 사건들을 관찰하는 과정에 마음속에서 아름답다, 참 기분이 좋다, 아니면 매우 슬프다, 안타깝다. 이런 감정이 동하여 소리로 나타나는데, 그 느낌을 소리로 표현하고자 악기에 담아 즐거워하고 춤을 춘다든지 하는 식으로 감정을 나타내고 즐기거나 상한 마음을 달래는 것이 음악이다. 이런 뜻에서 인간이 천지만물을 만나 그 아름다움을 느끼든지 슬픔을 당하면 그 것을 소리를 매개로 하는 예술로 표현하는 현상을 가리키는 것이 '악'이라 할 만하다. 그러한 아름다움을 마음껏 즐기거나 슬픔과 고통을 창조적으로 표현하여 심미적이고 예술적으로 풍요한 삶을 누리는 경지를 생각할 수 있다. 이와 같은 심미적인 문화는 인간생활에서 필수적이고 소중한 요소가 아닐 수 없다.

그런데 유학은 음악(樂)에 관해서도 매우 흥미로우면서 심오한 철학을 제시한다. 인간이 천지만물을 마주하여 마음으로 그 아름다움을 느낀 심미적 감응을 소리라는 수단으로 표현하여 예술로 승화시키는 것으로 풀이하면서도 거기에 머물지 않고 내리는 유가적 해석이 특이하다. 『예기(禮記)』에 편입해둔 『악기(樂記)』에서는 음악이 곧 사회적인 현상으로 의미를 갖는다. 음악을 실생활 속에서 표현하는 것을 잘 보면, 지금 그 사회가 어떤 사회인지 어떤 모습으로 다스려지고 있는지를 알 수 있다고 보았다. 잘 다스려지는 사회에서는 음악소리가 아주 명쾌하고 명랑하며 들떠 있지 않고 가라앉아 있는 데 반해, 사회가 형편없는 모습으로 혼란스럽고 갈등이 심하고 이럴 때는 음악 또한 시끄럽고 요란하고 슬프고 어떤 때는 거칠어지는 등의 특징을 드러낸다는 것이다. 그러니까 음악이라는 예술도 사회와 동떨어지지 않은 현상이라는 생각이다. 시대의 조건과 정치적 상황에 따라 사람들의 기쁘고 슬픈 정서, 환희와 분노의 감정에 영향을 미치고 그것은 바로 음악으로 표현한다는 것이다.

그뿐 아니라 음악은 또한 사회의 화합을 도모하는 수단이므로 정치적으로도 사회질서의 유지와 윤리적 향상에도 기여한다고 본다. 길게 설명할 수는 없고 몇 마디 소개만 한다[『예기』 악기편](이상옥, 2003b: 966-967).

고대의 현왕(賢王)들은 근본적으로 주의하고 감응을 일으키는 요인이 되는 일을 신중히 고려하여 처리했던 것이다. 그리고 현왕들은 예에 따라 사람의 지망(志望)을 바르게 지도 하고 음악에 의해 사람의 소리를 부드럽게 하고 정치에 의해 사람의 행동을 규제하며 형벌에 의해 사악을 예방하기에 힘썼다. 예악형정(禮樂刑政)의 사자(四者)는 그 목표를 동일하게 하는 것이며, 또 사자는 민심을 하나로 화합시켜 태평한 세상을 실현시키는 수단인 것이다.

그래서 음악도 반드시 '인의'에 걸맞은 바른 도리로 인도하지 않으면 어지러워지므로 소리로써 즐거워하되 방탕으로 흐르지 않게 하고, 오히려 사람의 마음을 바르게 다스려 착한 마음을 계발하게 하여 사악한 기운이 범접하지 못하게 하려는 것이 '악'을 설정하는 방향이다. 그리하여 『악기』에서는 '악'은 윤리에 통하는 것이라 하고, '예악'을 함께 논하기를 즐겨 하였다. '악'은 조화를, '예'는 질서를 표상하므로, 형벌을 다루는 '예악형정'을 모두 아울러 치도(治道)로 삼았다. 물론 여기서 형(刑)은 형사, 형벌을, 정(政)은 정치를 뜻하며 예(禮)에 맞게, 그리고 질서를 상징하는 악(樂)의 원리에 따라 사회를 잘 다스리라는 말이다. 그러므로 군자는 '예'와 '악'은 잠시도 몸에서 떠나서는 안 된다고 한다. 결국 '예악'의 도(道)는 천하를 올곧게 다스리는 기준이다. 이 점에서 '인의 예악'이 모두 서로 통하고 이어진다. 이것도 역시 서양사상에서는 좀 보기 드문 특이한 해석이라 할 수 있다.

(5) '지(智)' : 지식정보사회의 사회적 자본

지(智)라는 글자에는 알 지(知) 자 밑에 가로 왈(曰) 자를 놓은 형태다. 안다는 것 외에 말한다는 요소를 덧붙였다. 여기서 지식과 정보를 잘 구분해서 생각할 필요가 있다. 정보는 외부의 삼라만상(森羅萬象)과 사건을 우리의 오관(五官)으로 지각하고 그 의미를 인식하여 우리의 머리(뇌)에다 저장(입력)하는 인지과정의 결과물이라 할 수 있다. 그렇게 저장한 정보는 필요할 때 도루 끄집어내는 검색을 해서 실생활에서 이용하도록 되어 있다. 바꾸어 말해서 정보가 지식이 되려면 반드시 그것이 인간의 생활 속에 유용하게 쓰여질 수 있어야 한다. 활용이 가능한 정보가 비로소 지식이라 할 수 있는 것이다.

그런데 요즘 정보는 한번 머릿속에 들어가면 별로 나올 일이 없는 수가 허다하다. 즉 쓸모가 없다는 말이다. 가령 청소년 세대가 가장 힘들게 경험하는 대학입학시험에 필요한 정보는 아마도 학동들의 머리가 터질 정도로 주입을 해놓은 상태라 할 것이다. 그 정보의 효용은 입학시험 치르기를 끝내는 순간 거의 사라진다 해도 과언이 아닐 만큼 우리의 교육은 잘못 가고 있다. 그런 종류의 정보는 시험을 치를 때만 지식의 자격을 얻게 되는 근원적인 한계가 있다는 말이다. 오늘날 지식정보사회는 가히 정보의 홍수라는 말이 가리키듯 온갖 종류의 정보가 범람하고 있다. 그 많은 정보를 인간은 과연 어느 정도나 유용한 지식으로 활용하면서 살아갈지를 물어보면 아마도 놀라우리만큼 쓸모없는 정보가 과도하게 존재한다는 것을 알아차리게 될 것이다. 가히 정보소화불량 상태로 신음하는 것이 현대인의 자화상이 아닌가 한다.

이와 같이 정보가 폭주하고, 왜곡된 정보가 마구 흘러다니는 사회에서 이성적으로 슬기롭게 판단하여 올바른 지식으로 이용하기 위해서는 과연 무엇이 필요한가? 여기에 우리가 제시하는 '신육덕' 중에서 '지(智)', 즉 지혜(wisdom)의 중요성이 떠오르는 계기가 있다. 현대의 정보사회가 쏟아내는 무한정의 정보를 비록 지식으로 전용한다 해도 어떤 정보가 더 실용적이고 합당하며 합리적이고 윤리도덕에 적합한지를 판단하는 능력이 없으면 그런 지식은 오히려 인간에게 불리하고 반사회적이고 비윤리적인 행동을 유발하는 원천이 될 수도 있다. 정보를 가지고 사물과 사태를 우선 제대로 이해하고 올바른 판단을 할 수 있어야 적정한 결정을 내리고 적절한 행동을 할 수 있는 것이다. 이것이 바로 지혜로부터 나오는 인간의 역량이다.

　특히 앞서 문명사 성찰에서도 밝혔듯이 오늘날 정보사회의 사이버 공간은 무한대로 열려 있고 그 안에서는 참으로 입에 담지 못할 온갖 부정하고 왜곡이 심한 정보가 자유자재로 순식간에 전 지구적 차원에서 옮겨 다닌다. 이런 부정적인 정보가 넘쳐날 때는 사람들의 윤리의식이 마비되기가 십상이고 특별히 어린이나 청소년세대는 이런 정보의 폭력 앞에 무력한 존재로 엄청난 악영향을 받을 수밖에 없다. 기술의 발달에 미처 뒤따르지 못하는 '문화적 지체(cultural lag)' 현상이 일어나는 현장이 현대 정보사회의 인터넷과 사회적 매체(social media) 또는 사회적 네트워크 체계(social network system)다. 이러한 열린 사이버 공간에서 일어나는 정보교환의 사회적 효과는 정말로 위험하기 짝이 없는 측면이 있다. 그러므로 이러한 정황을 제대로 인식하고 이에 올바르게 대처할 수 있는 지침이 필요하게 된 것이다. 그러니까 서방세계가 우리들에게 이런 정보사회문명을 가져다준 것은 정말 고마운데 이 사람들은 기술만 갖다 주었지, 이 기술을 어떻게 활용해서 삶을 좀 더 질 좋은 삶으로 만들고 사회를 좀 더 품격 있는 질 좋은 사회로 만드느냐를 제대로 알려주지 않았다는 것이 문제다. 이런 맥락에서 동방의 유학사상에서 말하는 '지(智)'의 현대적 의미가 더욱 뚜렷하게 떠오를 수밖에 없다. 이는 단순히 무엇을 유용하게 안다는 지식을 넘어 올바른 판단을 하고 슬기롭게 살아가는 지침으로서 지혜를 뜻한다. 이와 같은 지혜를 쌓는 것은 수련과 통찰력의 함양을 필요로 하는 과업이며 우리가 중시하는 문화적 교양의 정수가 여기에 있음이다. 사회적 가치는 더구나 이런 슬기를 요하는 덕목이다.

　일찍이 유학에서는 시비를 가리는 지식과 지혜(智)를 중시하였다. 그래서 맹자는 시비를 가리는 마음이 지혜의 단서라고 하였다(是非之心 智之端也)『맹자』공손추, 상](김학주, 2002: 140).『중용』에서는 지식을 세 가지로 구분한다. 나면서부터 아는 지식(生而知之), 배워서 아는 지식(學而知之), 그리고 노력해서 아는 지식(困而知之)이다(김학주, 2009b: 66). 주자는 이 삼지를 슬기로움이라는 '지(智)'로 종합하였다(이민수·장기근, 1980: 314).

여기서 중요한 것은 생각과 지식이 생긴 연후에 사물이나 대상을 향한 호오(好惡) 즉 좋고 싫음을 형성할 수 있는데, 호오가 마음속에서 절도가 없고 지식이 외부의 유혹을 받아 스스로 성찰하여 옳고 그름을 분별할 수 없게 되면 하늘의 도리(天理)가 멸한다는 관념이다『예기』악기편](이상옥, 2003b: 973). "지혜로운 사람은 미혹되지 아니하고 어진 사람은 걱정하지 아니하니(知者不惑)"『논어』헌문편](김학주, 2009a: 154), "지혜로운 사람은 어짐을 이롭게 여기기 때문이다(知者 利仁)."『논어』이인편](김학주, 2009a: 55) 이 지식, 지혜와 관련한 공자의 사상에서 특기할 것은 "아는 것을 안다고 하고, 모르는 것을 모른다 하는 것이 바로 아는 것이다"라는 지혜롭고 겸허한 태도다. 그리고 현시대의 세태를 바라보면서 성찰해야 할 점으로, 공부만 열심히 한다고 제대로 알고 지혜를 쌓는 것이 아니라, 배우면서 생각(사색)을 하지 않으면 사람이 멍청해지고, 생각만 하고 공부를 하지 않으면 정신이 위태로워진다는 점을 지적한 것도 유념할 일이다(知之 爲知之 不知爲不知 是知也…學而不思則罔 思而不學則殆)『논어』위정편](김학주, 2009a: 26).

(6) '신(信)' : 불신의 시대의 사회적 자본

사회가 분화하고 문화가 다양화하면 할수록 사람들은 잘 알지 못하는 사람들과 교류도 하고 거래도 하며 살게 된다. 더구나 정보화에 따르는 갖가지 혼란과 위험이 커질수록 누구도 쉽사리 믿고 의지하기가 거북해지기 마련이다. 그런 까닭에 현대사회에서는 특히 서로가 믿고 살 수 있는 바탕이 필요하다. 일상생활에서나 거래 관계에서 의리와 신용을 중시하기 때문이다. 이처럼 신뢰할 수 있는 사회를 이룩하기 위해서라도 위에서 지적한 단순한 지식이 아니라 슬기로운 이해와 판단을 위한 지혜가 필수적이라고 할 수도 있다. 그래서 신육덕의 마지막 덕목으로서 신(信)이 등장한다.

이러한 신뢰가 중요한 사회적 자본이라는 점은 이미 수많은 저술과 연구에서 강조한 바 있다(Lin, 2001). 자본이라는 건 돈이나 여러 가지 종류의 자산, 부동산 같은 것까지 포함하는 경제개념인데, 요즘은 문화적 자본, 사회적 자본 같은 비경제적 요소도 자본으로 간주하는 담론이 점차 확산하고 있다. 결국에는 예를 들어 K-POP 같은 문화적인 자본도 경제적으로 유용해질 수 있다. 마찬가지로 우리가 많은 사람들과 잘 사귀고 있고, 서로 잘 돕고 있으면 자기가 어려울 때 그들의 도움을 쉽게 받을 수 있다는 믿음을 갖게 되면 이게 사회적 자본으로 성립하는 것이다. 그중에서도 가장 핵심적인 사회적 자본이 바로 신뢰다. 근원적으로 인간의 사회가 성립하고 기능하려면 누구를 믿어야지 그렇지 않으면 사회가 제대로 이루어질 수도, 움직여 갈 수도 없다. 서로가 불신해서 내가 뭐라고 해도 상대가 믿지 않고 엉뚱한 말과 행동을 하면 우선 소통이 잘 되지 않는다. 소통이 안 되면 사회 자체가 무너질 수도 있는 것이다. 더구나, 정보를 공유하는 디지털 시대의 열린 사회에서는 신뢰가 없으면 무슨 일이 일어날 지 아무도 모른다.

한마디로 현대사회는 신용사회다. 그러나 신의를 저버리고 타인에게 폐해를 끼치거나 서로 믿지 못하여 사회질서가 바로 서지 못하는 일이 허다하다. 이런 시대에 가장 핵심적인 사회적 자본의 하나가 곧 신의다. 먼저 "사람이면서 신의가 없다면 그의 쓸모 를 알 수가 없다. 큰 수레에 수레 채가 없다든가 작은 수레에 멍에걸이가 없다면 그 것들을 어떻게 가도록 하겠느냐?(人而無信不知其可也 大車無輗小車無軏 其可以行之哉)"[『논어』위정편](김학주, 2009a: 30) 공자의 말씀이다. 또한 군자는 "의로움으로 바탕을 삼고, 예로써 그것을 실천하며, 겸손 하게 그것을 말하고, 신의로써 그것을 이룩한다. 그래야 군자다!(君子義 以爲質 禮以 行之 孫以出之 信以成之 君子哉)"[『논어』 위령공편](김학주, 2009a: 270)

또한 나라를 다스림에 있어서도 신의가 가장 중요한 요소다. 자공이 정치에 관해 묻자 공자가 말씀하였다. "먹을 것을 풍족하게 하고, 군비를 충분히 하고, 백성들이 믿도록 하는 것이다(足食 足兵 民 信之矣)."[『논어』 안연편] (김학주, 2009a: 198) 또한 "남의 임금이 되면 아래 사람들에게 신의의 덕을 갖추어야 하고 남의 신하된 자는 윗사람에게 공경하는 덕을 갖추어야 한다. 충신과 독경이야말로 아래위 한가지로 하늘의 마땅한 도리다(君人執信 臣人執恭 忠信篤敬 上下同之 天之道也)."[『좌전』 양공 22년](이석호, 1980, 중: 456).

동방사상의 덕목을 말할 때는 보통 '오상(五常)'으로 '인의예지신', '오덕(五德)'으로 '지신인용엄(智信仁勇嚴)'을 가리키고 육덕으로도 '인의예지신용'을 드는데, 본 저자는 여기에 '용' 대신에 '악'을 넣어서 새로운 육덕을 제시하려 하였다. 그 밖에도 유가사상의 사회적 덕목은 이런 보기 외에도 효도, 충절, 용기, 경(敬)과 성(誠) 등 다양하다. 그러나 위의 신육덕만 잘 갖추더라도 인간은 인간다움에 가까워지고, 사회는 사람이 사람답게 살기 좋은 사회가 될 수 있다는 기본적 사회적 가치라 할 수 있다. 그러면 이와 같은 덕목을 실천하며 이룩하는 사회는 어떤 특성을 띨 것인가? 이 질문을 본서에서 공동체라는 개념에서 단서를 얻고자 한다.

5) 사회적 가치는 공동체주의 가치

앞서 문명사적 변천의 검토에서 현대 공업사회·도시사회의 문제점을 지적하는 맥락에서 가족의 변질을 비롯한 공동체의 붕괴 내지 약화 문제를 여기저기에서 부분적으로 언급하였다. 여기에서는 그러한 사회적 변동의 특징을 좀더 본격적으로 들여다볼 필요가 있으므로 약간의 중복을 무릅쓰고 정리하고자 한다. 근대화 과정에서 일어난 공업화, 도시화, 민주화라는 세 가지 사회변동의 큰 줄기가 자아낸 변화를 살펴보면 다음과 같다(김경동, 2010a: 97-99).

- 사회경제적 분업 체계를 갖춘 근대도시의 인구는 여러 지역에서 온 사회경제적 배경이 다른 사람들이므로 과거 촌락공동체의 동질성과는 판이한 이질성이 주요 특성이다.
- 따라서 사람은 많지만 이름도 모르고(익명성) 얼굴도 모르는(익면성) 이가 대다수다.
- 많은 사람들 사이에서 상호작용이 숱하게 일어나지만, 주로 타산적인 이해관계에 기초한 합리적이고 사무적이며 비인격적이고 피상적인 상호작용이 지배적이다. 전통 공동체의 인간적 · 정서적 관계는 가족, 친구, 이웃 등 가까운 사람에게만 한정한다.
- 도시화 과정에서는 빈번한 이동이 불가피하므로 가족도 핵가족 혹은 부부 중심 가족이 늘어난다. 한편으로는 여성의 사회참여와 가치 변화 그리고 혼인 지연 등으로 미혼자 가족, 이성 및 동성 간의 동거자 가족, 저출산과 무자녀 가족, 이혼 등으로 인한 혼성 자녀 가족 등 가족 유형과 특성에 변화를 초래하며, 이에 따른 가족 해체를 비롯해 친근한 상호작용 빈도와 강도 역시 감소한다.
- 아파트단지 같은 주거문화로 이웃 관계가 소원해지고 이웃 관념 자체가 변질한다.
- 공업화로 인한 여성의 노동시장 참여와 사회 진출 확대는 남녀의 시간 관리, 부모 역할 등에 압박을 가해오고, 가족 관계에서 과거와 같은 정서적 안정이나 돈독한 상호작용을 유지하기 어렵게 만든다.

- 게다가 인구 고령화의 급진전으로 사회보장과 건강보험 부담이 커짐으로써 부모 자식 간 관계에도 이상이 생기고, 고령자 1인 가족 증가로 고립과 소외는 물론 심지어 고독사 마저 심각해지고 있다.
- 도시 생활은 직업·경제·교육 또는 기타 사회적 목적에 따라 빈번히 이사를 해야 하므로 정착과 안정이 어려워지고, 장기적인 인간관계나 헌신 몰입을 할 만한 관계를 정립하는 데 한계가 있다.
- 일터에서도 일과 직업적 헌신 몰입이 약해지고 직업윤리 또한 쇠퇴한다.
- 전반적으로 사회적 유대와 사회적 관계의 분절이 보편화한다. 과거에는 삶의 여러 영역에 걸쳐 아는 사람이 중복되면서 동일한 사람과 다중적 상호작용에 참여할 수 있었으나, 이제는 거의 모든 영역이 분리되어 각 영역에서만 만나고 상호작용하는 파편화가 보편적이다. 서로가 잘 모를 뿐 아니라 분절로 갈라진 영역에 따라 윤리적 기준과 규범 또한 상이해지는 규범의 다원화를 경험한다.
- 또 시간에 쫓겨 사는 도시 생활에서는 남의 일에 관여할 여지가 없어서 자기중심적이 될 수밖에 없는 측면도 있다.
- 더구나 TV 시청을 비롯한 갖가지 운동경기, 연주 행사, 컴퓨터, 비디오 게임 등 수많은 것을 접하지만 모두가 수동적 자세로 구경꾼 노릇에 머물 뿐 진정한 상호작용이 일어나기 어렵게 되었다. 일종의 '구경꾼 문화'가 번져가는 것이다. 전자통신 기술의 발달로 비록 쌍방향 교류의 기회는 늘지만 그런 상호작용의 일시적 단편적 성격은 장기적 헌신 몰입적 관계의 형성에 도움이 되지 않을 수 있다.
- 그래서 일탈과 범죄가 성행해도 일반적 무관심으로 예방과 통제가 형식적이 된다.
- 결과적으로 뿌리 뽑힘, 고향 상실, 연결망 상실, 분리, 고립, 버성김, 외로움(고독), 내면적 영혼의 황폐화 같은 사회심리적 증후가 나타난다. 아울러 격렬한 경쟁 속 극단적 개인주의 팽배로 지역과 국가 공동체 속의 시민 의식과 관심도 퇴색한다.

- 그러나 이러한 경험에 대응하는 자세는 오히려 사생활 보호라는 명목으로 스스로를 가두어버리는 격리와 인간이 마치 누에 번데기처럼 '고치 속으로 몸을 숨기는' 은둔(cocooning)의 자폐 성향 같은 자기중심적인 개인주의 형식을 띠기 쉽다. 더구나 민주주의는 개인의 권리·자유·평등의 개인주의를 강조하는데, 사람들은 이를 핑계 삼아 더욱 자기중심적으로 움츠러든다.
- 주목할 사항은 이 같은 공동체 붕괴는 결국 개인에게 큰 부담으로 다가와 고독한 사람들 천지가 되면 자녀에게 버림받거나 치매로 인해 돌봐줄 사람 없이 홀로 사는 고령자의 고독사 증가로 이어진다. 더욱이 일반적으로 고독(외로움)이 우울증의 주요인이고, 우울증이 자살의 주요 원인이라는 연구 결과는 허다하다.
- 이 모든 현상은 결국 개인 차원의 문제뿐 아니라 사회적 차원에서도 구심점 상실, 공동 가치 쇠퇴, 공공성의 퇴락으로 인한 갈등, 반목, 혼란, 해체 등으로 이어지고 있다.

여기에 20세기에 접어들어 더욱 활발해진 정보화와 전 지구화의 여파까지 가세해 공동체를 둘러싼 문제가 더욱 심각해진 면도 있다. 예를 들어, 기술혁신과 정보화로 인해 컴퓨터를 매개로 한 교신과 의사소통이 오프라인상의 일상 대인적 상호작용보다 더 비중이 커졌다. 그리고 정보 통신 기술의 발달이 낳은 사회적 매체(보통 SNS) 등 다중 매체의 다양한 정보가 초래한 가치관의 다원화는 믿음과 규범의 다원주의, 상대주의를 부추겨 가치 규범의 통일성과 문화적 통합성 약화를 초래했다. 게다가 공업화와 정보화에 의해 직업이 다양해지고 정보의 홍수는 문화적 다양성을 촉진하므로 다원주의적 사고방식과 생활양식이 팽배한다. 이질성과 괴리감이 커지고 이로 인해 사회가 급격히 세분화한다. 이와 같은 공동체 붕괴는 이기적·자기중심적인 극단적 개인주의를 조장하므로 국가 차원의 공동체적 유대감, 공익

정신, 국가 의식 등이 희박해지는 문제를 야기한다. 이는 바로 국가 차원의 사회 통합을 저해하는 주요인으로 작용하는 것이다. 국민 각자가, 또는 소규모의 이익집단이 자기중심적으로 자신들의 이익에만 집착해 국가적 목표를 달성하기 위한 협동이나 참여를 소홀히 하든지 거부할 소지가 크기 때문이다. 이런 식으로 모두가 뿔뿔이 흩어져 살아가다 보면 사회 자체가 자칫 해체될 우려도 있다(김경동, 2010a: 89-91).

이 같은 우려를 생각하면 하루빨리 사람이 사람답게 살아가는 데 유익한 공동체를 만드는 과업이 우리 앞에 놓여 있음을 알게 된다. 그러면 여기에서 공동체가 왜 중요한 가치인지를 물어야 한다. 적어도 이념형적인 공동체를 상정할 수 있다면 그것이 인간에게 중요한 이유는 다음과 같다(김경동, 2010a: 93-95; 강대기, 2004; Hesselbein et al., 1998).

- 인간은 거의 모두 공동체 속에서 태어난다.
- 사람은 어린 시절 정상적인 인간이 되기 위한 원초적 사회화(양육과 교화)를 주로 공동체에서 경험한다.
- 집단 속에서 사회화하는 과정에 '우리'라는 집합적 자아관을 형성한다. 본래 인간의 자아는 고립된 자아로 그치지 않고 여러 사람과 함께 살아야 하는 삶의 실존적 관념의 기초로서 '우리'라는 의식을 함양하게 된다.
- 인간의 자아 정체도 공동체에서 생겨난다. 공동체에 소속함으로써 나의 정체가 뚜렷해진다.
- 아울러 인간의 자아 정체뿐 아니라 사회적 정체도 공동체에 속함으로써 일정한 사회적 지위를 지니는 데서 생성한다.
- 사람은 공동체에 속해 있으면서 다른 이와 의미 있는 관계를 맺을 때 소속감과 안정감을 경험한다.
- 인간은 공동체 안에서 각자의 잠재력을 계발 발휘할 수 있으며, 타고난 재능을 향상할 수 있다. 혼자서 노력하는 데에는 한계가 있다.

- 공동체는 구성원이 개인적으로 해낼 수 없는 사회적 성과를 거둘 수 있도록 동기를 부여하고, 재능을 발휘하도록 추동하는 힘이 있다.
- 공동체에 속하지 못하거나 배척당했을 때는 외로움과 버성김(소외)을 느낄 뿐 아니라 정체 의식 상실, 연고 소멸, 사회적 지위 박탈 등 일생을 좌우할 만큼 무서운 부정적 결과를 경험한다.
- 사회 차원에서 보면 공동체는 사회의 가치와 윤리적 규범을 조성하고 유지하는 원천으로 기능하는 사회의 기본 단위다.
- 결국 세상이 변함에 따라 공동체의 약화나 상실이 사회 문제가 되면서 사람들은 오히려 다시 '공동체의 탐색', '공동체를 향한 동경', '관계를 갈망하는 문화', 혹은 '우리 모두는 의미 있는 관계에 굶주리고 있다'는 말을 자주 듣고 있다.

한편, 철학의 공동체주의 시각에서 보는 공동체 개념은 사회학의 일반개념에 비하면 특별히 규범적·윤리적 함의를 강조한다. 이들은 공동체 자체는 물론 그 속에서 다른 구성원과 맺는 관계 자체의 본질적이고 본원적인 (수단적, 공리적이 아닌) 가치를 인정한다. 공동체란 어떤 공통의 가치와 규범과 목표를 공유하는 사람들의 사회조직체로, 구성원 각자는 이러한 공통의 목표를 자신의 것으로 동일시하고 개인의 자아도 공동체적 유대로써 성립하므로 이러한 공동체는 그 자체로 도덕적으로 좋은 것(善, a good)이 된다. 이처럼 선하고 도덕적인 사회조직체로서 공동체야말로 인간의 기본욕구와 실질적 이해 관심의 배양과 계발을 위해, 또 인간의 개별적 잠재력과 도덕적 인격의 완벽한 실현을 위해 최적의 조건을 제공한다고 보는 것이다 (김경동, 2010a: 182−183; Khatchadourian, 1999: 14).

양질의 공동체에서 요구하는 인간관계는 사려 깊고, 온화하고, 친절하고, 따뜻하고, 자신의 이익을 기꺼이 양보하고, 희생하는 특징을 지닌다. 이러한 공동체야말로 신뢰할 수 있는 형제애적 협동을 추구하므로 서로 의지하고 싶은 욕망을 충족시키는 데 최적의 환경을 제공한다. 그리고 집단은 구성원 간 연대, 충성심, 협동, 일반적 화합, 상호 책임 등을 요청한다. 또 도덕적 공동체는 성격상 공정하고 정의로우며, 애착과 인자함과 사랑으로 돌보아주고, 관용하는 건전한 마음가짐을 장려하며, 동정심을 강조한다.

이상의 공동체관은 일단 전통적 유형의 소규모 집단을 염두에 둔 것으로 볼 수 있지만, 오늘날의 공동체관은 그러한 지역적 한계를 넘어 참여하는 사람들이 공유하는 동질성을 중심으로 하는 공속적(commensalistic) 사회집단으로 범위를 확장한다. 유유상종이라는 말처럼 특정한 동질성의 공유로 말미암아 사람들은 서로에게 끌리기도 하고, 상호작용에 참여하게 된다는 것이다. 공유하는 특정의 속성을 상호 동일시하고 대외적으로 이를 과시하는 공동체가 있다. 산업이나 직업으로 엮인 공동체(스포츠 공동체, 산업별 공동체, 전문 분야별 학술 공동체 등), 종교적 신앙을 중심으로 하는 공동체(이슬람 공동체, 침례교 공동체, 원불교 공동체 등), 다른 범주의 사람들과 차별적인 독특한 속성을 동일시하는 공동체(흑인종 공동체, 동성애 공동체, 사이버 공동체 등) 같은 것이 그 예다.

그런데 여기서 한 가지 주의할 것은 공동체가 무조건 좋은 것만은 아니라는 사실이다. 인간의 삶에는 만사 밝은 면과 어두운 면이 있게 마련이다. 위에서 살펴본 이념형적 공동체는 인간에게 유리한 기능을 수행하지만, 그렇다고 해서 전적으로 인간주의적 가치를 옹호하는 긍정적 특성만 지니는 것은 아니다. 그 나름대로 인간에게 불리한, 때로는 비인간적 효과를 자아내는 측면도 있다. 그러므로 공동체를 제대로 이해하려면 이러한 양면성을 인식하고, 부정적 특성에도 주의를 기울일 필요가 있다. 그 대표적 예를 들면 다음과 같다(김경동, 2010a: 96).

- 공동체에 소속함으로써 개인의 자율성을 포기해야 할 때가 있다. 공동체

는 특정한 가치 기준과 교조적 신념, 전통을 형성해서 개인 구성원으로 하여금 그것에 동조하고 순응하며 공동체의 공동선(共同善)에 봉사하도록 강요할 수 있다.

- 공동체에서 배제당하지 않고 구성원으로 소속하려면 자신의 욕구와 자기표현을 억제해야 할 필요도 생긴다.
- 공동체는 어느 정도 개인에게 구속감과 압박감을 준다는 점을 부인할 수 없다.
- 공동체 중에는 부정하고 불의한 목표를 극단적 · 맹목적으로 추구하길 강요하는 폐쇄적 집단도 있어 구성원에게 긍정적 영향을 미치기보다는 오히려 인생을 망가뜨리는 결과를 초래할 수 있다.
- 폐쇄적이고 억압적인 공동체에서는 개인의 자유를 희생당하기 쉽고, 이를 기피하거나 공동체에서 탈퇴하려면 개인에게 불이익을 줄 수 있으며, 사회적 갈등을 조장하기도 한다.

그럼에도 불구하고 인간은 공동체적인 삶에서 누릴 수 있는 긍정적 가치를 뿌리칠 수 없다. 따라서 공동체 복원의 염원이 만연한 것도 눈여겨 보아야 한다. 이미 무너진 공동체를 과거의 것으로 되돌리면 좋겠다는 의지의 표명으로 볼 수도 있다. 다만 그동안 인류가 겪은 격렬한 변화를 고려하면, 지난날의 모형을 그대로 되살리는 일은 시대 상황에 맞지 않을 수 있다. 또 훗날 미래 세대가 살아갈 시대를 내다보면 변동의 결과를 면밀히 검토하면서 앞날의 변화를 가능한 범위 안에서 예견해 새로운 시대에 걸맞은 신선한 모형을 모색하는 일이 더욱 중요하다. 말하자면 온고지신(溫故知新)의 정신으로 이 과제 해결에 임할 필요가 있다는 말이다.

6) 유가사상의 대안적 공동체주의와 사회적 가치

이를 위해 이제는 유가사상으로 일단 되돌아가기를 권유한다. 앞서 근대화라는 서구 발전 지구적 변화가 공동체 변모의 주된 요인임을 확인했다. 물론 서방세계 자체에서도 대안을 제시하려는 노력을 기울이고 있지만, 아직은 이렇다 할 보편적 지침으로 승화하지 못한 면이 있다. 이 틈을 메울 수 있는 대안을 동아시아의 고전사상에서 탐색하는 일도 시도할 만하다는 생각이다. 이 시대는 전 지구화가 널리 확산하고 있는 만큼 지구 어느 지역에서든 인류 전체의 행복 추구에 기여할 수 있는 대안이 있다면, 이를 보편화하는 일도 중요할 뿐 아니라 가능해졌기 때문이다(김경동, 2017).

(1) 유가사상의 기본은 질서와 화합

유학이 가장 강조하는 사회사상의 핵심은 질서와 화합이다. 유가 사상의 또 다른 특징은 모든 인간사를 이해하는 기초를 우주론에 두고 있다는 점이다. 그리하여 질서의 기본을 하늘(天)로 상징하는 우주의 질서에서 찾는다. 하늘에는 상제라는 통치자가 있어 삼라만상의 질서를 유지한다. 이때 상제는 유대교나 기독교의 인격신이 아닌 추상적인 초월자다. 땅(地)은 자연 생태계를 표상하고 그 우주 자연 속에 인간(人)이 존재한다. 이것이 우주를 구성해온 세상을 움직이는 세 가지 세력(天地人, 三才)이며, 하늘이 땅과 더불어 만물을 생성하도록 조화를 이루면(化生) 성인(聖人)이 인간의 마음을 감화시켜 천하가 화평하게 한다[『역경』, 감괘상전(咸卦象傳)]. 아울러 유가의 우주론은 모든 현상이 하나의 전체성을 띠는 우주 속에서 모든 부분 요소는 전체의 부분으로서 전체와 하나 될 뿐 아니라, 각 부분도 서로 연관성을 지니며 상호 의존적 관계 속에 한 몸처럼 존재한다고 규정하는 전체론 또는 총체주의(holism) 성격을 띤다. 따라서 유학에서는 우주와 인간을 하나로 보는 천인합일(天人合一) 사상을 편다. 이 같은 천인합일 사상의 첫 번째 현대적 함의는 서방의 생태론과 가깝고, 이를 연장하여 곧 이어 소개할 생태주의적 공동체관과 만난다. 유가적 총체론적 우주론에 관해서는 추후 다시 상론하고자 한다(Kim, 2017a).

우주론적 총체주의의 두 번째 현대적 의의는 사회의 유기적 관계를 중시하는 공동체 이론으로 이어진다. 유기적 사회관은 사회에 존재하는 사회집단과 조직체, 기타 지역사회와 국가 등 다양한 집합적 삶의 단위가 따로따로 움직이지 않고 상호 밀접한 유기적 관련성으로 얽혀 작동한다는 관점이다. 유학의 사회관은 기묘하게도 자아를 중심으로 한 단계 한 단계 폭을 넓혀 더 큰 단위로 나아가는 위계 서열적 동심원의 모습으로 묘사하곤 한다. 자아는 기본적 사회 단위인 가족 공동체에서 자아 정체를 형성하고, 나아가 이웃이나 친구 등 소규모 친근 집단, 각종 정치 · 사회 · 경제적 시민사회 조직체, 지역사회, 국가 그리고 나아가 전 세계로 뻗어나가는 관계의 틀 속에서 인간적 삶을 영위하는 존재임을 확인해준다. 가령 자하의 "사해의 모든 사람이 나의 형제(四海之內 皆兄弟也)"라는 언명은 '사해'라는 말이 전 세계를 가리킴을 짐작하게 한다[『논어』, '안연'편]. 여기에 이미 신뢰와 화합으로 포용, 상생하는 공동체적 사회의 이념형을 암시하고 있으며, 넓게는 세계 평화의 이념적 모델이 될 수 있다.

이런 관념은 『대학』의 첫 구절인 "대학의 길은 자신의 올바르고 밝은 덕을 밝히는데 있고 사람들을 올바로 이끌어 새롭게 함에 있으며 이러한 노력이 지극히 훌륭한 경지에 이르도록 처신함에 있다(大學之道 在明明德 在親民 在止於至善)"는 명제를 실현하기 위해서는 선후(本末)가 분명한 절차를 밟기를 권고한다. 그것이 다름 아닌 '격물치지 성의 정심 수신 제가 치국평천하(格物致知 誠意 正心 修身 齊家 治國 平天下)'로서 여기에서도 개인에서 시작하여 천하로 확장해가는 단계적 관념이 엿보인다. 만일 천하의 질서를 잡겠다는 생각을 한다면 제일 우선적으로 스스로 공부를 많이 해서 지식을 쌓아 생각 속에 절대적 성실함을 찾아야 하고, 이로써 마음을 가다듬어 인간 수양을 해야 하며, 연후에는 가정을 질서 있게 만든 후에야 마침내 나라를 잘 다스리며, 온천하 사람들이 스스로 올바르고 밝은 덕을 밝히도록 할 수 있다는 이치다『대학』, 경문)(김학주, 2009c: 28~44).

또한 위에서 제시한 신육덕의 첫 번째인 '인(仁)'은 인간관계의 기본으로서 '사람 사랑(愛人)'을 뜻한다고 했는데, 바로 사회를 구성하는 인간관계의 정서적 기초다. 그 인을 이룩하는 근본은 효제, 즉 효성과 형 또는 윗사람을 잘 받들고 따르는 공손함이다『논어』, '학이'편]. 그러한 인의 실천 또한 그 범위를 단계적으로 넓히는 모습으로 나아감을 원칙으로 한다. 그것을 '효우목인임휼'의 육행이라 하였다. 여기서 우리는 유가사상의 공동체관을 간파하는 실마리를 찾는다. 요약하건대 인간관계의 기본이 사람을 사랑하는 '인'이고, 그것은 우선 가족 내 부모 형제 관계에서 실천으로 드러나며, 나아가 널리 남을 위한 마음을 실천하는 데까지 이르는 유기적·공동체주의적 가치 실현으로 나타난다.

질서와 화합이 기본 가치라면 화합이란 주로 갈등이나 불화가 있을 때 이를 극복하고 화평을 도모함을 함축하는데, 이것을 유가에서는 주로 음양오행의 변증법적 상생·상극 관점에서 접근한다. 여기에서는 세 가지 변동 원리를 추출할 수 있는데, 첫째는 어느 한쪽으로 기울어 극단으로 치닫는 과도함은 반드시 제자리로 되돌아온다는 한계와 회귀의 원리다. 둘째는 극단으로 가면 어떤 형태로든 부딪치고 망가지는 결과를 초래하므로 되도록 극단을 피하라는 중용의 원리다. 그리고 셋째는 이처럼 중용을 추구하는 데에는 경직한 태도와 행동, 제도보다는 유연한 자세와 행위와 구조를 유지해 변하는 환경에 적절하게 대응할 필요가 있다는 유연성의 원리다. 이것이 사회가 갈등으로 에너지를 소모하고 불화로 인한 인간의 불행을 극복하기 위한 상생의 원리이자, 화합을 도모하는 유가의 유기적 사회조직의 원리로서 매우 의미 있는 사상적 교훈이라 할 수 있다.

(2) 향약과 대동 사회, 유가적 공동체의 실제

구체적으로 공동체 모습을 띠는 사회 단위에서 이와 같은 사상의 실천이 어떤 모습으로 나타나는지를 살펴보면 유교의 대표적 사례인 향약이 있다. 본래 향약은 중국 송나라 때인 1076년에 여대충(呂大忠) 등 여씨 4형제가 처음 시행했다고 하여 '여씨향약'으로 알려졌고, 이를 주희가 정리해 보급했으므로 훗날 '주자향약'이라 부르기도 하였다. 우리나라에서는 조선조 16세기경 몇몇 사람이 향약을 시행한 사례가 있고 이황, 이이, 조광조 등 유력한 유학자들이 실시한 예가 있다. 물론 이런 사례는 주로 농촌 마을을 대상으로 실시한 것이고, 거기에는 상당 부분 지주 사족(士族)들이 향촌의 전 주민을 대상으로 교양을 기르는 일종의 수신 규범으로 작용했다. 일부 부락에서는 중앙 정치에 이용당하는 사례가 있음에도 자치적인 마을 공동체 운동의 한 모본으로 간주하였다(김경동, 2012: 178-179; 지교헌 외, 1991).

향약의 내용은 4대 강령을 중심으로 이루어져 있다. 첫째는 마을에서 덕을 베푸는 가상한 업적이 있으면 이를 서로 권해 본보기로 삼는다는 덕업상권(德業相勸), 둘째는 누군가 잘못을 저지르면 서로 규제하고 개선하도록 한다는 과실상규(過失相規), 셋째는 예를 올바로 지키는 모범 행동의 사례는 본보기로 서로 나누어 따르도록 하는 예속상교(禮俗相交), 그리고 넷째는 급난 구제 · 질병 구조 · 법률적 형사 구조 · 미혼자의 부조 · 빈궁 진휼 · 외로운 약자 부양 · 장례 조위 · 사창(社倉) 경영 · 산업 상조 · 청결 보건 위생 상호 등의 환난상휼(患難相恤)이다. 현실적으로 얼마나 많은 마을에서 얼마나 오랫동안 실천했는지는 알 수 없지만, 일단 일부 개명한 선비가 중심이 되어 마을 단위부터 사회를 밝게 꾸려보려는 시도를 했다는 사실만으로도 오늘을 사는 우리에게는 큰 교훈이 되고도 남는다. 이런 운동이 표방하는 목표와 강령 등은 현대사회에서도 충분히 본받을 가치가 있다.

다음은 실제 사례라기보다 일종의 이념형으로 공자가 제시한 대동사상의 공동체관을 살펴보기로 한다. 여기 인용하는 글은 공자가 노나라를 방문해 마음에 들지 않는 세상사를 보며 탄식하는 말을 듣고 옆에 있던 사람이 까닭을 물었을 때 답한 내용이다. 탄식한 이유는 과거 하·은·주(夏·殷·周) 세 나라 시절에 전설적인 지도자가 때를 만나 큰 도를 행한 일을 돌아보면 참 좋은 세상을 살았는데, 현재 세태가 너무나도 한심한 상태임을 한탄한 것이다. 여기 그 전문을 소개한다.

공자가 말씀하였다. 큰 도가 행하여지자 천하를 공기(公器)(사회의 구성원 전체가 이용하는 도구)로 생각하여 사사로이 그 자손에게 세습하는 일이 없고 지혜롭고 유능한 사람이 있으면 선택하여 일을 맡겼다. 성실과 신의를 배우고 익히며 화목함을 닦고 실행하였다. 그러므로 사람들은 홀로 자기의 어버이만을 친애하지 않았으며, 홀로 자기 아들만을 사랑하지 않고 널리 남의 부모나 아들에게도 아낌을 넓혔다. 늙은이로 하여금 그 생을 편안히 마칠 수 있게 하고, 건장한 사람은 쓰일 곳이 있게 하며, 어린이는 의지하여 성장할 곳이 있게 하고, 과부나 외롭고 폐질에 걸린 사람은 다 부양받을 수 있게 하며, 남자는 분수에 맞게 일할 자리를 나누고, 여자는 돌아갈 곳을 얻을 수 있게 하였다. 생활에 쓰는 물품이 헛되게 땅에 버려져 낭비하는 것을 미워하지만, 반드시 자기 혼자 쓰려고 사사로이 감추어 쌓아두지도 않았다. 힘이란 반드시 자신의 몸에서 나와야 하지만, 노력을 자신의 사리를 위해서만 힘쓰지는 않았다. 그런 까닭에 사리사욕에 따르는 모략이 있을 수 없고, 절도나 폭력 같은 일이 없으며, 바깥문을 잠그는 일이 없는 이상적인 공동체가 온 세상에 이루어진다. 이를 일컬어 대동의 사회라 한다(大道之 行也 天下 爲公 選賢與能 講信脩睦 故 人不獨親其親 不獨子其子 使老有所終 壯有 所 用 幼有 所長 矜寡孤獨廢疾者 皆有所養 男有 分 女有歸 貨惡其棄於地也 不必藏於己 力惡 其不 出於身也 不必爲己 是故 謀

閉而不興 盜竊 亂賊而不作 故外戶而不閉 是謂大同).『예기』, 예운편)(이상옥,
2003b: 617; de Barry and Bloom, 1999: 343)

　이 글 자체의 내용은 솔직히 과거 농경 사회의 소규모 촌락공동체에나 해
당하는 것이라 할 수 있으므로 오늘날처럼 대규모 대중사회와 고도로 발달
한 첨단 기술 시대에는 적용하기가 쉽지 않다. 다만 인간관계와 사회조직
원리의 기본이 중요하다. 현대의 과학기술적 바탕과 복합 사회의 제도적 기
틀을 조합해 새로운 유형의 공동체적 관계와 조직원리가 작동하는 사회로
재구성하는 노력이 필수적이다. 어차피 여기서 그리는 사회 모습을 액면 그
대로 받아들여서 오늘날에 바로 적용한다는 것이 중요한 게 아니고, 그 이
념형에 담긴 공동체 사회의 내용을 하나씩 뜯어 고찰해보아 과연 그런 요소
가 현대사회에서는 어떤 의미를 지니며, 어떻게 실현할 수 있을지를 탐구하
는 것이 더 의미가 있다.
　첫째, 무엇보다도 눈에 띄는 관념은 공공성의 원칙이다. 유가사상의 핵심
인 '인'의 덕목은 이를 인간 사회의 기본 원리로 하여 사회질서를 확고히 견
지함으로써 사람들이 안정적인 삶을 누릴 수 있도록 하는 게 주목표였다.
그러나 인간의 사회생활은 그런 정서적 유대만으로 질서를 지키기가 어렵
다. 그래서 유가는 '의'를 추가하였다. 의는 사람이 으레 지켜야 할 마땅한
도리를 가리키며 유교의 가르침에서 의는 '이(利)' 즉 자기 이익과 대비한다.
자신의 이익을 추구하는 것은 소인의 특징인 데 반해 군자는 바르고 정의로
운 방법으로 살아가는 것이 도리라 했다. 그래서 대동 사회에서는 사리사욕
을 좇는 일을 삼가야 한다. 공공성, 공익의 가치가 편재하였음을 암시한다.
　둘째, 현명하고 능력 있는 사람을 선택해서 일을 맡겼다는 것은 정치 지
도자의 덕목과 그런 지도자를 찾아 선택해 임무를 부여하는 민주적 과정을
언급한 것이다. 실제로 유학의 대표적 인물인 맹자와 우리나라 실학파의 대

표인 다산 정약용은 "임금은 인민이 추대해 선택하는 것이 원칙이고, 따라서 왕이라도 부도덕하고 무능해 인민에게 고통을 주는 지도자는 교체할 수 있다"라는 혁명 이론까지 시사하였다.

셋째, 성실·신의·화목 같은 덕목은 유교 사회의 기본으로 모든 사람이 자기 수양에 의해 자신과 모든 구성원 서로에게 성실하고 신의를 지킴으로써 사회가 화목하고 행복해질 수 있다는 것을 보여준다.

넷째, 여러 가지 이유로 어려운 처지에 있는 사람은 돌봄과 부조로 도움을 주는 사회적 안전망을 제공하도록 제시한다. 특히 주목할 내용은 사회복지 확보라는 시각과 자원봉사의 협동 정신이다. 이는 현대일수록 더욱 중요해진다.

다섯째, 여기에는 남녀 차별을 분명히 하는 전통 사회의 관념이 개입하지만, 남녀를 평등하게 대우한다면 고용과 안식처를 제공하는 것은 행복하고 안정된 삶의 필수 요건이다.

여섯째, 경제적 측면에서는 자원을 아껴 쓰되 독점하지 않고, 항상 공유하고 나눔을 베푸는 자세로 살아가며, 누구나 자기 능력만큼은 열심히 일하는 직업의식이 중요하다.

사실 이런 조건이라면 소규모 공동체보다는 국가 공동체 수준에서 각종 제도적 장치를 마련하고, 기회를 공평하게 누릴 수 있도록 조처하는 정책을 실시할 수도 있다. 그러나 어떤 규모의 공동체든 이 정도 기본 사회적 가치를 공유할 수 있도록 정부를 운용하는 것이 중요하다. 그리고 여기에는 인민의 자발적 참여와 나눔이 동반해야 한다는 사실은 두말할 필요가 없다. 다만 앞 인용문에서 가장 핵심이 되는 주제, 즉 '공공성' 문제는 좀 더 자세히 검토할 필요가 있다. 대동 사회의 이념형은 얼핏 보아 사회주의 내지 공산주의 사회의 성격을 띠는 것으로 보인다. 자기 부모와 자식뿐 아니라 남의 부모와 자식도 내 식구처럼 생각한다, 어려운 사람은 모두 돌보아준다,

일할 나이의 남자에게는 일자리를 주고, 노인은 평생 근심 없이 노후를 보내도록 해준다는 조건은 명백하게 복지사회 이념을 실현하는 조처에 해당한다. 사유재산이라든지, 자유시장경제라든지, 경쟁이라든지 하는 자본주의적 요소에 관한 언급은 거의 없다. 그렇다면 이것이 아주 순진한 원시 공산 사회를 그리는 것이 아닌가 하는 의문이 들 수 있다.

이 점은 우선 당시의 생산력이 그런 체제를 갖추기에는 너무도 열악했음을 염두에 두어야 하고, 실제로 오늘날 우리가 겪고 있는 많은 정치사회적 문제의 근원에는 고삐 풀린 신자유주의 취득 본능과 욕심으로 그득한 자본주의의 왜곡이 무섭게 작동하고 있다는 사실을 놓쳐서는 안 된다. 가령 최근에 등장한 공동체주의적 자본주의를 지향하는 사회적 기업 같은 운동에서도 볼 수 있듯이 자본주의 시장경제도 얼마든지 적나라한 욕심의 발로를 억제하고, 분배 정의를 적정하게 실현할 수 있는 방법을 창안해낼 수 있다. 이를 위해서는 역시 통제력을 상실하고 있는 자유민주주의 정치의 근본 개혁도 함께 할 필요가 있음을 지적하고자 한다. 단순히 1인 1표 보통선거라는 맹목적인 방식으로 돈만 많이 쓰면 이길 수 있는 선거제도를 그대로 방치하는 것은 이제 그만해야 할 때가 온 것 같다. 진실로 도덕성과 역량을 충분히 갖춘 지도자와 대표자를 추대할 수 있는 혁신적 민주제도를 구현하는 것이 시급하다. 이런 제도 개선의 첫걸음으로 지역 단위의 공동체 세우기 운동을 적극 추진해 진실로 '인민에 의한, 인민을 위한 정부'와 '누구나 행복하게 일하고 누릴 수 있는 경제'를 일구는 방도를 하루빨리 강구해야 할 것이다(김경동, 2018).

현대의 공동체 세우기 운동에서 핵심 요소는 구성원의 자발적 참여다. 이는 어떤 규모, 어떤 복합적인 사회집단에서든 적용할 수 있는 기본 요소다. 그러자면 모든 구성원, 모든 시민이 스스로 자기 수양에 의한 성숙한 시민다움을 갖추어야 한다. 그래야만 공동체나 국가가 필요로 하는 제도나 시책을 만드는 과정에도 자발적 참여가 가능하고 의미가 있을 것이며, 정부를 운영할 대표자를 선택하는 과정에도 견실한 의식을 지니고 임함으로써 진정으로 시민을 위해 헌신하는 대표자를 선택할 수 있을 것이다. 더구나 앞으로는 정보 통신 기술이 발달함으로써 다양한 형태의 사회적 매체가 속속 등장할 전망이다. 지역 공동체적 수준의 민주적 의사 결정이나 대표자 선출 과정이 필요할 때 타운 홀(town hall), 마을회관, 또는 커피숍 같은 공간에 한데 모여 숙의할 수 있으면 최선이겠지만 때로는 사회적 매체를 이용해 자유롭고 광범위한 의견을 교환할 수 있다는 점을 고려하면, 공동체 운동에 기초한 민주 사회를 구축하고 경제체제를 개혁하는 일도 수월해질 수 있다. 이를 위해서라도 우리가 온고지신 정신으로 유가 사상의 진수를 재음미해 새로운 세상을 구현할 방안을 모색하는 데 노력하기를 기대해본다. 사회적 가치 구현에는 이 정도의 사회정치적 환경조건의 제공이 필수일 것으로 보인다.

7) 사회적 가치는 생태주의 가치

인간주의가 '사람 중심'이라 할 때 마치 이른바 인간중심주의 철학(Anthropocentrism)처럼 이 우주에서는 인간만이 모든 자연의 혜택을 마음껏 누릴 수 있어야 한다는 생각을 뜻하지 않는다는 점이다. 오히려 생태론적 철학(Ecologism)의 생태관을 포용하는 것이 진정한 인간주의적 자연관이다. 인간도 생태계의 종(species)의 하나로 다른 모든 자연의 생명체와 더불어 하나의 생명공동체(eco-system, 생태체계) 속에서 상호의존적(interdependent) 상호관계(inter-relationship)를 맺고 공존하려고 노력해야 한다는 주장을 수용한다. 생태학적 관점에서도 인간에게는 다른 모든 생명체와 마찬가지로 공동체 본능이 있다. 모든 생명체는 다른 생명체와 관계를 맺어

연관성을 가지려는 욕구, 즉 '체계 추구' 성향이 있다. 체계란 그것을 구성하는 부분들이 상호 의존적 관계 속에서 하나의 전체를 이루며 생존하는 것이 특징이다. 생태체계는 상호의존적 공존, 공생을 위한 유동적 균형(moving equilibrium)을 중시하는 개방적 체계(open system)로서 그 안의 모든 생명체는 결코 홀로 생존할 수 없으며, 오로지 관계 속에서만 스스로 완성을 기할 수 있는 존재다. 따라서 생명체에게는 '독립'이라는 개념이 적절치 않다. 생명체의 기본적인 패러독스(역설)는 자유(자결권, autonomy)를 향한 절대적 욕구와 동시에 관계, 연고, 관련성을 향한 부정 할 수 없는 욕구도 있다는 점이다(김경동, 2012: 95; Hesselbein et al., 1998).

동방사상에서도 이와 같은 생태관이 있음을 위에서 잠시 언급만 하고 지나갔거니와, 동방사상에 뿌리 깊은 인간자연조화론인 '천지인 삼재(天地人三才)'의 천인합일 사상을 잘 가다듬어 허두에 소개한 [그림 2-1]의 생태체계 및 사회학자 Talcott Parsons(1966: 28)의 행위체계(action system) 이론의 준거틀로도 이해할 수 있는 사유체계 [그림 5-1]과 연계하여 전 지구적인 보편사상으로 승화시키면 환경보호, 생명존중에 이로운 새로운 생태관을 함양하는 데 기여할 수도 있을 것이다.

이 그림이 보여주는 것은 유가의 천지인 삼재와 현대 사회학의 거두 Parsons(1966: 28)의 행위체계의 유사성이다. 천은 삼라만상의 도리라 할 때 행위체계의 구도에서는 문화체계로서 그 특성은 인간의 사회생활에 궁극적 실재를 제공하는 것으로 인공두뇌적 위계서열(cybernetic hierarchy)상으로는 고도의 정보로써 인간의 행위를 통제하는 기능을 한다. 인(사람)은 사회학적으로는 사회체계를 이루는 퍼스낼리티(인격성) 체계에 해당하며, 문화와 생태계 속의 모든 행동체계의 가운데에 위치한다. 맨 아래의 지(자연생태계)는 인간을 포함하는 모든 생명체들의 행동체계로 이해하고 이는 사회생활의 물리적이고 유기적인 실재로 존재하면서 인공두뇌 서열상 고도

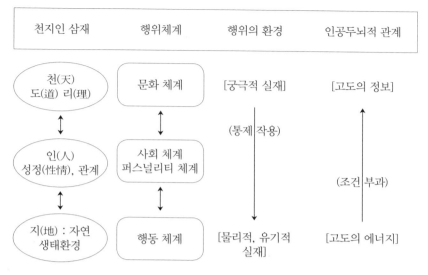

천지인 삼재	행위체계	행위의 환경	인공두뇌적 관계

천(天)
도(道) 리(理)

문화 체계

[궁극적 실재]

[고도의 정보]

(통제 작용)

인(人)
성정(性情), 관계

사회 체계
퍼스널리티 체계

(조건 부과)

지(地) : 자연
생태환경

행동 체계

[물리적, 유기적
실재]

[고도의 에너지]

[그림 5-1] 천지인 삼재와 Parsons의 행위체계의 위계서열

의 에너지 즉 삶의 원천인 자연자원을 통틀어 인간의 행위와 문화에 조건을
부여하는 기능을 하는 것으로 상정하고 있다.

여기서 이제 동방사상(유, 불, 선[도교])의 전체성(혹은 총합주의, holism)
을 강조하는 우주론적 변증법적 생태관(천인합일사상)으로 돌아와보자. 물
리학자 Capra(2010)의 해석에 의하면, 고대 동방의 신비주의철학은 우주를
분리불가의 연결망(web)으로 간주하였다고 한다. 이런 우주연결망의 상호
연계는 정태적이 아니라 동적인 것으로 살아서, 움직이고 성장하며 계속 변
화한다. 현대 물리학 역시 우주를 관계의 연결망으로 이해하고 동방의 신비
주의처럼 내재적으로 역동적인 현상으로 인식한다는 것이다. 바로 이런 내
재적 변동(immanent change)이 동방 우주관의 요체인 우주 내재론(imma-
nentism)이다.

한편, 중국 기술문명사가 Joseph Needham(1973)이 지적하기를, 이 같은

내재적 변화는 그 이면에 신적인 법칙제공자나 창조주를 상정하지 않은 자연스러운 것이라는 사상을 유·불·도교가 공유한다고 한다. 세상의 모든 존재가 조화롭게 협동하는 것은 저들에게는 외재하는 우월한 권위적 존재의 명령 때문이 아니고 그들은 우주적 유형을 형성하는 전체(wholes)의 위계질서 속의 부분들이라는 사실에서 기인한다. 다만 스스로의 자연적 성질의 내재적 지시를 따랐을 뿐이다.

여기에 바로 동방사상의 '천(天)'의 이론이 등장한다. 하늘이란 유학에서는 여러 가지 복합적 의미를 지닌다. 우주론적 관점에서 보면 천은 그 자체 우주요 자연이며 삼라만상의 생명의 원천이요, 형이상학적으로는 자연과 인간사회의 질서의 표준, 도(道)와 천하만물의 작용의 원리, 즉 리(理)가 되며, 인간본성을 부여하는 우주적 권세다. 위에서 언급한 천인합일의 총체주의는 세상의 '만물' 즉 모든 현상은 하나의 전체를 이룬다는 관념이다. 이 관점에서 보면 개개 인간은 우주의 전체(하늘)와 하나 되고, 개인의 영혼도 우주의 영혼에서 연원한다. 그리고 가치론적으로는 인간의 도덕적, 윤리적 본성의 근원 이다.

그리하여 하늘(天)이 사람을 낳고 따라서 인간은 하늘이 내린 도덕적 성품을 지닌 다. "하늘이 사람들에게 내려준 것을 '본성'이라 하고, '본성'에 따르는 것을 '도'라 하고, '도'를 닦는 것을 '가르침'이라 한다(天命之謂性 率性之謂道 修道之謂敎)." 『중용』의 첫 구절이다(김학주, 2009a: 4-5; Chan, 1973, 78-79; Fung, 1983: 129; Kim K.-D., 2017b). 맹자의 인간본성론은 더 적극적이다. 하늘이 이상적인 전체인만큼 하늘이 명하여 내린 인간의 본성도 역시 원천적으로 선하다. 그리하여, 맹자는 "누구든지 자신의 마음을 최대한으로 수양하면 자신의 본성을 알게 되고, 스스로의 본성을 알면 하늘을 알게 된다. 그러므로 스스로의 마음을 온전히 보존하고 자신의 본성을 양성하는 것이 하늘에 봉사하는 일이 된다"고 한다(Fung, 1983: 129-130).

이런 점에서, 우주만상의 총체론적 일원으로 생존하는 인간이 추구하는 사회적 가치는 결국 사람도 자연생태계의 온전한 구성원답게 자연을 사랑하고 보호하며 보전 계발하는 것이 마땅하다는 생태주의적 가치를 품는다는 것이다.

제6장

사회적 가치의 사회학적 비전 (1)
: 선진사회

이상의 철학적 비전에 바탕을 두고 이제는 사회적 가치를 증진시키기 위한 이상적인 사회의 비전은 과연 어떤 것이어야 하는지를 상고할 차례다. 우선 이 책에서는 사회적 가치란 인간의 사회생활에서 구성원들이 희구하는 삶의 가치를 사회가 구현하기를 바라는 가치라고 잠정적으로 정의하고 시작한다. 여기에는 '삶의 가치'라는 개념이 핵심이다. 사회적 가치는 인간의 사회적인 삶에서 얻고자 하는 가치가 무엇이며 또 그런 삶의 가치를 누릴 수 있도록 사회는 어떤 모습으로 구성해야 하느냐 하는 두 가지 차원에서 이해하는 것임을 밝혀둔다. 이 말은 결국 인간이 가치 있는 삶을 살자면 사회는 어떤 사회가 되어야 하는가를 묻는다는 말이다. 요컨대 미래지향적 비전이다. 그러한 바람직한 사회의 비전을 본서에서는 기본적으로 '문화적' 교양으로 정화한 성숙한 선진사회('Cultured' Mature Advanced Society)로 규정한다. 이 명칭이 지나치게 긴 탓에 이를 줄여서 '성숙한 선진문화사회'라 한다(김경동, 2000a; 2002; Kim, 2017a). 여기에는 성숙, 선진 및 문화(적 교양으로 정화한)라는 3차원의 접근을 요하는 개념이 복합적으로 관여한다. 이를 도식적으로 요약하면 [그림 6-1]과 같다.

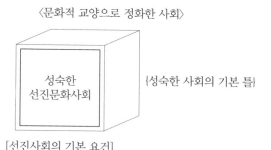

〈문화적 교양으로 정화한 사회〉

성숙한
선진문화사회

{성숙한 사회의 기본 틀}

[선진사회의 기본 요건]

[그림 6-1] 성숙한 선진문화사회 비전의 기본틀(삼차원적 접근)

첫 번째 핵심적인 차원의 비전은 '문화적 교양으로 정화한' 사회이고 두 번째는 성숙한 사회이며 세 번째는 선진사회다. 이제부터 이 세 차원의 사회적 비전을 살펴보고자 한다.

이 3D 접근의 핵심은 그림의 가운데를 차지하는 '성숙한 선진문화사회' 를 지향하는 것이다. 이를 이룩하기 위해서는 세 가지 각도에서 접근하려는 취지를 그림과 같은 육각체에 표현하고자 하였다.

첫째는 우선 일반적으로 말하는 선진국 혹은 선진사회라고 하면 최소한으로 구비해야 할 기본요건이 있다는 점을 보여주려고 한다. 이는 그림의 육각체 맨 밑바닥에 깔고 시작하자는 것이다.

둘째로 그러한 조건을 바탕에 깔고, 그 다음으로 그림의 옆부분으로 한 단계 올라가면 같은 선진국이라도 '성숙한' 선진사회가 되고 싶다는 것을 강조하고자 한다. 선진사회의 기본요건을 갖추었다 해도 아직 여러 면에서 미숙한 점이 있다면 사회의 패러다임을 바꾸어야 할 필요가 있음을 부각시키는 접근이다. 성숙한 사회라면 과연 어떤 사회이며, 그런 성숙한 사회가 되기 위해서 우리가 어떤 변환과정을 거쳐야 하는지 그 과제를 고찰해보는 일이다.

세 번째, 저 그림의 꼭대기로 올라가보자. 거기엔 문화적 교양으로 정화한 사회라는 목표가 보인다. 아무리 선진국의 기본 요건을 갖추고 성숙한 사회를 위한 패러다임을 바꾼다 해도 더 궁극적으로 지향하고픈 이상적인 사회의 모형이 있을 것이다. 그것을 우리는 바로 '선진문화사회'라고 보자는 것이고 여기에는 앞서 이미 소개한 '인의예악지신'이라는 동방사상의 여섯 가지 덕목(육덕)이 기반을 이루는 사회의 모습일 것이라는 점을 강조한다.

그러면 이제부터 이 세 가지를 차례로 살펴보기로 하겠다. 우선 여기에서는 [그림 6-1]의 저변을 이루는 선진사회의 기본요건을 다루기로 한다.

선진사회라 하면 여러 가지 지표로 판가름할 수 있는데, 그중에 대체로 국제사회가 인정하는 가장 보편적인 지수는 국내총생산 연간 3만 달러이다. 이 기준을 넘어서는 사회가 선진국이라는 것이다. 우리나라는 2018년 현재 그 고개를 넘었다. 하지만 우리가 말하는 선진국은 단순한 수량적 지표로만 판단하는 범주가 아니고 현재까지 소위 선진국으로 대우받는 몇몇 나라에서 발견할 수 있는 몇 가지 기준으로 보아 떳떳하고 타의 모본이 되는 나라가 오랜 세월의 경륜 속에 갖추고 있는 특성과 장점이 있다. 본 연구는 여기에 주목하고자 한다. 여기에는 다음의 일곱 가지 필수 조건을 제시한다.

1. 지속적 경제성장

오늘날의 일반적 기준으로 보아 찢어지게 가난한 나라를 선진국이라고는 하지 않는다. 예전에 우리나라에는 '안빈낙도(安貧樂道)'라는 말이 있었다. 가난하긴 한데 가난한 것을 편하게 생각하고 도를 즐기면서 산다. 이는 선비들이 중시하던 하나의 삶의 중요한 가치였다. 그러니까 원체 경제적 자원이 부족한 농경사회에서는 모두가 어려운 생활을 하지 않을 수 없었기 때문에 누구나 별로 풍족하게 살지 못하는 상황이라면 비록 경제적으로는 빈한하지만 선비로서 정신세계에서나마 인간에게 마땅한 도리를 다하는 것 자체라도 즐기면서 인간답게 살아가야겠다는 사상을 품었던 것이다. 어떤 의미에서 보면 참 좋은 이야기임에 틀림없다. 그리고 청빈(淸貧)이라는 말도 중시했다. 가난하다고 도리에 어긋나고 법을 어기고 남을 속이고 해치고 남의 것을 탐하는 방식으로라도 부(富)를 축적하겠다는 식으로 살지 말고, 오히려 깨끗하게 도덕적으로 올바로 살아서 가난을 욕되게 보지 말라는 뜻이었다. 그래서 높은 벼슬 한 사람이 집 한 칸 변변히 지니지 못한 채 빈한하게 그러나 꼿꼿하게 처신을 옳게 하며 살았다고 임금이 공식적으로 표창을 하여 대대손손 그 고매한 정신을 기리라는 의미로 '청백리(淸白吏)', 즉 깨끗하고 해맑은 공직자라는 특별한 이름을 붙여준 일도 있었다.

하지만 물질문명이 발달한 현대사회에서는 가난 그 자체가 긍정적인 가치가 될 수가 없다. 자원이 있는데도 먹을 것이 없고 헐벗으며 사는 사람이 허다하다면 그 나라는 문제가 있다고 보는 것이다. 국가가 국가다우려면 무엇보다도 우선적으로 의식주 생활에서 인간으로서 기본욕구(basic needs)는 충족시켜주는 것이 국가의 의무라고 보는 생각이 보편적이다. 빈곤 퇴치는 어떤 나라든지 반드시 해결해야 하는 최우선 선결조건이다. 요는 빈곤 탈피는 선진국이 되기 위한 첫 번째 기본 요건이라는 것이다.

그런데 단순히 빈곤 퇴치에 성공하면 바로 선진사회가 되는 것은 아니다. 더구나 한번 풍요를 경험한 사람들이 다시 빈한해지면 그 고통은 더욱 심할 수밖에 없고, 자칫하면 불만으로 가득 찬 국민이 견디다 못해 들고 일어나면 혁명과 같은 과격한 변혁으로 나라 전체가 몸살을 앓아야 하는 수도 있는 법이다. 그러니까 한 마디로 선진사회의 첫 번째 기본요건은 반드시 경제성장을 계속할 수 있어야 한다는 것이다. '지속적 경제성장(sustained economic growth)' 말이다. 왜냐 하면 경제성장도 몇 년 동안 열심히 잘 해나가다가 어느 단계에 가서 마이너스 성장도 할 수 있고, 세계의 여러 선진국이 경험한 것처럼 성장률이 떨어질 수도 있다. 경제가 어느 수준에 이르러 선진국형 체계로 시스템이 변하고 나면 초기처럼 높은 성장률을 유지하기가 어렵게 된다는 말이다. 그럼에도 불구하고 지속적으로 경제는 성장시키는 것이 선진국의 기본요건임에는 틀림없다.

이 대목에서 우리가 물어야 할 질문은 그렇게 지속적 경제성장을 유지하려면 어떻게 해야 하느냐 하는 것이다. 체계로서 사회가 존속하기 위해서는 환경에 적응하는 역량을 키우는 것이 기본이다. 그러한 적응력의 증대는 경제체계의 몫이다. 최소한도 구성원들이 먹고 사는 데서 문제가 없어야 한다. 특히 시장경제체제를 근간으로 하는 지속적 경제성장은 선진사회가 되기 위한 기초적 필수조건이다. 그러나 시장경제의 방만함과 탐욕과 과잉경쟁의 제어는 반드시 동반해야 한다. 중용과 윤리적 책임의 원리다. 경제의 측면에서 볼 때 현 시점에서는 물론 장래에도 빈곤은 이미 가치가 아닌 극복의 대상이며 풍요를 지향하여 삶의 질적 측면의 향상에 대한 관심이 전반적으로 확대하고 있다.

그리고 지금부터는 '지식정보사회'에 살고 있기 때문에 머리를 잘 써야 하는 시대가 온 것임을 주목해야 한다. 지식정보사회는 단순한 노동력과 기계로 물건을 만들어내는 일이 경제를 주도하는 사회가 아니라, 필요한 정보를 적절히 활용해서 유용한 지식을 창출하여 그것을 생산에 적용하는 일이 우선하는 사회다. 이런 지식정보사회에서 다른 나라와 경쟁하며 지속적으로 경제성장을 이루어 나가려면 어떤 경쟁에 이겨야 할까? 정보싸움에서 이겨야 한다는 것이다. 여기서 핵심은 인간의 머릿속에서 이루어지는 창의적인 활동에서 앞서가는 일이다. 이때 가장 먼저 투자하고 노력을 기울여야 할 것이 기술혁신이다. 그것도 지속적으로 이루어나갈 수 있어야 한다. 제조업이건 서비스업이건, 심지어 농림수산업과 같은 일차산업까지도 포함하여 모든 산업부문에 기술혁신이 무엇보다도 앞서야 경쟁에서 이길 수 있다.

그러니까 공장 짓고 인프라 만들고 이런 가시적이고 외형적인 것도 중요하지만, 이것을 잘 운용해서 경제를 제대로 일구려면 앞으로는 딱딱한 '하드웨어 경제'는 어느 정도 기반을 닦아 놓은 바탕 위에 부드러운 두뇌작용인 '소프트웨어 경제'에서 경쟁을 하여 이겨야 한다는 말이다. 경성(硬性) 경제에서 연성(軟性) 경제로 이행하여 성공할 필요가 있는 것이다. 우리의 기술혁신은 기록 상 상위에 있지만, 산업현장에서는 아직도 선진 외국의 핵심 기술과 디자인을 거액의 저작권 같은 비용을 치르고 사다가 써야 하는 사례는 허다하다. 로얄티를 달러로 치러야 한다면 도저히 더 감당할 수 없게 될 수 있는 것이다. 하여간 이런 여러 가지 측면에서 경제를 지속적으로 성장시켜야 우선 선진국이라 할 수 있고 그걸 하기 위해서 가장 핵심적인 것은 인간의 소프트웨어, 즉 머리를 잘 써서 경쟁에서 이겨야 한다는 것이 중요하다.

이것이 가능해지도록 하려면 어떻게 해야 하느냐, 창의력을 키워야 한다. 인간의 사고력, 상상력을 최대한 발휘해서 새로운 기술을 개발하고 새로운 디자인을 계속 만들어나가는 노력이 필요하다는 말이다. 다만 그것은 어디까지나 혼자서 하든 여럿이 함께 하든 개인의 차원에서 필수적인 것이라면, 사회의 차원에서는 이런 경제를 운영하는 시스템, 즉 제도와 체제를 지속적으로 혁신하여 효율성을 높여야 한다. 물론 여기에도 창의적 발상이 필요조건임은 두말할 나위도 없다.

이와 같은 지속적 경제성장을 위한 사회적 과제는 어떤 것인가?

① 무엇보다도 지난 1997년의 금융외환위기를 거치면서 경험했던 대로 앞으로도 그러한 국제 수준의 경제위기가 다시 온다 해도 이를 거뜬히 헤쳐

나갈 수 있는 경제시스템의 체질 자체를 지속적으로 쇄신하고 업그레이드 (upgrade) 즉 질적 향상을 해야 한다.

② 우리는 어차피 자연자원이 부족한 나라기 때문에 인재가 모든 발전에 핵심요소다. 그러므로 훌륭한 두뇌를 지닌 인재를 키우고 활용하여 기술혁신을 지속하기 위한 연구개발(R & D, Research and Development)에 정부나 기업체는 적극적인 투자를 아끼지 말아야 하고, 교육에서도 창의적인 기업가정신을 창달하는 데 끊임없는 노력을 경주할 필요가 있다. 앞서 지적한 디자인과 기술혁신이 여기에 달려 있음이다.

③ 우리의 경제성장은 주로 수출에 의존하고 있으므로 국제경쟁력을 가꾸고 신장하도록 힘써야 한다. 그러자면 국제적인 안목을 갖추는 것이 기본이다. 우리나라는 국제적 개방의 정도가 비교적 크다고는 할 수 있지만 국민의 의식수준이나 행위양식 그리고 기업활동의 관행에서 보면 아직도 세계시민으로서 떳떳하리 만큼 세련미, 신뢰도, 투명성, 윤리경영, 사회적 책임과 공헌 같은 면에서 부족함이 상당하다. 경제가 계속 성장하려면 이러한 약점을 하루 속히 탈피할 수 있어야 할 것이다.

④ 국가의 대사회, 대민 의식과 태도 역시 합리화가 절실하다. 특히 경제가 활발하게 움직이려면 무엇보다도 정부의 대폭적인 규제완화가 필요하다. 각종 규제에 발목이 잡혀 국제적 경쟁에서 생존하고 이겨내기 어려운 상황은 결국 경제의 활기를 억제하는 결과밖에 초래할 것이 없다.

⑤ 그 대신에 기업부문 자체는 강도 높은 자구책을 계속 강구해야 한다. 무엇보다도 앞에서 언급한 기술개발 투자를 극적으로 확충하는 것이 선결과제이고 경영파괴라는 말이 나올 정도의 경영혁신을 서슴지 말아야 한다. 그리고 위에서 강조한 국제수준에 부합하는 청렴성과 윤리적 사회적 책임을 다하고자 하는 노력을 게을리 해서는 아니 될 것이다. 이 점에서는 특히 기업체가 제품생산과 유통 과정에서 사람들에게 해를 끼치는 상품을 만들

거나 유통하는 일은 극도로 조심해야 한다. 식품의 유해성이라든지 노동안전성 확보 같은 것이 지극히 중요한 영향을 미치는 윤리경영의 문제다. 그뿐 아니라 대기업과 중소협력업체 사이의 비정상적이고 일방적인 여러 관행은 하루 속히 시정할 항목이다. 그리고 기업경영에서 대주주 혹은 창업자 가족, 소위 오너가족의 횡포나 독점 같은 관행이라든지 비정상적인 내부자 거래, 상호출자, 경영전문성 차단 등의 관습도 탈피해야 할 과제다.

⑥ 한편, 근로자, 소비자로서 국민은 그 나름으로 각성하고 환골탈태하는 노력을 쏟아부어야 한다. 근로자로서 시민은 이른바 3D(dirty, difficult, dangerous) 직종 기피현상을 지양하여 무슨 일이나 보람을 느끼며 일하겠다는 자세가 필요하고, 생산성 향상에 희생적인 헌신몰입의 자세로 임할 것이며, 노동운동의 과격화와 이념화, 정치화를 삼가는 것도 급선무다. 특히 귀족노조라든지 고연봉 근로자들의 특권 독점 같은 관행은 하루 속히 극복해야 한다. 소비자로서 시민은 과소비 극복으로 소비의 합리화 등에서 세계의 모본을 보일 수 있어야 한다.

2. 삶의 질적 향상을 위한 생태계의 보호와 생명존중

지금까지 우리가 경제성장을 열심히 해왔는데, 그걸 성취하기 위해서는 주로 공업화라는 수단을 썼다. 공장을 짓고, 물건을 만들었다. 그러다 보니까 우리의 자연이 훼손당하기 시작했다. 공기가 나빠졌고 물도 마시기가 힘들어지고 자연 자체를 여러 모습으로 망가뜨리고 있다. 공장을 짓기 위한 땅을 마련하느라 숲을 깎아버리고, 길 닦고 다리 놓고 굴(터널) 뚫느라 산과 들과 논밭에 온갖 손상과 변형을 가져왔다. 공업과 서비스업이 발달하면서 농업이 상대적으로 낙후하게 되자 사람들은 농토를 쓰지 않거나 농촌을 버리고 도회지로 떠나면서 논밭이 빈터로 남아 잡초만 무성하게 자라는 모습을 보기가 어렵지 않다. 이 문제는 단순히 농업의 범위를 넘어 자연환경에 미치는 영향도 우려스러운 결과를 낳고 있다. 가령, 농사가 줄면서 논이 없어지는 만큼 여름철 수분을 간직할 공간이 좁아지게 되어 마침내 가뭄과 홍수의 수해를 방지하는 자연적인 물 관리기능을 감소시키고 말았다.

　이러한 수자원의 문제는 거기에 그치지 않는다. 대기오염으로 인한 지구온난화는 물 부족 현상을 초래하여 대지가 건조해지는 사막화가 진행하는 곳이 늘고 있다. 게다가 물 자체만 두고 보아도 공업화의 여파로 하천과 바다 뿐 아니라 지하수까지 전반적으로 수질오염이 심화하는 문제도 발생한다. 물론 대기오염 또한 갖가지 형태로 사람들의 건강을 해치는 원인이 되고 있다. 이런 것들이 결국은 인간의 생명과 관련이 있는 문제의 원천이다. 그뿐 아니라 공업화가 진행하면서 일하는 곳에 기계가 등장하고, 일상생활에서도 기계를 자주 이용해야 하며, 아스팔트와 같은 시멘트류의 자재로 길을 닦고 집을 짓고 다리를 놓고 굴을 뚫어 놓았고, 특히 대도시에서는 거대한 마천루의 빌딩과 고층 아파트 단지가 콘크리트의 숲을 이룬다. 이런 물리적인 환경도 인간을 왜소하게 만들고 언제든지 고장이 나고 자연재해와 인적 재난으로 무너지면 다수의 인명을 순식간에 앗아갈 수 있는 요소들이다. 거기에 우리가 날마다 쓰는 여러 가지 물건도 결국은 기계적 조작을 해야 하며 잘못 건드리면 사고를 일으킬 수 있다. 안전하지 않은 것들이 너무나 흔하게 우리의 삶에 개입한다는 사실을 가리킨다.

　이런 것들이 모두가 위험요소들이 된 것이다. 한마디로 우리는 독일 사회학자 Ulrich Beck(1992)이 지적한 대로 '위험사회(risk society)'에 살고 있는 셈이다. 경제를 일구기 위해서 자연을 훼손했으므로 위험해졌고, 많은 물질적으로 가시적인 인프라를 많이 건설하고 만들어냄으로써 이들을 조심스럽게 관리하고 이용해야지 잘못하면 오히려 위험한 요소로 돌변하는 문제가 발생하게 되었다. 그러니까 이 위험사회라는 것은 우리의 생명을 위협하기 때문에 아무리 인류의 복리를 증진하기 위한 좋은 목적으로 만들었다 하더라도 그것을 사용할 때는 생명을 지켜가면서 위험하지 않게 안전을 생각해서 잘 관리하고 이용해야 한다는 말이 된다. 요컨대, 우리가 앞으로 최우선의 과제로 삼아야 할 항목 중에는 자연 생태계의 보존과 보호뿐 아니라 우리가 공업사회를 일구는 과정에서 만들어낸 여러 가지 물질적인 것들을 다룰 때 생명을 염두에 두고 안전을 우선적으로 고려해서 반드시 안전을 위한 각종 수칙을 제대로 지킬 수 있어야 한다.

인간은 허공에서 삶을 누리는 게 아니고 지구라는 하나의 생태계 속에 다른 많은 생물과 함께 살아가는 존재라는 인식부터 새로이 다져야 한다. 앞서 언급한대로 우리의 동방사상에는 '천지인 삼재'와 '천인합일'의 관념을 일찍부터 강조해왔다. 그러니까 우리의 삶의 터전인 지구를 소중히 다루고 가꾸고 보호하는 것이 인간의 삶에 바로 직접적으로 도움이 되며 모든 생명체는 자체로서 귀한 존재다. 근대화 과정에서 자연과학이 발달하면서 자연을 분석하고 조작하는 대상으로 여겼으며 기술혁신을 추구하면서 자연은 이용하는 자원으로 파헤치고 변형시키는 일이 성하게 되었다. 이제 서방세계에서도 자연은 그런 대상으로 인간과 동떨어진 현상이 아니라는 생태주의가 주류를 이루게 되었다. 이런 관점에서는 생태계를 하나의 체계(system)로 인식하게 된 것이다.

그동안 우리가 추구해온 경제성장이 물질적인 측면에서 우리의 삶의 질을 높이는 데는 기여한 바 크다는 것을 인정하지만, 자연의 보존과 보호는 그 자체로서 궁극적인 가치를 지니며 이는 곧 생명을 소중이 여기는 인류보편의 가치도 포함한다. 이제는 자연보존과 생태계 보호는 경제성장에 장애가 되는 요소가 아니라 오히려 그에 우선하는 가치로 생각할 뿐 아니라 인간의 뛰어난 기술력의 향상으로 오히려 생태계를 살리는 노력이 경제적으로도 생산성이 높고 경쟁력이 있는 산업으로 발전가능하다는 것을 믿는 시대가 되었다. 생명존중의 가치와 이를 위한 안전의 수칙은 건설, 공장 가동, 자동차 운행, 식품관리 등 일상의 관행에서부터 실현할 것을 촉구하는 움직임이 널리 퍼지고 있으며 이를 정책과 제도의 모든 영역에서 기본적인 지향으로 자리 잡아가는 추세다. 이른바 지속가능한(sustainable) 발전이라는 선진사회의 요건으로서도 이 항목은 더욱 큰 비중을 차지하고 있는 것이다.

3. 시민민주정치의 정착과 발전

대개 선진국을 떠올릴 때 경제 다음으로 중시하는 것이 저 사람들은 그래도 정치를 잘 한다는 인상이다. "우리나라 정치는 상당히 잘하는 편이라고 생각하는 사람들 손 한번 들어보세요" 하고 물으면 거의 손이 올라가지 않는다. 오죽하면 주요 기업인이 한국에서는 정치가 3류에 속한다는 가혹한 점수를 매겼을까 싶을 정도다. 우리나라가 제2차세계대전 종전(1945년) 이후 독립한 신생국들 중 몇 가지 주요 부문에서 특별한 성공을 거둔 나라라는 사실은 세계가 다 인정한다. 첫째 성공사례는 빠른 경제성장이고 권위주의 체제로부터 민주적 이행(democratic transition)을 성취한 것이 두 번째 성공사례다. 이 모두가 참 대견한 일임에 틀림없다.

그 점에선 우리가 퍽 자랑스럽게 생각해야겠지만, 그 정치 자체의 내면을 잘 살펴보면 보통 이런 평판이 나온다. "경제는 이만하면 1등 2등인데, 정치는 꼴찌다." "하나는 상류인데, 하나는 하류다." "우리가 이룩한 경제성장도 지속해야 하는데 정치가 발목을 잡는 장애요인이다." 이를 하나씩 따져가려면 상당히 많은 이야기를 해야겠지만 제일 중요한 건 과연 우리가 민주정치를 제대로 하고 있느냐 하는 근본적인 질문부터 새겨보아야 한다. 흔히

1987년의 정치적 변혁을 두고 '민주화(democratization)'라 일컫는데, 이런 표현법이 정말 정당한지를 물어야 한다. 지금부터 자세히 검토하겠지만 실은 그 변화는 민주화 자체라기보다는 위에서 언급한대로 '민주적 이행'이라 불러야 적절하다. 그리고 더 중요한 것은 그 민주적 이행 과정에서 우리 사회가 경험한 '사회적 자유화(societal liberalization)'라는 점을 잊어서는 안된다. 이 점도 다시 설명할 것이다.

그러면 진정한 민주정치는 어떤 요건을 갖추어야 하는가? 이것을 이론적으로 깊이 다룰 자리는 아니고 현실정치를 판단, 평가하는 기준의 틀, 즉 사회과학에서 말하는 일종의 '이념형(Idealtypus, ideal type)'을 여기에 소개하고자 한다(Kim, 2017b: 195–200).

- 정치인들은 헌법을 얼마나 진지하게 준수하며, 온 국민이 헌법을 소중히 여기고 지키려 하는가?
- 사법부는 확실한 독립성, 자율성을 확보하고 있는가? 사법부의 독자성을 정치인과 행정부 관료들은 얼마나 진심으로 존중하고 보장하려 하는가?
- 국민의 시민적 자유, 결사와 표현의 자유와 같은 기본 인권은 어느 정도 실질적으로 보장하는가?
- 선거는 자유롭고 공정한가? 부정과 혼탁과 관권·금권 개입, 연고주의와 지역주의 등은 확실하게 청산하였는가? 유권자는 연줄과 이해관계와 선동과 흑색선전, 왜곡한 정보 등에 휘둘리지 않고 진실로 합리적인 선택을 하는가?
- 선거에 의해서 국민은 대안적인 정부를 선택할 여지가 정말 있는가? 선거를 아무리 해봐야 진정한 의미의 정권교체 가능성은 희박한가? 국민의 대의기구는 진정으로 국리민복을 중시하는 의사결정을 내리고 있는가, 아니면 아직도 정치인 자신의 영달과 이권과 특권 추구와 당리당략

이나 패거리 이해관계 챙기기에 급급한가?

- 입법부는 과연 행정부로부터 확실하게 독립하여 행정부를 견제하는 기능을 제대로 수행할 수 있는가? 삼권분립의 균형을 제공할 만큼 입법부와 행정부 모두가 충분히 성숙한가?

- 입법부는 공중의 주요 토론장으로서 숙의(deliberation)의 기능을 충분히 수행하며, 민주적 과정을 정립·신장하는 중요한 제도적 장치로서 효율적인 기능을 하는가?

- 정당은 시민사회의 다양한 이해관심을 명확하게 포착하고 이를 구체적으로 정책에 반영할 수 있으며 시민이 정치적 과정에 참여할 수 있도록 보장할 만큼 충분히 제도화했는가? 카리스마적 개인의 인치(人治)나 소수 정치지도자의 과두정치가 아닌 진정한 법치주의와 민주적 정당의 원리로 운영하는 조직체인가?

- 정부와 정당은 진정한 의미의 민주적 의사결정의 원칙과 절차를 잘 지키는가?

- 행정부와 입법부 그리고 정당과 같은 정치적 기구들 및 그 구성원들은 국민의 공복으로서 국민의 여망을 살피고 국리민복을 우선하는 선공후사의 정신으로 무장하고 있는가?

- 정치, 정부 부문은 물론, 기업부문과 시민사회 모두가 부정부패로부터 얼마나 자유로운가?

- 시민사회는 국가와 시장에 대응하는 견제와 저항과 동시에 협력하는 동반자적 세력으로서 효과적으로 기능할 수 있을 정도로 충분히 성숙하였는가?

- 비정부기구들(NGO)은 어느 정도로 활성화되어 있으며, 정부에 맞서서 민주적 제도관행들을 공고히 하는데 얼마나 효과적으로 활동하는가?

- 국가 이외의 사회 각 부문에서는 진정한 민주적 사회조직 원리가 어느 정도 확산되어 있는가?

- 사회의 제 부문, 계층, 이익집단들은 사회적 갈등을 합리적으로 해결할

자세와 제도적 기제를 갖추고 있으며, 국가는 효율적으로 갈등을 예방하고 효과적으로 관리할 능력이 있는가?

- 국민 스스로는 어느 정도 실질적인 힘이 있는 완숙한 시민으로서 민주적 과정과 제도에 참여할 '준비태세'를 제대로 갖추고 있는가?
- 국민 각자는 민주적 시민으로서 갖추어야 할 소위 '시민문화' 혹은 시민적 정치문화의 요소인 중용, 관용, 신뢰, 개방적 의식, 탈권위주의, 소수 의견과 권리의 존중, 정치적 효능, 적정 수준의 정보 확보, 여론형성, 정치적 토론, 과정 및 조직체 참여 능력 등을 어느 정도 충분히 구비하고 있는가?

이 내용이 정치의 선진도를 망라해서 다룬다고 볼 수는 없지만 대체로 이런 질문의 대답이 어느 정도 긍정적인가에 따라 그 사회의 민주정치의 수준과 질을 판가름할 수 있다고 보는 것이다. 그런 관점에서 볼 때 우리의 정치 현실은 어떤가? 여기에 한 편의 시를 옮겨 실으려 한다(김경동, 2000b: 86-89).

우리네 정치에 없는 것 있는 것

우리네 정치엔

국민은 없고
정치꾼만 판치네
(이발기사는 가소롭다는 투로
"이번 선거에서 투표하면 개××지요.")
민생은 시름없고
정치씨름 요란하네

(택시기사는 입에 거품을 물고
"정치엔 관심 없어요.
먹고 살기가 이렇게 어려운데
정치하는 ××들은 뭐 한대요?")

우리네 정치엔

비전은 보이지 않고
비방만 난무하네
미래는 깜깜하고 과거만 옥죄이네
희망은 사라지고
냉소만 입가에 지네
희망 줄 보따리 너무도 빈약하고
터뜨릴 보따리 너무도 풍성하네
정책대결 꽁무니 빼고
이전투구 뒤범벅이네
선택 마당 아니고
구경 마당 되었네

양보와 타협과 협상은 흔적 없고
연구와 토론과 협조는 뒷전이고
제도와 법률과 절차는 제쳐놓고
대결과 분열과 줄다리기 왁자하네
밀치고 당기고 한 발작도 안 물리네
치고 박고 욕하고 갈등만 일삼네
상처 입은 지도자는 비틀거리고
패거리 보스만 띠룩띠룩 살찌네

우리네 정치엔

법치는 맥 못 추고
삼권분립 말뿐이고
민주주의 허울 좋고
인치에 눈치 늘고
독주, 독선 왕성하고
권위주의 실속 있네
선거는 바람뿐
민의만 허공에 흩날리네

공익은 뒤로하고
사욕만 채우네
권리는 짓밟히고
권력만 활보하네
실력은 비웃음 사고
금력만 힘깨나 쓰네
노력은 쓸모 없고
술수만 효험 있네
진실은 간 데 없고
거짓만 만연하네
말만 무성하고
실행은 가물었네
인격은 왜소하고
허상만 거창하네

우리의 정치엔

정치(正治)는 없고

패도(覇道)만 있네

대개 민주정치의 첫째 조건은 선거로 본다. 정치를 맡을 대표를 옛날처럼 세습이나 무력으로 결정하지 않고 국가의 주인인 국민이 주권자로서 대표를 뽑겠다는 것이다. 하지만 현실은 너무도 이상적인 이념과는 거리가 멀다. 우선 선거만능주의에 빠져 있는 것부터가 문제다. 무슨 기관, 무슨 자리든 선거만 하면 민주주의를 실현하는 것으로 착각을 하고 있어서 정치판뿐 아니라 심지어 기업체, 대학과 중고등학교, 언론기관 등 전문성을 요하는 조직체에서조차 전체 구성원들의 직접선거로 수장을 선정하는 형편이다. 게다가 이런 전문가 엘리트의 집합체인 기관이라고 해서 선거가 가장 합리적이고 민주적인 절차와 과정으로 이루어지느냐 하면 반드시 그런 것도 아니다. 온갖 흑색선전과 비방, 향응 제공, 금품 거래, 패거리 밀어주기, 선거 후 자리 나누기나 이권 봐주기 약속 등이 난무하고, 정책선거, 인물의 인격과 자질에 기초한 선택, 철학과 경륜의 고려 등은 온데간데 없는 결과를 초래한다.

민주정치는 이보다는 훨씬 더 수준이 높고 세련미가 있어야 한다. 최소한도 다음과 같은 요건은 우선 기본으로 갖추어야 선진국의 시민민주정치라 할 수 있을 것이다.

① 정치의 효율성 제고와 정상성 회복
② 민주정치의 기본인 삼권분립 원칙 실현
③ 의회정치의 기능 정상화
④ 정당의 전문성 확보
⑤ 이를 뒷받침하는 선거관행과 제도의 대폭적인 개선: 돈 안 드는 선거,

연고주의 지양, 전문가 우대, 정보 개발, 정책지향 등의 개혁

⑥ 지역단위 주민자치(grassroot democracy)의 신장 및 자발적 참여의 확대에 의한 지방자치의 정상적인 정착

⑦ 정치지도자의 권위주의 청산과 정치인의 특권의식 불식

⑧ 국민의 시민의식 향상

⑨ 무엇보다도 사회를 갈기갈기 찢어놓는 각종 소모적 사회적 갈등 해소

4. 정의롭고 푸근한 복지사회의 실현

그럼 우리 사회가 경제적으로도 잘 살고 정치도 많이 좋아지고 생태환경도 잘 보존하고 가꾸면서 전반적으로 나아진다고 할 때 그 다음엔 무엇을 해야 선진사회가 되는가? 경제 성장과 정치 혁신을 추진하는 과정에서 새로이 국민의 주목을 끌기 시작하는 관심사의 영역이 있다. 근자에는 두 차례의 국제적 금융위기와 경제공황을 겪으면서 어려운 지경에 빠진 계층이 늘어나고 일반 중산층의 삶도 몹시 빡빡해진 터라, 정치권에서 유권자의 표를 의식한다는 인상을 강하게 풍기는 무상복지 공약이 마구 쏟아져 나오기도 한다. 특히 정치의 계절을 맞아 화두가 되는 것이 복지다. 그런데 복지라는 것은 잘 생각해야 하는 측면이 있다. 그냥 세금 걷어서 아무나 나누어주는 것, 무상, 이게 복지는 아니다. 그럼 복지란 무엇인가?

복지는 정치적 담론의 대상이 아니고 한 사회를 건전하게 지켜나가면서 발전을 지속적으로 추진하려는 국가목표와 국민 개개인의 삶의 질적 향상이라는 인간적인 가치에 해당하는 항목이다. 한마디로 선진사회가 되려면 비참하고 억울한 국민이 없는 정의로운 복지사회의 구현이 주요한 필수 요건이다. 그러자면 다음과 같은 사항에 관해 특별한 주의를 기울여서 제도와

정책을 세우고 모두가 이의 실현을 위해 협동하는 것이 중요하다.

① 우선 적어도 어떤 특정한 계층의 사람, 집단이 나는 왜 이렇게밖에 못 사느냐 하고 억울하게 생각해서는 안 된다. 그래서 무엇보다도 분배정의 실현이 시급하고 핵심이다. 이것이 이루어지지 않으면 불만이 쌓이고 불평과 분노의 폭발로 인한 사회적 갈등의 소지가 크므로 이로 인하여 불안정해진 사회체제가 통합을 유지하지 못하는 문제가 있다.

② 그러한 분배정의 실현의 한 측면은 곧 계층 간의 격차를 최소화하는 일이다. 그동안 경제성장을 추진하는 과정에서는 우리 사회가 비교적 불평등이 심각하지 않은 구조를 유지하면서 경제를 일구었지만 경제규모가 커지고 세계적인 금융 및 경제위기를 거치는 사이에 중산층이 축소하고 빈곤층이 늘어나는 한편 상층으로 부가 집중하는 문제가 나타났다. 그러므로 계층 간의 차이를 되도록 속히 줄여야만 하는 과제가 우리의 선진국 진입에 가로 놓이게 되었다.

③ 공정한 경쟁원리가 작동하는 사회라야 선진국이라 할 수 있다. 후진국의 가장 심각한 문제점은 부정부패와 자원의 독과점이라 할 수 있다. 그 배경에는 투명성의 문제와 함께 불공정한 경쟁이 도사리고 있다. 불공정한 경쟁은 자원의 배분정의에 어긋날 뿐 아니라 기회균등의 원칙과도 맞지 않으므로 그런 상황에서는 선진사회를 이룩하기가 어려워진다. 어차피 자유민주주의 정치와 시장경제체제에서는 경쟁을 하게 되어 있어서 학교에서 경쟁하고, 시장에서 경쟁하고, 또 조직체나 직장 안에서도 경쟁을 하는 법이다. 경쟁 없이는 사회가 활기를 띠고 발전할 수가 없다. 문제는 이 경쟁이 공정하게 이루어지고 있느냐 하는 것이다. 그리고 내가 이만큼 했는데 옆에서 나보다 더 열심히 하지 않는 사람이 나보다 더 보상을 받는다, 이런 풍토가 곤란하다는 말이다. 여기에 불공정한 자원배분과 사회적 보상을 두고 불

만이 쌓이는 원천이 있고, 사회적 갈등의 씨가 생기는 것이다. 특히 이런 관점에서 깊이 유의할 것은 남성과 여성의 관계에서 그러한 공정성과 배분의 정의를 개선해야 하며, 나아가 남녀가 인간적으로 민주적인 협동을 하는 가운데 함께 복지사회를 이루어 가야 한다는 점이다.

④ 아무리 자원을 골고루 나누고 공정한 경쟁과 기회균등이 이루어진다 해도 그것만으로는 푸근한 복지사회를 성취했다고 말하기에는 무언가 부족함이 있다. 가능하면 인정이 넘치고 서로 돕는 따뜻하고 친근한 공동체를 이룰 수 있어야 더욱 사람 사는 사회라는 느낌을 줄 것이다. 그런데 급속한 경제성장을 이루어가는 과정에서 우리 사회는 어느새 매우 이기적이고 인정이 메마른 이익사회로 변질하여 오순도순한 공동체적 특징이 사라져 가고 있다. 실은 서방세계의 선진국에서도 이 문제가 대단히 심각한 것으로 떠올랐고 이를 다루는 각종 처방이 나오는 실정인데, 우리는 지금 막 선진사회로 진입한 단계에서 벌써 그러한 공동체 붕괴를 경험하게 된 점은 몹시 안타까운 일이 아닐 수 없다. 행복한 공동체가 우리의 궁극적 삶의 가치요 발전의 가치라면 그것을 회복하는 것이 선진사회의 주요소라 하겠다. 정의롭고 푸근한 복지사회라는 것이 단순히 사회정의라는 윤리적 기준만을 소중히 여기는 데 그치지 않고 인간으로서 서로 사랑하고 자비를 베풀며 측은지심으로 인정을 나누며 돕는 사회를 지향하자는 것이다. 여기에는 인간으로서 존중하고 나누는 정서적 교류와 이타적 정감의 공유 같은 면을 중시하게 된다.

⑤ 그처럼 각박해진 사회를 방치하고서도 선진사회라 할 수 없다면 구체적으로 어떤 조처가 필요한가? 여기에 단연코 일차적인 운동은 나누기와 베풀기, 즉 기부와 자원봉사의 문화를 진작하고 확충하는 일이다. 현재의 주요 선진국에서는 이러한 자원봉사와 기부에 참여하는 국민의 비율이 전체 성인 인구의 40~50%에 이르는 데 비해 우리는 아직까지 20% 수준에서

머뭇거리고 있다. 따라서 이러한 봉사와 나눔의 문화를 우리의 생활 속에 뿌리내리기 전에는 선진사회라 할 수 없을 것이다.

　요는, 이런 원칙을 잘 살려서 결국은 모두가 푸근하게 잘 살아보자는 것이 복지사회다. 무조건 공짜로 나누어준다고 복지사회가 아니다. 이와 같은 푸근하고 정의로운 복지사회를 이룩하기 위해서는 자원이 필요한데, 이를 전적으로 국가의 한정된 재정에 의존하게 되면 그 나라는 조만간 엄청난 재정적자와 경제의 비효율성으로 인한 커다란 위기에 직면하게 될 것이다. 실지로 유럽과 라틴아메리카 몇몇 나라가 겪은 경제파탄은 바로 이러한 복지중심의 무책임하게 방만한 정치경제의 결과다. 그러므로 이런 약점을 보완하기 위해서는 시민사회의 자발적 부문(the voluntary sector)이 국가와 더불어 적극 참여하는 것이 필요하다. 다시 말해서 복지사회는 국가가 세금을 걷어서 아무나 마구 나누어주는 방식으로 해서 잘되기보다는, 국가는 국가대로 아주 어려운 처지에 있는 사람들을 돕기 위해서 책임질 수 있는 데까지만 정책을 펴고, 그러고도 나머지 도저히 국가의 손이 닿지 않는 곳에는 시민사회 스스로가 자발적으로 참여해서 서로 돕는 일이 중요하다는 것이다. 한 마디로 국가와 시민사회, 그리고 여기에 기업부문인 시장까지도 모두 동참하여 복지 문제를 다 함께 해결하는 새로운 협치(governance)로 나아가야 한다는 말이다. 이를 위해서라도 시민사회의 자발적 부문의 활성화가 절실하고 지역공동체 차원의 자원봉사 운동 진흥 및 기부문화의 진작에 의하여 궁극적으로는 자발적 복지사회 구현에 이르러야 한다. 이 문제는 추후 더 자세히 해설할 것이다.

5. 건강한 도덕사회

도덕적인 사회의 가장 중요한 시발, 기초가 되는 요건은 일상적인 질서 잘 지키기, 규칙 제대로 따르기, 법 철저히 준수하기, 이런 사소해 보이는 데 있다. 사람들더러 전부 공자같이 도덕군자가 되고 부처님 같은 대자대비한 해탈의 경지에서 살아가라고 요구할 수는 없다. 그러나 공동생활을 하는 사회 속에서는 반드시 남을 생각하고 다른 사람을 배려하면서 더불어 살겠다는 공공정신, 더 나아가 공익정신이 중요한 법이다. 그러자면 결국 규칙 잘 지키고, 질서를 존중하며 남에게 폐해를 끼치지 않게 살아야 할 필요가 있다.

우리나라에서 이런 기초적인 규칙과 중대한 법률을 제일 쉽게 무시하고 어기는 집단 중 하나가 정치인들이다. 특히 나라의 법을 만들어서 국민을 평안하게, 행복하게 살 수 있도록 하라는 명을 받고 대표로 선출해준 국회의원들이 이처럼 법을 무서워하지 않는 가장 근원적인 이유는 그들이 처음부터 부도덕하거나 비윤리적인 사람들이어서가 아니고 사심과 특권의식 때문이라 해도 과언이 아닐 것이다. 게다가 공직이나 기업에서 지도급에 있는 유명 인사들이 검찰에 출두하면서 포토라인에 선 채 어색한 모습으로 사진을 찍히는 모습도 민망하기 짝이 없는 우리 사회의 자화상이다. 그런 광경을 자주 보아야 하는 일반 국민이 일상적인 규칙을 어기는 것을 어찌 나무랄 수가 있겠는지를 물어야 한다. 저들도 그만한 정도의 도덕의식과 윤리관을 지닌 멀쩡한 사람들일 터인데, 그러한 불법적인 행동을 하는 데는 사심이라는 몹쓸 것이 작용했다는 것이 문제고 역지사지(易地思之)의 마음가짐으로 주위의 다른 사람도 생각하는 훈련을 일찍부터 받지 못한 탓이라 할 것이다. 사심을 초월하여 살신성인(殺身成仁)의 아주 고상한 경지에까지 이르기를 기대하기 는 어렵지만 최소한의 공익정신이 결여한다면 결과적으로 그들도 부도덕하고 비윤리적인 행동을 한 것이 된다.

　이런 뜻에서 도덕사회라 함은 우리가 기대할 수 있는 수준에서 성숙한 선진사회를 이룩하려면 최소한도 생활세계 속의 사회성 제고가 급선무라는 선에서 출발하는 것이 현실적이라는 뜻이다. 그 내용을 간추리면 아래와 같다.

　① 모든 도덕적 행위의 근간에는 정직과 신실함(integrity)의 실천이 가장 우선하는 가치로 존재한다. 사람이 살다 보면 사소한 일로 거짓말도 하고 남을 속이기도 하며 지낸다. 그러나 다른 사람들에게 폐해를 주는 일을 두고 거짓을 말하고 성실하지 못한 행동을 하는 것은 윤리적으로 용서 받을 수 없는 부도덕이다. 그러니 국회의원이나 정치인, 공무원, 기업인, 교육자, 종교인같이 막중한 사회적 책임을 진 사람들이 함부로 거짓을 말하고 남을 속이는 행동을 하면 그 사회적 충격이 더욱 막대할 수밖에 없다. 사람이 항상 정직과 성실을 유지하기가 쉽지 않은 것이 현실세계의 상황이라 할지라도 최소한도로 이를 어기려는 유혹을 억제하려는 노력을 최대한으로 경주하자는 것이다. 특히 자신에게 정직하다는 것은 곧 성실함을 말하는데 이때 성(誠)은 사람이 자신의 깊은 속을 만천하에 그대로 숨김없이 드러냈을 때 나타나는 진심인 적심(赤心)을 뜻하며, 『중용(中庸)』에서는 "성은 곧 하늘의 도, 사람의 도이다(誠者天之道也, 誠之者人之道也)"라 하였다. 어느 사회라고 거짓이 없고 속임수가 없으랴만, 역시 선진사회라면 이 기본적인 도덕률을 존중하는 일이 주류를 이룬다고 할 것이다. 거기서 규칙 준수나 질서 유지 같은 일상의 기초 행위가 나오기 때문이다.

　② 자신부터 성실하고 남에게 정직하면 당연히 자신의 언행을 책임지는 자세로 행동할 것이다. 우리는 사회적으로 지위가 높고 더 많은 권력과 권위를 행사하는 사람들이 중대한 실수나 실책을 저질러놓고도 책임을 지지

않을뿐더러 오히려 서로 남의 탓이나 하는 행태를 너무도 자주 보아왔다. 그러니 우리 주변에서는 사소한 일상 속에서 자신의 잘못을 부인하고 책임을 전가하는 일은 다반사로 볼 수 있다. 적어도 선진국에서는 주요 인사들이 중요한 사안에서 발생한 문제점에 관한 한은 철저히 책임을 지는 모습을 보기가 그리 어렵지 않은 것과 대조적이다. 이러한 책임의식은 개인의 사사로운 삶에서 스스로의 행동을 자신부터 철저히 책임지는 의식에서 비롯한다. 유학에서는 '신독(愼獨)'의 정신을 매우 중시한다. 혼자 있을 때도 언제나 생각과 행동을 도리에 어긋나지 않게 바르게 하려고 마음을 다스리며 행동을 조심하고 삼간다는 뜻이다. 누가 보기 때문이 아니고 자신에게 성실하고 정직하기 위해서다. 그러한 자세로 공적인 일에 나섰다가 혹여 거기서 문제가 생기더라도 자신이 져야 할 책임을 회피하지 않게 되는 것이다.

③ 일단 정직과 책임감을 중시하는 그런 태도로 사회생활을 할 때는 우선 일상적인 법과 규칙을 준수하고 기초질서를 중시하는 자세로 살아가고자 할 것이다. 때때로 그런 삶이 불편하기도 하고 손해를 본다는 느낌이 들 수도 있지만 잠시 그런 것을 참고 그럼에도 불구하고 법, 규칙, 질서를 제대로 지키는 생활이 습관이 되면 온 사회가 편해지고 안전해질 수 있다. 한 마디로 공공의식이다. 사사로운 개인의 행위가 사회의 공동체 속에서 어떤 의미를 갖는지를 알아차리고 사적인 이해를 넘어 공적인 가치를 중시하는 태도다. 그런 태도는 각자 정직하고 성실하게 살고자 하는 데서 자연스럽게 연유할 수 있다. 선진사회는 이처럼 서로가 공공성을 존중하여 법과 규칙 및 질서를 잘 지키려 노력하는 사회다.

④ 사람이 근본적으로는 자기중심적이라는 사실은 상식이다. 다만 사회생활을 하려면 다른 사람의 이기적인 성향과 맞닥뜨리게 된다. 각자가 자기중심적으로 행동하면 결국 충돌이 일어나고 갈등이 그치지 않을 것이다. 그러므로 사회적인 인간은 서로 유치한 이기심을 극복하고 타인의식을 함양

하지 않을 수 없다. 그런데 이것도 선진국이 역시 앞선다. 특히 남을 의식하고 남에게 폐를 끼치지 않을 뿐 아니라 오히려 배려하고 도우려는 마음가짐과 태도와 행위는 우리에게 매우 부족한 성향이다. 흔히 "남이야 어떻게 하든 당신이 무슨 상관이야!"라는 표현에서 엿보이는 내가 하는 일에 간섭하지 말라는 자세와 "남이야 어떻게 되어도 내 알 바 아니다" 하는 말이 풍기는 남의 일에 관한 무관심이 뒤섞여서 치졸한 수준의 이기주의가 판을 치는 모습은 아직도 우리가 갈 길이 멀다는 염려를 떨쳐버리지 못하게 한다. 앞서 유가사상의 '신육덕'을 다룰 때『논어(論語)』(안연편)에 나오는 '극기복례위인(克己復禮爲仁)', 즉 '자기를 이겨내고 예로 돌아가는 것이 어짊이다'라는 구절을 상기하면, 스스로 자기중심적인 유혹을 극복하고 인간으로서 마땅히 해야 할 바를 좇아 바르게 행동하는 예로 돌아가는 것이 곧 모든 사람에게 어질게 대하며 살아가는 길이라는 가르침이 오늘 우리가 선진사회를 지향할 때를 위한 옳은 지침이 아닌가 한다.

⑤ 같은 선상에서 선진사회는 공익정신이 투철하여 자발적으로 사회를 위해 헌신하는 활동을 적극적으로 전개한다. 그것이 자원봉사든, 기부든, 주위의 어려운 이웃들을 위해 몸과, 시간과, 재산과, 재능을 나누는 문화가 자리 잡고 있다. 특히 지위가 높고 다른 사람들보다 유리한 위치에 있는 사람들일수록 더욱더 적극적으로 자기네보다 불리한 처지에 놓인 이웃들을 위해 헌신하는 노블레스 오블리주(noblesse oblige) 정신의 실천이 두드러진다. 결국 이것도 자신에게 충실하고 사회를 위한 책임을 다하며 사회의 질서 속에서 다른 사람을 배려하고 돌보는 마음가짐의 표현이다. 선진사회의 덕목에서 빼놓을 수 없는 항목이다.

⑥ 각자 모두 정직하고 성실하게 살면서 자기 책임을 다하고 규칙을 잘 지키며 남에게 관심을 갖고 배려하는 마음으로 사회생활을 영위하면 그 사회는 서로를 믿을 수 있는 사회가 될 여지가 많다. 결국 상대방이 부정직하

고 무책임하고 규칙을 범하고 자기중심적이라는 의식을 갖는 순간부터 신뢰는 무너지게 마련이다. 우리 사회에서는 아주 가까운 사람들 외에는 누구도 잘 믿으려 하지 않는 버릇이 생겼다. 그래서 국제비교에서는 늘 불신사회의 대표적인 사회로 낙인찍히기가 일쑤다. 특히 현대사회에서는 신뢰가 가장 중요한 사회적 자본(social capital)의 하나로 꼽힌다. 불신이 만연한 사회는 서로를 믿지 못하므로 그만큼 일의 효율성이 떨어질 수밖에 없어서 도모하는 일을 잘 추진하기도 어렵다. 그뿐 아니고 자칫 불신으로 인한 충돌로 사회적 갈등이 빈번하고 불안정이 지속하면 사회통합이 어려워진다. 그런데 선진국에서는 일단 사회적인 관계를 시작하면 서로 잘 아는 사이든 아니든 상관없이 주어진 상황에서 상호간에 위치한 자리에서 처음부터 서로 믿고 상호작용하는 과정에서 일을 추진할 수 있을 정도의 사회적 신뢰가 잘 정립되어 있다. 그래서 선진국이라고 하는 것이다.

⑦ 만사에 감정을 앞세우기보다 감성을 적절하게 조절할 줄 알고 합리적으로 생각하며 행동하는 합리성 함양과 같은 것을 실천하는 수준에서 시작하여 전반적으로 사회윤리가 바로 서는 사회로 지향할 필요가 있다. 우리나라 사람들이 정에 약하고 감성이 풍부한 것까지는 좋은데 지나치게 감성이 앞서서 이성적인 판단과 행동에서 상당히 미진한 것이 문제가 될 수 있다. 윤리적으로 건전한 선진사회가 되려면 이성과 합리성을 더욱 강화할 필요가 있다. 물론 이는 어디까지나 개인 차원의 이성적인 삶이다. 사회의 수준에서도 체제(시스템, system) 자체가 합리화를 요하는데, 이 문제는 다음 장의 성숙한 사회에서 자세히 다룰 것이다.

6. 문화적으로 풍요한 사회

　대한민국이 세계에 알려진 데에는 과연 무엇이 가장 눈에 뜨이는 것일까? 뭐니뭐니 해도 경제다. 우리가 수출하는 나라가 전 세계 구석구석에 존재하고 특히 휴대전화, TV, 자동차와 같은 가시적인 공산품이 역시 사람들의 주목을 끄는 품목들이다. 그런데 아직도 외국에 다녀보면 고속도로 변의 대형 전광판에 삼성(Samsung), 엘지(LG), 에스케이(SK) 같은 이름이 크게 눈에 들어온다. 문제는 많은 사람들이 그것이 한국의 대표적인 기업체임을 쉽게 알지 못한다는 점이다. 거기에는 여러 가지 이유가 있겠으나 '한국' 하면 바로 생각나는 상징, 즉 우리 고유의 브랜드 가치를 제공하는 데 어려움을 겪기 때문이다.

　선진외국의 각종 브랜드 이름을 들으면 어느 나라 제품인지를 쉽게 알아차리는 배경에는 그 나라들이 위에서 열거한 갖가지 선진국의 조건을 대략 갖추고 있기 때문이기도 하지만, 무엇보다도 핵심적인 요소는 그 나라의 문화를 거기에 담아 반영하기 때문이라 할 수 있다. 그러니까 우리나라의 기업체나 상품이 한국을 제대로 드러내지 못하는 것은 바로 문화적 요인 때문이라는 말이다. 아무리 경제 강국으로 알려졌다 해도 문화적으로 뚜렷이 내세울 것이 없어 보이는 사회는 선진사회로 간주하기가 어렵다는 것을 암시한다.

　다행스럽게도 21세기 들어오면서 TV 드라마나 영화 같은 우리 문화의 항목들이 점차 세계 여러 지역에서 사람들의 주목을 끌며 많은 나라로 번져나가는 소위 한류현상이 나타나기 시작하였다. 그리고 최근에는 BTS(방탄소년단) 같은 케이-팝(K-pop)의 이름으로 한국 가요붐이 전 세계를 놀라게 하고 있다. 이로 인해서 한국의 상품이 또한 인기품목으로 꼽히는 일도 뒤따른다. 이른바 컬처노믹스(culturenomics)라고 하는 문화경제학적 효과가 보이고 있는 것이다. 문화 품목이 그 자체로서도 경제적인 성과를 거둘 수 있을 뿐 아니라, 그 여파가 실제 경제적인 상품을 보는 안목과 관심을 자극함으로써 수출시장에서도 호황을 누릴 수 있게 되었다. 이제는 그런 종류의 대중문화가 다른 나라에서 비교적 잘 받아들이게 되었다고 해서 한국이 바로 문화선진국이라 자처할 수 있는가를 물어야 한다. 이런 맥락에서 다음과 같은 사항들을 중심으로 문화선진국으로 발돋움하는 준비를 해야 한다.

제2차 세계대전 종전 후에 독립한 수많은 신생 국가 중에서 경제성장도 이룩하고 민주적 이행을 거친 다음 이제는 원조를 받기만 하던 수원국의 위치를 벗어나서 우리보다 더 어려운 나라들에게 원조를 줄 수 있는 원조공여국으로 자리를 바꾼 나라는 우리가 처음이다. 그런데 이제는 그 나라들 가운데서도 대중문화 분야이기는 하지만 자신들이 새로이 만들어낸 문화를 전 세계에 이 정도로 퍼뜨릴 수 있다는 것은 사실 쉬운 일이 아니다. 그런데 그런 것의 문화적 바탕이 반드시 필요한 것이다. 그런 것을 갖추고서야 비로소 선진사회의 요건을 충족한 것으로 간주할 수 있는데, 그 내용은 다음과 같다.

① 무엇보다도 독서하는 국민, 독서하는 국가가, 진짜 선진국 사람이고 선진사회다. 요즘 컴퓨터, 스마트폰, 이런 기기를 가지고 정보는 얼마든지 받아쓸 수 있다. 하지만 그것만 가지고 홍수처럼 쏟아지는 정보를 받아 들여서 선진문화사회의 성숙한 인간이 되느냐 하는 것을 물어야 한다. 독서를 해야 한다. 책도 제대로 된 책을 읽어야 한다. 이제 우리는 독서하지 않는 국민이라는 오명을 하루 속히 탈피하여 교양국민으로 발돋움하는 일이 시급하다. 우리나라는 지금도 평소에 책을 손에서 떼지 않는 국민의 수가 다른 선진국에 비해 뒤떨어진다. 가령 지하철도 전동차라든지 기차와 같은 대중교통수단을 이용하는 사람들이 책을 읽고 있는 모습은 선진 외국에서

는 흔히 그리고 다수 보이는 데 비해 우리는 그런 사람들이 소수에 불과하다. 오히려 스마트폰으로 게임이나 하는 젊은 세대가 대세를 이루는 형국이다. 아무리 정보화 기술이 앞서간다 해도 새로이 전개하는 지식정보사회에서는 여전히 종이책의 문화적 의미와 위력은 만만하게 쇠퇴하지 않는다. 정종이 책이 싫으면 전자책도 책은 책이다. 책 속에 담긴 풍부한 삶의 지혜를 습득하는 일은 수준 높은 사회의 중요한 문화적 자산이다.

② 정보화 시대에 정보경쟁에서 우물 안 개구리의 위상은 극복해야 한다. 이것이야말로 선진국을 판가름하는 최첨단의 잣대가 되고 있는 세상이다. 어떤 혁신을 꾀하면서 어떤 새로운 아이디어를 더 민첩하게 흡수하고 창조하여 과학기술과 생산 분야 뿐 아니라 사회의 모든 부문에서 적극 응용, 활용하는지가 선진국 경쟁에서 가장 핵심적인 구실을 하고 있다.

③ 물론 그중에서 한 가지 특기할 것은 이미 앞에서도 언급한 바와 같이 과학기술과 문화의 융합으로 문화산업을 활성화는 일이 역시 선후진을 가르는 항목이 될 것이다. 컬쳐노믹스라는 문화의 경제적 효과만이 아니고 문화 자체가 산업으로서 국민경제를 일으키는 데 큰 기여를 하는 동시에 문화의 질적 수준을 한층 더 향상시키도록 더욱 적극적인 노력이 있어야 한다는 뜻이다.

④ 같은 맥락에서 그동안 '한류'의 일부 성취에 만족하지 말고 이를 더욱 업그레이드시켜서 우리 문화의 대외 전파 역량을 더 확충하는 것이 중요한 선진사회의 조건이 될 것이다. 그동안 우리는 경제적으로 선진국이 전파하는 외래문화를 거의 일방적으로 받아들여서 즐기는 데 만족해야 했지만 이제는 우리가 새로이 만들어낸 독특한 문화를 전 세계에 알리고 그로 해서 문화강국으로서 대한민국의 위상을 제대로 알려야 비로소 사람들이 삼성이나 LG, SK 같은 것이 어느 나라 회사인지를 알 수 있게 된다는 말이다.

⑤ 이런 현상은 주로 대중문화의 영역이지만 대중문화 자체의 질적 향상

이 따라야 오래도록 지속성을 유지하며 한류를 전 세계에 전파할 수 있다. 그와 동시에 단순히 대중문화뿐 아니라 다른 고급문화 영역도 우리의 문학, 미술, 음악, 학문 그리고 과학에 이르는 모든 분야에서 세계가 주목하는, 가령 노벨상 깜으로 인정하면서 감동을 받을 수 있는 문화를 창조하여 널리 퍼지게 할 수 있어야 한다.

⑥ 이를 위해서는 전통문화의 콘텐츠를 더 열심히 발굴하여 창조적으로 새로이 계발하는 일에 더욱 박차를 가해야 한다. 아울러, 외국의 이질적인 문화를 선별적으로 수용하여 이들과 우리의 고유문화를 조화롭게 새로이 다듬고, 토착화하는 데서도 독창성을 충분히 발휘할 수 있어야 한다.

⑦ 그러나 무엇보다도 그처럼 문화창조가 활발히 전개한다고 해도 그것을 사회의 일부 계층이나 집단만이 편파적으로 독점 향유하는 일이 있어서는 국민 전체가 선진적인 문화국민이 될 수 없다. 가능한 대로 누구나 골고루 문화혜택을 누리는 문화복지사회를 지향하는 정책과 프로그램을 더욱 활발하게 기획하고 실현하도록 문화계 당사자들은 물론 국가와 시장이 힘을 모아 이를 적극 뒷받침할 때 비로소 우리는 선진적인 문화사회를 구현한다고 할 것이다. 우리 사회의 모든 구성원들이 원하기만 하면 문화적인 삶, 문화적인 감상을 자유롭게 수시로 누릴 수 있고 자신도 문화적인 행위를 실제로 실천하기도 하는 날이 선진사회가 되는 날이라 해도 과언이 아니다.

7. 인간을 위한 창의성 · 도덕성 교육
: 교육낭만주의가 답이다

위에서 열거한 선진사회의 요건을 갖춘다 해도, 그리고 거기에 도달하기 위해서라도, 우리 사회가 특별히 전력을 기울여 개선하고 제대로 된 목표를 성취해야 할 분야가 다름 아닌 교육이다. 특히 현재의 교육을 들여다보면 과연 우리는 다음 세대에게 무엇을 전승하려는 것인지 심각한 의구심에 빠짐을 금할 길이 없다. 여기서 잠시 교육의 근원적인 문제점을 비유로 짚어 보기로 한다(김경동, 1998).

두 바퀴로 끄는 짐수레 한 대가 있다. 그 수레의 짐칸에는 짐이 산더미처럼 쌓여서 잘못 건드렸다간 순식간에 쏟아져 내릴 것만 같은 벅찬 모습이다. 그런데 이 수레가 도무지 움직일 생각을 못하고 서 있다. 자세히 살펴보니 두 개의 바퀴가 완전히 망가져서 굴러갈 수가 없는 상태다. 짐칸을 넘치도록 메우고 있는 짐은 '정보'이고, 두 바퀴 중 하나는 인성, 사회성, 도덕성 교육에 해당하고 다른 하나는 창의성, 판단력, 문제해결 능력의 교육이다. 한 마디로 지식위주의 교육이 넘치고 넘치는 데 반해 창의력을 자극하고 인격을 배양하는 교육은 제 기능을 하지도 못하는 신세가 된 형국이 된 것이다.

정보란 본시 그것을 흡수, 저장했다가 필요할 때 삶의 현장에서 유용하게 이용할 수 있을 때야 지식이 되는 법이다. 그런데 우리의 현지 교육은 그렇게 쓰지도 못할 정보만을 그득히 채워주는 데 머물러 있다. 그것도 대부분은 입학시험용이므로 시험이 끝나는 순간 그러한 정보는 머리 속에서 사라지거나 혹여 그대로 저장한다 해도 그 정보의 지식전환이 어려워지게 마련이다. 그러는 사이 사람 되라는 교육은 뒷전으로 밀릴 수밖에. 사람 되는 일은 주로 인격 형성(character building)이라는 데서 출발한다. 이를 위해서는 다른 사람과 살아가는 법을 제대로 익히고 다른 사람들을 대할 때 관심과 배려와 보살핌의 가치와 실천도 함께 습득하는 과정이 중요하다. 그리하여 여러 사람들과 더불어 살 때 남에게 폐해를 끼치지 않게 질서와 규칙과 법을 아끼며 잘 지키고 사회는 그로 해서 도덕적인 사회로 탈바꿈할 수 있는 것이다.

사회에서 정상적으로 살면서 다른 사람보다도 더 훌륭한 일을 해내려면 남보다 더 많은 양의 정보와 지식을 간직하는 것이 유리하다. 하지만 단순히 그런 정보만 두뇌에다 무한정으로 저장하면 정말로 남다른 인재가 되리는 법이 없다는 건 상식이다. 자기 나름의 독창적인 생각을 할 줄 알아야 하고, 문제가 생기면 이를 해결할 역량도 구비해야 하며, 사리를 따져 제대로 판단해서 행동할 줄도 알아야 한다. 한마디로, 인성, 사회성 교육이다. 선진 사회로 발전하려면 무엇보다도 인간의 창의성을 크게 개발하고 장려하며 나아가서는 인간다운 삶을 제대로 가르치는 사회성과 도덕성 교육이 절대 필수적이다. 그것은 적어도 다음과 같은 노력을 요청한다(김경동, 1998).

1) 교육가치관

무엇보다도 근본적인 해결책은 다름 아닌 우리의 '교육가치관' 자체를 하루 속이 바로 세워야 한다는 것이다. 여기에 '교육낭만주의'를 제안하고자 한다. 교육은 무엇(출세)을 위한 단순한 수단이 아니고 그 자체로서 가치 있고 교육을 받고 가르치는 일이 즐겁고 행복한 것이라는 의식을 깊이 함양하는 일이 중요하다는 사상이라고 할 수 있다. '학이시습지 불역열호(學而時習之 不亦說乎)', "배우고 때때로 익히니 이야말로 즐거운 일이 아닌가?" 세상이 다 아는 이 말은『논어』(학이편)의 첫머리에 나오는 공자의 명언이다. 우선 배움을 싫증 내지 않고 즐길 줄 안다는 것이 기본이다. 그리고 배움은 가르침에서 시작하는데 가르침에 지치지 않는 것도 함께 가는 가치관이다. 『논어』(술이편)에서 공자는 스스로 "배우기를 싫증내지 않고 남을 가르치는 일에 지치지 않는다(學而不厭 誨人不倦)"고 하였으며, 이 정신을 이어받아 『맹자』(공손추편)에서도 "내가 성인은 될 수 없지만 나는 배움에 싫증내지 않고 가르침에 지치지 않는다(聖則吾不能 我學不厭 而敎不倦也)"고 하였다.

그러면 왜 학문(공부)은 해야만 하고 즐거워야 하는가? 이 문제는 율곡 이이선생의 충고에 귀기울일 필요가 있다(손인수, 1978: 90).

> 사람이 세상에 태어나서 학문이 아니면 사람다운 사람이 될 수 없다… 학문하지 않은 사람은 마음이 궁색하고 식견이 좁으므로 모름지기 글을 읽고 그 이치를 연구하여 마땅히 행할 길을 밝힌 연후에야 행하는 것이 올바르고 편벽되지 않은 길을 걸을 수 있는 방법이 될 것이다.

이처럼 교육의 목적적 가치 자체를 중시하는 사상을 우리는 일종의 '교육낭만주의'라 일컬을 수 있는데, 오늘날 우리의 교육은 그 목적이 수단과 뒤바뀌어 '교육수단주의'가 되고 말았다. 공부는 그 자체 귀하고 소중한 것이며 배움으로써 사람이 사람다워지기를 바라는 데 참뜻이 있거니와 실제로는 교육을 받음으로써 세상에서 남들 앞에 떵떵거리고 살 수 있는 출세가 목적이 되고 배움은 단순한 수단으로 전락한 것이 모든 교육과정을 그릇된 길로 나가게 한 것이다. 비록 오늘날과는 시대적 상황이 다르다 해도 다시 율곡 선생의 예리하면서도 애절한 관찰은 경청할 가치가 충분히 있다(손인수, 1978: 91-93).

> 훌륭한 인물은 반드시 이 과거를 탐탁지 않게 여긴다… 비록 천리를 통하는 학문과 절인한 행실이 있어도 과거가 아니면 출세하여 도를 행할 수 없으므로 이는 말세의 습속이다… 요새 사람은 과거공부한다 하면서 공명도 못하고, 학문을 다스린다 하면서 실지로는 착수도 아니하여… 마지막에는 과거공부, 학문 다스림 둘 다 성취함이 없으니, 늙어서 뉘우친들 소용이 있으랴. 아아! 경계할지어다.

이러한 교육가치관의 왜곡은 비단 과거 동방에서만 일어난 것이 아니고 바로 오늘날 서방세계에서도 생각이 있는 현자들은 이문제에 심각한 우려를 표명하고 있다. 하버드대학의 사회학자 Barrington Moore는 현대 미국 대학의 문제점을 분석하면서 한 마디로 그것은 서방사회가 겪고 있는 문화적 와해과정의 반영이라고 까지 격하게 표현하고 있다. 그런 점을 고려하면서 긍정적인 관점에서 현대 고등교육이 나아갈 방향을 제시하는 노트르담 대학 총장, Theodore M. Hesburgh 신부의 말은 여기서 강조하는 교육낭만주의의 핵심을 제시한다. 그는 우리 시대의 가장 심오한 시대적 과제를 다음과 같이 요약하고 있다(Hesburgh, 1982: 39).

> 인간을 재발견하고 인간의 삶의 의미를 다시 찾는 일, 우리 시대의 의미와 목적과 방향을 제시하는 일, 우리 사회와 우리의 세계를 다시 활성화시키는 일 등이다. 이런 목적을 달성하는 데 필요한 인간의 지도력은 자신의 궁극적인 운명을 직시하고, 시대를 초월한 비전을 지니며, 권력과 돈과 쾌락을 초월하는 자신의 이상주의를 늘 의식하는 사람에게서만 나올 수 있다.

이 같은 교육낭만주의는 삶과 세계의 이상주의적 지향을 우선 가치로 내세우고 그에 바탕하여 일상적인 삶에 긴요한 자질과 기량을 습득하는 교육을 중시한다. 공부가 재미있고 유익해서 열심히 하다 보면 거기서 배운 것이 도움이 되어 좋은 학교에 입학도 하고 적성에 맞고 마음에 드는 적정한 직장에 취업하여 보람된 삶을 누릴 수 있게 되는 그런 교육을 지향하려는 것이다. 출세라는 목적이 교육이라는 수단으로 이루어진다는 사고방식으로 목적과 수단을 전치(轉置)하는 것을 경계하자는 경고다. 우리의 교육가치관을 이와 같은 교육낭만주의의 기준에다 맞추면 교육정상화는 저절로 이루어 질 것이 분명하다. 처음부터 잘못된 교육관에서 모든 문제의 뿌리를 찾아야 한다는 말이다.

여기서 한 가지 가치관에 관해서만 더 언급할 필요가 있다. 그것은 왜곡된 교육관의 한 요인이 되기도 하는 직업 관련 가치관이다. 어느 사회나 사람들이 선호하는 직업이 있는데 그 중요한 이유는 직업에 따른 사회경제적 보상과 인정이 차이가 나기 때문이다. 그리고 그러한 차이는 다시 각기 직업이 사회에 기여하는 중요성의 차이에서도 연유한다. 사회의 운영과 발전에 더 크게 공헌하는 직업일수록 수행하기가 힘들고 그러한 직업은 더 많은 노력과 시간과 자원을 투입해서 교육훈련을 받아야 하고 그에 걸맞은 자질과 능력과 적성을 갖추어야 한다. 그러므로 이런 직업은 사회가 적정한 수준에서 다른 직업보다 더 우대하는 것이 당연하다고 보는 것이다. 여기서 우리는 직업과 교육의 상관관계를 만나게 된다.

더 좋은 대우를 받으려면 더 좋은 교육을 더 많이 받아야 하고 그런 교육은 더 좋은 학교를 나와야 한다는 일반적인 공식이 여기에 성립하기 때문이다. 그래서 우리의 어머니들은 분에 넘치는 사교육비를 들여서라도 자녀를 더 나은 대학에서 더 유리한 전공을 선택할 수 있게 하려고 기를 쓰는 것이다. 이런 교육열 자체를 나무랄 수는 없지만 매우 심각한 착각이 그 이면에 도사리고 있다는 점을 놓칠 수는 없다. 세상의 모든 직업은 모두가 사회를 위해서 중요하다. 그리고 직업의 선택은 기본적으로 각자의 적성과 능력에다 스스로 하고 싶은 일이 무엇인지에 초점을 맞추어야지 사회적으로 유행하는 직업관에 맞추려 하는 데서 우리가 보는 온갖 불합리와 왜곡이 일어나는 것이다. 다시 말해서 교육에도 낭만주의가 유의미하듯이, 직업가치관에서도 직업낭만주의를 적용하는 것이 바람직하다는 뜻이다. 자신의 실력과 적성에 맞고 무엇보다도 스스로 좋아하고 즐겁게 보람을 느끼며 행복하게 일할 수 있는 직업에 종사하는 것이 최선이라는 마음가짐이 앞서야 한다. 이처럼 직업관이 달라지면 교육관도 그에 맞추어 변할 수 있고, 교육 가치관의 변화 없이는 우리 교육의 문제는 영원히 풀 수 없다고 감히 단언할 수 있다.

2) 가정교육의 개선

가정교육의 복원과 개선이 급선무다. 교육이라 하면 대체로 학교교육만을 생각하지만 실은 지금 지적하고 있는 사회 속의 인간다운 인간이 되는 교육, 창의로 문제를 제대로 해결할 수 있도록 키우는 교육이 시작하는 곳이 가족이고 그 주체는 대개 어머니(실제로는 아버지가 대체로 열외기 때문에)다. 가정교육은 부모와 식구 모두가 공동으로 수행하는 사회화의 과제다. 말과 책으로 하는 교육이기보다는 일상의 작고 큰 한 마디 말과 일거수일투족(一擧手一投足)의 행동으로 이루어진다. 언행일치의 모본을 늘 꾸준하게 보여주는 것이 관건이다. 특히 가장 어릴 때 제일 많은 시간을 함께 보내야 하는 어머니의 언행이 참으로 중요하다. 그러고 나서 학교교육이다. 하지만 현실은 가정교육을 완전히 도외시하고 오로지 공사간에 교육의 제도적 틀 안에서만 이루어지는 형국으로 변질하였다. 어린이가 집과 이웃에서 보내는 시간보다 학교와 학원에서 '공부'에 매어달린 시간이 더 많다는 현실은 참으로 슬픈 일이다. 대규모 아파트 단지 같은 데서 대낮에 그처럼 멋지게 꾸며놓은 놀이터나 휴식 공간에 아동의 모습이 사라진 것은 교육의 문제에서 비롯한다고 봐야겠지만 더 크게는 이웃공동체의 소멸을 반영하는 현상인지라 참으로 씁쓸한 우리의 자화상이 아닐 수 없다.

3) 학교교육의 정상화

학교교육의 정상화가 물론 시급하다. 여기서는 주로 보통교육(초중등교육)을 말하거니와 입시 위주의 지식주입식 교육을 지양해야 한다는 말은 벌써 수십 년을 되풀이하고 있다. 그러나 교육현장은 이를 더욱더 강화했으면 했지 바로 잡을 기미가 보이지 않는다. 게다가 가계를 좀먹는 엄청난 사교육 비용은 국민경제에까지도 커다란 짐이 되고 있다. 왜 우리는 이것을 고쳐야 한다는 생각만 하고 실천을 하지 못할까? 생각할수록 안타까우면서도 결국은 우리 모두가 공범임을 깨닫게 된다. 부모, 교사, 대중매체, 사교육 사업자, 교육당국 누구랄 것 없이 전부가 죄인이다. 일설에 지난 40여 년 동안 우리의 대학입학시험 제도를 16번이나 바꾸었다고 하는데, 그러는 사이 우리의 청소년은 입시지옥에서 얼마나 해방되었는지를 깊이 살펴야 한다. 이제 우리가 선진국 노릇을 제대로 하려면 다음과 같은 조건을 갖추는 데서 시작해야 할 것이다.

특히 어린이집, 유치원 및 초등학교의 질적 향상이 참으로 시급한 과제다. 가장 여린 나이, 인격 형성이 활발하게 일어나는 시기의 어린이들이 많은 시간을 보내야 하는 이런 초기교육이 저들의 일생을 좌우한다는 생각을 최우선으로 할 수 있어야 한다. 무엇보다도 물리적 여건을 대폭 개선하여 아이들이 안전하고 즐겁게 나날을 보낼 수 있는 시설과 환경을 제공하는 것이 가장 급하다. 우리의 경제규모가 세계 10위권 안팎에 드는 현재까지 학교의 시설이 얼마나 열악한지를 돌아볼 때 우리의 자라는 새 세대에게 제공하는 것이 고작 그 수준밖에 되지 않는다면 이는 모든 기성세대의 엄중한 책임이라 하지 않을 수 없다.

그러나 무엇보다도 가공할 일은 학교가 공포의 대상이 되고 자살을 불러오는 곳으로 타락했다는 사실이다. 폭력이 난무하고 정신질환을 발생케 하고 교권을 비롯한 인간관계의 기본질서가 망가지고 공부는 딴 데서 하고 학교에서는 졸거나 모바일 기기로 게임과 장난이나 하는 교실 붕괴가 난무하는 학교는 학교가 아니다. 실로 이 모든 것의 근원은 교육낭만주의의 쇠퇴라고 하겠지만, 제도적으로는 무엇보다도 교권의 추락이다. 교원의 권위가 이처럼 땅에 떨어져서야 어찌 학교 정상화를 꿈 꿀 수 있겠는가 말이다. 결국 교사의 질을 높이고 그러기 위해서는 저들의 사회경제적 대우를 극적으로 상향조정하는 것이 급선무다. 학원 강사보다 못한 대우를 받으니 학동들이 교사를 따를 생각이 나지 않는 것이다. 교원의 전문성을 강화하기 위한 경제적 보상을 대폭 인상하는 동시에 교육당국이 교사를 사무직원처럼 대하는 교육관료주의의 권위주의부터 청산해야 한다. 학교에서는 선생님이 제일 두렵고 존경받는 존재로 거듭나기 전에는 학교교육의 정상화는 무망하다. 물론 이를 위해서는 선생님을 대하는 학부모의 태도부터 고쳐야 하고 촌지나 주고받는 풍토는 하루 속히 탈피해야 한다.

학교 정상화의 내용도 핵심과제의 하나다. 입시위주의 지식주입식 교육을 정리하고 그동안 무척이나 소홀히 했던 인간성·사회성 교육, 창의력·판단력·문제해결력 훈련을 중시하는 방향으로 근본적 전환을 시급히 시도해야 한다. 여기에는 학부모의 동참이 관건이다. 그리고 사교육 기업의 당사자들이 이에 반기를 들 터이니 교육사업의 분업을 법적으로 확고히 제도화하는 것이 필요하다. 일반 교과 교육은 전적으로 학교가 책임지고 수업에서 뒤처지는 학동들을 위한 방과 후 보습교육을 강화함으로써 학과 교육은 공교육의 테두리 안에서 끝내야 한다. 그 외에 현대사회가 요구하는 각종 기능과 기량의 습득은 각 가정의 경제적 사정에 맞추어 사교육 기관이 이를 담당하도록 해야 한다는 것이다. 애당초 '국영수' 등 일반교과 교육을 학교 바깥에서 시행하도록 허용한 정책의 오류를 지금이라도 시정하지 않으면 우리 학교교육의 정상화는 불가능하다. 이 문제는 정치경제적 파장이 큰 현상이므로 아마도 쉽게 풀 수 있는 사안이 아닐 수도 있지만 진정으로 우리의 공교육을 정상화하고 사교육으로 인한 사회경제적 계층의 불평등을 제거하려면 이 같은 공사교육의 분업을 반드시 성취해야 한다.

4) 대학교육 정상화

　대학교육 정상화도 함께 추구할 것이다. 그동안은 대학교육의 목적이 출세주의와 학력주의로 지향하면서 대학의 질적 향상에는 상당한 장애가 되어 왔다. 위에서 교육낭만주의를 언급하면서 강조한 교육가치관의 시정과 맞물리는 쟁점이다. 이를 극복하기 위해서는 일반적으로 인문학의 기조 위에 교양교육을 강화하는 한편으로 전문인 교육을 중시하여 국제경쟁력을 높이고, 기초과학의 발전을 강력히 추구하는 방향의 개혁을 요한다. 다만 이런 목표를 성취하기 위한 제도적 개선을 전제하는 목표설정이다. 다시 말해서 모든 대학이 동일하게 이런 목표를 지향하자는 뜻이 아니고 반드시 대학 간 분업의 제도화가 선행해야 한다는 것이다.

　대학 간 분업의 원리는 이러하다. 첫째는 수도권에 2-3개, 각 광역시도권에 각각 1개 정도의 대학은 대학원 중심의 연구 위주 교육을 추구하는 고급 두뇌 양성기관으로 지정한다. 공사립을 불문하고 이런 대학에는 국고와 기업체의 기여로 연구개발(R & D) 기금을 획기적으로 투입하여 세계의 순위가 100위, 50위, 심지어 10위권으로 진입할 수 있는 대학으로 육성하는 것이다. 둘째 범주는 박사학위도 수여하는 4년제 대학이고 여기서도 연구가 중요하지만 교육의 비중도 첫 번째 범주 대학보다는 더 확대한다. 셋째는 석사학위까지만 수여하는 4년제 대학으로 이제부터는 전문 인력 양성이 중심이 되는 교육위주대학이다. 넷째 범주의 대학은 학사과정만 두고 교양과 직업교육을 겸하는 일반 4년제 대학이다. 그리고 다섯 번째로는 기능 인력 양성이 주목적인 주야간 2년제 전문대학이다. 이런 분업에 의하면 가령 연구에는 큰 업적도 없고 관심이 오히려 교육에 더 기우는 교수가 있다면 그런 사람은 세 번째나 네 번째 범주의 대학에서 교육에 힘쓰면 되는 것이다. 과거 내가 가르치던 미국의 대학에서는 사회학과 교수진에 평생 조교수라는 직위를 가진 50대 교수가 있었다. 그는 승진에 필요한 평가에서 연구실적이 별로 없기 때문에 더 이상 승급은 하지 못했지만 원체 가르치기를 좋아 하고 교육을 남보다 월등하게 열심히 잘한 것으로 좋게 평가받아 정년직(tenure) 지위를 얻었기 때문이다. 그리고 그가 비록 나이 들고서까지 조교수라는 직위를 지키면서도 전혀 부끄러워하지 않고 자신의 임무에 충실하며 즐겁게 일에 임하는 모습이 참으로 보기 좋았다.

이런 분업을 주창하면서, 우리나라 사람들이 이 같은 서열을 나누는 식 분류를 별로 좋아 하지 않고 무조건 좋은 대학 가기를 희망하는 성향을 지닌다는 것을 모르는 건 아니다. 그러나 대학교육이 진실로 정상화하려면 이러한 계층적, 서열적 분류를 받아들이고 자신의 적성과 학업능력에 적당한 범주의 대학에 진학하는 것을 전혀 부끄럽게 생각하지 않는 가치관의 획기적 변화가 절실하고 필수적이다. 또한 대학을 운영하는 주체나 교수집단도 자신이 속한 대학의 서열과 계층에 불만을 가질 것이 아니라 자신의 전공과 학위와 실력을 고려하여 자신에게 맞는 대학을 선택하여 거기서 최선을 다하는 자세로 임해야 할 것이다. 무조건 서울대학과 같은 학과를 모든 대학이 설치해야 하고 무조건 모든 대학이 박사학위를 수여해야 한다는 식의 고정관념은 하루 빨리 떨쳐버려야 한다. 그것이 우리 대학이 살 길이기 때문이다.

5) 교육의 자율화

이와 같은 교육의 근본적인 개혁을 위해서는 교육의 자율화 신장이 또한 조속히 이루어져야 한다. 교육이 소위 국가의 백년지대계라는 말처럼 워낙 중대한 사안이므로 국가가 이를 주도하는 것이 옳다는 생각을 우리는 지금까지 한 번도 버린 적이 없다. 그런데 현재 많은 선진국에서는 교육정책의 수립과 시행을 지방정부 단위에서 할뿐더러 교육정책은 일반행정부의 관할에서 독립한 교육행정체계가 담당하고 있다. 그러니까 제도적으로 우선 교육의 자율성 확보가 자리 잡았다. 게다가 학교는 또 각기 자율적인 운영체계를 유지하면서 특히 주목할 것은 적어도 대학을 제외한 보통교육 수준에서는 학부모가 학교교육에 깊이 간여하고 있다는 사실이다.

　현재 우리도 교육자치의 명목으로 교육위원회가 독립해 있고 심지어 시민 직접 투표로 교육수장을 선출하는 제도까지 시행하고 있다. 그러나 이러한 제도의 허점은 한두 가지가 아니고 진정한 자율성 인정은 아직도 갈 길이 멀다. 교육감의 직접 선출이 중요할 것이 아니라 오히려 우리나라의 후진적인 선거문화 탓에 그 폐해가 더 크다. 그런 겉치레보다 더 중요한 것은 진정으로 교육의 지방자치요 학교의 자율적 운영이다. 재정과 인사를 중앙정부가 좌우하는 형식으로는 한계가 있고 사립학교의 교육에 국가가 직접 간섭하는 일이 도를 넘는다. 재정지원만 있으면 곧바로 간섭과 개입이 수반하는 이런 관료문화는 언제나 극복할지 안타까울 따름이다.

　특별히 대학교육과 운영의 자율성 문제가 더 심각하다. 공사립을 막론하고 돈줄을 쥐었다는 이유로 간섭과 개입을 일삼는 이 체제는 이른 시일 안에 정비해야 마땅하다. 재정 지원은 지원이고 그 재정의 운영을 감사하고 감독하는 것은 당연하지만 대학의 운영 자체에 직접 간여하는 국가정책지향은 이제 구시대의 유물이다. 대신에 대학은 각기 책임을 지고 수월한 교육과 연구를 수행하는 것이 도리다. 특히 입학시험 제도는 정말이지 학생의 기본자질을 원초적으로 검정하는 일은 국가의 몫으로 한다 해도 입학자격을 전형하는 책임은 어디까지나 대학 자체에 있다. 이 점을 국가는 계속 무시해온 것이 교육왜곡의 가장 큰 원인이다. 이렇게 되면 대학은 자체의 목표와 역량에 따라 각기 원하는 종류의 학생을 선발하고 교육하게 내버려두게 되므로 그 학교가 여기서 성공하느냐 아니냐는 대학 자체가 져야 할 짐인 것이 당연하다. 성과로 평가받고 대학의 서열이 매겨짐을 자연스러운 일로 받아들이고 그에 준해서 각자의 지향하는 바에 따라 교육 또는 연구에 매진하면 되는 것이다. 거기서 얻는 결과는 학생의 질적인 차이가 되는 것은 명백하므로 이를 거부할 필요가 없고, 만일 교육과 연구에서 미비하고 비효율적이어서 학생이 오지 않아 재정이 어려워지면 문을 닫고 다른 업종으로 변신하는 것도 수용할 수 있어야 한다. 한번 시작한 대학은 결단코 폐업을 하지 않는다는 철칙 같은 것은 있을 수 없음이다. 더구나 이제는 세계 제일의 저출산으로 인하여 취학 인구 자체가 급속하게 감소하고 있으며 이미 초등학교가 폐교하는 사례가 나타나고 있다. 이런 추세라면 대학도 정원을 채우지 못하게 되는 것도 순식간이다. 스스로 수월성을 지키지 못하는 대학은 당연히 퇴출의 운명을 받아 들여야 한다.

6) 청소년에 대한 관심

교육을 생각할 때 마지막으로 강조할 것은 우리 사회에서 미래세대, 특히 현재의 청소년에게 진정성 있는 사회적 관심을 가져야 한다는 점이다. 우리는 무슨 문제나 생기면 온통 나라가 떠들썩하게 관심을 보이지만 평소에 청소년 젊은 세대가 어떤 생각을 하며 어떻게 살아가는지에 별로 관심을 쏟지 않는 편이다. 젊은 세대야말로 우리 사회의 미래다. 그렇다면 일찍부터 이들이 어떤 사람으로 자라서 대한민국이라는 나라를 꾸리고 이끌어갈지를 미리미리 생각하고 필요에 따라 도움을 제공하는 태세로 이들을 바라보고 올바른 길로 가도록 길잡이가 되어 주어야 한다. 한국이 선진사회로 발돋움할지를 결정하게 될 주체가 바로 젊은 세대이기 때문이다.

제7장
사회적 가치의 사회학적 비전 (2)
: 성숙한 사회

    우리가 추구하는 미래사회의 모습을 삼차원적 접근방식으로 그려보려고 할 때 우선 첫 번째 과제로 선진국이 되려면 과연 어떤 조건을 갖추어야 하는지를 비교적 자세하게 살펴보았다. 이제는 선진사회를 규정하는 또 하나의 유사 개념으로 '성숙한 사회'를 논의의 주제로 삼고자 한다. 이것이 삼차원적 접근에서 두 번째 과제가 되는 셈이다. 여기서는 주로 이 성숙한 사회의 의미를 점검하고 사회가 성숙하기 위해서는 어떤 변화가 바람직한지를 보여주는지를 고찰할 기본 틀, 흔히 패러다임(paradigm)이라는 이르는 내용을 탐색한다. 다만 이와 관련해서 주목할 만한 한 두 가지 움직임이 우리 주변에서 있었던 만큼 이러한 보기를 일단 언급함으로써 이 말의 일반적인 용법상의 의미가 어떤 것인지를 잠시 살펴본 다음에 본격적인 논의를 시작하려고 한다.

    먼저 우리 정부는 나라의 미래 목표를 규정하기 위한 정책적 비전에 '성숙'이라는 단어를 사용하였다. 지난 2010년 서울에서 개최한 G-20 정상회의를 앞두고 국무총리실에서는 국가차원의 '국격 높이기' 과제 80여 개를 선정하면서 '성숙한 세계 일류국가'의 기치를 내어 걸었다. 그리고 이의 실현을 위한 5대 추진방향을 다음과 같이 제시하였다. 1) 질서가 지켜지는 기본이 된 사회, 2) 나누고 배려하는 따뜻한 사회, 3) 전통과 미래가 어우러진 문화·기술 강국, 4) 투명하고 경쟁력 있는 선진 시스템, 그리고 5) 세계와 함께 하며 존경받는 나라다(김경동, 2010b: 90).

한편, '성숙한 사회 가꾸기 모임'이라는 시민윤리운동단체에서는 '성숙'의 의미를 일상생활 속의 실천을 위한 행동강령차원에서 개략적으로 예시하고 있다. 그 내용을 소개하면, 1) 자신이 한 말에 대해 책임을 진다, 2) 환경보호와 검소한 생활로써 공동의 자산을 아낀다, 3) 교통규칙을 비롯한 기초질서를 지킨다, 4) 정당한 세금을 납부한다, 5) 뇌물을 주거나 받지 않는다, 그리고 6) 어려운 사람들을 돕는다는 것이다(김경동, 2010b: 90). 그리고 최근 사회학계에서 '성숙한 사회'를 '사회의 질'로 규정하자는 제안이 나온 일이 있다. 여기서 언급한 사회의 질에 관해서는 추후 다시 논의할 기회가 있을 것이다.

1. 성숙한 인간의 의미

대체로 '성숙한 사회'라는 단어는 흔히 쓰는 말인 것 같아도 정작 그 뜻을 따져보면 쉽게 떠오르지 않는다. 보통 개인을 두고 "미숙하다, 성숙한 사람이다"라고는 하지만 사회의 미숙과 성숙은 그 기준이 분명치가 않다. 물론 성숙한 '시민사회'라든지 '민주정치'가 아직도 미숙하다는 식의 표현은 가끔 보이는 수도 있다. 그런 뜻에서 우리는 성숙한 사회의 의미를 새로이 규정하는 일을 시도하려는 것이다.

1) 성숙함의 사회심리학

성숙이라는 말을 우선 개인 수준에서 논의할 때 사람이 성숙해지는 과정은 넓은 뜻에서 사람다워진다는 것이라고 할 만한데, 문제는 그 '사람다움'이 무엇을 담고 있는지를 이론적으로 어떻게 정의하느냐이다. 우선 일반적인 성숙함의 의미를 잠시 생각할 필요가 있다. 모든 생물은 태어나서 소멸할 때까지의 생애경로를 거치는 사이 일단 한동안은 자란 다음 없어진다. 그 과정의 어느 단계에 이르면 몸집이 커진다든지 신체의 구조적 특징이 더 복잡해지는 등의 변화를 드러내게 되는데 이를 두고 성숙해진 것이라고 말한다. 인간도 마찬가지의 생애경로를 경과하면서 자라지만 사람의 성장은 단순한 신체의 크기와 복합성 증대를 넘어 사회문화적 가치가 개입하는 변화도 함축한다는 점에서 여느 생물과는 차이가 있다. 사람의 사회적인 특성이 질적으로 달라진 것을 함축하기 때문이다. 그리고 성숙한 사회는 어차피 성숙한 개인을 구성원으로 하고 있으므로 사회의 성숙은 개인 구성원의 성숙을 동시에 내포한다는 특징이 있다. 따라서 여기서는 우선 비교적 우리에게 익숙해서 이해하기 쉬운 개인 차원의 인간적인 성숙의 의미를 음미하는 일부터 시작하기로 한다.

심리학의 일반론적 관점에 의하면 사람의 개체가 성숙한다 함은 신체적 성장을 포함하여 '사람다워지는' 변화를 가리킨다. 그 사람다움의 속성에는 신체적으로 더 이상 남에게 의존하지 않고 스스로 독자적인 삶을 누릴 수 있는 역량을 갖추는 것을 비롯하여 사회심리적으로 사회의 다른 구성원들과 온전한 사회적 관계를 맺으며 순탄하게 사회생활을 영위하는 능력을 포함한다고 볼 수 있다. 바로 이 사람다움의 내용에 사회문화적 요소가 개입한다. 가령 몸만 쑥 자라가지고 아무 데서나 주위의 시선은 아랑곳하지 않고 자기마음대로 행동한다면, 이를 두고 우리가 성숙하다고 할 수 있느냐는 질문을 던지는 것도 거기에 어떤 가치판단이 작용한다는 뜻이다. 그러면 그 사람다움을 어떻게 해석하는지 몇 가지 대표적인 저명 학자들의 견해를 간략하게나마 살펴보기로 한다.

　우선 관점의 차이에도 불구하고 주요 이론에서 공통으로 지적하는 점을 먼저 요약하면 다음과 같다. 인간의 성숙을 한 마디로 집약하는 사람다워짐의 핵심적인 기준은 사회생활을 영위하는 인간으로서 어떻게 행동하고 살아가느냐에 있다고 본다. 인간은 본원적으로 사회 속에서 다른 사람과 더불어 살아야 한다는 사실 때문이다. 그런데 함께 하는 사회의 다른 구성원에게 어떤 영향을 끼치고 어떤 피해가 갈지를 전혀 생각하지 못하고 자기 충동에 의해서 자기 마음 내키는 대로만 행동한다면 그것이 성숙이라고 말하지는 않는다는 말이다. 다만 사람은 어느 정도 자랄 때까지, 특히 갓난아기 때는, 기본적으로 자기중심적이라는 데는 모든 학설에 차이가 없다. 인간이 갓난아기일 때는 타인의식은 물론 자아의식조차도 없는 상태이므로 실은 이 시기가 가장 자기중심적인데, 성장과정에서 다른 사람들과 상호작용하며 사회적 학습을 함으로써 자의식과 타인의식을 모두 갖추어 비로소 성숙한 인간으로 자란다는 것이다. 자기만 알고 남을 생각지 못하는 상태에서 점차 다른 사람을 의식하고, 다른 사람을 배려할 줄 알고, 다른 사람에게 피해를 입히지 않고, 나아가 다른 사람에게 도움을 줄 수 있는 존재로서 사람다워질 것으로 기대하고 그럴 때라야 우리는 성숙한 사람이라고 인정할 수 있다는 말이다. 다만 학설에 따라 그러한 성숙의 내용과 과정을 이론적으로 설명하는 초점이 약간씩 다른데 이들을 일일이 소개할 수는 없고 고전 심리학의 대표적인 관점 몇 가지만을 요약한다.

2) 프로이트의 정신분석학

첫째는 Sigmund Freud(1923[1961])의 정신분석학 이론이다. 정신과 의사로서 정신이상이나 질환이 있는 사람들을 주로 진료하면서 그가 발견한 것은 인간이 자기충동에 의해서 행동하는 거의 동물 같은 존재라는 사실이었다. 따라서 사람이 만일 타고난 그대로 살아간다면 주로 자신의 육체적인 욕망에 의해서만 행동하게 되는데 실지로 그렇게만 행동하고 살면 남에게 폐해를 끼칠 뿐 아니라 자기 자신에게도 해로울 수 있을 것이 분명한데도 동물적 욕망으로 행동하는 주체를 Freud는 충동적 본능적 자기, 즉 '이드(id)'라 이름하였다.

이러한 '이드'의 충동에만 떠밀려 행동하면 사회생활에서 남과 충돌하고 갈등을 일으키고 다른 사람도 자신도 불편해지는 상황을 초래할 것이 분명하므로 사회에서는 이를 억제할 필요가 생기게 된다. 그렇게 하지 말고 이렇게 해라 하고 가르쳐주어야 한다. 이처럼 '이드' 마음대로 하지 말라고 일러주고 규제하고 통제하고 압력을 넣는 또 하나의 자기가 개인의 심리적 구조 속에 자리잡기 시작한다. 주위에서 말리고 억제하고 압력을 주는 것을 맘속에 담아서 그 지시대로 행동하면 이것은 자기를 초월한 문화, 문명의 지시를 받아서 그러는 것이므로 이를 일컬어 '초자기(super-ego)'라 이름하였다.

이 둘은 성격상 서로 충돌할 가능성이 있는 두 개의 자기다. 내가 하고 싶은 걸 하려고 하는데 옆에서 못하게 하는 사회적 압력과 갈등이 생길 가능성이 있기 때문에 이 두 가지 자기를 잘 조절하도록 사회가 교육을 하고 개인도 수양을 하게 된다. 어릴 때 가정에서부터 가족이나 주위 사람들이 양육하는 대로 자라면서 대개 대여섯 살경에 사람의 인품이 대충 정해지는데, 이 시기에 육아관행에서 중요한 것은 수유(젖먹이)와 이유(젖떼기), 그리고 대소변 가리기다. 이 두 가지 모두는 아이가 먹고 싶은 욕구를 조절하고 배설하고 싶은 욕망을 조절하는 훈련에 해당한다. 욕구를 조절하자면 아무 때나 먹고 싶다고 칭얼대면 젖을 물리는 것과 일정한 시간에 적당량을 먹이는 것이 대조를 이룬다. 대소변을 아무 때나 자기 필요에 따라 배설해버리는 것과 이를 되도록 억제해서 적당한 시간에 적정한 방법으로 배설하도록 훈련하는 것 사이의 조정도 마찬가지다.

이런 과정을 겪으며 '이드'와 '초자기'라는 두 가지 자기 사이에 균형을 잘 잡아서 현실감각이 있고 사회생활이 요청하는 방식으로 행동할 줄 아는 그런 자기가 또 하나 생겨난다. 그것을 Freud는 비로소 '자기(ego)'라 한 것이다. 제대로 사회생활할 만한 정상적이고 사람다운 '자기'로 성숙해가게 된다. 그래서 Freud가 보는 인간의 심리구조 속에는 자기가 셋이 있다. 이렇게 성숙해진 개인은 본능적인 충동을 적절히 억제할 줄 아는 동시에 지나치게 초자기라는 문화적 압력에만 굴복하지 않는 균형 잡힌 자기를 이루어서 사회생활을 원만하게 영위하는 상태가 된다는 말이다. 이처럼 일종의 변증법적 과정을 거치면서 개인의 정상적인 인격형성이 이루어진다고 보았다.

여기서 성숙한 자기란 어떤 모습일까를 생각해본다. 우선 자기중심적인 '이드' 대신에 타인을 의식하고 배려하는 능력을 갖춘 자기다. 동물적 욕망이라는 충동에 떠밀려 행동하는 것을 어느 정도 이성의 힘으로 제어하는 합리적인 판단과 생각으로 행동하는 자기다. 그런가 하면 지나치게 문화적 통제와 압력에 못 이겨 강박관념이나 결벽증 같은 이상증후를 행동으로 나타내는 자기가 아니고 역시 적절한 균형감각으로 사회의 문화적 요구(초자기)와 개인의 충동(이드) 사이의 적정한 타협을 이루며 자신의 행복도 추구할 줄 알지만 동시에 사회의 공익도 충족하는 데도 기여할 줄 아는 자기(이고)가 되어가는 상태가 성숙한 자기라 하였다.

3) 미드의 상징적 상호작용론

둘째, 사회심리학자 George Herbert Mead(1935)의 상징적 상호작용론(Symbolic Interactionism)에서 제시하는 자아론은 자아의 사회적 생성을 강조한 것이 특징이다. 사람은 원래 상징적 사고를 할 수 있는 의식, 즉 마음(mind)을 갖춘 인간이기에 비록 선천적으로는 자기중심적인 존재지만 다른 사람들과 상호작용하는 과정에서 사회화를 경험함으로써 사회적 자아(self)를 형성하게 된다고 하였다. 이 이론에서는 그러한 자아형성의 사회적 과정에 관심의 초점이 있다.

인간의 마음속에는 선천적으로 자기중심적인 주체적 자아가 자리한다. 이것을 영어로 주어인 'I(아이)'라고 이름한다. 그런데 생각을 할 줄 알고 학습능력이 있는 인간은 자라면서 주위의 다른 사람들과 상호작용을 한다. 그 과정에서 자기를 객관적 존재로 인식하는 능력이 생기고 그것이 자아의 또 하나의 요소인 객체적 자아, 영어의 목적어 'Me(미)'가 생겨난다. 이 둘이 자신의 마음속에서 생각을 주고받으며 사회적인 존재로서 완결적인 자아(self)가 생겨나게 된다는 것이다. Mead는 이와 같은 사회적 자아가 생성하는 과정에 주목하고 그에 관한 이론을 제시한 것이다. 이것도 요지만 간추린다.

어린아이가 처음 태어났을 때는 타인의식은 물론 자의식조차도 없는 아주 자기 중심적인 존재다. Freud와 거의 비슷한 자아관이다. 그런데 자라는 동안 나와 남을 구별할 수 있을 정도의 의식이 생기면서 자기를 돌보고 도와주고 양육하는 가족과 가까운 사람들이 주위에 있음을 알게 된다. 그러나 처음에는 단순히 이들 가까이에 있는 중요한 타인(significant others)이 하는 행동을 보고 흉내를 내기 시작한다. 취학 전 어린아이들이 집에서 놀며 소꿉장난 할 때 "나는 아빠 할 테니까, 너는 엄마 해라," 또는 "나는 의사고

너는 간호사다" 하면서 부모나 의료인의 역할을 놀아보는 소위 '역할놀이 (role-playing)'를 하는 것이다. 아동 성장의 이 단계를 Mead는 '유희단계'라 하였다.

그 다음 좀 더 자라서 상징적 의식 능력, 즉 생각할 줄 아는 역량이 생기고 커지면 비로소 사람은 다른 사람이 하는 것을 스스로 대신 해볼 수 있고, 다른 사람이 생각하는 것도 대신 생각해 볼 수 있게 된다. Mead는 이런 시기를 운동경기나 바둑시합 같은 것에 빗대어 '경기(game)' 단계로 해석하였다. 운동경기나 바둑 두기에서는 상대방의 게임플랜, 즉 경기수를 미리 짐작할 수 있는 능력이 승부를 가린다고 본다. 요는 상대방의 신발을 신고 그 마음속에 들어가 봐서 생각하고 판단하는 연습을 늘 한다는 것이다.

이런 훈련을 거치면서 아이는 사회 속의 각종의 사람들이 일상적으로 행동하는 모습을 일반화하여 상황에 따른 판단을 하고 그 상황에 걸맞은 행위를 할 수 있게 된다고 설명한다. 이처럼 수많은 다른 사람들의 행위를 일반화한 타인(generalized others)을 자신의 마음속에 정리하여 간직하는 것이 주체적 자아(I)에 대비하는 객체적 자아(me)로 자리잡게 되는 것이다. 다른 사람의 행위에 비추어서 나 자신이 된다는 의미에서 이 상징적 상호작용론의 Charles Horton Cooley라는 사회학자는 이를 거울에 비친 자신의 모습에 비유하여 '경상자아(the Looking-Glass Self)'라 이름하였다. 그렇게 해서 결국은 인간의 자아는 사회적으로 이루어진다는 이론이다.

요약컨대, Mead의 이론은 생득적인 주체적 자아(영어의 I)가 원래 자기중심적인 존재지만 다른 사람들과 상호작용하는 과정에서 사회화를 경험함으로써 비로소 객체적 자아(me)를 품을 수 있게 되고 이 둘이 서로 주고받는 사회적 자아(self)를 형성하게 된다고 하였다. 결국 인간의 자아정체는 사회적으로 형성하는 것이고 그런 뜻에서 자아정체는 이미 어느 정도 사회적 정체가 되는 셈이다. 이처럼 주체적 자아와 객체적 자아가 상호작용하는 사회적 자아를 지니게 된 인간은 비로소 자가비판적 자성으로 자신의 행동을 통제할 줄 알고, 타인의 감정과 기대를 이해하는 통찰력을 지니게 되어 사회적 상호작용과 대인관계에 성공적으로 참여할 줄 아는 성숙한 사회적 존재로 자란다고 한다.

4) 피아제의 인지적 성숙론

셋째, 직접적으로 인간성숙의 과정을 실험적인 연구로 입증하려 한 Jean Piaget(1954)는 관심의 초점을 주로 인지적 성숙(cognitive maturation)에다 두었다. 이 프랑스 심리학자는 자기 자녀를 관찰하면서 성장하는 모습을 전부 기록해서 성숙의 이론을 만들어내기로 유명한데, 성숙에는 단계가 있다는 것을 발견한 것이다. 누구나 갓 태어났을 때 머릿속에 무엇이 있었던지를 스스로 기억하는 사람은 없다. 갓난아기의 머릿속에는 아무것도 없다. 이런 상태를 쉬운 우리말로 표현하자면 불투명한 두루뭉수리(nebulous)라는 것이다. 아무것도 떠오를 수가 없고 아무 것도 모르는 상태다. 완전한 무의식상태라 할 수 있다. 하지만 자라나면서 차차 의식을 갖게 된다.

여기서 앞에서 소개한 Mead의 사회화 이론을 다시 상기하면 이해를 하기 쉽다. 다른 사람들 사이에서 사회화를 경험하면서 '객체적 자아'를 품고 자기 스스로를 돌아볼 수 있는 단계로 가면, 우리는 무슨 행동을 하기 전에 미리 머릿속에서 리허설(연습)을 한다. 오늘 애인을 만나러 가야 하는데 이 남자가 뭐라고 할지, 내가 첫 번째 무슨 말을 해야 할지, 그런 생각을 미리 해 보고 혼자서 연습을 하는 것이다. 이처럼 자의식이 비교적 뚜렷해지고 다른 사람을 생각할 수 있는 능력이 생길 때까지는 지극히 자기중심이라는 뜻이다. 이를 Piaget가 비유로 제시한 예가 아주 흥미롭다.

여기에 A라고 하는 어린아이가 하나 있어서 겨우 하나, 둘, 셋 하고 손가

락으로 셀 정도로 자란 상태인데 이 아이가 형이 둘 있다. 큰형과 작은형이다. 이 아이에게 '너는 형이 몇이냐?'라고 물으면 두 형을 생각하면서 하나, 둘 손가락 셈을 하고 둘이라고 대답한다. "아 그렇구나. 그럼 너의 첫째 큰형은 동생이 몇이냐?"라고 물어보면 "한 사람이요"라는 대답이 나온다고 한다. 물론 첫째 형은 동생이 둘이다. 하지만 이 아이는 자기 중심의 관점에서 볼 때 두 사람의 형밖에 없고 맨 큰형에게는 동생이 하나밖에 안 보이는 것이다. 자기가 없어진 상태다. 요는 자의식이 없어서 눈에 보이는 객관적 현상만이 있을 뿐이다. 그래서 돼지 백 마리가 강을 건너는 이야기도 있다. 강을 건너서 아무리 세어봐도 아흔아홉 마리밖에 없다는 우화다. 셈하는 자신은 안중에 없기 때문이다. 자의식의 결여다. 이야말로 미숙한 상태의 사람의 의식이다. 타인을 의식하기만 하지 자신을 돌아보고 성찰하는 자의식이 부족한 단계다. 그래서 Piaget식으로 말하면 자신을 의식하기 시작할 때부터 우리는 성숙해지기 시작한다는 것이다. 그 말은 바꾸어서, 우선 자기중심의 관점을 벗어나서 나와 다른 사람을 동시에 의식할 수 있어야 결국 성숙한 사람이라는 말이고, 여기서 더 나아가 다른 사람을 배려할 수 있는 데까지 가야 한다는 말이다.

다시 요약하면, 인간의 성숙에는 몇 가지 단계가 있음을 가정하고 각 단계마다 어린이는 그에 걸맞은 성숙요인을 갖추어감으로써 자란다고 본 것이 Piaget의 이론이다. 그리하여 마침내 애초의 미숙한 무의식 상태의 자기중심적 관점에서 벗어나 타인의 처지를 이해할 줄 하는 성숙한 자아로 발달한다고 하였다.

5) 소결

이 모든 주요 이론에서 공통한 관념으로 주목할 것은 인간의 성숙이란 자기중심에서 탈피하여 역지사지(易地思之)가 가능하한 사회적 존재로 성장하는 자아발달 과정이라는 생각과 미숙한 상태에서는 충동과 욕망이 앞서고 이성적 사유와 합리적 판단이 잘 이루어지지 않는다는 점이다. 이처럼 인간 개체의 성숙이 곧 사회의 구성원으로서 다른 사람들과 정상적으로 사회생활을 영위할 수 있는 사회성과 합리성을 핵심에 두고 있다는 관념에서 우리는 이제 성숙한 사람들이 사는 사회가 성숙한 사회일 수 있다는 단서를 발견한다. 가령 성숙한 시민이 있어야 성숙한 시민사회도 가능하고 민주정치도 성숙해질 수가 있다는 논리는 여기서 유추하게 된다. 뒤집어 말하면 사회가 성숙해야 그 속에 사는 시민도 성숙할 수 있다는 것을 뜻하기도 한다. 개인과 사회는 항상 마치 음양변증법의 논리처럼 음과 양은 서로 극을 이루는 특징을 띠지만 동시에 끊임없는 상호작용 속에서 서로 영향을 미치는 관계에 있기 때문이다. 그렇다면 성숙한 사람들이 그 안에 살면서 또한 사람들이 성숙하도록 하는 성숙한 사회는 과연 어떤 사회일까? 이 질문의 대답부터 상고해보기로 한다.

2. 성숙한 사회의 이론 : 진화론과 체계론

성숙한 사회를 한마디로 이런 것이다라고 잘라 말하기는 그리 단순하지가 않다. 그래서 우선 사회의 성숙을 규정하는 데 유용한 이론적 관점부터 잠시 검토하는 것이 필요하다. 이를 위해서는 '진화론'과 '체계론'을 살펴보면 유용하다. 주로 생물학의 이론이지만 실은 19세기의 사회학은 사회의 변화를 설명하는 데 진화론을 제창하기도 하였다(Parsons, 1966).

먼저 생물학의 진화론에 따르면 생물이 가장 진화하지 않은 원초적 상태를 보통 '아메바(amoeba)'와 같은 모습을 띤다고 하는데, 말하자면 흔히 흐물흐물하게 아무런 형태도 없고 짜임새도 없는 미생물의 형태다. 앞서 지적한 대로 이는 마치 어린아이가 갓난아기 때 머릿속에 아무것도 생각이 나지 않는 무의식의 조건과 닮아 있다. 이 같은 미숙한 상태에서 생물은 점점 더 진화화기 시작하는데 그 다음 단계는 누에벌레의 모습과 특징으로 비유한다. 벌레는 이제 어느 정도 실체를 갖게 되고 겉보기에도 마디가 있으며 내부에도 무언가 내장 같은 것들이 생긴다. 이처럼 생물체가 형태를 갖추면서 그 유기체가 마디마디 갈라지기 시작함을 볼 수 있다. 이를 일컬어 유기체의 분화(differentiation)라 한다. 유기체 전체가 하나의 두루뭉수리로부터 약간의 차별이 생긴다는 것이다. 그러나 그 마디마디는 성질상 서로가 닮아 있지 차이가 없다는 점이 특성이다. 벌레의 한 두 마디를 뚝 잘라내도 나머지는 꾸물꾸물 그냥 살아 있는 모양을 볼 수 있는데, 그 말은 마디로 갈라지기는 해도 그 내용적 성격은 동질적(homogeneous)이라는 것이 특징이다.

이런 현상을 인간 유기체에 비유하면, 사람의 몸은 상당히 복잡한 여러 개의 부분으로 이루어져 있고 각각의 기관은 서로 기능이 다른 구성요소들이면서 하나의 전체인 신체를 형성한다. 이 상태가 말하자면 가장 진화한 생물체의 모습이 되는 셈이다. 게다가 인간과 생체구조가 유사한 포유동물도 그런 물리적 조건에서는 진화정도가 높은 고등동물이지만 인간의 의식작용을 하는 두뇌구조는 그 어느 다른 동물에게도 찾아볼 수 없다는 점에서 인간이 더 진화한 고등동물이 되는 것이다. 여기서 인간 유기체의 특성은 그 다양한 부분들이 각기 다른 기능을 하는 이질적(heterogeneous)인 구조를 띠면서 동시에 다른 부분들과 서로 상호연관성 속에서 상호의존적 관계를 맺고 작용한다는 점이다. 배탈이 나면 머리도 아프고 걸음도 제대로 못 걷는 등 신체의 다른 부분에도 어떤 식으로든 영향이 간다. 그리고 하나의 전체인 신체 자체가 제대로 존속하려면 결국 부분들은 제 나름으로 담당한 상이한 종류의 기능을 똑바로 수행해야 할뿐더러 부분들끼리도 관계를 제대로 유지하면서 작동을 해야 전체가 올바로 온전하게 살아 움직인다. 그리고 동시에 전체로서 몸이 정상으로 살아 움직여주어야 그 전체를 이루고 있는 부분기관과 신체부위가 또한 정상으로 기능하며 존속하게 되어 있는 매우 복합적인 유기체가 인간의 몸이다.

이런 맥락에서 우선 생물체의 성숙을 진화론적 관점에서 볼 때는 체계(system)의 성숙이라는 생태학적인 의미의 성숙을 고려하게 된다. 우선 하나의 체계는 여러 가지의 구성요소를 부분으로 담고 있으며 그 부분과 부분 구성요소는 상호의존적 관계 속에 작동하는 동시에 부분과 전체도 상호의존적 존재라는 특징을 띤다. 이런 모습으로 여러 구성요소가 다른 일을 맡아서 움직이는 상태로 갈라지는 것을 '기능적 분화(functional differentiation)'라고 한다. 서로 하는 일이 다른 분업을 하는 상태다. 소화기는 소화기능을, 폐는 숨쉬기를 하는 등, 기능적인 분화를 시켜놓고 나서 만약 소화기관이 혼자만 움직이고 영양을 심장에 안보내고, 숨은 폐가 쉬는데, 산소를 심장에 안 보내면 사람이 살아남지를 못하는 것이다. 그러니까 이 분화과정에서 체계는 자칫하면 분화로 인한 해체를 가져올 수도 있으므로 이를 방지하기 위한 통합(integration)을 시도한다. 자기들끼리는 전부 따로따로 움직이더라도 실제로는 하나의 통합 상태를 유지하면서 전체로서 상호관계를 철저히 잘 지켜야 체계가 살아남는다는 말이다. 그러므로 동방의 의학은 사람의 병을 종합적인 신체의 여러 관련 부분을 고려하여 진단하고 치료하는 접근을 전통적으로 취해왔다. 이에 반해, 서방의 자연과학적인 의학은 각 신체 부분의 증상에서 질병의 원인을 분석적으로 찾고 그에 대처하는 처방을 내리는 방식으로 접근해온 것이 대조적이다. 이제는 서양에서도 생태계의 체계적인 특성을 인식하고자 하는 생태주의 사고를 널리 받아들이고 있다.

이처럼 진화론적인 의미에서 유기체의 성숙이란 일단 체계의 구조적 복합성이 다양해지는 다원화, 즉 기능적 분화를 전제한다. 미분화 상태의 유기체는 성숙했다고 보지 않는다. 이처럼 분화와 통합이 제대로 이루어져서 체계가 다시 평형(equilibrium) 상태가 된 것이 전 단계에 비해 진화한 모습이면 이를 우선 성숙의 한 기준으로 삼는다. 여기에 진화론적 성숙에서 핵심이라고 할 수 있는 두 가지 개념이 등장한다. 분화·통합·평형의 과정을 반복할 때마다 체계 자체가 주어진 환경에서 살아남을 수 있는 적응적 역량(adaptive capacity)을 한 단계씩 더 키우는 변화를 가져오면 이를 진화라 규정한다. 이때 적응력의 향상은 곧 성숙의 표상이라 할 수 있다. 이처럼 대외 적응력을 향상하게 된 때는 체계가 존속과 진화를 위한 내외적인 에너지를 충분히 간직하고 활용하는 상태에 있음을 의미한다. 여기서 엔트로피(entropy)라는 열역학의 개념을 원용하게 된다. 전문적인 용어로는 어떤 계통(체계)의 온도·압력·밀도의 함수로 표시하는 양의 단위가 엔트로피라 하는데, 자연과정이 일어나는 동안의 일에는 이용할 수 없는 에너지량을 나타내는 척도라고도 한다. 그런데 이것이 동일성 내지 유사성을 일컫기도 하므로 엔트로피가 증가하면 조직의 해체를 가져오는 것으로도 설명한다. 말하자면 체계가 움직여야 하는데 필요한 에너지에 변화가 없어 이용할 수 없게 되는 부족 또는 결핍 상태를 가리킨다 할 수 있다. 사회체계도 스스로를 지탱하기 위한 에너지를 전부 소모해버리고 아무런 변화도 없는 상태가 되면 체계 자체가 망가지고(system breakdown) 붕괴할 수도 있다. 결국, 체계의 적응력 향상과 에너지의 엔트로피 상태가 발생하지 않도록 하는 것이 체계의 진화와 성숙에 결정적인 요소가 된다는 말이다.

이와 같은 진화론적 논리는 사회에도 그대로 적용할 수 있다. 사회가 아주 미개할 때는 소수의 사람들이 집단생활을 하지만 가령 수렵, 채취와 같은 동일한 일을 하는 아주 단순하고 동질적인 사회다. 아메바와 유사하다. 그러다가 농사도 짓고 하는 일도 다양해지는 분업이 생겨난다. 이때만 해도 분업이 있었다 해도 대다수의 사람들은 농사라는 같은 종류의 일에 종사하고 생각과 행동양식 등이 비슷한 비교적 동질적인 사회였다. 그러나 산업혁명 이래 인간사회는 분업이 극도로 발전하여 기능적 분화가 매우 다양하고 복잡해지면서 모두 하는 일이 다 각각일 뿐 아니라 의식과 행동유형과 문화가 서로 다른 체계를 이룩하게 되었다. 이런 상황에서 전부 뿔뿔이 자기방식대로만 살면서 갈등과 분쟁으로 사회의 에너지를 소모하다가는 사회가 온전히 사회다운 모습으로 남아 있지 못하고 해체, 분해할 우려가 있다. 따라서 사회는 기능적으로 분화를 하면서도 또 통합을 해야만 지속할 수 있다.

그런데 그 과정에서 인간은 동시에 자연생태계 속에 살아야 한다는 사회의 실존적 조건에 주목할 필요가 있다. 다른 모든 생물종과 함께, 그리고 자연과 함께 사회가 존속하려면 사회가 그 생태환경에 잘 적응을 해야 하는 것이다. 결국 생물학에서 말하는 적응력처럼 사회도 환경에 적응하는 역량을 키우는 '사회적 진화'를 추구해야 한다. 여기서 말하는 환경이란 자연생태환경 뿐 아니고 사회와 문화적 환경도 포함한다. 세상에는 수많은 나라들이 공존하는데 그 환경에서 살아남아 발전을 기해야 하는 것이다. 그러한 진화과정에서 사회가 가지고 있는 에너지를 충분히 발휘하지 못하고 에너지를 쓸데없는 데 탕진해버릴 때는 환경적 변화에 적응을 제대로 못하는 상황이 벌어질 수가 있다. 예컨대 사회가 잘 통합하지 못하고 갖가지 격렬한 갈등이 많이 일어난다면 사회의 에너지를 유용한 곳에 쓰지 못하고 계속 소모시켜버리는 결과를 초래하게 된다. 물론 모든 갈등이 그처럼 부정적인 것만은 아니고 정말 불가피한 것도 혹 있을 수 있지만, 대다수의 갈등이 사회적 에너지를 낭비하는 데 기여하는 게 사실이다. 이것을 열역학에서는 '엔트로피'라고 한다. 에너지를 모두 탕진해 버리고 변화가 없는 상태다. 사회가 이런 엔트로피의 지경에 이르면 사회체계 전체가 손상당하고 무너질 수도 있는 것이다. 그렇기 때문에 사회가 성숙하려면 그 자체가 사회로서 제대로 기능을 하면서 통합해 있는 모습으로 환경에 잘 적응하면서 효율적으로 발전해 갈 수 있는 에너지를 충분히 가지고 있어야 한다. 여기서 우리는 성숙한 사회의 단서를 찾는다.

사회의 성숙이란 이처럼 분화와 통합을 거듭하면서 대외적응력 곧 생존능력을 증대시키는 과정이다. 그런데 이와 같은 체계의 진화과정은 지속적으로 성숙한 방향으로만 진행하지 않고 도중에 에너지가 딸려서 엔트로피 상태로 빠져들면 체계의 손상과 붕괴가 결과할 수 있다는 점에 주목해야 한다. 사회체계가 엔트로피에 빠지지 않으려면 에너지와 자원의 투입과 산출(input-output)에서 효율성을 확보해야 한다. 에너지와 자원을 투입한 것보다 결과하는 사회경제적 산출이 오히려 더 줄어들게 되면 진화도 성숙도 어려워질 수밖에 없다. 상업이나 기업활동을 할 때 손해 보는 장사를 하면 결국 망할 수밖에 없듯이 사회도 정치·경제·문화 등 각 영역에서 각기 투자한 것보다는 더 많은 과실을 거둬들여야 결손이 생기지 않고 효율적 운영과 함께 발전도 기할 수 있는 것이다. 그런데 이처럼 체계가 효율적으로 작동하려면 구성원들이 열심히 그 운영에 참여해야 한다는 요건이 따른다. 사람들이 열성으로 참여하게 하는 데에는 적어도 동기부여가 필요하다. 그 동기부여의 수단에는 두 가지 방법이 있다. 첫째는 적절한 인센티브(誘因)를 제공해야 하고, 둘째는 역시 적정 수준의 경쟁이 활발하게 일어나야 한다. 이두 가지는 사실상 인간의 기본성향과 직결하는 요소다.

사람들은 아무런 대가나 보상이 없이 무엇에 참여하거나 일에 열심을 보이기가 쉽지 않다. 그 대가나 보상은 물론 반드시 물질적인 것만이 아니고 비가시적이고 비물질적인, 사회적, 심리적 유인도 포함한다. 그래서 사람들은 직접적인 물질적 보상을 기대하지 않고 자원봉사 같은 활동을 한다. 그러나 여기에도 심리적 만족감이라든지 사회적 인정과 같은 일종의 보상이 따른다. 자원봉사를 하면 나도 보람이 있고 기분이 좋으며, 사람들이 그걸 보고 칭찬하고 존경하며 그로 인해서 실생활에서도 유리한 사회적 자본을 만들어갈 수 있다는 등의 이득이 동기가 될 수 있다.

그와 같은 인센티브도 사람마다 똑 같을 수는 없다. 하는 일이 다르고 그 결과 또한 상당히 차이가 나는데도 그런 것과는 상관없이 모두 똑 같은 종류의 인센티브를 똑 같은 양으로 제공한다면 열심히 하려 들지 않을 개연성이 매우 높다. 다시 말해서 자기는 다른 사람보다 더 많은 시간을 들여서 더 큰 노력을 기울였는데도 보상의 양도 같고 대가의 내용도 똑 같다면 일 할 마음이 잘 동하지 않을 것이다. 동기부여의 또 다른 요인은 바로 이와 같은 경쟁이다. 경쟁을 해서 더 유용한 결과를 가져오는 사람에게 더 많은, 더 좋은 보상을 제공하는 것이 체계의 효율성을 높이는 데 아주 중요한 수단이 되는 것이다. 이런 원리에서 볼 때, 인센티브도 별로 차이가 없고 경쟁을 해서 더 나은 성과를 거두어도 별 소용이 없는 체제를 만들었던 것이 과거 공산권의 사회주의적 획일성이었으므로 결국은 그 체제가 엔트로피 상태로 빠져들어 쇠락을 면치 못한 것을 우리는 역사에서 분명히 관찰 하였다.

다만 효율성을 높이기 위해 유인을 차별적으로 제공하고 경쟁을 장려할 때는 주의해야 할 측면이 있다. 인센티브의 책정과 배분에서는 반드시 공평성(equity) 혹은 배분정의(distributive justice)의 원칙을 따라야 하고, 경쟁을 할 때는 필히 공정한 규칙(fair rules)에 의해서 추진해야 한다. 만일 이러한 공정성을 어기면 그 결과는 사회적 불만과 박탈감의 원천이 되고 결국은 사회적 갈등의 불쏘시개로 변질하게 되기 때문이다. 일 한 만큼 보상을 정당하게 제공하고 경쟁의 기회는 항상 동일하도록 규칙을 정하고 규칙을 이행하는 일이 필수적이다.

효율성을 이와 같은 체계의 에너지나 자원의 투입-산출이라는 차원에서만 보는 것이 일반적인 생각이지만, 그러다 보면 자칫 인간의 가치를 소홀히 생각할 여지가 있다. 무슨 일을 하든지 사회의 운용에는 사람들이 주도하고 참여하게 되어 있음을 잊어서는 곤란하다. 사람들이 일을 도모하고 추진할 때도 인간자원을 투입하고 거기에는 사람들의 의지와 노력과 지식과 생각 같은 요소들이 관여하게 되어 있다. 우리가 인센티브와 경쟁을 주목하는 이유도 거기에 있다. 그렇게 사람들이 애를 쓴 만큼 결실 또한 인간의 삶의 질을 향상시키고 사람들이 행복해질 수 있는 결과를 가져오느냐를 따져볼 때 그것이 투입한 인간요소의 질과 양에 비해 너무도 미달하는 정도밖에 되지 않는다면 그 효율성은 수준 이하에 머문다고 할 수밖에 없다. 그러므로 효율성은 단순히 물질적인 측면에서만 문제가 되는 것이 아니고 인간적 요소에서도 질적인 차원의 향상을 기하는 것이 중요해진다는 점을 항상 염두에 두는 인식의 전환이 필요하다.

사회체계는 이처럼 효율성을 지속적으로 높여가야 비로소 성숙하고 발전할 터인데 그 효율성의 동전의 또 다른 면은 곧 합리성이다. 그러니까 성숙과 발전의 한 축은 효율성의 제고이고 다른 축은 합리성의 신장이 되는 것이다. 대개 합리성이란 어떤 목적을 달성하고자 할 때 거기에 도달하기 위한 수단과 방법이 체계의 효율성을 높이는 데 도움이 되는 최선의 것인지를 따져보는 기준이요 목표다. 목적—수단 합리성이라는 것이다. 사회체계가 어떤 목적을 세우고 이를 이룩하기 위해서 가능한 여러 가지 선택지(혹은 선택가능성, alternatives)를 검토하는데, 그중에서 목적—수단 합리성이 최대한으로 이루어지는 것을 선택한 방법으로 일을 추진하면 가장 적은 투입으로 가장 많은 결과를 생산해낼 수 있다. 사실 인간은 이성적인 존재로서 일상적인 결정을 내릴 때 이와 같은 합리적 선택(rational choice)을 한다는 이론도 있다. 그 말은 인간의 일상적 의사결정 과정에는 되도록 감정적인 요소를 배제하고 이성적으로 계산을 제대로 하는 것이 합리적이라는 의미를 동시에 함축한다.

하지만 인간은 이성적이기만 한 존재가 아니라 무척이나 감정적이고 정서가 인간의 행동을 크게 좌우하기도 한다는 점을 무시할 수가 없다. 그래서 합리성이라는 말을 제대로 이해하려면 단순한 목적-수단 합리성만이 아니고 거기에 가치관과 정서적인 측면도 함께 고려하는 가치합리성이라는 의미도 포함해야 한다. 예를 들어 목적-수단 합리성의 원리만 따라 수단을 선택할 때 그 방법이 인간에게 유해하다든가 비윤리적이고 부도덕하다든가 하면 결과가 아무리 목적달성이라는 목표를 이룩한다 해도 그것을 반드시 정당하고 정의로운 방법이라고 주장할 수가 없다는 말이다. 기왕이면 효율성도 높이면서 동시에 인간에게 폐해를 끼치지 않고 사람들이 편한 마음으로 참여하여 얻은 결과가 보람 있고 정서적으로 행복한 것이 되는 것도 고려하는 것이 가치 합리성의 의미요 중요성이다.

요컨대 성숙한 사회라 하면 체계로서 사회가 엔트로피 상태에 빠지지 않고 적응력을 키워나가면서 효율적으로 합리성을 신장하는 그런 사회라 할 것이다. 그러면 이제 구체적으로 성숙한 사회를 이룩해가는 데 필요한 사안들이 어떤 것인지를 검토하기로 한다.

3. 성숙한 사회를 위한 패러다임의 전환

그러면 이제 성숙한 사회가 되려면 어떤 사회로 만들어갈 것이며 사회를 어떻게 운용해갈 것인가 하는 기본적인 생각의 틀, 즉 패러다임을 좀더 본격적으로 고찰할 차례다. 왜냐 하면 그 패러다임의 전환을 지금 해야 할 시점에 와 있다는 증좌가 여러 곳에서 드러나고 있기 때문이다. 만약 우리 사회의 성격을 제대로 고치지 못하고 그대로 가다가는 아마도 앞으로 진정한 선진국, 다른 나라의 존경을 받는 선진국에 이르기는 매우 어려울 것이라는 문제의식이 대두한 셈이다.

위에서 소개한 시스템 이론의 관점에서 성숙한 사회의 사회적 요건이라 하면 일종의 체계인 사회가 주어진 국내외의 사회·정치·경제적 환경에 적절하게 적응하면서 생존, 번영하는 역량을 키우는 것이 된다. 이런 조건을 구비하려면 효율성 제고와 합리성 확보가 핵심이라고 보았다. 이 두 가지는 비교적 추상적인 목표에 해당하므로 이를 염두에 두면서 시스템 차원의 성숙에 장애가 되는 혹은 성장을 방해하는 요소들이 어떤 것인지를 조금 더 구체적으로 살펴보는 것이 필요하다.

앞서 문명사의 성찰에 곁들여 개관한 충격적인 사회변동의 흐름 속에서 성숙한 사회를 겨냥한 선진사회의 성취를 위해서는 패러다임의 전환이 시급한 것은 불을 보듯 명백하다. 그와 같은 변화에 대처하고 상황을 관리해야 하는 과제가 우리 앞에 펼쳐진 만큼 무엇보다도 일반적인 수준에서 시급한 해결을 요청하는 과제는 과연 어떤 것인가? 성숙한 사회의 실현을 겨냥한 혁신과제와 추진전략은 사회적 패러다임의 일대 전환에서 시발할 수 있다. 이때 핵심은 선진적인 시스템과 사람(social system & human element), 즉 인간요소와 사회조직 원리다. 시스템의 특징은 대외적으로 환경(자연, 국제사회 등)에서 생존하기 위한 적응력을 키우는 일이고 대내적으로는 통합과 균형과 사회적 자본의 증대를 위하여, 유연성, 효율성, 투명성을 필요로 한다.

사회의 통합은 ① 기능적으로 분화한 부분집단, 하위시스템을 조정(coordination)해주고, ② 가치와 이념을 중심으로 상징적 통일을 촉진하며, ③ 계층적 갈등을 해소하는 세 가지 차원에서 이루어진다(Turner, 1987). 한편, 균형과 조화는 ① 투입과 산출(input-output) 간의 균형, ② 사회적 에너지의 엔트로피(entropy) 방지, 그리고 ③ 여야, 노사, 국가와 시민사회, 시장과 시민사회, 정치와 경제, 경제와 문화 등 사회 각 부문 간의 음양변증법적 조화를 추구한다. 그리고 사회적 자본은 시스템의 인간요소로서 성숙한 사회를 지향하는 변화의 핵심은 투명성과 신뢰성 확보다. 후진사회의 특징은 부정부패가 문제이기 때문이다. 특히 선진적 투명성 실현의 전제조건에서 중심인 것은 신뢰(trust)다(Lin, 2001). 위에서 우리는 사회의 성숙은 효율성의 제고와 합리화의 강화라는 이론적 담론과도 만나 보았다.

그러면 이제는 사회 운용의 패러다임을 어떤 방향으로 바꿔야 하며 어떤 과제를 해결하고 이행할지를 상고할 차례다. 지금부터는 이를 위한 구체적인 프로그램 차원의 화두를 자세히 점검한다. 가장 일반적인 수준에서 무언가 잘못되어 있다는 말은 바꾸어 표현하면 뭔가 정상적이 아니라는 뜻을 함축한다. 거기에는 하루 속히 정상화해야겠다는 필요와 염원이 깃들어 있다. 다만 이 정상화라는 말은 막연하고 추상적이므로 이를 더 자세히 뜯어보려면 몇 가지 중요한 개혁의 내용을 점찍을 수밖에 없다. 무엇을 어떻게 정상화한다는 것인지를 지적할 필요가 있다. 다만, 여기서 다루는 성숙사회를 위한 패러다임 전환의 조건은 앞서 선진사회의 기본요건을 논할 때 제안한 내용과 중복하는 면이 있음을 미리 밝혀둔다.

하루 아침에 이러한 성숙한 선진문화사회를 이룩할 수 있다고 믿는 사람도 없겠지만, 그런 걸 믿는다면 참으로 어리석은 일일 것이다. 그러나, 꿈은 멀고 때로는 허황되어 보이는 법이다. 꿈을 실현하고자 하는 의지와 노력이 중요하다. 우리가 바라는 사회와 비겨 오늘 우리의 현실은 너무도 부족하다는 평가도 있을 수 있다. 그러나 우리는 여기에서 주저앉아버릴 수 없는 숙명을 직시하여야 한다. 비판 자체를 위한 비판의 시대는 이제 뒤로할 때가 되었지만, 우리 스스로를 돌아보는 아픈 자성의 시간은 지금도 그리고 앞으로도 언제나 필요하다.

1) 기를 모아 다시 한번

첫째로, 무엇보다도 우리는 선진사회의 기본 조건인 지속적 경제성장을 성취할 수 있어야 함은 이미 선진사회의 기본 요건에서 언급한 내용이다. 여기에서는 이를 실현하는 데 필요한 인간의 정신적 심리적 준비태세와 관련한 각오를 지적하고자 한다. 우리에게는 부존자원이 부족한 대신 세계에서 가장 우수한 인간 자원이 풍부하다는 특이한 여건이 있다. 이를 십분 활용하는 것이 우리의 과제다. 인간의 창의력을 드높이고 흔히 말하는 '신바람'을 일으킬 풍토를 조성하는 것이 과업이다. 지금까지 우리가 성취한 경제성장은 국제적인 환경이 유리한 상황에서 정부가 적절한 정책과 지도력을 보여주었고 민간이 활발한 기업가 정신으로 이에 협조했기 때문에 가능하였다. 그 배경에는 우리 민족의 심리 속에 뿌리 깊은 '한(恨)'을 해소하고자 하는 강한 동기 요인이 있었고, 갖가지 시련의 역사 속에서 축적했다가 하나의 목표를 향해 힘껏 쏟아 넣었던 민족적인 '기(氣)'의 작용이 있었다. 그런데, 어느 정도의 '한풀이'가 될 만하게 되니까 이제는 국가나 기업이나 근로자나 국민이 누구라 할 것도 없이 모두 분수에 걸맞지 않은 생활 양식에 젖어 들어 어느 새 특권에 익숙하고 배부름과 허세에 안주하며 일하기 싫고 즐기는 삶이 좋아지는 거품 선진사회의 함정에 빠지는 꼴이 되었다. 자연히 '기'가 분산하고 흩어진 '기'는 우리 민족의 몸과 마음에서 서서히 빠져나가고 있는 형국이다. 모두가 정신 차리고 제자리 도로 찾아 제몫에 헌신 몰입해도 선진국 따라 잡기는 물론 신흥 중진국들의 추격을 따돌리기도 힘겨운 판국임을 뼈저리게 인식하고 혼신의 힘을 다해 '기'를 다시 모으고 키워 발휘하여야 할 것이다.

2) 도덕성과 규범질서의 정상화

둘째로, 이처럼 국민적 기를 모아 열심히 다시 성취하자면 부정부패를 극복해야 할 절체절명의 정상화가 시급하다. 공정하게 규칙 준수, 권위 회복, 질서 정착으로 부정부패, 부조리, 비리, 편법주의를 극복하고 상식이 통하는 정상사회를 이룩하는 것이다. 위에서 진정한 선진사회의 요건으로 도덕사회의 건설 내지 회복(無道, 無廉, 無禮, 無恥 청산)을 이미 지적하였지만 이야말로 가장 고차적인 시대적 요청이다. 이는 또한 가치관과 규범질서 교란(normlessness)의 정상화 과제라고 할 수 있다(無權威, 無規範, 無常識, 無原則, 無秩序 탈피의 과제). 본시 사회의 가치관이 바로 서면 대체로 사회적 규범이나 법규 또는 기초질서 같은 것도 제대로 이행하는 것이 일반적인 사회현상이지만, 지난 세기 엄청난 격변을 거치는 과정에서 극심한 가치관의 혼란과 왜곡이 우리 사회를 송두리째 뒤흔들었으므로 규범질서의 교란이 일어날 수밖에 없었다. 거의 규범 자체가 사라진 듯, 사람들은 규범이 있어도 지키지 않을뿐더러, 때에 따라서는 어느 규범이 옳은지를 판단할 수가 없는 상황(anomie)이 벌어진 것이다. 그 과정에서 우리 사회에서는 규칙 범하기를 떡 먹듯이 하면서도 양심의 가책이나 염치없음을 느끼기는커녕 오히려 잘한 일인 양 목에 힘을 주며 활개 치는 기득권층이 너무 득세를 해왔다. 이들은 사회의 자원을 독과점 함으로써 불리한 여건에 있는 계층들로 하여금 울분을 금치 못하게 하는 상대적 박탈감과 소외감을 되씹게 하였다.

사회나 지도층이 공정치 못하고 규범을 어기면 사람들이 분발하지 않는 법이요, 남이 다 법을 어기고 규칙을 무시하는데 나라고 열심히 질서를 지키며 일하겠다는 생각이 들 리가 없다. 공정함이란 자원의 배분에서 나타나서 계층 간의 격차를 줄이고 불만의 근원을 없애는 데서도 실현되어야 하지만, 경쟁의 원리가 누구에게나 공정하게 적용되는 데서도 발현되어야 한다.

처음부터 규칙(경쟁을 포함한 사회의 모든 규칙)을 공정하게 만들어야 함은 물론이려니와, 한번 지키기로 약속한 규칙이면 누구나 존중하고 지키는 질서가 필요하다. 공정치 못하여 지키고 싶지 않은 규칙이면 정당한 절차를 밟아 고쳐서라도 준수하는 것이 마땅한 도리다.

그러니까 도덕성의 내면적인 문제는 윤리와 수양의 차원에서 다루어지겠지만, 도덕성의 사회적 차원은 공정하게 행동하고 규칙을 지키는 일로 규정하게 된다. 따라서, 사람들이 공정하게 행동하고 규칙을 잘 지킬 수 있도록 하는 유인(incentives)을 제공해 주는 사회적 마련, 즉 제도와 법률적 규범과 사회적 통제의 개혁이 뒷받침되어줄 필요가 있다. 이와 함께 아직도 후진국처럼 행동하는 사람들이 허다한 현실을 시정하기 위해서는 어릴 때 가정에서부터 부모와 가족이 솔선수범하는 데서 시작해야 함은 물론 학교와 대중매체 등 공교육과 평생교육의 노력이 지속적으로 이루어져야 가능하다. 마음만 먹으면 아주 간단하고 쉽게 성취할 수 있는 목표다.

3) 절차의 정상화와 정당한 권위의 복원

셋째로, 공정하고 규칙이 잘 지켜지는 사회가 되자면 절차를 중시하는 태도의 생활화가 절실하다. 결과만을 보고 절차를 무시할 때 사회의 질서가 무너지기 쉽다. 절차를 중시하는 사회가 민주적인 사회다. 민주적인 사회는 인간의 존엄의 신념에 바탕한 인간관계를 중시하는 시민들의 사회다. 그러므로, 나의 인간적 존엄이 귀중한 만큼 타인의 인간적 존엄도 존중해야 한다. 나의 이익이 소중한 만큼 남의 이해관심도 아껴 주는 자세가 필수적이다. 자기중심으로만 행동하고 살아가다 보면 결과적으로 언젠가는 자기에게도 같은 결과가 돌아오는 '부메랑 효과'가 나타나는 것이 사회적 삶의 실존적 조건이므로, 현명한 시민은 다른 사람들의 이익을 염두에 두고 나의 이익을 추구

한다. 거기에는 일정한 사회적 약속이 있고 약속을 지키는 것이 규칙 준수가
되며, 거기에는 일정한 절차가 있고 절차를 지키는 것이 곧 민주적인 삶이
다.

하지만, 그동안 우리 사회는 절차를 무시해도 좋다는 편법주의와 나는 아
무래도 좋다는 특권의식이 팽배하여 진정으로 민주적인 시민사회를 이룩
하는 데 크게 미치지 못하였던 점이 많다. 과거 식민 시대의 관료주의적 권
위주의나 그전의 가부장적 남존여비 사상 같은 것들이 특권층은 규칙을 어
겨도 무사하고 절차를 무시해도 상관없다는 의식의 뿌리였을 것이다. 그러
다 보니, 정작 사회의 질서 유지에 긴요한 제도와 지위의 정당한 권위는 손
상당하고 권위주의만이 판을 치게 되었다. 우리의 의식 속에 깊이 박히고
행동유형으로 끈질기게 남아 있는 권위주의를 극복하지 못하고서는 민주
시민사회는 불가능하다는 철저한 자기반성이 반드시 있어야 한다. 더구나
앞날의 지식정보사회는 의사결정의 과정이나 조직체의 구조가 권위주의적
인 것을 허용하지 않거나 거부하는 방향으로 변하고 있는 현실에서 아직도
구태의연한 권위주의적 특권의식에 사로잡혀 있는 기성세대와 사회의 지
도층은 새로운 세대의 도전을 받게 될 것이다.

사회제도를 운영하려면 반드시 권위가 필요하다. 나라든 조직체든 일을
하려면 의사결정의 메커니즘이 있고 명령의 체계가 있게 마련이다. 그러한
구도 속에서 일정한 지위를 부여하고 거기에 권위를 실어주어야 결정도 내
리고 명령이 통할 수 있는 법이다. 이때 권위란 그 권위를 행사하는 사람의
결정과 명령을 해당 사회나 조직체의 구성원들이 인정하고 받아들이는 권
력을 뜻한다. 바꾸어 말해서 정당성을 확보한 권력을 가리킨다. 그런데 한
마디로 우리 사회에서는 그러한 제도적 권위를 존중하는 태도가 놀라울 만
큼 부정적으로 변해 버렸다.

솔직히 요즘 우리 사회에서 주요한 사회제도 부문을 통틀어 어느 한 영

역인들 리더라는 사람들이 제대로 권위를 인정받고 존경의 대상으로 자리하는 지 심히 의심스러운 게 현실이다. 나라의 대통령, 종교지도자, 교육자, 최고경영자, 심지어 가족 안에서 부모의 권위를 귀하게 여기는지를 물어보면 곧장 알 만한 현상이다. 그런데 이처럼 진실로 존중해야 할 권위는 자꾸 땅에 떨어지고, 무시해버리면서, 다른 한편으로는 오히려 아직도 끈질기게 남아 있는 것은 '권위주의'라는 현실에 우리 사회의 이중적 문제가 도사리고 있다. 권위주의는 사회적 지위에 따르는 특권과 대우의 차등을 엄격하게 요구하는 자세를 일컫는다. 권력을 행사하는 자리에 있으면 다른 사람들보다 엄청나게 다른 대우를 받고 특권을 누릴 수 있으므로 거기서 '권위의식'이 생겨서 남을 무시하고 잘난 채 소위 '목에 힘을 주는' 자세로 사람을 대한다. 내가 나이 많고, 내가 높은 자리에 있고, 남자니까 내 뜻대로 하라는 식의 권위주의는 아직도 깊이 뿌리 박혀서 잘 없어지지 않고 있다. 정말 성숙한 사회는 이런 권위주의를 극복해야만 가능하다. 다시 말해서 정당한 권위(authority)는 되살려 존중하되 권위주의(authoritarianism)는 하루 속히 탈피해야 한다.

한 가지 특별한 보기를 들자. 미국의 대학에서 가르칠 때 한편으로는 좀 의외라 느끼면서도 그 정신은 본받을 만하다고 생각하게 한 사례다. 일상생활에서는 교수와 학생 간에 서로 이름(성 말고 개인의 주어진 이름)을 부르며 아주 자유롭고 친숙하게 지내지만, 논문 지도교수와 학생의 관계는 예상외로 엄격하고 철저하였다. 학생의 논문 주제, 내용, 구성, 문장 모든 면에서 조금이라도 교수의 마음에 들지 않으면 가차 없이 통과시키지 않을뿐더러 필요하면 지도학생의 자격마저 박탈해버리는 수가 있다. 그래도 이런 관행에 토를 다는 학생은 없었다. 권위주의는 거의 사라지다시피 인간적 관계의 평등은 허용하지만 교수와 학생이라는 교육적 관계에서 교수의 권위는 무한정 인정하는 문화를 읽을 수 있는 보기다.

이와 같은 권위 실추와 권위주의의 병존 현상은 특히 1970~80년대 군부정권에서 대학생의 정치운동이 격렬하던 시절에 싹이 튼 역사가 있음을 기억할 필요가 있다. 물론, 일반적으로 미국의 자유주의 문화가 들어오고 근대화를 경험하는 과정에서 권위주의적 사고나 행동에도 변화가 일었던 것은 부인할 수 없지만, 그 뿌리가 좀처럼 사라지지 않고 있는 배경에는 그러한 군부정권의 성격과 학생운동의 특성이 마주하는 접점이 없지 않기 때문이다. 가령 군부정권이 학생들의 민주주의 주장 운동을 강하게 억제한 데 대해서 학생들은 과격하게 저항하는 와중에 국가를 위시하여 기성체제를 향한 강렬한 거부의식이 싹텄고 거기서 국가나 기성제도의 정당한 권위마저 부정하는 태도가 생성한 것이다.

그것과 같은 선상에서 학생들은 적극적으로 자기들과 동조하지 않고 중립을 지키거나 정부와 타협하는 듯한 교수집단을 불신하기 시작하였다. 이것이 교권(교육 권위) 무시의 태도로 변질하였다. 이런 경험을 쌓으면서 우리 사회의 기성제도 권위의 불신과 경멸의 문화가 번져나간 것이다. 그런데 문제는 그러한 민주주의와 평등의 이념을 앞세운 학생운동의 조직이나 지도급 학생들의 행태 자체는 지극히 권위주의적이라는 지적이 나오기도 했던 것은 가히 아이러니가 아닐 수 없다. 정작 권위는 추락하고 권위주의는 꿈쩍도 않는 딱한 현실이 전개한 배경에는 이런 측면도 있다는 말이다.

우리의 정치나 국가운영은 물론 심지어 기업부문이나 학교 및 종교기관에서까지 정작 존중해야 할 권위는 무시하면서도 권력과 특권이 집중하고 있는 대통령, 회장, 교장, 성직자 같은 인물을 대하는 태도나 행동, 또 그 지도자들이 주위의 다른 사람들을 다루는 모습은 무슨 제왕과 신하를 연상케 하는 것도 바로 이 권위주의의 문제다. 민주주의 운동의 화신으로 알려진 우리의 전직 대통령들도 일상의 행동에서는 엄청난 권위주의적 태도와 행동을 보였으며, 모 재벌의 총수가 행차하는 행렬은 대통령 에스코트보다 더

했으면 더 했지 그에 못잖은 것을 자주 볼 수가 있다. 이런 우리나라의 풍습에 비하면 정말 놀랍다 싶을 만큼 권위주의를 탈피한 사례를 한두 가지만 들겠다.

지난 1980년대 초 멕시코시티에서 국제회의가 있어 참석했을 때 본 광경은 참으로 인상적이었다. 세계사회학대회 개회식을 거대한 고풍의 오페라 하우스에서 치르는데 거기에 대통령이 경호원 한 사람을 대동하고 나타나서는 경호원을 강당 뒤에 남겨둔 채 혼자서 그 큰 홀을 가로질러 높은 단상까지 뚜벅뚜벅 걸어가는 것이었다. 그리고는 그 지루한 학자들의 개회식 인사와 기조강연까지 모두 경청하고 축사를 한 다음 유유히 사라지는 것이었다. 멕시코가 우리보다 경제적으로 더 풍요한 나라도 아니요 정치에서도 일당독점 정치를 수십 년 해오던 시절의 얘기다. 그리고 1980년대 후반에는 베를린대학 창립 기념식에 참석할 기회가 있었는데, 그 식장의 단상에는 연사만 자기의 차례에 올라가 연설을 하고 단 아래 앞자리의 자기 지정좌석으로 돌아오는 형식으로 좌석배치를 해놓은 것을 보았다. 독일 대통령도 그 단 아래 좌석에 앉아서 연설을 들은 다음 축사 차례 때만 단상으로 올라가는 광경을 보면서 매우 깊은 인상을 받은 적이 있다.

결국 성숙한 사회란 이처럼 허장성세의 권위주의는 하루 속히 불식하고 사회를 운용하는 데 정말 요긴한 제도적 권위를 인정하고 존중하는 풍토를 조성해야 이룰 수 있다.

4) 신뢰의 회복

넷째로, 기득권층의 부정부패나 기성세대의 특권의식이 자아내는 사회적 결과 중 우리 사회를 근본부터 좀먹게 한 현상은 불신의 조장이다. 지도층 일반을 향한 불신이 급기야는 제도 전반을 불신하는 풍조로 번져 나갔으며,

불신으로 인하여 사회는 서로 더불어 살 수 없는 족속들 사이에 틈을 만들어 결국 공동체의 붕괴를 초래하게 되었다. 여기에, 민주적 이행과정에서 잘못된 방향으로 흘러가기 시작한 개인주의와 집단이기주의가 가세하여 공동체의 해체과정은 더욱 심각한 단계로 들어가는 듯하다. 공동체의 유대를 유지하는 요소는 기본적으로 인정과 공통의 이해관심이라 하겠는데, 이해관계가 날카로워진 현대 사회에서 개인주의, 집단이기주의가 그 한 가닥을 허물어버림으로써 좁은 범위의 친근한 집단 외에는 누구도 믿지 못하는 심각한 불신이 자리하였다. 이 같은 불신의 시대, 불신을 청산하며, '믿을 수 없는 사회'의 오명을 벗어야 하고, 신뢰사회로 정착하여 신의(信義)를 회복해야 한다(不信, 不正直 척결). 앞에서도 거듭 강조했지만 신뢰야말로 정상적인 사회의 운용에 결정적인 효력을 발휘하는 사회적 가치의 덕목 제1호라 해도 과언이 아니다.

5) 공동체의 복원

다섯째, 전통적으로 우리 사회가 지녀왔던 친족 중심의 집단주의가 그나마 공동체 의식의 근간이 되어 우리 사회의 그물을 묶어두는 기능을 했지만, 이것이 공업화, 도시화, 민주적 자유화를 겪는 동안에 허물어질 위기에 놓이고 있다. 공동체의 유대를 유지하는 요소는 기본적으로 인정과 공통의 이해관심이라 했는데, 이해관계가 날카로워진 현대 사회에서 개인주의, 집단이기주의가 그 한 가닥을 허물어뜨리는 반면, 우리의 전통 속에 면면히 이어져 온 '인정주의(personalism)'가 그나마 취약해진 공동체를 지탱해오는 요소로서는 의미가 있다 할 것이다. 그러나, 그 인정주의는 다른 한편에서는 우리 사회의 부정과 비리를 조장하는 정실주의와 특혜 등의 근거로 변질했을 뿐 아니라, 인정주의는 사회관계의 합리화에 장애 요소로 작용하기도 하는 한계가 있다. 그러므로, 앞으로의 과제는 인정주의와 합리성을 변증법적으로 조화시키는 일이다. 우리 사회는 이성적인 사회로 승화해야 하는 동시에, 서양의 합리화가 가져온 비인간화를 막아주는 인정주의는 공동체의 해체를 방지하기 위해서도 전승하고 장려할 필요가 있다. 인정이 넘치고 푸근하면서도 이성적인 사회, 이것을 우리가 가꿀 수만 있으면 세계문명사의 전개에 공헌하는 한 가지 길일 수 있다.

6) 공공의식의 강화

여섯째, 우리 사회의 불신을 씻어내고 공동체의 와해를 어느 정도건 막기 위해서는 우선적으로 기득권층 또는 지도층의 반성과 행동 수정이 필수적이다. 사회적 무감각증을 치유하고, 남을 먼저 생각하는 공동체적 사회의식의 강화가 필요하다. 전쟁을 경험한 사회는 극한 상황에서 생존해야 하는 충동에 떠밀려 극단적인 자기중심적 성향이 강해진다. 그런 배경을 포함하여 급격한 공업화와 도시화 등으로 개인중심주의가 사회 전체의 공익보다 가까운 연고를 기초로 하는 집단이기주의를 부추기는 등 공공의식, 사회의식의 결핍을 초래한 면이 있다. 그러므로, 가족이나 친족과 같은 혈연, 학연, 지연, 직연(職緣), 도당, 패거리 등 연고주의와 협소한 집단이기주의를 초월한 전체 사회의 공공복지 지향의 공동체 의식(communitarian)에 기초한 공익정신, 특히 노블레스 오블리주(noblesse oblige) 정신의 정착이 필요하다. 옛 선비들의 성(誠)에 기초한 살신성인의 정신, 또는 서양의 노블레스 오블리주, 즉 지위가 높은 특권층일수록 솔선하여 사회적 의무를 다 하고 앞장 서 더 큰 책임을 진다는 덕목에 주목하여야 한다. 그래야만 비로소 지도층이 국민의 불신과 질시와 비방 대신에 사랑과 존경을 받을 수 있게 될 것이며, 그로부터 공동체의 회복도 쉬워질 수 있다. 이러한 지도층의 교정이 지도층 스스로에 의해서 이루어지는 것이 가장 바람직하다. 그러한 반성은 비단 지도층에만 국한되는 것이 아님은 더 말할 나위도 없다. 결국 온 국민이 사회를 살리고 정상화시키려는 노력이 따라야 한다.

7) 문화의 창달

일곱째, 경제적 바탕의 견고화와 사회의 정상화를 기한 위에 문화 창달의 노력이 집중적으로 이루어져야 한다. 이 조건의 성패가 진정한 선진문화사회의 성취 여부를 좌우하기 때문이다. 사실, 우리의 역사적 배경을 보면 독창적인 문화의 개화로써 동양 삼국 중 특출한 민족적 기량을 발휘할 수 있었기에 민족의 정체를 잃지 않고 생존할 수 있었음을 주목하게 된다. 그러나, 조선조 후기 사회의 기강이 해이해지고 일제강점기의 지배를 거치는 동안 우리 사회는 문화를 경시하는 사조가 만연해지기 시작하였고, 여기에 30년 군부 통치의 여파로 문화를 하나의 장식품으로 생각하는 풍조가 일반화한 면이 있다. 이제 21세기 초를 맞이하여 적어도 대중문화의 K-Pop이나 BTS(방탄소년단)의 열풍 같은 일부 문화의 세계화에 두각을 드러내기 시작하였다. 그래서 이런 계기를 기틀 삼아 다시 한번 문화 전통의 위대성에 눈을 뜨고 문화를 키우고 북돋우며, 문화의 내용을 풍부히 하며, 문화의 질을 드높이고 세련시키며, 온 국민이 누구나 골고루 문화의 강물에 흠뻑 젖어 그 맛을 만끽하는 경지를 이루고자 최선을 다해야 할 것이다. 이를 위해서는 국가가 국민의 세금을 문화 창달에 더 크게 할애하고 문화 활동을 적극 장려할 일이나, 결코 간섭은 하지 말아야 한다. 그러는 한편, 국가의 독자적 힘만으로는 부족한 자원과 시설을 민간 기업에서 적극 협조하도록 유도하고, 기업은 이에 서슴없이 동참하여야 할 것이 긴요하다.

8) 절실한 합리화

여덟째는 절실한 합리화다. 패러다임의 전환에서 가장 중요한 것은 시스템의 합리화다. 현재까지도 우리는 어쩌면 1960년대 고도성장을 위하여 구축한 낡은 시스템에 근본적인 개혁을 시도하지 못한 채 21세기 격변의 시대를 살고 있는 지도 모른다. 이제는 국제경쟁에서 살아남아야 생존이 가능하고 성숙한 선진사회도 꿈꾸어 볼 수 있다.

이를 위한 결정적인 화두는 '시스템의 합리화'다. 그리고 시스템의 합리화를 이루려면 다음의 조건을 충족해야 한다.

① 지금까지는 주로 인치(人治)에 의존해오던 시스템에서 법치(法治)로 변환하는 확실한 시스템 전환이 필수적이다.
② 여기에는 연고, 패거리를 탈피하고, 적재적소, 공정성과 전문성을 중시하는 합리적인 인사(人事)가 기본이다.
③ 가능하면 개별작업 시스템에서 공동작업, 팀워크 시스템으로 전환하여 효율성을 높인다.
④ 모든 일에 책임행정, 책임경영의 정신이 투철하게 시스템을 정상화한다.

사고, 행동, 제도, 조직구성과 운영의 합리화가 절실하다(無涇渭, 無理, 無謀, 無分別, 無自覺, 無節制 극복).

특히 한국사회는 지나친 감성주의(emotionalism)으로 인한 폐해가 극심하다. 걸핏하면 충돌하고 집단적 흥분을 분출하는 행태는 선진사회를 위해서는 시급하게 극복해 마땅한 요소다. 위에서 이미 체계의 합리화가 중요하다는 점을 지적하였다. 합리화는 크게 두 가지 차원에서 논의할 수 있다. 하나는 사회 속에 공동생활을 해야 하는 구성원들 개개인이 남들과 함께 상호작용하는 맥락에서 최소한도로 이성적인 행동을 해야 한다는 것이다. 생각을 이성적으로 해서 자신의 감정을 자제하고 신중하게 행동하며 각자의 이기적인 이해가 서로 충돌하지 않도록 상대방의 이득도 고려하면서 필요할 때는 적절한 타협과 협력을 존중하는 방향으로 살아가야 한다는 것이다. 두 번째 차원은 주로 사회체계가 제도와 조직과 정책에서 목표설정에서는 사회의 가치합리성을 강화하고 목표달성 과정에서는 여러 선택 가능한 수단 중에서 가장 효율성이 큰 해결책을 찾으려는 성향을 중시하는 방향으로 시스템을 구축하고 운용할 수 있어야 합리화라 할 만하다.

어린이처럼 자기 충동에 의해서, 감정에 의해서, 그리고 우리나라 선거처럼 서로 연고로 인정 따져서, 뇌물도 주고받고 하는데, 이런 방식으로는 사회가 정상화가 될 수가 없다. 그러니까 생각과 제도를 합리화하고, 나라를 다스리고 조직체를 운영할 때도 의사결정을 하는 개인이 자신의 이익과 감정과 정실에 따라 제멋대로 다스리는 인치(人治)가 아니라 법과 규칙에 의해서 다스리고 경영하는 법치(法治)를 해야 한다. 그리고 인사 관행도 내가 개인적으로 잘 아는 사람, 가까운 사람, 인간적으로 내게 덕을 베푼 사람이니까, 선발하거나 승진시키는 식의 정실인사가 아니고, 제대로 실력을 갖춘 사람을 적재적소에 쓰자는 것이 합리적인 인사다.

9) 교육의 정상화

아홉째, 그러면 이처럼 다각적인 사회의 변혁을 어떻게 이룩하느냐가 관건인데, 인간의 행동과 의식을 바꾸는 여러 가지 길 중에 기본은 역시 교육에 의한 교정이다. 그리고 교육에는 조기교육으로서 가정교육과 제도 교육, 정규 학교 교육, 다음에는 대중 매체를 위시하여 각종 평생 교육 프로그램 등을 포함하는 사회 교육의 전 과정을 말한다. 민주 사회에서는 제도에 의한 규범적 강제와 교육에 의한 설득과 교화로써 변화를 추구하는 것이 정상이다.

이 맥락에서 우리는 교육의 정상화와 사회 개혁의 과제를 연결시켜 고려할 필요가 있다. 이미 선진사회의 기본 요건으로 인성교육의 중요성을 강조하였으나, 여기에서는 특정하여 사회 개혁의 방법을 강구하는 문맥에서 교육을 다루고자 한다. 그 개혁의 종류와 내용에 따라 여러 층의 제도적 개선, 행동 변화, 의식 개혁 등으로 접근함이 타당할 것이다. 그러나, 가장 핵심적이고 장기적으로는 가장 근원적인 접근은 교육에 의한 개혁이다. 그러한 터에 우리의 교육 자체가 개혁의 주대상으로 떠오르게 되었음은 실로 어처구니없을뿐더러 한심하기 짝이 없는 일이다.

오늘 날 우리 사회에 만연한 질서 의식의 결여 같은, 간단한 듯이 보이지만 실은 기본적인 문제는 그 뿌리를 추적해 보면, 결국은 어려서부터 가정교육에서 제대로 버릇이 들지 못한 데서 연유함을 간파할 수 있다. 그 가정교육의 진수는 부모를 비롯한 가족 성원들의 솔선수범이다. 어린이가 모방하고 본받아 배우는 본보기가 올바른 행동을 하여야지 말로만 "바담풍" 하지 말라면서 행실은 스스로 개차반인 모본은 결국 똑같은 후세만을 끝없이 길러내기만 한다. 그리고 가정교육의 문제점은 사회화의 담당자인 어머니에게 일차적인 책임이 있고, 그러한 어머니를 만들어 낸 책임은 남성위주의 가부장적이고 남존여비적인 우리 문화와 사회 관행에로 귀착한다. 이제부터라도 어머니들이 자녀에게 "공부 잘해서, 일류 학교 가서, 출세해라"는 판에 박힌 비문화적인 요구나 강요하고, 도덕적 행동이나 규칙 준수 행위 같은 것은 아랑곳하지 않는 사회화의 주관자가 아님을 깊이 인식하도록 하는 것이 급선무다. 어린이의 창의성과 기타 모든 잠재 능력을 충분히 표현할 수 있어서 각자가 스스로 선택하는 아름답고 풍부한 삶을 누릴 뿐 아니라, 자기중심적인 유치함을 탈피하고 공동체적 삶의 도리에 헌신할 태세를 갖춘 도덕적으로 성숙한 인간으로 성장함으로써 결과적으로는 우리 사회 전체의 문화적 도덕적 수준이 드높아지게끔 양육할 수 있도록 하는 것이 우리 가정교육의 급박한 과제다. 그처럼 중요한 구실을 떠맡은 여성들에게 갖가지 차별과 제약을 가하는 남성들을 의식화하고 해방시키는 일이 참으로 중요하고 시급한 까닭이 여기에 있다.

학교교육의 정상화는 너무도 자주 언급해오면서도 참다운 개혁의 기미는 보이지 않는 것이 우리의 현실이다. 무엇보다도 정보화, 국제화, 다원화해가는 세상에서, 그 예민하고 학습이 빠른 아동과 청소년이 언제 입학시험을 위한 주입식, 암기식 교육에만 매어달려 있을 겨를이 있는가를 교육 당국은 물론 국민 각자가 얼마나 진지하게 성찰하고 있는 지 의심스럽다. 세상이 다 썩어 문드러져도 교육계만은 독야청청하기를 바라기에는 현실이 너무 속물화하고 말았지만, 그렇더라도 우리는 교육계가 그나마도 사회의 양심을 지켜주는 제도 부문이기를 바랐고 앞으로도 그럴 것이다. 그뿐 아니다. 다른 민간의 건축물이나 권력 기관의 건물들은 외형이나 내실로나 점차 고급화하고 국제화하는 판국에 우리의 후세를 길러 내는 학교의 건물과 시설이 항상 가장 낙후하고 형편없는 이 사실은 우리나라의 문명 수준이 얼마나 미개한가를 여실히 웅변해주는 현상이다. 여기에도 우리 국민 모두의 뼈아픈 반성이 필요하다.

두말할 나위도 없이, 이런 문제들을 해소하기 위해서는 엄청난 자원이 있어야 한다. 그러나, 교육에다 투자하지 않는 나라에 장래를 걸어볼 수 있다고 생각하는 사람이 우리 중에 조금이라도 있다면, 우리는 희망을 애당초 버리는 것이 상책이다. 더구나, 지도층과 결정 행사에 참여하는 사람들은 더 말할 나위조차 없다. 당장에 불편하고 어려움이 있더라도, 경제를 소생시키고 지속적 발전을 기하고자 할 때는, 첫째도 교육, 둘째도 교육, 셋째도 교육이어야 한다. 과학 기술을 발전시키려 할 때도, 교육이 열쇠다. 문화를 꽃 피우고자 할 때도 교육이 핵심이다. 우리에게는 부존자원이 없는 대신,

빼어난 인간 자원이 유일한 보배라 자랑하면서, 교육을 소홀히 한다는 모순은 하루 속히 파기해야 한다. 교육 비리를 일소하기 위해서도 교육 투자는 긴급히 확충해야 한다.

요컨대, 우리가 바라는 선진문화사회로 가는 가장 먼 듯하면서도 가장 가까운 첩경은 교육 개혁과 교육 투자의 획기적(혁명적이라 할 정도의) 확충이다. 이 일은 국민 모두의 이해관심이므로 그 목표의 성취를 위하여 이제라도 온 국민의 자발적 자원을 충분히 활용하는 방도를 강구하는 일이 시급하다. 사람이 사람을 위해 꾸리는 것이 사회다. 그러므로 사회의 정상화나 개혁에서 가장 중요한 요소는 사람이다. 그 사람을 옳게 만드는 것이 교육일진대, 이보다 더 귀한 것이 있을 까닭이 없음이다.

10) 책임지는 사회

마지막으로 열 번째, 성숙한 사회는 책임지는 사회(Responsible Society)의 이상을 추구한다. 위에서 장황하게나마 열거한 모든 개혁의 임무를 수행하려면 아무도 책임지지 않고 모두가 남의 탓만 하는 사회에서는 기대하기 어렵다. 적당주의를 하루 속히 타파하고, 국가, 기업, 가정 모든 차원에서 개인과 집단이 자신과 사회에 각자 한 말과 행동을 철저히 책임지는 사회가 절실하다(無責任, 無誠意, 不實, 不誠實, 不徹底 타파).

우리가 일상적인 사회생활에서도 나 혼자 사는 게 아니고 사회와 공동체에 감당해야 할 나의 책무가 있게 마련이다. 책임과 의무다. 사람들은 일반적으로 자신의 권리와 이익을 앞세우지 나의 책무를 더 중시하지는 않는다. "이건 내가 책임져야 할 일이구나, 나의 의무로구나" 하고 솔선해서 무슨 일을 하는 예가 드물다. 그래서 우리나라 사람들은 정말 자기가 하는 일에 책임을 제대로 지느냐 하는 질문이 나온다. 정치, 경제, 교육, 종교, 문화 등 모든 분야에서 분명히 책임을 저야 할 사람들이 자신들의 한 일에 과연 얼마나 책임감을 가지고 접근하며 또 결과에 어느 정도로 진정한 책임을 지겠다는 의지가 있는지를 물어봐야 한다.

지난 1997년 외환위기가 터졌을 때 그 막중한 국가적 정책의 책임을 지고 있던 지도자급 인사 가운데 국민 앞에 내 탓이오 하고 떳떳이 나와서 진정으로 사죄하는 모습을 본 일이 없다. 이웃 나라에서는 관련 은행장, 사장 등의 책임자들이 대중매체에 얼굴을 보이고 눈물을 흐리면서 고개를 깊이 숙여 사과성명을 발표하는 모습을 보고 참으로 대조적이라는 씁쓸한 생각을 금치 못한 것을 기억하는 국민이 있는지 모르겠다. 심지어 일본에서는 할복(割腹)이라는 일본식 자책과 사죄의 표명까지 한 사례가 있었다. 너무도 비인간적인 습관이어서 결코 칭찬할 일은 아니지만 그 책임감은 혀를 휘두를 수밖에 없다.

게다가 어떤 일을 수행할 때도 일을 제대로 해야겠다는 책임의식이 부족하다. 소위 적당주의, 빨리빨리 문화 같은 것이다. 이처럼 신속하게 일을 해서 좋긴 한데 여기에 적당주의가 끼어들면 크게 잘못될 수가 있다. 말하자면 적당주의는 어떤 일이든 처음부터 끝까지 모든 점에서 빈틈없이 일을 처리하기보다는 그냥 그럭저럭 빨리 일이나 끝내자는 심사로 임하는 자세를 가리킨다. '적당'이라는 말은 원래 무언가에 알맞다는 뜻으로, 어떤 자리에는 그 사람이 적당하다든지, 지금은 그런 일을 하기에 적당한 때가 아니라든지, 혹은 어떤 일에 합의를 하는 데 적당한 조건을 제시한다는 맥락에서 쓰는 말이다. 그런데 어제부터인지 우리는 아무렇게나 해도 좋다는 의미로 적당히 하라는 말을 하기 시작한 것이다.

그처럼 본래 뜻과는 거의 정반대로 말하다 보니, 적당주의의 결과는 한마디로 극도의 부실이 되고 말았다. 이것도 결국은 일을 책임 있게 하지 않은 탓이다. 정말 일을 책임 있게 처리하려면 꼼꼼히 따져보고 이상이 없는

지 살피고 가장 알맞은 방식으로 일을 하는지를 심사숙고하게 되는데, 이러자면 대개 시간이 좀 걸릴 수도 있다. 게다가 여기에 부정이 개입하면 정말 결과는 참담하다. 진정으로 기억에 떠올리기조차 싫지만 우리는 1990년대 중반에 대형 사고를 한두 번 겪은 일이 있다. 가령 한강의 모 대교라든지 모모한 백화점의 붕괴로 수많은 인명과 재산을 잃었다. 그 이면에는 바로 이와 같은 적당주의에다 부정부패의 아픈 흔적이 있었다. 결국 누군가 자기 책임을 제대로 이행하지 않았기 때문에 일어난 사고다.

그리고 또 한 가지 책임의 문제는 서로 책임을 떠넘기려는 태도다. 무슨 일이든 처리하다 보면 책임의 소재가 반드시 명백하지 않을 수는 있다. 하지만 책임 소재가 분명한데도 내 탓이 아니라 네 탓이라고 책임전가나 일삼는다면 이는 결국 인간성과 윤리의 문제가 된다. 이런 관행에서 불신이 싹트고 사회는 제대로 작동하지 못하게 되고 만다. 그 순간에는 괴롭고 창피하겠지만 책임을 일단 인정하고 그에 상응하는 벌을 달게 받는 당당한 삶의 자세가 보편화하는 사회가 진정으로 성숙한 사회라 할 것이다.

여기에 참고로 좀 장황하기는 하지만 책임을 강조하기 위한 매우 특별한 선언문 전체를 소개하고자 한다. 이것은 InterAction Council이라는 명칭을 가진 전직 국가수반(대통령, 총리 등)의 모임이 1998년 반세기전(1948)에 국제연합(UN)이 반포한 '세계인권선언(The Universal Declaration of Human Rights)'의 선포 50주년을 기념하기 위하여 제정한 '세계 인간 책임 선언문(A Universal Declaration of Human Responsibilities)'이다. 그런데 우연하게 이 문서를 작성하는 몇 차례의 모임에 저자가 미국, 유럽 및 아시아 3개 대륙을 대표하는 학계 자문교수 세 사람 중 아시아를 대표해서 참여하고 문서 작성에 기여한 이력이 있으므로 특별히 소개하는 것이다.

이 긴 문서를 여기에 포함한 이유는 우리가 사회적 가치를 연구하면서 미래지향적 사회의 비전을 추구하는 과정에서 성숙한 사회를 이루고자 하는 염원을 가지고 있다면 적어도 이런 세계적인 지도자들이 여러 번의 회의를 거쳐 만들어낸 문서에서 책임의식의 중요성을 어떤 식으로 표명하는지를 예시하고자 함이다. 바람직한 사회라면 이 정도의 요점만 추린 문서의 내용이라도 의식하면서 사회를 살아가고 꾸려가는 모습을 보이는 것이 마땅하다고 생각하기 때문이다. 그럼 이제 본론으로 돌아가서 성숙한 사회가 요구하는 조건을 다른 각도에서 점검하기로 한다.

부록 7-1 : 세계 인간 책임 선언문(1997년 세계전직국가수반회의 제안)

전문

인간가족 모든 구성원들의 고유한 존엄성과 그들의 평등한 권리를 인정하는 것은 자유와 정의, 그리고 세계화를 위한 기초가 되는 것이며, 그와 같은 인간 고유의 권리에는 의무와 책임이 수반되는 것이다.

권리만을 배타적으로 주장하는 것은 갈등과 분열, 그리고 끝없는 분쟁을 낳게 될 것이며, 한편 이 인간으로서의 책무를 져버리는 것은 무질서와 혼란을 초래케 할 것이다.

법의 지배와 인권의 향상은 사람들이 얼마나 정의롭게 행동하느냐에 달려 있다.

전 지구적 문제들을 전 세계적으로 해결하기 위하여는 모든 나라들과 문화권들이 다 함께 존중할 수 있는 이상과 가치, 그리고 공통적 규범에 의하여서만 가능하다.

법이나 제도적 장치, 또는 협약만으로는 달성할 수 없는 인류 공동의 목표는 모든 민족이 국내적으로나 국제적으로나 더 나은 사회 질서를 정착시키려고 성심 성의껏 노력함으로써만 달성할 수 있는 것이다.

진보와 발전을 위한 인류의 소망은 오로지 어느 시대, 어느 민족, 어느 제도에나 적용할 수 있는 합의된 가치 기준에 의하여서만 실현할 수 있는 것이다.

그러므로, 총회에서는

다음과 같이 모든 민족과 국가들이 지켜야 할 공동의 기준으로서 「인간 책임에 관한 선언문」을 선포하는 바이다. 모든 사회의 모든 개인 및 조직체들이 항상 마음 속에 이 「인간 책임에 관한 선언문」을 간직함으로써 그들의 구성원들을 계몽하고, 생활 공동체를 발전시켜 나아가는 데 공헌하여야만 한다. 그렇게 함으로써 우리들 세계의 모든 민족들은 이미 「인간 책임 선언」에서 천명된 결의를 더욱 굳게 새로이 다짐하여야 한다. 즉, 인간 상호간의 박애정신을 드높이고, 인간의 존엄성과 고유한 자유와 평등의 정신을 마음 속 깊이 새겨야만 하는 것이다. 이와 같은 인간으로서의 기본적인 책임감을 모두에게 가르치고, 전 세계를 통하여 선양하여야만 한다.

인간 모두를 위한 기본적인 원칙

제1조

모든 사람은 상대방의 성이나 종족, 사회적 지위, 정치적 성향, 언어, 연령, 국적이나, 종교에 관계없이 모든 사람들을 인간적인 방법으로 대하여야 할 책임이 있다.

제2조

어떠한 형태이든 간에, 비인간적인 행위에 대하여서는 그 누구도 지지하거나 도와주어서는 안 된다. 모든 사람은 상대방의 인간으로서의 가치와 존엄성을 지켜주기 위하여 최선을 다할 책임이 있다.

제3조

어떤 사람이나, 집단, 조직체, 또는 어느 나라 군대나 경찰도 선(Good)과 악(Evil)을 초월하여 군림할 수는 없다. 즉, 모두들 윤리적 기준(Ethical Standards)을 준수하여야만 한다. 누구나 매사에 「선」을 권장하고 「악」을 배척해야만 한다.

제4조

양심과 이성을 갖춘 모든 사람들은, 가족과 사회, 종족과 국가, 그리고 종교단체에 대하여 박애의 정신으로 책임을 져야만 한다. 즉 자신에게 안 될 일은 결코 남에게도 해서는 안 되는 것이다.

비폭력과 생명존중

제5조

모든 사람은 생명을 존중할 책임이 있다. 누구도 남을 해치거나, 고문하고 살해할 권리는 없다. 비록 개인이나 공동체의 정당방위라 해도 예외는 아니다.

제6조

국가, 집단, 개인 간의 분쟁은 폭력 없이 해결해야만 한다. 어느 정부라도 살인과 테러 행위에 참여하거나 용인해서는 아니 되며, 또한 여자와 어린아이 기타 민간인을 전쟁의 도구로 남용할 수 없다. 모든 시민과 공직자는 평화적이고 비폭력적인 방법으로 행동할 책임이 있다.

제7조

모든 사람은 무한히 소중한 존재이므로 무조건 보호받아야 한다. 동물과 자연환경도 보호받아 마땅하다. 모든 사람은 현재의 인구와 미래 세대를 위하여, 물과 공기와 토양을 보호할 책임이 있다.

정의와 연대책임

제8조

모든 사람은 신실하며 정직하고 공정하게 행동할 책임이 있다. 어느 개인이나 집단도 남의 재산을 자의적으로 훔치거나 빼앗아서는 안 된다.

제9조

필요한 생산수단을 가진 모든 사람들은 빈곤, 영양실조, 무지, 불평등을 극복하기 위하여 최선을 다할 책임이 있다. 모든 사람은 존엄, 자유, 안전 및 정의를 보장하기 위하여 전 세계의 지속가능한 발전을 촉진해야만 한다.

제10조

모든 사람들은 열심히 노력하여 자신의 재능을 개발할 책임이 있다. 이들에게는 교육과 의미 있는 직업을 위한 기회균등을 누릴 수 있어야 한다. 모든 사람들이 가난한 사람, 불우한 사람, 장애인 그리고 사회적 차별의 희생자들을 지지하고 도와주어야 한다.

제11조

모든 재산과 부(富)는 정의와 인류의 진보를 위해 책임 있게 이용해야 한다. 경제적, 정치적 권력은 지배의 수단으로 취급해서는 안 되며, 경제정의와 사회질서를 바로 세우는 데 써야 한다.

진실성과 관용

제12조

모든 사람은 진실하게 말하고 행동할 책임이 있다. 아무리 지위가 높고 권력자라도 거짓말은 하지 말아야 한다. 사생활과 개인 및 전문직의 기밀유지는 존중해야 한다. 누구도 항상, 모든 이에게 사실대로 말할 의무는 없다.

제13조

정치인, 공무원, 재계지도자, 과학자, 저술가와 예술가, 그 누구도 일반적인 윤리표준에서 예외일 수 없다. 고객에게 특별한 의무가 있는 의사, 법조인, 기타 전문직 종사자들도 마찬가지다.

전문직 및 기타 직종의 윤리규범에는 진실과 공정과 같은 일반적 표준에 높은 우선순위를 반영해야 한다.

제14조

정의로운 사회에 필수적인, 공중에게 알리고 사회제도 및 정부의 행동을 비판하는 언론매체의 자유라도 책임감과 분별력을 가지고 행사해야 한다. 매체의 자유는 정확하고 진실된 보도를 할 특별한 책임이 있다. 개인의 인격이나 존엄성을 실추시키는 선정적인 보도는 절대로 삼가야 한다.

제15조

종교의 자유는 보장해야 하지만 각 종교지도자들은 신앙을 달리하는 이들에게 편견을 내비치는 언행을 하거나 그들을 차별하는 일은 삼가야 할 책임이 있다. 그들은 증오와 광신주의와 종교전쟁을 충동하거나 정당화하지 말아야 한다. 오히려 모든 사람들이 서로 관용하고 상호 존중하도록 주도적으로 권고해야 한다.

상호존중과 동반자역

제16조

모든 남녀는 동반자로서 상호간에 존경하고 이해해줄 책임이 있다. 누구도 다른 사람을 성적으로 학대하거나 노예처럼 굴복시키지 말아야 한다. 오히려 성적 동반자들은 서로의 행복을 위해 돌봐줄 책임을 받아들여야 한다.

제17조

모든 문화적 종교적 다양성에도 불구하고 혼인은 사랑과 헌신과 용서를 필수로 하고, 안정과 상호 지지를 보장하는 데로 지향해야 한다.

제18조

합리적인 가족계획은 모든 부부의 책임이다. 부모자식 간 관계는 상호간의 사랑, 존경, 감사 및 관심을 반영해야 한다. 어떤 부모나 성인이든 어린이를 착취하고 혹사하고 학대하지 말아야 한다.

결론

제19조

이 선언문은 결코 어느 국가나, 집단이나, 개인이 본 선언문과 1948년의 인권선언에서 제시하는 책임, 권리 및 자유를 파괴하려는 의도로 어떤 활동을 시도하거나 행동을 할 권리를 부여하는 듯한 의미로 해석해서는 아니 된다.

[참고 자료] 본 선언문 지지인사 명단 일부(ENDORSEMENT OF THE DECLARATION)

I. The InterAction Council Members(전직국가수반회의 회원)

Helmut Schmidt, Former Chancellor of the Federal Republic of Germany

Malcolm Fraser, Former Prime Minister of Australia

Andries A. M. van Agt, Former Prime Minister of the Netherlands

Anand Panyarachun, Former Prime Minister of Thailand Oscar Arias Sanchez, Former President to of Costa Rica

Lord Callaghan of Cardiff, Former Prime Minister of the United Kingdom

Jimmy Carter, Former President of the United States

Miguel de la Madrid Hurtado, Former President of Mexico

Kurt Furgler, Former President of Switzerland

Valéry Giscard d'Estaing, Former President of France

Felipe Gonzàlez Màrquez, Former Prime Minister of Spain

Mikhail S. Gorbachev, Former Chairman of the Supreme Soviet and Former President of the Union of Soviet Socialist Republics

Salim El Hoss, Former Prime Minister of Lebanon

Kenneth Kaunda, Former President of Zambia

Lee Kuan Yew, Former Prime Minister of Singapore

Kiichi Miyazawa, Former Prime Minister of Japan

Misael Pastrana Borrero, Former President of Colombia (deceased in August)

Shimon Peres, Former Prime Minister of Israel

Maria de Lourdes Pintasilgo, Former Prime Minister of Portugal

José Sarney, Former President of Brazil

Shin Hyon Hwak, Former Prime Minister of the Republic of Korea

Kalevi Sorsa, Former Prime Minister of Finland

Pierre Elliott Trudeau, Former Prime Minister of Canada

Ola Ullsten, Former Prime Minister of Sweden

George Vassiliou, Former President of Cyprus

Franz Vranitzky, Former President of Austria

Ⅱ. Supporters(후원자)

생략

Ⅲ. Participants (in preparatory meetings in Vienna, Austria in March 1996 and April 1997)(1996년 3월 및 1997년 4월 오스트리아 빈 회의에 참가한 자문 학자)

Hans Kueng, Tubingen University (academic advisor to the project)

Thomas Axworthy, CRB Foundation (academic advisor to the project)

Kim, Kyong-dong, Seoul National University (academic advisor to the project)

(김경동, 서울대학교, 본서 저자)

4. 유능한 민족에게 필요한 구심점

1) 국민의 저력

젊은 시절 서울대학교 사회학과의 은사 이상백 선생님께서 "우수한 민족이면서 지도자 복이 없는 나라"라고 하셨던 한마디를 잊을 수가 없다. 그리고 생전의 한국 크리스찬 아카데미의 강원용 목사님과 손자의 대화에서 대학생 손자가 던진 질문을 상기하고자 한다. "할아버지, 우리나라는 이렇게 엉망인데 왜 안 망하지요?"라는 질문이었다. 이 목사님은 순간 충격을 삭이며 이렇게 대답을 했다는 것이다. 우리나라는 지금 보면 정말 한심한 일들이 마구 일어나서 곧 망할 것 같은데, 그래도 유지하는 것은 역시 우리 국민의 저력 때문이다. 우리가 일제 강점과 분단과 전쟁을 겪으며 잿더미 속에서 털고 일어나 세계 역사상 유례가 드문 고도 경제성장을 성취한 것이나, 민주적 이행을 성공시킨 것이나, 지난번 IMF 위기를 맞았을 때 국민 모두가 거침없이 동참하여 극복하는 모습을 보면 알지 않겠느냐고 반문했다는 것이다.

무서운 저력을 지닌 위대한 민족이다. 우리 민족이 유능하다는 사실은 전 세계가 인정한다. 다만 지도자를 잘못 만난 것이 한이다. 그러나 여기에 아이러니가 개입한다. 지도자는 과거 왕조 시대가 아닌 이상 국민 스스로가 선택하는 존재다. 지도자가 잘못되었다면 그것은 곧 국민의 선택에 문제가 있다는 말이다. 앞으로 우리가 기대어야 할 언덕은 지도자가 아니라 우리들 자신밖에 없다. 그런데 우리 사회는 유능한 개인들로 가득 차 있지만, 집단과 조직 속에서 집합적으로 일할 때는 갈등이 격심하고 효율이 떨어지는 불합리가 자주 나타난다.

그러므로 공동체 회복을 위한 유인이 특별히 긴급히 필요하고, 가정교육에서 사회성을 생활화하고 감정을 적절하게 다스릴 줄 아는 훈련이 무엇보다도 시급한 과제다. 아울러 어릴 때부터 창의력 계발 교육에 더욱 관심을 가지고 개선에 노력해야 할 것이다. 다만 앞으로는 개인 수준의 창의성 발휘도 순전히 개별적인 맥락에서는 중요한 결과를 산출하지 못하게 되어 있다. 요즘 선진국에서 획기적인 과학기술 발전을 위한 기초이론의 개척과 기술혁신, 또는 사회적 개혁을 위한 새로운 아이디어의 창출이 대부분 공동체적 협동의 맥락에서 더 활발히 이루어지고 있다는 점에 주목할 필요가 있다. 결국, 우리는 유능한 개인을 한데 엮는 그 무엇이 필요한 사회다. 그 것을 사회의 구심점이라 규정할 수 있다.

2) 절실한 구심점

그처럼 유능한 국민의 저력 즉 '기(氣)' 에너지를 다시 한번 제대로 취합하여 이를 마음껏 발휘할 수 있도록 신바람을 일으키는 구심점, 그리하여 진정으로 실수 없는 성숙한 선진사회의 길로 나아가기 위해서 필요한 구심점은 과거 같으면 정치 지도자, 종교가, 교육자와 같은 인물 중심의 리더십으로 간주하였을 것이다.

그러나 현대사회와 미래사회는 그런 식의 인물에서 사회적 구심점을 기대하기가 어려운 변화가 계속 일어나고 있다. 위에서 언급한대로 그런 전통적 지도자들의 권위와 신임이 상당히 축소했기 때문이다. 오히려, 요즘 같으면 대중매체의 스타들에게 사람들의 시선이 더 집중하고 그들의 영향력이 더 클지도 모른다. 그렇다고 그들이 우리의 장래를 위한 구심점이 되기를 기대할 수는 없는 노릇이다. 참으로 딱한 현상이라 할 수밖에 없다. 결국은 우리 모두가 한데 힘을 모아 우리 사회가 나아갈 길을 보여주고 그 길을 인도하는 구심점을 스스로 만들어나가야 하는 처지가 되었다. 미래지향적인 진정한 시민민주사회의 주역은 바로 우리들 시민사회의 구성원 모두이기도 하다.

그러므로, 이제 올바른 시민민주사회를 어떻게 구성할 것인지를 우리 모두가 함께 염려하고 구상하고 만들어나갈 책무가 우리에게 주어졌음을 각성하고 이 일에 과감히 임할 준비를 해야 한다. 우리가 믿어야 할 구석은 바로 우리 자신이기 때문이다. 그만큼 우리의 변신의 각오가 또한 엄청나다 할 것이다.

3) 제도적 환경의 조성

성숙한 선진사회를 지향한 발전을 제대로 이룩하기 위해서는 인간요소, 즉 사람이 가장 핵심적이라는 점은 더 말할 여지가 없다. 하지만 그 사람들이 움직일 수 있도록 동기부여의 환경을 조성해주고, 생산성이 높아질 수 있도록 법과 제도와 사회적 여건을 합리화하고, 특히 유인체제를 개선하는 일도 함께 추진해야 한다. 일부 기업부문을 제외하고는 우선 경제적 보상에서 너무나 미흡했던 탓에 부정과 비리에 쉽사리 휘말리는 일이 일어났던 점은 인정하고 시정이 급선무다. 어차피 21세기의 사회는 다원화로 나아가고 있다. 그러므로 모든 부문과 지역과 집단은 각자 나름대로 전사회적인 발전에 기여할 바를 구상하고 다른 부문, 지역, 집단들과 긴밀한 협조 아래 목표 달성을 위하여 제몫을 할 태세를 갖출 필요가 있다. 그것은 어디까지나 자발성의 원칙에서 할 것이며, 국가는 오로지 불가피할 때 조정기능을 효율적으로 수행할 수 있으면 족하다. 여기에 유연한 사회구조와 조직원리가 유효한 까닭이 있다. 그리고 이러한 유연성은 경직된 의식에서는 나올 수가 없고 창의력이 번득이는 유연한 의식에서라야 가능하다.

그러나 제도적 환경 조성에서 가장 중요한 핵심은 교육체제다. 교육을 현재와 같은 입시 위주 체제로 유지한다면 아무리 다른 제도적 장치가 있다 해도 근원적으로 성숙한 시민을 양성하는 일에서는 부족하다. 교육은 앞에서도 지적한대로 가정에서부터 바로 서야 하고 학교의 공교육을 비롯하여 일생에 걸쳐 재교육을 이어나가면서 시대적 변화에 적절하게 적응할 수 있도록 전사회적 차원에서 고민하고 혁신해야 한다.

5. 성숙한 사회의 성숙한 시민

위에서 지적하였거니와 성숙한 사회는 제도적 환경 못지않게 성숙한 시민이 있어야 한다. 그런 사회는 바로 이들이 구성하며 운용하는 사회다. 성숙한 시민의 요건은 다양하지만 적어도 삶에 임하는 자세와 생활 속의 행위에서 성숙한 시민다운 의식을 함양해야 한다. 그리고 성숙한 선진사회를 이룩하고자 하는 의지와 의욕이 넘쳐나는 시민이 가득해야 하고 그 의지를 발휘하는 데 필요한 기(氣) 에너지를 충분히 축적하고 있어야 한다. 이런 관점에서 먼저 사회의 지도층 혹은 엘리트가 솔선수범해야 할 것이고 아울러 일반시민도 이에 적극 동참하는 것이 중요하다. 거기에는 최소한도 다음과 같은 의식과 행동의 변화가 필수적이다.

1) 지도층의 자세

적어도 성숙사회에도 엘리트가 작용한다. 그렇다면 그런 사회일수록 이런 의식을 구비한 지도층을 요구할 수 있다.

- 올바른 역사의식 함양, 국가발전에 공헌하는 공인
- 사회의 엘리트로서 소명감, 살신성인(殺身成仁), 노블레스 오블리주 정신
- 성(誠)의 도덕 실천
- 민주시민 사회의 지도층다운 유연한 자세
- 정치권력을 족벌과 패거리의 사물화(私物化)하는 전근대적 의식을 버리고 합리적 권력관 함양
- 국민의 불신과 비방 대신, 사랑과 존경의 대상이 되려는 노력
- 글로벌리제이션의 물결에서 뒤지지 않는 전문성과 실력을 갖추고자 노력
- 즐거운 일터, 보람으로 가득 찬 지도층
- 자리보다 일, 높은 자리보다 더 중요한 일에 보람을 느끼는 풍토
- 소신으로 일하되, 더불어 일하는 지도층
- 합리와 법리를 존중하되, 유연하게 봉사하는 지도층
- 개방적이고 적극적인, 창의성을 발휘하는 지도층

2) 민주시민사회의 열린 시민의식

그리고 성숙한 사회는 시민 스스로가 구심점을 형성하고 앞장서 선진사회 건설에 나서야 한다. 그러기 위해서는 적어도 다음과 같은 의식의 변화를 기해야 한다.

- 올바른 시민됨(citizenship)의 의식, 시민적 정체의식의 자각이 필수
- 과거 농경사회의 폐쇄적 연고주의에 바탕한 집단이기주의를 넘어 국민적, 전 지구적(全地球的) 시민의식
- 권위주의 체제의 신민(臣民)의식 탈피, 진정한 시민의 정치적 효능(效能) 발휘
- 정치권력을 족벌과 패거리의 사물화(私物化)하는 전근대적 의식을 버리

고 합리적 권력관 함양

- 나의 인격과 이익만큼 타(他)의 인격과 이익도 중요시하는 양보와 협동의 자세
- 타인에게 관용의 태도 견지
- 결정행사를 위한 의사소통은 자유롭고 이성이어야
- 규칙준수 의식의 강화
- 시민의 자발적 참여
- 시민의 권리와 요구뿐만 아니라 시민의 책임과 의무 중시

6. 성숙사회의 지속적 역동성과 혁신의 필요성

현재로서는 어떻게 해서든 성숙한 사회로 발돋움하고자 하는 소망과 의욕이 넘치지만 허두에서도 언급했듯이 모든 생물체의 생애경로에서 성숙단계란 다음에 이어 올 쇠락을 예고하는 상태라는 점에도 유의할 필요가 있다. 실상 우리 사회가 그동안 많은 변화를 겪으면서 중요한 발전적인 업적을 거둔 것은 부인할 수 없지만, 그 과정에서는 여러모로 시행착오와 후퇴와 정체가 없었던 것도 아니다. 지나치게 기복이 심한 것이 우리 역사의 특징이기도 할 정도다. 그 모두가 준비성이 부족하고 멀리 내다보는 장기적 안목이 취약했던 탓이라 할 수 있다. 그러므로 앞으로 성숙한 선진사회를 이룩한다 해도 그 때에 다가올 위험에 대비하는 일은 지금부터라도 미리미리 해놓는 것이 상책이다.

경영학의 집단이론에서도 팀(team) 형태의 작업조직원리가 여러 가지 장점이 있음에도 불구하고 성숙한 팀이 되었을 때 나타나는 증세를 지적하면서 경고를 아끼지 않는다. 성숙한 단계에 이른 집단은 자칫하면 정체에 빠

질 우려가 있다는 것이다. 더 이상 활발한 성취를 귀중히 여기지 않고 이제
모든 제도와 관행에 친숙한 탓에 초기의 열정은 식고 무관심이 팽배하기 쉽
다. 집단응집력이 생기면서 다양한 구성원들이 기여하던 긍정적 가치도 약
화하며, 성공에 도취하여 자기만족감에 빠지기 쉽다. 성숙함은 결국 새로운
아이디어와 혁신을 수용하는 개방성을 잃게 한다. 이 점에서는 국가사회도
마찬가지다.

그리하여 예전에 율곡선생 같은 현자도 이에 대비하라는 경고를 잊지 않
았다. 동방사상의 음양변증법적 순환논리를 국가의 변화에 적용한 율곡은
창업(創業), 수성(守成) 및 경장(更張)의 세 단계로 설명하고 있다. 무슨 일이
나 새로운 혁신의 프로젝트를 시작하여 제도를 갖추면 그것이 완숙하게 될
터이나, 그 단계에서 이를 지키려는 보수적 성향이 강해진다. 그러면 낡은
습관과 의식의 타성이 모순을 축적하여 온갖 문제가 발생함으로써 결국은
또다시 혁신이 필요해진다. 그러므로 성숙이라는 화두로 선진사회의 구축
을 시도할 때는 성숙함이 자칫 빠져들기 쉬운 유혹 내지 함정에 조심해야
한다. 원래 동방사상의 음양변증법에 의하면 만사는 한편으로 흘러 극에 달
하면 반드시 제자리로 돌아오게 된다는 것이 삼라만상의 이치라는 한계의
원리(the Principle of Limit) 혹은 반(反)의 원리(the Principle of Return)가 있
음을 허두에 제시하였다.

지금부터는 우리의 세 번째 주제인 문화적 교양으로 정화한 사회의 특성
을 논의할 차례다.

제8장

사회적 가치의 사회학적 비전 (3)
: 문화적 교양으로 정화한 사회

1. 문화적 교양이란 무엇인가?

우리의 화두는 처음부터 선진사회다. 그런데 여기에 하필이면 '문화'가 끼어들 까닭이 과연 무엇인가? 통상 우리에게 익숙한 말로 문화라면 소위 문학, 음악, 미술과 같은 예술의 세계, 거기에다 요즘은 워낙 대중문화가 성행하는 시대이므로 각종의 예능까지 포함하는 현상을 통칭한다. 그것도 틀린 생각은 아니지만 여기서 추구하는 선진문화사회의 문화는 그보다는 더 추상적이면서 심오하고 범위가 넓은 일종의 철학적인 개념이라고 생각하는 것이 적절하다.

먼저 여기서 말하는 '문화'와 '교양'의 뜻을 잠시 상고해본다. 동방문명에서 문화라고 할 때 '문(文)' 자는 원래 무늬를 가리킨다. 의복이나 디자인의 무늬처럼 아주 정교하게 아름답다는 데서 시작하여 글자, 글월 문에 이르면 글을 읽고 쓴다는 의미를 갖게 된 것이다. 그래서 글을 배운 다음에는 '화(化)'를 추구한다. 이때 '화'는 변화시킨다는 말로서 결국은 글을 깨우쳐서 교화를 한 사람을 만들겠다는 뜻을 품게 되었다. 그처럼 글(문)로써 변화를 이룬다는 과정을 달리는 '교양'으로 이해하기도 한다. '교(敎)'는 가르침을 뜻하는 글자지만 여기서 발전하여 학문, 도덕, 훈계, 지도, 덕화(德化) 즉 덕으로 변화를 추구한다는 뜻, 그리고 종교라는 의미까지도 내포한다. 여기에 '양(養)'을 더하면, 기른다, 성장케 한다, 육성한다, 윗사람을 받들어 모신다는 의미로 봉양한다, 아픈 사람의 병을 다스린다, 그리고 짐승을 사육한다는 뜻을 담는다. 교양이란 결국 사람을 학문과 도덕으로 가르치고 훈육하여 덕을 쌓게 하는 육성, 심지어는 짐승을 길러서 다스리는 경지에 이르도록 한다는 과정을 일컫는다. 이처럼 가르치고 길러서 배우고 깨우침으로 소위 사람다워지게 변화를 가져오는 과정을 사회에다 적용하면 시민, 국민 모두가 널리 교양을 풍부하게 쌓아서 우리 사회 전체가 하나의 문화적 교양으로 잘 다듬은 사회가 되고자 한다는 희망으로까지 이어진다.

한편 서방문명의 문화 내지 교양은 흔히 쓰는 'culture'라는 말로 표현한다. 이 단어도 여러 의미를 내포하는데, 대표적으로 예술이나 풍습의 정화(精華), 삶의 양식으로서 풍습, 문명 등을 가리키는 것은 잘 알고 있다. 하지만 'cultivation'처럼 토지를 경작한다든지 생물학에서 미생물이나 조직을 배양하거나 품질 개량을 위하여 양식하고 사육하는 일, 그리고 나아가 사람을 훈련, 수양, 교화하여 세련미를 높이고 교양을 쌓는다는 등의 용법도 있다. 여기서 우리가 지향하는 '성숙한 선진문화사회(Mature Advanced 'Cultured' Society)' 혹은 더 완결하여 '문화적 교양으로 정화한 성숙한 선진사회'라는 이념형을 검토하려 하거니와 'cultured'라는 용법은 명사인 culture를 동사로 바꾸어 완료형으로 교양을 쌓았다, 교양으로 다듬었다는 의미를 전달하고자 함이다.

지금까지 삼차원적 접근으로 우선 선진사회가 일반적으로 갖추어야 할 최소한의 요건부터 살펴보았고, 다음은 성숙한 사회의 패러다임을 상고했으며, 이제 우리의 목표인 성숙한 선진문화사회를 향한 마지막 조건으로 문화적 교양으로 정화하는 사회란 어떤 것인지를 논하려고 한다. 그런데 위의 논의에서는 주로 서방세계의 근대성(modernity)이라는 준거틀을 크게 벗어나지 못하고 있음을 알 수 있다. 보통 선진국이라면 서유럽과 북미주의 사회가 모형이 되고, 성숙한 사회의 기준에서도 역시 서양문명의 기준을 대체로 적용하였음을 인정할 수밖에 없다.

그러나 21세기의 세계는 이제 서양문명의 한계가 더욱더 극명하게 드러나기 시작했으므로 그에 비견한 대안을 찾아야 하는 과제가 인류사의 현시점에서 우리 앞에 떠오르기 시작한 것으로 볼 수 있다. 여기에는 새로운 문명론적인 시각에서 문제를 바라보고 대안을 찾아야 할 필요가 있다. 이를 위해서 이제부터는 동방문명, 특히 동아시아의 고전사상에서 그 단서를 탐색하는 일을 시도하려는 것이다. 이 글에서 장황한 해설은 불가능하지만 간략하게 말해서 문화적 교양으로 정화한다는 뜻은 문화라는 말과 교양이라는 단어 자체가 본시 배양이라는 의미를 담고 있듯이, 인간이 사회적인 삶속에서 동물적인 야성(野性)을 다듬고 세련시키는 과정이라는 관점에서 다음과 같이 정리할 수 있다.

① 이성적인 인간이 올바르게 생각하고 판단하며 서로를 이해하고 의사소통을 자유롭게 할 수 있는 사회적 환경을 서로가 만들어가려는 자세는 문화적 교양으로 가능하다. 우선 인간은 이성적인 존재다. 생각을 할 수 있는 능력은 다른 어떤 동물도 가지고 있지 않으며 어떤 동물도 흉내 낼 수 없는 정말 특이한 속성이다. 이처럼 중요한 특성을 가진 인간이 그 특별한 능력을 제대로 써야 되지 않겠느냐, 하는 것이다. 그러니까 이성적인 삶을 살아가고, 이성적인 생각을 하고, 이성적인 행동을 하는, 그러한 사람이 된다는 뜻이다. 앞에서 성숙한 사회가 되기 위해서는 합리화를 빨리 해야 되겠다고 했는데, '합리'라는 게 바로 그러한 이성에 맞고 이성에 합당하다는 것이다.

그런데 동시에 인간은 엄청나게 감정적인 동물이다. 사람이 행동할 때 상당 부분은 감정이 좌우한다. 한국사회는 특히 감성이 아주 풍부한 사회인데 사람들과 함께 살아가는 사회 속에서 행동으로 나타날 때는 감성은 잘 조절을 할 수 있어야 한다. 좋은 때는 좋게 표현을 할 수 있어야 하지만 마땅치 않을 때는 이를 제어할 수 있는 자제능력이 있어야 하는 것이다. 바로 그 감정을 자제하는 것이 다름 아닌 이성이다. 요즘 경영학을 중심으로 '감성지능(Emotional Intelligence)' 또는 '감성지수(Emotion Quotient)'라는 새로운 개념을 제시하고 있는데, 지능지수(IQ)가 인간의 지적인 역량을 측정하는 것에 대비하기 위해서다. 이제는 조직체 안에서 지능만이 작용하는 것이 아니라 감성의 표현과 조절도 인간행동에 영향을 미치므로 조직생활에서 특히 감성관리를 제대로 못하면 경영도 올바르게 효율적으로 할 수 없다는 것을 강조하기 시작한 것이다. 그만큼 감성은 우리에게 빼놓을 수 없는 아주 중요한 요소임에도 불구하고 이것은 잘 다스릴 수 있어야 한다는 것이 기본이며, 그 기능을 이성이 맡아서 한다는 말이다. 이것이 문화적 교양의 첫 번째 요건이다.

② 인간이 감정의 존재이므로 이성으로써 감정을 다스리는 일도 문화적 교양의 중요한 몫이긴 하지만 특히 이 일은 이성의 실천으로서 도덕적 규범의 문화가 주로 감당한다. 문화적 교양은 뚜렷한 윤리관을 확립하고 규범질서를 존중하는 사회를 성립시키기 위한 초석으로서 항상 중시해왔으나 현대사회로 변해가는 과정에 그 힘이 빠지는 경향을 목격할 수 있다. 그러므로 성숙한 선진문화사회로 나아가는 문화적 교양의 중요한 한 축은 위에서 거듭 강조해온 윤리도덕의 정상화라고 할 수 있다.

③ 성숙한 선진문화사회는 앞에서도 강조한 바와 같이 '책임지는 사회'다. 책임지는 사회란 내가 권리를 주장하는 것도 중요하지만 우리 모두가 정말 사회에다 해야 할 일은 없는지를 성찰하는 자세를 중시한다. 가령 같

이 사는 사람들 중에서 어려운 사람이 있다면 이것은 누구의 책임이냐를 물어보자는 자세다. 물론 각자 나름대로 책임이 있을 터이나 우리들 모두의 책임이라는 관점에서도 한 번 생각해볼 필요가 있다는 논지다. 말하자면 공동체적인 책임의식이다. 이런 생각을 마음속에 간직하고 주위도 돌아보면서 도울 일이 없는지도 살피는 자세로 살아가는 사람을 교양 있는 사람이라고 보자는 것이다.

④ 사회가 성립하기 위해서는 인간관계의 정서적, 정의적(情誼的)인 요소도 필요하다. 서로가 따뜻한 정을 나누고 정서적 유대를 같이 하며 사랑하고 존중하며 도와주고 남을 위해 애쓰는 삶, 그 같은 삶도 문화의 교양으로 다듬어야 더욱 고양할 수 있다. 세상이 갈수록 각박해지고 자기중심으로만 살려다 보면 인간관계는 더욱 소원해지고 인정적인 나눔의 교류 같은 것은 꿈도 꾸기 어려워진다. 요즘처럼 홀로 사는 사람들이 급속히 늘어나는 시대에는 사회로부터 소외당한 채 살면서 스트레스에 시달리고 우울증에 걸리면 자칫 스스로의 목숨을 끊거나 소위 요즘 유행하는 무차별적 가해와 폭력 행사, 즉 '묻지 마 범행'이 잦아지게 마련이다. 이런 현상은 단순히 이성적 사유와 성찰의 부족이라고 탓할 수만은 없고 사회적 관계에서 인정적이고 공동체적인 요소가 결핍한 데서도 원인을 찾을 수 있다. 문화적 교양은 그래서 우리는 끈끈한 인정의 나눔으로 엮여 살아가는 정의적인 연대의 측면도 함축한다.

⑤ 도덕적 윤리와 사회적 규범으로 억누르고 통제하는 것만으로는 인생을 살찌게 하지 못한다. 신비한 초월적 존재와 우주와 자연과 인생과 인간관계의 아름다움을 심미적으로 감상하고 아름다운 예술로 표현하고, 그리하여 삶을 한 결 아름답게 만드는 일, 또 한 문화적 교양의 산물이다. 앞(제5장)에서 『예기』의 음악에 관한 사상을 음미하였거니와 이러한 예술적 심미의 생활에도 사회적 질서와 심리적 안정을 도모하는 면면을 무시할 수 없

다. 여기에 또한 문화적 교양의 묘미가 서려 있다.

⑥ 문화적 교양은 '중용(中庸)'을 그 자체의 핵심적 원리로 삼는다. 무슨 일이나 한 쪽으로 편향, 편중되지 않고 지나침도 부족함도 없는 마음가짐, 생활태도, 행위유형, 사회조직 및 제도 등이 모두 마찬가지다. 인간과 자연, 질서와 창의, 도덕성과 융통성, 물질과 정신, 자유와 정의, 풍요와 절제, 변혁과 안정 등이 양립할 수 있도록 조절하는 능력을 갖추는 것도 문화적 교양의 기능이다. 중용의 주제는 다시 언급할 것이다.

⑦ 문화적 교양의 특징에는 유연성도 포함한다. 유연성에 관한 철학적 논의는 앞서(제2장) 소개하였고, 유연한 사회조직원리에 관해서는 더 자세히 고찰할 터이므로 여기서는 길게 언급하지 않겠으나 경직함은 창의력과 자율성을 장려하기보다는 억제할 소지가 크다. 그런데, 위에서 살펴 본 바와 같은 문화로 다듬은 사회의 요소들은 창의와 자율 없이는 성취하기 어렵다. 이제 이러한 이념형과 조직원리와 추진원칙에 기초하여 시민사회의 주역들이 국가부문과 함께 합의에 의한 구체적 정책들을 입안하는 것이 중요하다고 믿기 때문이다. 다시 말해서 구체적 처방 자체보다는 처방의 근거가 되는 원리를 제시하는 개방적 접근을 취하고자 함이다. 어떤 개인이나 집단이 독점적으로 이 과업을 수행하는 것은 삼가는 게 옳다는 생각이다.

그러면, 문화적 교양의 구체적인 방법과 내용은 과연 어떤 것인가를 알아보기 위해서 우리는 동서양의 고전사상과 교육이념을 상고해볼 만하다(이홍구 외, 1982). 가령, 중국 주대(周代)에 선비가 배우고 익혀야 할 기본 교양 과목으로 육예(六藝)가 있다. ① 예의와 용태를 갖추는 예(禮), ② 음악을 가리키는 악(樂), ③ 궁술, 즉 무예의 하나인 사(射), ④ 말 타는 기술인 어(御), ⑤ 글씨 쓰기를 익히는 서(書), 그리고 ⑥ 수리를 궁리하는 수(數)의 여섯 가지다. 이 육예의 바탕이 되는 것이 지인성의충화(知仁聖義忠和)의 육덕이다. 한편, 서양의 보기로는 고대 그리스의 자유 교육과정이 있는데, 여기에서는 체육, 음악, 수학, 철학을 강조하였으며, 중세의 고등교육 기관에서 제공하던 삼과(trivium)는 문법, 논리, 수사, 그리고 사과(quadrivium)는 기하, 산수, 음악, 천문을 포함하였다.

여기에 이와 같은 교육과정에서 교양이 목표하는 바는 균형 잡힌 다원적 교육훈련에 의하여 육신과 심성을 건전하게 육성하고자 하는 것이며, 생각과 행위에 세련미를 갖추어 거칠고 질박하여 자칫 감성이 노골적으로 드러나지 않고 이성의 힘으로 자제하고 신중하게 행동하는 사려 깊은 자세를 함양하려 함이다. 그렇게 교양받은 사람들이 꾸리고 운영하는 사회 또한 이성적인 원리로써 균형 잡히고 건전한 사회를 만들 것이라는 이념이 깃들어 있다. 여기에 '중용'의 원리를 발견한다. 현대는 정보화의 물결 속에 정보기술에 익숙한, 기술공학에 치우친 교육을 강조함으로써 인문학과 기초연구를 소홀히 하는 경향이 있었다. 다만 최근에 이르러 소위 학문과 교육의 융합이라는 명목으로 이런 편중을 시정하려는 움직임이 있어서 균형을 찾을 수 있을 것으로 기대한다.

이런 균형 잡힌 고등교육의 한 예를 미국 고등교육의 이념 중에서 '교양'을 갖춘 '교육받은 사람(educated person)'의 이미지에서 찾을 수 있다. 특히 미국에서는 1970-80년대에 대학 개혁운동이 일었고 그 과정에서 소위 교육 받은 사람이 갖추어야 할 요건에 관한 논의를 집약한 내용을 우선 소개한다(Harvard University, 1979; Dainton, 1980; Kagan, 1980; Kim, 2017a: 159).

1) 배움의 기회를 환영하는 자세
2) 문화적 호기심과 상상력을 갖춘 마음의 자세
3) 지식과 그 지식의 응용 가능성 사이의 관계를 탐구할 용의와 긍정적 태도

4) 교육받은 사람으로서 강력한 도덕적/윤리적 책임감으로 특별히 무장

5) 자신의 무지에 관해서 겸허한 자세로 인정할 정도의 지식을 충분히 구비

6) 다른 문화와 다른 시대에 무지한 국수주의적이고 편협한 사람이 되지 않고 넓은 시야를 지녀야

7) 비판을 수용할 용의를 가지고 "논리야말로 인식의 왕"임을 받아들일 자세

아울러, 고등교육을 받음으로써 교육 받은 사람의 자격 혹은 품격을 갖추도록 하버드대학에서 추진하여 실시한 교양교육과정은 이런 관점에서 널리 알려진 보기다. 여기서 주장하는 교육 받은 사람을 양성하기 위한 교육과정의 특성은 아래와 같다(김경동, 1998; Kim, 2017a:159-160).

① 일정한 분야의 지식은 어느 정도 깊이 이해해야 하고;

② 지식을 습득하고 적용하는 방법에 관하여 비판적으로 파악할 줄 알아야 하며;

③ 우주와 사회와 우리 자신에 관한 과학적이고 심미적인 이해를 갖추어야 하고;

④ 도덕적 · 윤리적 문제들에 관한 어느 정도의 이해와 그에 관한 생각의 경험을 쌓아야 하며;

⑤ 오늘에 사는 교육받은 사람이 되려면, 다른 문화와 다른 시대에 관해 무식한 '국지주의적(parochial, provincial)' 우물 안 개구리를 탈피하는 넓은 안목을 갖추어야 하고;

⑥ 자신의 생각과 표현(특히 문장)을 분명하게 효과적으로 할 수 있어야 한다는 목표를 추구하는 이념적 모형이다.

하버드대학에서는 이런 소양을 갖춘 인재를 양성하기 위해서 핵심교양교육과정(the Core Curriculum)을 5개 핵심 필수영역으로 다음과 같이 구성하

였다.

    (1) 문학과 예술 영역: (위의 ②, ③);

    (2) 역사연구 영역: (위의 ②, ③, ⑤);

    (3) 사회분석과 도덕적 사유 영역: (②, ③, ④):

    (4) 과학 영역: (②, ③);

    (5) 외국문화 영역: (⑤)를 목표로 한 것이다. 나머지 여섯 번째 목표는 작문 훈련으로 정하였다.

   이런 구체적인 보기는 어디까지나 단편적인 것이고 예시가 목적이지만 그런 프로그램이 목표하는바 이상적 교양교육의 내용이 결국은 문화적 교양을 쌓는 데 중요한 (혹은 하버드대학의 표현처럼 핵심적인) 것임을 상기하고자 소개하였다.

2. 성숙한 선진문화사회의 조직원리

   선진사회로 발돋움하기 위한 여러 가지 기본요건을 갖추고 성숙한 사회를 이룩하는 데 필요한 패러다임의 전환을 꾀하면서 궁극에는 성숙한 선진문화사회로 나아가는 발전을 추구하는 데에는 그런 사회를 조직하는 원리에 관한 지침을 요한다. 그러한 조직원리를 크게 세 가지 기본적인 사회의 모형으로써 제안하고자 한다. 그 세 가지는 1) 유연성의 원리, 혹은 구조적으로 유연한 사회, 2) 분권적 다원적 공동체주의적 집합주의 원리, 또는 그러한 사회, 그리고 3) 자발적 복지사회의 원리 및 그런 원리에 기초하여 작동하는 사회로 간추린다. 물론 사회의 모형이라든지 조직원리는 얼마든지 더 세분하고 다양하게 구상할 수 있는 성질의 것이지만 본 연구의 관점에서는 이 세 가지면 일단 충분하다고 본다(Kim, 2017a; 김경동, 2002; 2012).

1) 유연성의 원리

본서 제2장이 보고서 허두에 사회변동의 음양변증법적 원리 세 가지를 소개할 때 이미 적응성의 의미를 검토하였고, 또 성숙한 사회의 체계적 성격은 대외환경에 대면해서 적응력이 중요함을 강조하였다. 적응을 위해서는 사회의 구조가 경직하면 불리하다는 것을 암시하였다. 그리고 동방의 신육덕 중 '약'을 굳이 포함하는 것도 사회를 부드럽게 이끌고자 하는 의도를 감추고 있다. 그러면 이제 성숙한 선진문화사회를 이룩하고자 할 때 여기에 걸맞은 사회조직원리는 과연 무엇일까를 묻지 않을 수 없다. 그것이 한마디로 '유연성의 원리(the Principle of Flexibility)'다.

위에서 선진사회의 요건으로 지속적 경제성장과 정의로운 복지 및 시민 민주정치를 지목한 바 있다. 성숙한 사회체계 역시 적응력을 요청하고 사회의 분화와 통합이 부드럽게 잘 이루어져야 함을 암시하였다. 이를 위해서는 생산성, 창의성, 자발성, 협동성 등이 필수적이다. 그런데 이와 같은 과업을 위해 유연하고 신축성 있는 구조와 조직원리가 유리한 까닭은 무엇인가?

첫째, 경제성장을 위해 필요한 자원을 양적으로 증대시키고 질적으로 개량하자면 자원 창출활동에서 생산성을 높여야 하고 기술혁신을 비롯한 새로운 아이디어를 필요로 하기 때문에 무엇보다도 창의력이 중요하다. 창의성을 발휘하도록 하는 사회적 조건으로서 조직원리와 구조적 틀은 경직해서는 곤란하고 유연성이 훨씬 유리하다. 유연한 사회에서는 개인과 집단의 적극성(initiative)과 진취적 자세를 장려하기 때문에 조직체와 사회 전체의 효율성을 높일 수 있다.

둘째, 유연한 사회는 의사결정의 성격에서도 탁월하다. 결정행사과정에

성원들의 자유로운 참여를 더욱 광범위하게 개방함으로써, 일부 성원의 배제와 소외의 문제를 예방할 수 있으므로, 생산성과 효율성 제고에 긍정적이다. 또한, 쓸 데 없이 소모적인 사회의 분쟁, 갈등, 폭력 등을 피하고 사회적 통합과 협동을 유도할 수 있다. 특히, 공정한 복지의 보장이라는 의미에서 자원 배분을 둘러싼 의사결정에 누구도 배제하지 않고 더 많은 사람들이 참여할 기회를 제공하게 됨으로써 적극적 협조와 헌신몰입의 유인이 커진다. 이 문제는 앞서 사회의 질 향상이라는 주제를 다룰 때 사회적 포용과 자율권의 보장이 중요하다는 점을 강조하는 것과 상통하는 사안이기도 하다.

셋째, 그러한 유인들을 제공함으로써, 유연한 사회에서는 목표하는 결과를 얻는 데 도움이 된다. 일단 결정한 사회적 목표는 수용하고 채택한 규칙은 서로가 존중하려는 태도가 우세하게 되면 그만큼 일탈과 저항에 의한 낭비가 줄어들고 생산성이 높아지며 질서가 잡힐 확률이 커질 수 있다. 더군다나, 목표 달성에 협조하고 규칙에 따르려 할 때 수반할 지도 모르는 개인적 희생을 감수하고 자발적으로 공공이익에 공헌하려는 성향을 북돋아 줄 개연성도 커진다.

이러한 유연성의 원리를 한층 더 깊이 있게 이해하기 위해서 유교와 도교의 사상을 참조할 만하다. 이를 여기에 간략하게나마 소개하려고 한다. 앞서 성숙한 사회의 이론을 고찰할 때 사회체계가 에너지 부족으로 인한 엔트로피 때문에 균형을 잃게 되면 변동이 일어나고 이를 만회하기 위한 시도를 하게 되는데, 이때 변화무쌍한 환경에 잘 적응하는 사회체계는 생존을 유지하고 진화가 가능하지만 적응에 실패하면 체계 자체가 붕괴한다고 했는데, 그 적응력의 원천은 바로 체계 자체의 유연성과 관계가 있다는 것이 바로 동방사상의 명제인 것이다.

이러한 문맥에서 위에서 소개한 '중용' 사상을 원용할 수 있다. 중용에서 말하는 '중(中)'은 인간의 행동이나 사회의 운영에서 소중히 여기고 잘 유지해야 할 덕목으로서 개인의 도덕적인 수양에 따른 적응력과 사회의 체계 적응력을 요청한다. 왜냐 하면 중용은 한쪽으로 기운다든지 아니면 과하거나 부족함이 없는 상태, 즉 균형을 의미하며 이 균형이 깨지면 사람이나 사회에 변화가 온다. 그런 상황에서 필요한 것이 바로 '시의(時宜)'에 잘 적응하라는 '시중(時中)' 즉 적응력이라 하였다.

그런데 흥미로운 것은 여기서 지적하는『주역』은 역설적인 변증법의 논리를 펴면서 사람이 어떻게 행동하는 것이 현명한지를 비유로 가르친 바 있는데, 위에서 율곡선생의 위태로움을 알고 행동하면 자리가 안전하다는 비유에서 이미 인용한 바 있다. 바로 이와 같은 자세로 삼가며 대비하여 시의에 따른 변역을 시도하는 것이 곧 적응을 뜻한다면 그러한 적응은 개인의 의식이나 사회의 조직원리나 구조가 유연해야 가능하지 경직할 때는 어려운 법이다. 이와 같은 유연성, 신축성의 가치를 가장 높이 산 사상이 바로 도교사상이고 그중『노자』가 대표적인 고전이다. 이 노자의『도덕경』은 유연함을 칭송하고 강조하는 논리로 가득차 있음을 앞에서 소개하였다. 경직한 의식과 행동과 조직원리로 변동하는 시대적 상황에 경직하게 대처하다 보면 오히려 체계가 붕괴하고 말지만 유연한 대처는 오히려 적응력 때문에 다시 균형을 찾고 더 뻗어 나갈 기회를 찾을 수 있다. 우리가 바라는 성숙한 선진문화사회의 사회조직 원리는 바로 이와 같은 유연함으로 적응력을 키우고 시의에 맞는 변혁을 도모하면서 지속적으로 발전할 수 있는 원리다.

2) 분권적 다원적 공동체주의적 집합주의

유연한 사회의 구체적인 모습을 상세하게 묘사하기는 어렵지만, 적어도 그러한 조직체와 사회의 특성을 표상하는 이념형적인 조직원리는 일종의 분권적 다원적 공동체주의적 집합주의(Decentralized Plural Communitarian

Collectivism) 또는 분권적인 공동체로 규정할 수 있다.

　인류 역사의 흐름을 유심히 살펴보면 특히 근대화 이후부터 모든 중요한 자원을 어떤 특정 개인이나 집단, 계층, 지역 등에서 독과점하던 사회의 조직원리와 구조적 특성을 탈피하여 되도록 많은 구성원들이 골고루 향유할 수 있게 하려는 방향으로 변화를 끊임없이 추구해왔음을 알게 된다. 그러나 아직도 자원의 배분구조는 상당히 불평등하고 이를 좌우하는 규칙을 만들고 고치는 과정에서 영향력을 미칠 수 있는 권력이라는 사회적 자원의 분배 또한 불균등한 것이 인간사회의 현실이다. 그러므로 우리가 지향하는 성숙한 선진문화사회의 구조적 성격은 우선 분권화를 기조로 삼는다.

　분권적인 조직원리는 모든 사회적 자원의 배분에서 과도한 집중은 피하고 집권적 성향을 극복해야 한다는 조건을 요구한다. 특히 권력의 배분이 되도록 공평할 것을 중시한다. 이 원리에서는 정의, 공정, 공평, 균등, 평등, 나눔, 삶의 기회, 권한 부여 또는 자율권 부여(empowerment) 등과 같은 가치를 추구하게 된다. 분권화란 사회의 여러 가지 주요 자원, 특히 그중에서도 자원의 배분 자체에 관한 사회적 의사결정을 좌우하는 권력, 결정행사 과정에 참여할 수 있는 권한과 같은 자원의 분배를 공정하게 하려는 것이 주된 취지다. 이런 권력과 권한을 소수자가 집중적으로 장악하여 권력 남용을 하는 것을 방지하기 위한 조처다. 그렇기 때문에, 분권화가 일어나면 사회 전체의 계층구조는 비교적 불평등 정도가 심하지 않고 중간계층이 상대적으로 큰 비중을 차지하는 형태를 띨 개연성이 높다. 국가나 민간부문이나 개별 조직체들도 마찬가지로 위계서열적 계층이 대폭 줄어들어서 평평한 모습을 띠는 것을 기대할 수 있다. 사회 내부의 지역들과 부문들은 각기 상대적으로 자율권을 가지고 분권적 공동체 단위로 운영하는 모습이고, 부분 조직단위들도 비교적 자율성이 큰 조직원리가 지배하는 상태다. 그리고 사회의 질적 향상을 위한 요소 중 자율권의 측면을 여기에 반영하는 것이다.

다음으로 다원화는 사회의 규모가 커지고 각종 제도가 수행하는 기능도 다기해지면서 사회구조 자체가 복잡해지면 거기에 참여하는 구성원의 속성 또한 다양해진다. 우선 우리나라는 이미 다민족사회로 이행하기 시작하듯이 인종과 민족의 다양성과 그에 수반하는 다문화사회의 성립을 예고하고 있다. 거기에 날로 변해가는 직업의 종류도 고속도로 다원화하며, 계층적 분화도 계층 간 문화적 차이뿐 아니라 같은 계층 안에서도 분화에 의한 사회문화적 차이가 점차 복잡해진다. 지역적 다원화도 지방자치제도의 정착과 발전이 진전하면 더욱 증대할 것이다. 사회변동이 급하게 일어날 때는 특별히 세대 간 문화의 차이가 확대하여 이 또한 전반적인 사회문화적 다원화에 기여하게 된다.

그런데 분권화로 권력과 권한이 분산하고 다원화하는 잡다한 부문과 조직체와 인구집단들의 자율성이 확대하면 이를 마음껏 발휘하여 각자의 이익추구에 몰두하고 제각각 하고 싶은 대로 행동하고 살아가려는 성향도 나타날 수 있다. 만일 이런 현상을 그대로 방치하면 모든 개인과 집합체가 각기 자기중심적 이익을 중심으로 분열하고 상호간의 불신으로 갈등이 일어나기 쉽고 이로 인하여 사회통합이 어려워질 확률이 높아진다. 이와 같은 갈등을 극복하고 사회적 해체의 위험을 피하기 위한 처방은 다름 아닌 공동체주의적인 연대와 소속감, 일체감과 공익 추구의 가치를 실현하는 일이다. 뒤에 자세히 해설하지만 사회의 질적 향상 항목 가운데 사회적 응집의 요청이 있기 때문이다. 따라서 이러한 분권적이고 다원화한 자율적 사회에서는 지나치게 자기중심적인 가치와 규범보다는 집합체 중심의 공동체적 가치와 집합적인 규범을 중시하는 것이 중요해진다. 그래야만 분권화하고 다양해진 사회가 통합을 이룬 하나의 안정적인 사회로 응집하여 움직이며 생존과 발전을 기할 수 있기 때문이다.

요컨대 한편으로는 분권적이고 다원적이지만 또 다른 한편으로는 모두가 공동체적인 가치와 규범을 존중하고 준수하며 공익을 위하여 모든 사안에서 누구든 배제하거나 소외하지도 않는 집합주의적 조직원리가 작동해야 한다. 후에 자세히 살펴볼 사회적 질의 향상에서 사회적 포용의 가치를 구현하자는 취지에서 구성원 상호간에, 사회의 여러 집단과 부문 상호간에, 연대와 동일시 같은 사회적이고도 심리적인 동질성을 만들어 가는 것도 필요하다. 또한 사회의 질적 향상 항목 중에서 사회적 자율권의 확보와 관련해서는 누구나 자유롭게 참여하는 집합적인 의사결정을 거쳐 모든 문제해결을 추진하는 것이 성숙한 선진문화사회의 중요한 사회조직원리로 사회의 발전에 공헌하는 길이기 때문이다.

3) 자발적 복지사회

다음으로 생각할 수 있는 성숙한 선진문화사회의 특징은 기본적으로 자발적 복지사회(Voluntary Welfare Society)의 이상을 추구한다. 오늘날 복지사회의 이념은 누구나 쉽게 입에 올린다. 특히 정치권에서는 선거철이 되면 유권자의 표를 의식하여 포퓰리즘(populism, 대중영합주의)의 함정을 무릅쓰고 무상급식이니 무상보육이니 하며 보편적 복지를 외치기도 한다. 복지국가의 실험은 구 공산권의 사회주의 복지국가 체제에서 이미 실패작으로 끝났고 남유럽과 남미의 재정적자에 기초한 복지국가의 시도 역시 국가재정 자체의 붕괴로 종지부를 찍고 있다. 심지어 서북유럽의 사회민주주의 사회에서도 완벽한 복지국가 체제의 한계에 관한 성찰을 신중히 시도하는 중이다. 이런 가운데 국민들 사이에서 복지 수요는 그칠 줄을 모른다. 더구나 한번 생활수준이 높아진 상태에서 국가가 일방적으로 제공하는 복지정책의 단맛을 경험한 사람들은 복지국가의 꿈을 쉽사리 떨쳐버리기가 힘들게 되어 있다.

이와 같은 전 지구적 상황을 관찰할 때, 우리가 지향하는 성숙한 선진문화사회의 복지는 과연 어떤 성격의 것이어야 하는지를 진지하게 묻지 않을 수 없다. 국가가 세금을 걷어 일방적으로 복지수요를 재정적으로 충당한다는 것은 허망한 꿈이라는 세계사적 교훈을 염두에 두고 우리가 추구하는 미래사회는 이제 시민사회 자체의 적극적 참여를 어떻게 이루어 나갈지를 생각하는 방향으로 키를 틀어야 할 처지에 놓여 있다고 하겠다. 그렇다면 여기에 복지 책임을 감당할 주체는 과연 누구인지를 묻지 않을 수 없다. 당연히 국가는 국가 스스로 져야 할 책무를 다해야 한다. 그러나 국가의 손이 닿기 어려운 사각지대를 중심으로, 또한 국가의 개입이 지나치면 오히려 부정적인 결과를 가져올 수도 있는 부문에서는, 시민사회의 자발적 부문이 시장부문의 협력을 얻어 그 주된 책임을 감당해야 할 것이다.

이때 합당한 사회조직원리의 기본은, 공동체의 복리를 위한 집합적인 행위에 각자가 자발적으로 참여하고 공공복지의 목표에 자발적으로 봉사한다는 믿음과 헌신이 우선한다. 어떤 이유나 명분으로든 개인과 집단의 행위를 강제하는 것은 발전의 가치 표준 자체에 어긋나는 비인간적인 일이다. 위에서 기업사회공헌의 논의에서 자원봉사의 철학과 의미를 음미하였듯이, 자발성의 가치는 인간이 권력의 강압이나 금전적 유인의 강제력에 따라 행동하는 일차원적 존재임을 거부한다. 이러한 조직원리는 이른바 '자발적 사회(the Voluntary Society)'의 이념에 기초하는 것이라 할 수도 있다.

시민사회가 기본적으로 일종의 자발적 사회라는 관념은 사회를 구성하는 세 가지 축이 국가와 시장 그리고 시민사회라는 구도에서 특별한 의미를 갖는다([그림 8-1] 참조). 인간의 행위를 유발시키는 인센티브로서 핵심적인 것 두 가지를 들라면 힘(force)과 돈이다. 국가란 원래 합법적으로 정당화한 힘(권력)을 행사하는 기구이며 그 권위로써 국민인 시민을 강제하고 복종케 할 수 있다. 필요하면 심지어 폭력을 이용하여 국민을 강제할 수도 있다. 국가의 권력을 그래서 사실상 정당화한 폭력이라고도 한다. 이에 대비해서 시민사회는 그런 강제적 구속력을 지니고 행사할 힘의 근거가 없다. 시민사회를 움직이는 힘은 강제가 아닌 자발성이다.

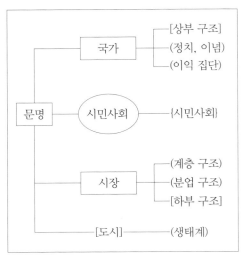

[그림 8-1] 시민사회의 기본구도

다른 한편, 시장은 누구나 자신의 이득을 취하려고 재화와 용역을 교환하는 경쟁의 마당이다. 경쟁에는 규칙이 있지만 목표는 이익 극대화다. 특히 시장에서 얻는 이익은 궁극적으로 '돈' 즉 경제적 자본(富)이다. 내게 유익하면 교환과 경쟁에 참여하여 규칙대로 움직이지만 실질적 소득이 없는 일에는 관심도 없고 참여할 필요가 없다. 하지만 경제적 보상이 인간의 행위를 유도하는 주된 인센티브인 시장과는 달리 시민사회의 작동 원리는 자신에게 직접적인 이익, 특히 경제적 보상이 없는 걸 분명히 알면서도 행동한다는 것이다. 때로는 분명히 손해인 줄 알지만 참여하고 행동한다. 다시 말해서 자발적 행위가 중심이다. 그래서 시민사회의 성격을 바로 시민사회의 자발성을 가장 뚜렷하게 부각시키고자 한 이론의 대표적인 개념으로 제시한 보기가 '자발적 사회'이다. 여기에 이 말을 제안한 Shultz(1972; 김경동, 2007; 2012: 109-110)의 개념정의를 그대로 인용 소개한다.

> '자발적 사회란' 높은 수준의 통합을 이룩하되 힘과 돈에 의존도가 가장 낮은 조직원리로 구성하는 사회다. 자발적 사회는 상대적으로 비폭력적이고 비강제적이며 비물질적인 사회다. 이런 사회에서는 힘과 돈이 인간사에서 이차적인 인과적 구실밖에 차지하지 못한다. 자발성(voluntarism)이 중요한 목표의 하나가 되고 사회적인 우선순위를 설정하고 달성하는 데 있어서나 사회의 문제를 해결하는 데 있어서 주요 수단이 된다. 좀더 적극적인 개념규정을 하자면 자발적 사회는 봉사의 이상을 깨우치고 장려함을 조직원리로 하는 사회다. 봉사의 이상이란 모든 개인과 조직단위들이 자율적으로 사회에 공헌해야 한다는 규범으로서 자발적 사회에 서는 편재하는 이상이다(강조 원저자).

자발적 사회의 가치가 비폭력, 비강제, 비물질이라고 하는 점은 매우 의미심장한 것이다. 인간은 혼자서는 생존할 수가 없고 여러 사람들과 함께 사회생활을 해야 하는 실존적 조건 때문에 모든 것을 자기 마음대로 자신의 이익만을 취하며 살지 못하는 딜레마를 항상 경험한다. 그 과정에서 힘이 세고 자원을 많이 가진 자가 폭력으로 강제하고 돈으로 매수해서라도 자신의 뜻대로 남을 굴복시키려 한 사례는 인류 역사에서 차고 넘친다. 그럼에도 불구하고 인간사회는 그처럼 힘과 돈만이 좌우하는 조직원리만이 작동하지 않는 묘한 측면이 있다. 사람들은 폭력과 강제를 싫어하고 돈이 만능이라고 믿지 않는다. 이를 대체하는 가치가 얼마든지 있기 때문이다. 그 중에 한 가지, 자발성에서 사회의 조직과 운영 원리를 찾으려는 것이 자발적 사회의 지향점이다. 자발적 사회라고 해서 국가가 힘을 전혀 사용하지 못하는 것이 아니며, 시장에서 돈을 완전히 배제하지도 않는다. 다만 힘과 돈이 지배적인 구실을 하지 않고 어디까지나 이차적인 의미밖에 갖지 않는다는 점이 중요하다. 자발성이 핵을 이루기 때문이다.

자발적 사회는 봉사의 이상을 존중하는 사회라고 할 때 봉사의 이상이 높은 사회 또는 조직체의 특징은 자율적이고(autonomous) 공헌지향적이며(contributive) 높은 뜻, 대의(cause)를 추구하는 것이다.

① 자율성은 어떤 결정을 내릴 때 사회나 조직체의 목표와 수단을 자체 구성원들과 지도자 스스로가 참여하여 결정한다는 뜻이다. 다른 어떤 사람이나 집단이 대신 결정을 내려 주지 않는다.

② 공헌지향성은 근본적으로 자발적 사회나 조직체는 친사회적인(pro-social) 성격을 띠고 사회변동에 적응하면서 또 다른 한편으로는 도덕적 기업가정신(moral entrepreneurship)으로 무장하여 사회변동을 창출하는데 이바지한다는 뜻이다. 여기서 도덕적 기업가정신이란 사회가 변하는 와중에 허물어져 가는 사회의 주요가치를 되살리고 드높이는 일에 앞장서서 사회가 바른 길로 나아갈 수 있도록 바람직한 변화를 추진하려는 성향을 일컫는다.

③ 이 같은 맥락에서 사회나 조직체는 가치를 제고하는 어떤 목표를 내걸고 실천을 시도하게 되는데 이 때 그러한 실천은 일정한 사회적인 대의(大義), 즉 높은 뜻을 지닌다는 것을 내세운다. 그렇게 대의를 내걸고 달성하려는 목표를 향한 노력의 도덕적인 가치가 구성원들이 신뢰할 만한 호소력을 가질 때 비로소 그것이 큰 뜻이라 할 수 있다. 누구나 그만하면 믿고 동참하여 이룩하고 싶은 마음이 생길 만한 큰 뜻을 가진 일이라는 말이다. 이 세 가지가 자발적 사회의 조직적 차원의 구성요소가 된다.

사회가 이처럼 자율적이면서 공헌지향적인 대의를 실현하려면 거기에 참여하는 개인의 내면에 '자유재량에 의한 봉사지향(discretionary service orientation)'을 요구한다. 자신의 자유재량으로 봉사를 하겠다는 의지는 바꾸어 말하면 사회가 강제력과 돈으로 개인의 봉사를 유도하려는 확률을 대폭 줄여주게 된다. 이런 의미에서 남의 강제나 회유 없이 스스로 재량껏 봉사하려는 성향은 조직체 수준의 자율성 및 공헌지향성의 이념과 맥을 같이한다.

① 자유재량이란 말 그대로 선택하는 역량과 그 선택을 실천하는 사회적 의식까지도 포함하는 개념이다. 이 정도의 사회적 의식을 가지려면 최소한의 교육을 받고 상당한 정보와 지식을 소유하는 자유로운 시민을 요구한다. 말하자면 문화적 교양으로 무장한 시민이다. 진정한 의미의 시민사회가 자발적인 사회인 까닭도 여기에 있다.

② 봉사지향은 개인 자신과 자기집단을 넘어서 다른 개인들과 집단들에 대한 책임의식을 가지고 저들에게 혜택을 베풀려는 의도적인 지향을 말한다. 나의 봉사를 받아야 할 대상자의 복리와는 서로 충돌하거나 상극하는 상업적인 이익 또는 법적인 이해득실이 개입할 때는 개인 차원의 봉사지향은 강제와 금전적 보상의 작용을 중화시킬 만한 힘을 발휘한다. 이처럼 자유재량에 의한 봉사지향이야말로 자발적 사회의 가장 긴요한 개인적 구성요소가 된다.

분권적 다원적 공동체주의적 집합주의가 강조하는 자율성도 현실적으로는 자발적인 참여와 희생적 봉공의 정신이 없으면 성공할 수 없다. 실질적으로, 분권적인 사회에서 삶의 질적 향상에 필요한 자원을 확충하고 자원의 공정한 배분을 기하고자 할 때도, 국가의 집권적인 힘만으로는 벅차기 때문에 오히려 시민사회의 자발적 부문이 가진 무한정의 가용자원을 활용하고 협조를 얻는 것이 실질적이고 현명하다. 국가와 시민사회의 자발적 부문 간에 진정한 파트너십과 협치가 긴요한 이유가 여기에 있다.

제3부
사회적 가치의 가치체계

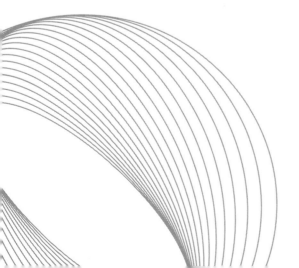

제9장

사회적 가치의 가치체계 구상

이제 사회적 가치의 가치체계의 탐색을 시도하는 마지막 과제가 남았다. 물론 지금까지 살펴본 내용에는 수많은 가치를 언급한 바 있고 이런 가치항목만 한 군데 모아 계통적으로 정리할 기회를 갖지 못했으므로 지금부터는 본격적인 사회적 가치의 구성요소 내지 구체적 내용을 한데 모으고 재편하여 하나의 일관적인 준거틀에 담아 가능하면 일목요연하게 눈여겨 볼 수 있는 가치체계 구성에 착수하고자 한다. 그러기 위해서 우선 현존하는 사회적 가치의 항목을 몇 가지 대표적인 보기만이라도 일별하고, 다음 단계로 사회적 가치 체계 구성의 기초라는 의미에서 일종의 세계 보편적 가치라고 제시해온 내용을 정리한다. 이를 배경으로 본 저자의 독자적인 가치체계의 틀을 예시하는 것으로 마무리 할 것이다.

이런 과제를 수행하기 전에 방법론적 접근의 전략에 관한 논의가 필요한데, 여기에는 통상 방법론에서 언급하는 두 가지 전략이 있다. 하나는 귀납법적 접근을 택하는 것이고 다른 하나는 연역적 전략이다. 지금까지 사회적 가치 연구에서 채택한 방법은 귀납적인 성격이 주종을 이룬다. 가령 실천적 목적의 정책 수립을 염두에 두고 어떤 문제가 있고 사회적 수요가 있는지를 경험적 관찰과 통찰에 의거하여 확인한 다음, 문제 해결을 위한 정책적 대안을 구상하는 과정에서 사회적 가치와 관련 있는 항목을 마련하는 식이다. 본고에서는 두 번째 전략인 연역적 방법을 택한다. 당장의 실천적 정책 수립에 바로 활용할 수 있는 사회적 가치의 항목을 탐색하는 것도 유용한 맥락이 분명 있지만 장기적인 안목에서 보면 거기에는 항상 단기적 목적을 우선하므로 사회적 가치의 내용이 한정적인 성격을 띠기 쉽고 연구자 또는 정책입안자의 특수한 관심 영역에 따라 일관성이 결여하거나 상호 중복하는 내용을 담을 우려가 없지 않다. 그러므로, 본서는 장기적이고 거시적인 전망에서 접근함으로써 장차 이 분야의 연구를 할 때 하나의 표준 준거틀의 기능을 할 수 있는 가치체계의 구상을 목표로 하는 것이기 때문이다. 그래서 인류 보편적 가치의 내용을 검토한 후에 새로운 가치체계의 구성을 시도하려는 것이다.

1. 현존 사회적 가치의 구성 내용

먼저 최근의 한 연구보고서에서 지적한 현황을 그대로 옮긴다(한국행정학회, 2019: 128).

> 사회적 가치 연구 역시 공공가치 연구와 같이 개념적 정의가 빈약하다는 비판을 받고 있다… 사회적 가치는 학술적 측면에서 이론적으로 다루어진 개념이라기보다는 실천적인 측면에서 대두되고 발전해온 개념이라고 볼 수 있다. 사회적 가치도… 명료하게 정의된 개념은 아니지만, 현실적 그리고 실무적 차원에서 기업, 사회적 기업, NGO, 공공기관 등을 대상으로 사회적 가치를 측정하고 평가하기 위해 정부, 국제기구, NGO 등 다양한

조직에 의해 정의된 개념이다… 정부와 시장 모두 현대 사회의 복잡한 문제에 효과적으로 대응할 수 없다고 비판하며 현실적 차원에서 대두된 개념이다.

이제 사회적 가치 개념 규정의 구체적인 보기를 영국과 우리나라의 몇 가지 대표적인 기관에서 제시한 것을 중심으로 간략하게 개관하기로 한다. 사회적 가치 연구에서 자주 언급하는 첫 번째 보기는 영국의 「공공서비스(사회적 가치)법 2012(Public Services (Social Value) Act 2012)」이다. 이 법령은 법 제정 취지를 다음의 문장으로 표현하고 있다. "이 법령은 공공기관으로 하여금 공공서비스 계약; 그리고 이와 연관성이 있는 기타 목적의 공공서비스 계약과 관련하여 반드시 경제적, 사회적 및 환경적 안녕을 고려해야 한다(An Act to require public authorities to have regard to economic, social and environmental well-being in connection with public services contracts; and for connected purposes)." 한국행정학회 연구보고서(2019: 32; 135)는 여기에 근거하여 사회적 가치의 정의를 "어떠한 지역의 경제적·사회적·환경적 안녕(well-being)을 증진시키고 서비스 자체가 제공하는 편익이상으로 조달과 위탁계약으로 창출될 수 있는 추가적인 편익을 극대화 하는 것으로 정의한다"라고 소개한다.

둘째는, 사회적 영향과 사회적 가치에 초점을 맞추고 활동하는 국제적 시민단체 네트워크(Social Value International)이다. 이 기구는 사회적 가치의 개념을 이렇게 규정한다(Social Value International, website). "사회적 가치란 사람들이 경험하는 변화에 부여하는 상대적 주요성의 계량화를 가리킨다(Social value is the quantification of the relative importance that people place on the changes they experience in their lives)." 여기서 강조하는 것은 "이런 사회적 가치가 우리의 일상적 경험을 수치로 계산함으로써 어디에 투자할지를 결정하고 우리가 사는 세상을 더 잘 이해하도록 도와줄 수 있는 대단한 잠재력을 갖는다고 믿는다… 이런 가치를 잘 따져보고 설명함으로써 세상이 더 평등해지고 더 지속가능해지리라고 믿는다."

다음은 우리나라의 보기다. 첫째로, 2017년 10월에 발의한 「공공기관의 사회적 가치 실현에 관한 기본법」에서 명시한 사회적 가치의 정의는 아래와 같다.

제3조(정의) 이 법에서 사용하는 용어의 뜻은 다음과 같다.
1. "사회적 가치"란 사회·경제·환경·문화 등 모든 영역에서 공공의 이익과 공동체의 발전에 기여할 수 있는 가치로서 다음 각 목의 내용을 포괄한다.
   가. 인간의 존엄성을 유지하는 기본 권리로서 인권의 보호
   나. 재난과 사고로부터 안전한 근로·생활환경의 유지
   다. 건강한 생활이 가능한 보건복지의 제공
   라. 노동권의 보장과 근로조건의 향상
   마. 사회적 약자에 대한 기회제공과 사회통합
   바. 대기업, 중소기업 간의 상생과 협력
   사. 품위 있는 삶을 누릴 수 있는 양질의 일자리 창출
   아. 지역사회 활성화와 공동체 복원
   자. 경제활동을 통한 이익이 지역에 순환되는 지역경제 공헌
   차. 윤리적 생산과 유통을 포함한 기업의 자발적인 사회적 책임 이행
   카. 환경의 지속가능성 보전
   타. 시민적 권리로서 민주적 의사결정과 참여의 실현
   파. 그 밖에 공동체의 이익실현과 공공성 강화

둘째로는, 직접 사회적 가치가 주된 법률적 목표는 아니지만 이윤의 극대

화가 최고의 가치인 시장경제와 달리 사회적 가치 실현을 우위에 두는 경제활동으로 알려진 사회적 경제 관련 법령에서도 사회적 가치를 언급하고 있다. 예를 들어, 2016년 10월에 발의한 「사회적 경제 기본법」에서는 "빈곤을 해소하는 복지, 따뜻한 일자리, 사람과 노동의 가치, 협력과 연대의 가치, 지역공동체의 복원 그리고 이러한 것들을 추구하는 사람들의 선한 정신과 의지 등은 소중한 사회적 가치들"이라 한다. 그리고, 같은 해 8월에 발의한 「사회적 경제 기업제품 판매촉진 및 판로지원에 관한 특별법」에서도 "고용창출이나 노동통합, 사회서비스 공급, 지역사회 재생, 공동체의 이익 실현, 환경적 지속 가능성 등 노동, 복지, 인권, 경제차원에서 공동체에 제기되는 문제를 해결하는 과정에서 생겨나는 재정적·비재정적 편익"이라고 사회적 가치를 정의하고 있다(한국사회적기업진흥원 홈페이지).

이 정도면 윤곽은 드러나지만 우리나라에서는 역시 매우 실천적인 프로그램을 중심으로 사회적 가치를 이해하고 실현하고자 노력하는 것이 현실이다. 그리고 그 법령의 내용은 사회가 인간을 위해 제공해야 한다고 선언하는 가치 있는 갖가지 조건을 거의 망라하고 있음을 직감할 수 있다는 것이 실은 놀랍다. 따라서 끝으로 국제기구에서 제안한 지속가능성 지수와 관련하여 사회적 가치를 어떻게 규정하는지를 한 가지만 살펴보고 다음 주제로 이행하겠다. 다름 아닌 국제연합이 2015년 9월 제70차 국제연합 총회에서 채택한 「2030 지속가능한 발전의 목표」라는 문서다. 거기에는 17개의 목표와 169개의 세부 목록을 담고 있지만, 여기서는 17개 목표만을 간추려 소개한다(Wikipedia, 2019; 이재열, 2018:377−378).

1) 무 빈곤(No Poverty): 모든 곳에서 모든 형태의 빈곤 종식(End poverty in all its forms everywhere)
2) 무 기아, 기아 종식(Zero Hunger, End hunger): 식량 안보와 영양 개선

달성 및 지속가능 한 농업 증진(achieve food security and improved nutrition, and promote sustainable agriculture)

3) 양질의 건강과 안녕(Good Health and Well-being): 건강한 삶의 보장과 모든 연령층의 안녕 증진(Ensure healthy lives and promote well-being for all at all ages)

4) 양질의 교육(Quality Education): 모든 사람을 위한 포용적이고 공평한 양질의 교육 보장 및 평생교육의 기회 증진(Ensure inclusive and equitable quality education and promote lifelong learning opportunities for all)

5) 양성평등(Gender Equality): 양성평등의 달성과 모든 여성과 여아의 평등 및 역량 강화 (Achieve gender equality and empower all women and girls)

6) 깨끗한 물과 위생(Clean Water and Sanitation): 모든 사람을 위한 물과 위생의 확보 및 지속가능한 관리(Ensure availability and sustainable management of water and sanitation for all)

7) 사용가능하게 저렴하고 깨끗한 에너지(Affordable and Clean Energy): 모든 사람에게 사용가능하게 저렴하고 믿을 만하고 지속가능한 현대적인 에너지 이용 보장(Ensure access to affordable, reliable, sustainable and modern energy for all)

8) 괜찮은 일자리와 경제성장(Decent Work and Economic Growth): 지속적이고 포용적이며 지속가능한 경제성장의 증진 및 모든 사람을 위한 완전고용과 생산적인 괜찮은 일자리 제공(Promote sustained, inclusive and sustainable economic growth, full and productive employment and decent work for all)

9) 산업, 혁신 및 기반시설(Industry, Innovation, and Infrastructure): 회복가능한 기반시설 건설, 포용적이고 지속가능한 공업화 증진 및 혁신 촉진 (Build resilient infrastructure, promote inclusive and sustainable industrialization, and foster innovation)

10) 불평등 축소(Reducing Inequality): 국내 및 국가 간 소득 불평등 축소

(Reduce income inequality within and among countries)

11) 지속가능한 도시와 공동체(Sustainable Cities and Communities): 도시와 사람이 사는 곳을 포용적이고 안전하며 회복가능하고 지속가능하게 만들기(Make cities and human settlements inclusive, safe, resilient, and sustainable)

12) 책임성 있는 소비와 생산(Responsible Consumption and Production): 지속가능한 소비와 생산 유형의 보장(Ensure sustainable consumption and production patterns)

13) 기후관련 실천행동(Climate Action): 매연 규제와 재생 에너지 개발 촉진으로 기후변화와 그 영향에 시급한 대처(Take urgent action to combat climate change and its impacts by regulating emissions and promoting developments in renewable energy)

14) 바다 속 생명(Life Below Water): 지속가능한 발전을 위해 대양, 바다 및 해양자원의 보존 및 지속가능한 활용(Conserve and sustainably use the oceans, seas and marine resources for sustainable development)

15) 지상의 생명(Life On Land): 지상 생태계의 보호, 복원 및 지속가능한 활용 증진, 삼림의 지속가능한 관리, 사막화 대처 투쟁, 토양 퇴화의 중지 및 회복, 그리고 생물다양성 상실 방지(Protect, restore and promote sustainable use of terrestrial ecosystems, sustainably manage forests, combat desertification, and halt and reverse land degradation and halt biodiversity loss)

16) 평화, 정의 및 강력한 제도(Peace, Justice, and Strong Institutions): 지속가능한 발전을 위한 평화롭고 포용적인 사회의 증진, 모든 사람들에게 정의로운 대우 제공, 그리고 사회의 모든 수준에서 효과적이고 믿을 만하고 포용적인 제도의 구축(Promote peaceful and inclusive societies for sustainable development, provide access to justice for all and build effective, accountable and inclusive institutions at all levels)

17) 목표달성을 위한 파트너십(Partnerships for the Goals): 정책 실현의 방
안의 강화와 지속가능한 발전을 위한 전 지구적 파트너십의 재활성화
(Strengthen the means of implementation and revitalize the global partner-
ship for sustainable development)

이러한 보기만으로도 현재 국내외에서 추진하는 사회적 가치 프로그램의
내용을 파악하는 데는 충분하다 하겠다. 상당히 포괄적이고 상세한 면이 있
는 것도 사실이다. 그러나 본서의 목적을 위해서는 그와 같은 구체적이고
실천지향적인 내용을 초월하여 한층 더 보편적인 기준에 가까운 내용의 탐
구가 아직 남아 있다. 이제는 그 작업을 시도하려고 한다.

2. 보편적 가치와 사회적 가치

1) 보편적 가치의 일반적 고찰

마지막 과제인 사회적 가치의 새로운 체계를 구성하기 전에 한 가지 작업
이 더 필요하다고 보는데 그것은 혹시 사회적 가치의 틀 속에 포함할 수 있
는 가치 중에 모든 사회가 공유하는 보편가치를 발견할 수 있는지를 먼저
확인하는 일이다. 인류학적 관점에서는 상이한 문화권에 속하는 거의 모든
사회에서 공통으로 발견하는 일정한 문화적 특질이나 유형을 찾아낼 수 있
다면 그것으로 인류의 보편가치에 근접한다고 볼 수 있다. 이보다는 좀 더
추상적인 맥락에서 시간과 공간을 넘어 비교적 광범위한 합의를 얻은 인간
의 핵심가치(core human values)를 확인할 수 있으면 그것을 보편가치의 한
모습이라 일컬어도 무방할 줄 안다(Bell, 2004: 177; 179). 무엇이 보편적이

냐 하는 철학의 분석적 담론은 여기에서는 일단 생략하고, 예일대 사회학과의 Wendell Bell 교수의 충고대로 이 정도의 개념이면 수용할 수 있겠다는 합의를 얻은 인간의 핵심가치라고 이해할 만한 가치가 어떤 것인지를 여러 자료에서 간추려 개관하기로 한다(Bell, 2004: 177-187).

지금까지 서구 철학계와 사회과학 분야에서 제시한 대표적인 사례를 규합하여 다시 추려내는 작업을 시작한다. 우선 한 가지 명백히 해둘 것은 과연 인간의 사회에서 무슨 가치가 가장 소중하고 엄중하게 귀한가를 묻는다면, 아마도 그것은 '생명(life)'이라고 할 수 있을 줄 안다. 기실 상기 예일대학의 Bell 교수도 바로 이 생명이야말로 세상 어느 누구도 부정하지 못할 지상의 보편적 가치라 해도 좋을 것이라고 보았다. 그런데 이 생명의 개념은 양적인 측면에서 수명(longevity, life span, life expectancy)이라는 뜻과 질적으로 보는 삶의 질(the quality of life)로 이해하는 양면을 다루어야 한다고 지적한다. 왜냐 하면 살아 있는 동안의 삶의 질적인 상태는 곧 수명의 연장에도 기여하는 가장 중요한 요소가 되기 때문이다(Bell, 2004: 229). 보편가치에 관한 논의에서 우리는 삶의 질에 관해서는 상당한 지면을 할애하겠지만 생명이라는 가치 자체를 상고하려면 상당히 복합적인 철학적, 생명과학적인 고찰이 필요하므로 여기서는 더 이상 언급을 하지 않기로 한다.

인간 가치의 특성에 관한 비교적 초기의 연구로 Milton Rokeach(1973)의 '최종적 목적적 가치(terminal values)'와 '수단적 인성적 가치(instrumental values)'의 항목을 소개한다. 아래 제시하는 [표 9-1]는 Rokeach의 최종적 목적적 가치항목을 가지고 한국의 표본을 대상으로 얻은 응답과 미국에서 조사한 응답을 대비하는 것이고(김경동, 1979: 175), 다음의 [표 9-2]는 수단적 인성적 가치의 두 나라 비교 자료다(김경동, 1979: 185). 이 두 자료에서 주목할 점은 가치를 연구하면서 그 내용의 성격을 반드시 개인의 차원과 사회적 혹은 집합적 단위의 수준을 동시에 다루어야 한다는 사실이다. 이러한 전략은 본서에서 마지막까지 고수할 것임을 미리 밝혀둔다.

[표 9-1]와 [표 9-2]에서 공통적으로 한국과 미국 사이에 별 차이가 없는(차이 값이 3 이하) 항목이 각각 18개 중 10개로 적어도 절반 이상에서 두 나라가 합의에 가깝다는 것을 보여 준다는 뜻에서 보편가치에 접근한다고 해도 좋을 것이다. 따라서 이들 모두를 일단 지금부터 보편가치의 항목에 포함시킬 것이다. 이 두개의 표에 적시한 사례를 시발로 해서 지금부터 여러 전문가들이 언급한 보편적 가치의 항목을 규합해서 '사회 적·집합적 가치'와 '개인적 성품 내지 인성적 가치'를 우리말의 가나다순으로 열거하기로 한다(여기에 집약한 보편가치 항목은 여러 전문가의 제안을 종합하였다(Pieper, 1966; Lasswell, 1971; 1977; Ferkiss, 1974; Hemming, 1974; Harman & Schwarts, 1978; Haan, 1983; Naroll, 1983; Kidder, 1994; Bell, 2004).

[표 9-1] 한국인과 미국인의 가치관 순위 비교: '궁극적 목적적 가치'

한국인 (순위)	궁극적 목적적 가치	미국 백인 (순위)	순위 (차이)
1	전쟁이 없는 평화로운 세계	1	0
2	가족의 안녕	2	0
3	선택과 독립의 자유	3	0
4	진정한 우정	10	−6
5	국가의 안보	9	−4
6	평등(기회 균등)	11	−5
7	행복(만족스러운 삶)	4	3
8	자연·예술 면에서 아름다운 세상	15	−7

9	지혜(인생에 관한 성숙한 이해)	6	3
10	무엇이든 성취하여 세상에 공헌	8	2
11	성숙한 사랑(육체적 정신적 친밀성)	14	−3
12	마음의 조화(갈등이 없는 상태)	13	−1
13	자극이 있고 활발한 생활	18	−5
14	사회적 인정(존경받는 것)	16	−2
15	스스로 존경하는 마음	5	10
16	편안하고 안락한 생활	12	4
17	쾌락(여유 있고 즐거운 생활)	17	0
18	구원(종교적인 영생)	7	11

[표 9–2] 한국인과 미국인의 가치관 순위 비교: '수단적 인성적 가치'

한국인 (순위)	수단적 인성적 가치	미국 백인 (순위)	순위 (차이)
1	정직과 성실	1	0
2	책임감 있고 믿음직스러움	2	0
3	독립심(자립정신)	13	−10
4	넓고 트인 마음	5	−1
5	용기	6	−1
6	자제력과 기율을 지키는 자세	11	−5
7	관용	4	3
8	예절 바른 태도	14	−6
9	능력	10	−1
10	타인의 복지 위해 도와주는 자세	7	3

11	야망(이상이 높고 열심히 일함)	3	8
12	창의적이고 풍부한 상상력	18	−6
13	명랑하고 유쾌한 성품	12	1
14	깔끔하고 깨끗한 성품	8	6
15	지적인 성향	15	0
16	인정스러움	9	7
17	논리적인 생각	17	0
18	의무감 강하고 복종하는 태도	16	2

2) 인간사회의 보편적 가치 예시

(1) 사회적 · 집합적 차원

건강(health)

경제적인 부(지나치지 않고 적정한, riches, wealth, economic welfare, not enormous)

공공질서(public order)

공동체(공동체 의식, 우애, 공동체를 위한 의무, a sense of community, obligations to community)

정의, 공정, 공평, 공명정대(justice, fairness)

관용(tolerance, limits in imposing values on others, respect for the dignity of each person, right for everyone to have ideas)

권력 형성과 공유(power shaping & sharing)

권리(건강과 안녕, right to health & well−being)

권리(교육, right to education)

권리(문화 생활 참여, right to participate in cultural life)

권리(사생활, right to privacy)

권리(생명권, right to life)

권리(일할 권리, right to work)

권리(자산소유권, right to own property)

권리(혼인과 가족, right to marriage & family)

권리(휴식 · 여가, right to rest & leisure)

권위 존중(respect for authority)

근본적 가치의 존중(respect for fundamental values)

단합(unity; fraternity, group allegiance, oneness with others)

도덕성(정당한 도덕적 요구조건 충족, morality, meeting the just requirements of morality)

동정, 박애, 자비심(charity)

민주사회의 일반적 복지(the general welfare of a democratic society)

비폭력(nonviolence)

사회적 안정 · 안전 · 안보

삶의 질(the quality of life)

사랑(love, love for one another, caring for others, mutual assistance, compassion for others)

사회의 안정보장(social security)

성적 표현(동격의 동반자로서 사랑하는 관계를 강화하는, sexuality expresses & reinforces a loving relationship lived by equal partners)

생명권, 생명존중(right to life, respect for life, "Thou shalt not kill.")

생태환경 보호(protection of environments)

신뢰(trust)

안녕(well-being)

안전(safely)

안전보장(security)

안정(stability)

양성 평등(gender equality)

여성권리(women's rights, equality)

연대와 관계성(solidarity & relatedness of all people)

용서(forgiveness)

이해와 수용(understanding & acceptance)

인간주의(humanism)

인권(human rights)

잉여생산(surplus production)

인종 간 화합(racial harmony)

자연(자연친화적인 생활양식, 자연에 경의와 일체감, nature-friendly ways of life, reverence for & oneness with nature)

자유(freedom, liberty to marry & family, to own property)

자유(고문에서, freedom from torture)

자유(노예생활에서, freedom from slavery)

자유(사상 및 표현, freedom of thought & expression)

자유(억압과 제도로부터, democratic liberation from oppression & institutions)

자유(이동, freedom of movement)

자유(타인에게 해가 안 되는 한에서, freedom as long as no harm is done to others)

적응력, 생존력(adaptability, survivability, to a wide range of environment & to respond to a great variety of challenges)

정부에 참여(participation in government)

정의(사회 · 경제적, justice, social/ecoomic)

지식존중(respect for knowledge)

지역(local area)

진보(progress, powerful knowledge to help control lives)

집단을 위한 희생 용의(willingness to sacrifice for the group)

참여(정부에, participation in government)

책임(responsibility)

책임(자신과 타인의 돌봄, taking care of self & others)

책임(공동체의 이익 관심, concern for community interest)

책임(나에게 대해 주기를 바라는 대로 타인을 대할, individual responsibility treating others as we wish them to treat us)

충성(loyalty)

친절과 관대함(kindness & generosity)

타인을 위한 의무 존중(honoring obligations to others)

타인을 정중하게 대함(나이, 성별, 피부색, 신체적/정신적 능력, 언어, 종교, 정치적 견해, 국적, 사회적 배경 등의 차별 없이, treating others with dignity without distinctions of age, sex, race, skin color, physical/mental ability, language, religion, political view, national/social origin)

평등(equality before law)

평화(peace, world order, reduction of armed aggression, warfare, world law enforced without killing)

평화로운 집회(peaceful assembly)

협동(cooperation)

(2) 개인적 · 인성적 차원

견인불발, 불굴정신, 꿋꿋함(fortitude)

근면(industriousness)

기능, 기량(skill)

방종 자제(abstinence from indulgence)

복종의 태도(obedience)

사려분별, 신중, 조심, 빈틈 없음, 알뜰(prudence)

성실, 정직, 진실(truthfulness)

신빙성(trustfulness)

안정성(stability)

예절, 억제, 수양(discipline)

온건(moderation)

옳고 그름의 판별력(knowing right from wrong)

용기(courage)

유연성(flexibility)

이성적 · 객관성(use of reason, objectivity)

인내, 끈기(patience, perseverance)

자제, 신중, 근신(self control, restraint)

재능(talent)

절제, 극기(temperance)

정감, 애정(affection)

정직, 청렴(honesty, rectitude)

존경심(respect)

지혜(wisdom)

충성심(loyalty)

친절, 호의(friendliness)

환대(hospitality)

(3) 인간본성과 사회가 공유하는 가치

[욕구의 형태]

애정(love)

인정/찬성(approval)

정서적 지지(emotional support)

의사소통(communication)

상호작용(interaction)

가맹, 제휴(affiliation)

생존의 욕구를 충족하기 위한 소통(communication satisfies needs for survival: food, clothing, shelter)

[집단생활의 전제요건](Prerequisites for Group Living)

도덕(사회적인 삶을 가능하게 하는 기능 수행; 사람들이 함께 살며 일하면서 집단이 생존하도록 허용, 격려, morality functions to make social life possible; permit and encourage people to live & work together, group survival)

협동(cooperation)

(4) 사회의 존속에 필요한 적정한 사회적 기제

재화와 용역의 생산, 분배, 소비(production, distribution, and consumption of goods and services)

권위체계에 의한 사회통제, 감독, 조정(social control, supervision, and coordination of its members through authority systems)

어린아이의 출산과 초기 양육(bearing and early physical care of children)

어린이가 성인으로 살아가기 위한 역할 수행으로 사회에 편입할 수 있도록 하는 교육과 훈련(education and training of children to occupy adult roles and for children's socialization into the society)

초자연의 미지의 세계에 관한 (주술적, 종교적, 과학적) 태도의 지도와 사회의 핵심 신념, 가치 및 행동 양식의 정당화(orientations [magical, reli-gious, or scientific] toward the unknown and for justifications of the soci-ety's core beliefs, values, and ways of behaving)

오락과 유희(recreation and play)

구성원 간의 애정 교류(giving and receiving of affection among its members)

성인의 역할(분업)을 배당하여 각각의 지위를 정위함(allocation of adult roles[eg. the division of labor] and for the conferral of status among its members)

(5) 부정적인 가치

[인류사회의 보편적 가치 중 인간에게 유익하고 긍정적인 것이 아닌 부정적 가치로 평가하고 가능하면 기피하고자 한 가치의 예시]

거짓말(lies & deceit)

고문(torture)

관용부족(intolerance)

광신(fanaticism)

기회주의(opportunism)

도적질(theft)

무자비(ruthlessness)

불신(mistrust)

사기(swindling)

살인(killing)

생태계 오용(abuses of ecosystems)

선동(demagoguery)

선망, 시기(envy)

신체훼손(mutilation)

압제(oppression)

오만(arrogance)

원한(resentment)

위선(hypocrasy)

잔인(brutality)

적대감(hostility)

증오(hatred)

지배(domination)

질투(jealousy)

탐욕(greed)

편견(prejudice)

폭력(violence)

타락(degradation)

테러(terror)

이상의 목록은 앞으로 사회적 가치를 연구하고자 할 때 준거로 삼을 기초 자료라고 생각하면 그 용도를 이해할 수 있을 것이다. 여기에 앞서 성숙한 사회의 요건을 논의할 때 마지막 부분에 세계전직국가수반회(InterAction Council)에서 선포한 '세계 인간 책임 선언문'에 담긴 내용과 항목도 추가로 이용할 수 있을 것이다. 비록 이 문서는 과거의 국제연합 세계 인권 선언문의 항목을 크게 반영하고 있기는 하지만, 인간이 사회생활에서 책임져야 할 가치를 체계적으로 정리한 것이므로 유용하다 할 것이다. 다만 이런 목록은 여러 전문가의 견해를 기계적으로 나열한 것이므로 이제는 한층 더 계통적이고 일관성이 있는 가치의 탐구가 있어야 한다. 그 내용을 지금부터 정리하고자 한다.

3. 사회적 가치의 가치체계 준거틀

본저의 마지막 과제는 사회적 가치의 의미를 더욱 심화시키면서 그 범위를 확대하는 목적으로 새로운 사회적 가치의 포괄적 가치체계를 구상하는 일이다. 이를 위해서는 인간에게 가장 소중한 가치인 삶(life)을 핵심으로 하는 하나의 가치체계를 구축하는 전략을 택하기로 한다. 다시 말해서 사회적 가치의 핵심은 '삶의 가치'라는 접근이다.

삶이라는 말의 영어 단어는 life인데 이 단어가 내포하는 의미는 크게 세 가지 색깔을 띤다는 점에 주목하고자 한다. 첫째는 생명(목숨)이다. Bell(2004: 230)에 의하면 "생명이란 엄숙한 지고지상의 가치다(A Master Value)." 생명이 없으면 '나'라는 존재 자체가 '무'이고, 할 수 있는 일이 무이고, 미래가 무이니 무슨 의미가 있는가? 생명의 반대인 죽음은 이 모든 것을 망각의 블랙홀(black hole)로 삼켜버린다. 종교가 생명의 존엄을 여러모로 해명하지만, 바로 이 실존적 각성이 가장 무거운 깨달음이다.

두 번째 의미는 사람이 일생을 살아가는 생애로 그 특성이 드러나는 삶이다. 우선 얼마나 오래 생존하느냐 하는 수명의 쟁점이 떠오른다. 다음은 출생부터 아동기, 청소년기, 성년기, 중년기, 장년기, 노년기 등의 특정한 생애주기를 하나씩 거쳐 전체 생애경로를 체험하는 어간에 어떤 삶을 살아가는가를 살펴야 한다. 여기서 주로 삶의 질이라는 쟁점이 두드러진다.

그리고 셋째, 삶의 가장 직접적인 경험이 이루어지고 있는 매일 매일의 일상생활이 있다. 그 생활이 인간에게 얼마나 행복한지 고통스러운지를 생각하지 않을 수 없다.

이처럼 가장 숭고한 가치인 삶을 중심으로 사회적 가치도 다시 개념화하는 것이 필요하다는 말이다. 그런 관점에서 본 저자는 이미 오래전부터 발전의 가치함축성을 주장하면서 발전의 핵심가치도 삶의 가치라고 규정한 바 있다(김경동, 1979; Kim, 1973; 2017a). 그 삶의 가치를 사회적 가치의 핵심가치체계로 다시 엮으면 아래의 [그림 9-1]과 같은 삶의 가치의 위계체계적 준거틀(frame of reference)을 정립하게 된다.

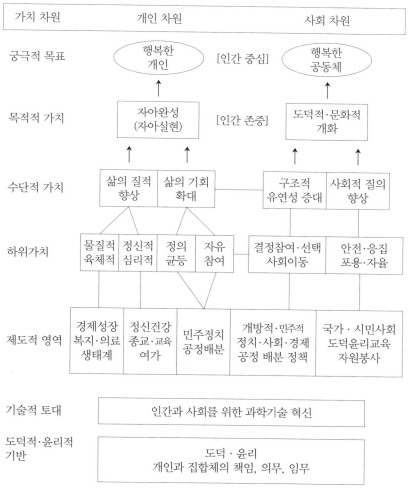

[그림 9-1] 사회적 가치체계의 준거틀 : 삶의 가치의 위계서열적 체계

우선 준거틀이란 앞으로 우리가 사회적 가치의 연구를 하고 이를 토대로 사회적 가치증진을 위한 정책과 실천과제를 형성할 때 어떤 내용의 가치를 중심으로 실행해야 할지를 결정하기 위한 하나의 준거 내지 표준이 되는 정보의 체계라는 뜻이다. 이것이 어떤 기능을 할 것이냐 하면, 사회적 가치를 삶의 가치라는 관점에서 정립하면서 그러한 가치가 위계적인 서열의 체계 속에서 차지하는 위치를 확인 또는 새로이 설정할 수도 있다는 전략의 일환이다. 그러한 체계의 틀 안에서 특정한 사회적 가치의 상대적 중요성과 다른 가치와 맺는 상호적인 관계를 파악하는 데 유용하다는 논리다.

예를 들면, 어떤 기업체에서 사회적 가치 중에 '자아실현'이라는 항목을 채택하고 이를 구현하기 위한 프로그램을 구상하고 실천한다고 가정하면, 그 가치는 [그림 9-1]이 제시하는 가치서열 체계의 준거틀에 비춰볼 때 바로 인간의 삶의 궁극적 목표인 행복한 삶에 이르는 가장 고차원의 목적적 가치에 해당함을 확인할 수 있다. 그렇다면 자아실현의 대상은 기업체내부의 종업원일 수도 있고 기업행위에서 그런 사회적 가치 구현을 목표로 하는 과업의 대상집단일 수도 있으니, 이를 돕고자 하는 것이라면 어떤 제도적 프로그램을 수행할지도 사전에 설정해놓고 실행에 임할 수도 있다. 그 다음은 이 준거틀에 의거하여 자아실현의 구체적 방안을 구상하게 된다. 그 방안의 준거는 [그림 9-1]의 수단적 가치에 해당하는 삶의 질과 삶의 기회확대라는 지침을 따라 설정하게 되고, 다음 단계로 하위가치 범주로 내려오면 그 내용이 더 구체화하고, 이어서 그 아래의 제도적 영역으로 내려와 실제 정책수립을 시작할 수 있다.

여기까지가 도식화한 준거틀의 용도를 개괄적으로 소개한 것이 되고 더 자세한 설명은 이제부터 하려고 하지만, 한 가지만 언급해 둘 것은 이 준거틀은 개인과 사회적 집합체라는 두 차원에서 가치를 다루고 있다는 점이다. 이 사실을 염두에 두고 나머지 해설을 계속한다.

1) 사회적 가치체계의 위계적 연계성

위에서 언급한 대로 이 준거틀의 구조는 반드시 가치를 개인의 삶과 사회적 집합체(공동체)의 삶을 별도로 그러나 동시에 고찰하는 것을 기본으로 삼는다. 사람들의 삶이 인간다운 모습으로 이루어지려면 사회가 그 조건을 최소한으로 제공해주어야 한다는 원리와 동시에 사회가 행복해지려면 개인의 삶이 사람다운 삶이 되어야 한다는 변증법적 관계를 설정하고 있음이다. 원래 사회는 개개 구성원들 사이의 관계의 연결망으로 이루어지면서 개인은 그 사회의 각종 여건에 의해서 삶을 영위해야 한다는 상호성을 전제하기 때문이다. 그러므로 항상 어떤 가치든 개인을 위한 가치인 동시에 사회가 개입하는 가치기도 하다.

(1) 사회적 가치의 궁극적 목표 : 행복한 인간, 행복한 사회

그러한 전제 아래, 이 연구에서 제안하는 가치체계는 일종의 위계서열의 틀로 서로 연관을 갖는다. 가장 높은 수준의 가치는 인간의 행복한 삶이다. 삶의 가치의 최고 목표는 개체로서 인간의 행복과 행복한 사회다. 이는 인간중심의 인간주의적 가치이기도 하다. 앞서 사회적 가치가 인간주의 가치임을 천명할 때에 이미 밝힌 대로다. 행복이 무엇이며 어떻게 해야 인간이 행복하게 살 수 있고 사회가 행복한 공동체로 유지할 수 있는지를 천착하는 체계다. 우리의 주제인 사회적 가치도 인간중심의 행복추구를 궁극적 목표로 삼는 것이어야 한다는 말이다. 그 구체적 구현양태가 어떤 것이든 간에 궁극에는 인간과 공동체의 행복이 이루어지는 방향으로 사회적 가치는 발현해야 한다는 것이 기본 원칙이다.

행복이 무엇인지는 현재 활발하게 전개하고 있는 행복 연구에서 논의를 하고 있으므로 여기에서는 따로 자세한 언급을 하지 않겠다. 본서도 사회의 발전이라는 문맥에서 행복을 논하는 발표를 한 바 있다(김경동, 2016). 그리고 최근에는 국민의 행복을 객관적으로 측정하는 지표를 구성하기 위한 연구도 나와 있거니와 한마디로 행복은 일단 주관적 안녕으로 정의하는 것이 이 분야가 대체로 공인하는 관행이라는 사실만 밝혀 두겠다(이용수, 2019; 한국보건사회연구원, 2019). 다만 어떤 맥락에서 연구를 하든 사회적 가치가 행복을 저해하거나 인간을 불행하게 하는 것이라면 이는 사회적 가치가 아니는 기본명제는 분명히 해둔다.

(2) 목적적 가치 : 개인의 자아실현과 사회의 도덕적 · 문화적 개화

행복한 사람, 행복한 공동체가 된다는 것이 사회적 가치의 궁극적 목표라면 어떤 조건을 갖추어야 하는지를 인간주의적으로 추론하면 그 조건은 우리의 위계적 가치체계에서 목적적 가치를 가리킨다. 위에서 Roakeach의 최종적 · 목적적 가치를 제시하였거니와 바로 이것이 여기에 해당한다. 각각의 인간이 자신이 타고난 잠재력을 가능하면 충분히 발휘하는 자아완성(self-fulfillment) 혹은 자아실현(self-realization, self-actualization)이라는 가치다. 사실 이 개념은 주로 인간주의 심리학자 Abraham Maslow(1954)의 욕구의 피라미드라는 구상에서 나온 것으로 이 분야에서는 이미 익숙한 것이지만, 도식으로 표현하면 [그림 9-2]와 같다.

적어도 인간이라면 단순한 육체적 욕구만 충족하면 그만이라는 생각으로 살아가지는 않는다. 여러 가지 자극도 즐기고 직업과 같은 활동도 하고 싶고 살면서 안전하고 안전을 보장받고자 하며 다른 사람들과 사랑도 하고 서로 귀속감도 즐기려 하고 스스로 자존감을 갖고 싶고, 종국에는 자아완성의 경지에 이르고자 하는 욕구를 품고 열심히 살아간다. 이런 욕구가 하나의 층계를 이루는 의미는 최소한도 인간은 육체적 욕구(의식주, 성적 욕구 등)는 충족해야지 다음 단계인 활동 욕구도 꿈꾸어본다는 식으로 하위 욕구를 충족하면 다음 단계로 나아가고자 하지만, 그렇지 못할 때는 감히 위의 단계를 욕망하지 않을 수도 있다는 것을 암시한다. 그러므로 우리가 사회적 가치를 설정할 때도 높은 단계의 욕구충족을 가치로 삼으면 그 하위의 욕구는 충족하도록 조건을 제공하는 것을 전제해야 함을 시사한다. 자아완상이라는 고귀한 가치도 결국은 최하의 기본 욕구 충족이 가능하고서야 꿈을 꿔볼 수도 있다는 말이다.

[그림 9-2] Maslow의 욕구의 피라미드

여기서 우리는 어떤 특정 사회적 가치 항목을 선정하여 연구하려 할 때 그와 연계해 있을 수 있는 다른 가치와 함께 고려할 필요가 있다는 것을 기억해야 한다. 가령 고용(자극과 활동)의 필요가 있다고 할 때 이것을 우리의 사회적 가치로 설정한다면 이를 필요로 하는 이유는 우선 의식주 해결을 요구하기 때문이라는 하위가치(욕구)를 생각해서다. 안전과 보장은 적어도 직업이 있을 때 생각할 수 있는 가치가 된다는 식이다. 그래서 우리의 가치 준거틀에서는 목적적 가치(자아실현)를 구현하기 위해서 필요한 수단적 가치를 설정한다.

　자아실현이 개인의 관점에서 보는 목적적 가치라면 사회는 어떤지도 아울러 고찰해야 한다. 이 준거틀은 사회가 행복한 공동체가 되려면 목적적 가치로 '도덕적·문화적 개화'를 달성해야 한다고 규정한다. 여기서 개화라는 단어는 영어의 flourish(꽃 핀다)를 차용하여 무성하고 번창하고 융성하다는 뜻으로 쓴 것이다. 여기에 도덕과 문화가 공동으로 간여하는 이유는 사실 앞서 사회적 가치를 인간주의 가치로 해석할 때 이미 암시한 대로 '인의예악지신'의 신육덕만 잘 지킨다면 이런 조건을 충족한다고 볼 만하다. 그리고 선진사회의 필수조건으로도 도덕사회와 문화 융성을 꼽았다. 이 말은 개인 차원에서 자아실현을 충족할 만한 사람들이면 그 사회도 도덕적으로 성숙하고 문화적으로도 번창할 개연성이 높음을 시사하기도 한다. 역으로 사회가 도덕적으로나 문화적으로 융성하면 그 사회의 구성원인 개개인도 자아완성에 가까이 다가갈 확률이 높아질 것이라고 보는 논리다.

(3) 수단적 가치 : 개인의 삶의 질과 삶의 기회

　다음 단계는 개인의 자아실현이라는 목적적 가치를 구현하는 데 기여하는 수단적 가치로서 삶의 질적 향상과 삶의 기회 확대를 제안한다.

　삶의 질(the quality of life)이라는 개념은 대체로 1960~70년대 서구 선진사회에서 공업화로 인한 생활수준의 향상에 수반한 생태계의 오염에 대처하기 위한 가치개념으로 등장하기 시작하여 이제는 전 지구적으로 모든 사회가 추구하는 일반적 삶의 질적 향상을 가리키게끔 그 의미를 확장해온 말이다(EPA, 1973; Kim, 1973; 김경동, 1979; Kim, 2017a; Bell, 2004). 다양한 개념 정의를 제공한 가운데 비교적 일반적인 의미를 요약한 예를 들면, "삶의 질이란 사람들의 삶의 성격이 대체로 '좋다' 혹은 '만족스럽다'고 하는 상태를 가리킨다"고 하는 Szalai(1980:8)의 정의다. 이는 행복이라는 개념처럼 주관적인 성격이 짙은 보기인데, 실제로는 그러한 느낌을 갖게 하는 객관적 조건을 각종 구체적 지표로써 측정하고 표시하려고 노력하고 있다.

그러한 지표의 실제 예는 추후에 따로 [표 9-3] 및 [표 9-4]에서 제시하고, 여기서는 우리의 준거틀에서 삶의 질의 내용을 지시해주는 하위가치로서 물질적·신체적 삶의 질과 정신적·심리적 삶의 질을 동시에 충족하는 것이 중요하다는 점을 유의해야 한다. 물질적 안정이 정신적 평안을 보장 하거나, 육신의 건강이 심리적 건강을 반드시 동반하는 것은 아닌 것처럼, 그 반대 방향도 마찬가지인 것이 현시적인 삶의 모습일 터이므로, 삶의 질적인 향상은 가능하면 이 두 가지 요소에서 공히 충족한 조건을 마련하는 일이 중요하다는 말이다. 특히 이 가치가 목적적 가치인 자아실현에 기여하는 삶의 조건이 되기 위해서는 더구나 그 둘의 균형적 개선이 필수적이다.

다음으로 삶의 기회라는 단어는 사회학적 용어로 사회계층의 연구에서 주로 사용하는 말이다(Warriner, 1971). 기회란 인간이 일생 동안 각종의 자원을 이용해야 생존할 수 있을뿐더러 여러 모양의 혜택을 누릴 수도 있는데, 그러한 기회의 균등이라는 조건이 일종의 가치 개념인 셈이다. 사람이 태어나는 순간부터 앞으로 일생을 살아가는 동안 향유할 수 있는 자원 및 혜택의 양과 질을 좌우하는 기회가 어느 정도 이미 정해진 상태에서 생애를 이어가야 한다는 사실은 이 삶의 기회가 얼마나 인간에게 중요한지를 단적으로 말해준다. 다시 말해서 출생 즉시 한 사람의 일생의 삶의 조건이 상당 정도 그의 가족의 사회 경제적 지위가 결정하고 출발한다는 이 엄숙한 인간 사회의 현실은 그가 일생 성취하는 지위와는 별개로 이미 그에게 귀속해버리는 속박 또는 기회가 되고 만다는 엄정한 숙명이라는 뜻이다. 그러니 삶의 질을 향유, 개선하는 일이 자아실현의 필요조건이라면 거기에 필요한 자원과 기타 혜택을 누릴 수 있는 기회야말로 더욱 더 엄중한 조건이 된다.

그처럼 중요한 삶의 기회는 다시 하위가치로 정의와 자유를 요구한다. 삶의 기회를 되도록이면 공평하고 균등하게 누리는 것이 우선적인 하위가치다. 삶의 질을 높이기 위한 자원이나 혜택이 아무리 충분히 가용하다 해도 그것을 독과점적으로 차지하는 현상은 바람직하지 못한 조건이다. 여기에 소위 균등한 배분과 보상의 정의라는 하위가치가 자리한다. 그러면 누가 그 정의로운 분배의 규칙을 만들고 실제 배분을 관장하는지가 문제가 된다. 이때 자신의 삶의 기회를 선택할 수 있는 자유와 그 선택의 규칙을 정하는 의사결정 과정에 참여할 자유 및 권리가 필요하다. 여기에서도 삶의 질을 규정하는 요소가 물질·신체 또는 정신·심리라는 이중적이면서 자칫 상호 배타적일 수도 있는 조건 아래 질적 향상을 꾀해야 하는 것처럼 삶의 기회 또한 자유로운 선택과 참여 및 공정하고 균등한 배분정의라는 두 가지 요소가 작동하고 있음을 알 수 있다. 이 두 가지 원칙도 현실세계에서는 서로 충돌하는 가치가 되기도 한다. 자유를 향유하려면 공정이 어려울 수 있고, 정의를 지키려면 자유에 제약이 갈 수가 있기 때문이다.

(4) 제도의 개입 : 개인적 차원의 가치 구현

위의 가치 준거들에서 다음의 하위 단계에 오면 이제는 위에서 제시한 가치를 구현하기 위한 제도적 조처를 생각해야 한다. 이 주제는 자세한 해설을 하자면 장황하므로 대신에 간략한 항목 나열로 정리하고자 한다.

첫째, 개인의 자아완성에 필요한 삶의 질적 향상을 위해서는,

① 물질적·육체적 요소를 충족하기 위한 경제성장과 복지·의료 및 생태계의 보존을 다루는 영역에서 제도적 규범 설정과 정책적 행위가 필요하다.

② 정신적·심리적 요소의 삶의 질적 개선에는 정신건강 분야, 종교와 교육 및 여가 영역의 제도적, 정책적 행동이 감당해야 한다.

둘째, 역시 개인의 자아실현 가치에 기여하는 삶의 기회 확충을 위한 조

처는,

① 균등한 배분정의 실현을 위해서는 공정배분의 제도와 정책을 요하고

② 자유로운 선택과 의사결정 참여를 보장하는 민주정치가 작동해야 한다.

(5) 수단적 가치 : 사회적 차원의 구조적 유연성과 사회의 질

이번에는 개인 차원을 떠나 사회의 차원으로 눈을 돌려서 수단적 가치와 그 하위가치를 고찰한다. 먼저 사회가 목적적 가치인 도덕적·문화적 개화를 성취하고자 하면 그 수단적 가치는 사회의 구조적 특성을 다루는 측면과 사회의 질 자체를 거론하는 측면이 있다. 구조적으로는 유연한 사회구조가 유리하고 사회의 질적인 문제는 네 가지 요소를 포함한다.

여기서 한 가지 주의할 것은 사회 또는 집합체 수준의 수단적 가치와 그 하위가치는 사실은 사회 자체의 발전을 위한 것이기도 하지만 동시에 사회의 구성원 개인 차원의 수단적 가치를 충족하기 위해서 필요한 사회적 수준의 변화를 함께 내포한다. 다른 말로, 여기서부터는 이 준거틀의 개인과 사회의 가치가 겹쳐진 모습으로 나타난다는 뜻이다. 가령, 개인의 삶의 질은 사회 자체의 질이 영향을 미치고, 개인의 삶의 기회는 사회의 구조적 성격이 크게 좌우한다는 말이다. 이점을 염두에 두고 먼저 사회의 구조적 유연성의 특성을 살펴본다.

사회의 구조란 사회의 구성원들과 집단들 사이에 생기는 사회적 관계의 유형틀이다. 그러한 구조의 양태는 여러 각도에서 규정할 수 있지만 가장 사회적인 영향이 큰 구조는 자원배분과 보상의 차이로 나타나는 위계적, 계층적 구조다. 일종의 불평등 구조인데 그 불평등이 주로 경제적인 요소로 구축하면 계급 구조가 되고 여러 종류의 자원 배분의 불균형이 생기는 것은 종합적으로 사회경제적 지위의 구조로 볼 수 있다. 여기서 다루는 구조의

성격은 주로 삶의 질을 높이는 데 필요한 자원의 배분에서 발생하는 불평등 구 조다. 여기서 잠시 그렇게 분배하는 자원이란 대체 어떤 것인지를 간략하게 살펴보는 것이 필요하다.

자원의 종류는 아래와 같다(Schermerhorn, 1961; Lenski, 1966).

① 가시적(tangible) 자원 : 물질(경제, 기술적 자원), 생태계의 천연자원, 화폐자본(동산, 부동산), 경제적 생산·유통·소비 자원, 생산 활동에 필요한 기술 및 신체의 일부

② 비가시적(intangible) 자원 : 사회적 자원: 사회생활에 불가결하며 인간관계와 사회조직에서 영향력 행사, 의사결정, 사회적 통제(control)에 관여하는 힘(force), 권력, 권위;

▸ 사회적 자본(social capital) : 약속한 규범과 사회적 질서, 신뢰, 연고

▸ 문화적 자본(cultural capital) : 교육, 지식, 정보

▸ 심리적, 상징적 자원 : 위광(prestige), 영예(honor), 존경, 애정

▸ 개인적(personal) 자원 : 자신의 시간, 재능, 전문적 소양, 기술적 재능(skills)

그리고 이와 같은 자원은 모든 사람과 집단이 골고루 여유 있게 누리기에는 부족한 것이 사회의 특징인데 그 자원을 더 누리는 사람과 그렇지 못한 사람을 구분하여 상대적으로 특권을 누리는 소수(the relatively privileged minority)와 상대적으로 박탈을 경험하는 다수(the relatively deprived majority)라 칭한다. 우리의 가치 준거틀에서 제시하는 구조적 유연성(structural flexibility)이란 상대적으로 박탈을 경험하고 소외당하는 다수가 각자의 정당한(이상적으로는 공정한) 자원의 배당을 요구할 수 있을 뿐 아니라 실지로 자기의 정당한 몫을 획득할 수 있도록 그 사회의 구조가 허용하는 정도를 가리킨다(Dahrendorf, 1959; 김경동, 2002: 101).

이러한 사회구조가 유연하면 어떤 특성을 나타내는지를 살펴보면 앞에서도 이미 논의한 대로 아래와 같다(김경동, 2002: 100-101).

① 변화에 유연하다.
② 개방적이다.
③ 시야가 넓고 전망이 장기적이다.
④ 다원성을 인정한다.
⑤ 사회적인 힘(force, power)의 분포가 분권적이고 힘의 남용, 오용을 삼가며 강제보다는 자발성을 강조하는 구조다.

그리고 이런 특성으로 인해서 유연한 사회구조는 삶의 질을 향상하기 위한 자원의 증대에도 유리하게 작용한다. 모든 구성원이 자발적으로 참여하여 자신의 목소리를 내고 제 몫을 정당하게 획득하는 과정에 참여하도록 허용하기 때문에 강제동원보다 참여와 생산성 증대의 유인(incentive)이 더 크다는 말이다. 여기에는 또한 결정, 선택 및 참여의 자유라는 삶의 기회 가치가 개입한다는 점도 중요하다. 따라서 배분의 공정성을 보장한다는 삶의 기회의 가치도 이처럼 유연한 구조에서 실현하기가 더 용이하다. 그뿐 아니라, 유연한 구조 속에서는 사회경제적 지위의 상승 이동 기회도 증대할 수 있다는 이점이 따른다. 이와 같은 유연한 사회구조를 조성하기 위한 제도적, 정책적 조처는 결국 정치·경제·사회 제반 영역에서 개방적인 민주주의적 제도와 공정한 배분 정책으로 나타날 것이다.

이제는 개인 차원의 삶의 질과 대칭으로 사회의 집합적 수준의 사회의 질(social quality)의 의미를 살펴볼 차례다. 이 개념은 1990년대 중반 이후 유럽의 학자들이 사람들의 일상의 삶의 질을 한층 더 포괄적으로 포착하기 위하여 제안한 데서 유래한다(이재열, 2018: 369주1: walker 2009, Meyer, et, al., 2010). 사회 자체가 질적으로도 더 좋아져야 하겠다는 의지의 표현이다. 사람에도 인격이 있고, 개개인의 삶에도 질적으로 좋은 품격이라는 게 있어서 이만하면 사는 것이 괜찮다, 그런 삶의 질을 언급하기도 한다. 사회도 마찬가지로 품격 이 있다는 말이다. 이 정도의 사회면 참 좋은 사회다라고 생각할 만한 조건 같은 것이 있다고 보는 것이다. 그런 관점에서 현재 사회학자들이 정의하는 사회의 질 개념은 다음과 같이 요약할 수 있다.

> 사회의 질이란 그 사회에 사는 사람들이 자신의 복리와 개개인의 잠재력을 키울 수 있는 조건에서 공동체의 사회적, 경제적 및 문화적인 삶에 동참할 수 있는 정도를 가리킨다.

여기에서는 사회를 구성하는 개개인의 삶에 관여하는 일상적인 삶의 세계 혹은 생활세계(Lifeworld)의 수준과 사회를 운용하는 사회체계의 수준에서 접근할 수 있고 사회의 질을 높이는 조건으로 다음의 네 가지 차원을 나누어 생각할 수 있다 : ① 사회경제적 안정(socio-economic security), ② 사회적 포용(social inclusion), ③ 사회적 응집(social cohesion), 그리고 ④ 사회적 자율권(social empowerment) 혹은 권한 부여(힘 실어주기)다. 이들은 다시 사회의 네 가지 차원에서 갖는 의미에 따라 분류할 수 있는데, 그것은 ① 사회의 발전(societal development), ② 사회의 체계, 제도 및 조직(systems, institutions, organizations), ③ 공동체, 가족 및 집단(community, families, groups), 그리고 ④ 개인적 생애상의 발전(biographical development)의 차원으로 이해한다. 이들의 상호연관성을 도식으로 나타내면 [그림 9-3]과 같다(이재열, 2018: 384, 그림 14-4 참조, 재구성).

이제 이 그림에서 제시한 (가)부터 (라)까지의 네 가지 조건들을 하나씩 차례로 살펴본다.

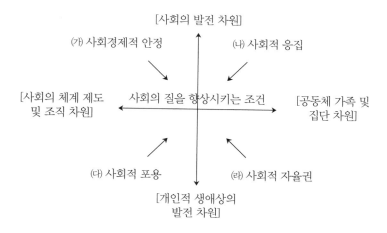

[그림 9-3] 사회의 질을 향상하는 데 필요한 조건

[1] 사회경제적 안정

여기서 안정(security)이란는 말은 흔들림이 없이 예측 가능한 삶을 살 수 있는 여건을 뜻하기도 하지만 안전(safety)하게 살아갈 수 있는 환경도 포함하는 말로 이해하면 좋을 것이다. 군사용어로는 안전보장이라는 뜻도 내포한다. 그 주된 사항들을 다시 나누어 정리한다.

① 직업과 소득의 안정 : 사람은 우선 먹고살아야 한다. 그래야 삶을 유지할 수 있다. 그러자면 어느 정도의 경제적 소득이 필요하고 이를 얻기 위해서는 일을 할 수 있어야 한다. 이는 가장 기초적인 인간의 욕구 충족에 필요한 조건이고 이것을 제공하는 사회의 체계와 제도 그리고 조직의 틀을 갖추고 있어야 질이 좋은 사회라 할 것이고, 이런 것을 잘 할 때 사회가 발전한다고 할 것이다. 지금 우리 사회는 전 지구적인 경제 불황 속에서 실업자의 증가를 경험하고 있거니와 특히 청년실업의 심각성은 모두의 관심사로 해

결을 위한 전 사회적 협력이 절실한 때다.

② 주거의 안정 : 보통 '의식주' 세 가지를 기본 욕구의 항목으로 간주한다. 소득과 직업은 일차적으로 먹고 입는 문제를 해결할 것이지만 특히 몸을 의지하고 편안하게 안전하게 살 수 있는 주거 또한 큰 짐이 될 수 있다. 그러므로 주거의 안정과 안전은 별도의 항목으로 지목할 만하다. 우리나라 사람들은 그동안 집을 '사는 곳'(주거의 보금자리)이 아니라 '사는 곳'(매매의 대상물)으로 간주하여 주택시장이 널뛰기를 한 지 한 세대가 거의 다 되고 있는 실정이다. 그 사이 전지구적 금융시장의 기복으로 우리의 주택시장에도 찬바람이 불어 닥친 것이 어제오늘의 일이 아니다. 결국 주택의 진정한 가치, 즉 가족이 안락하게 살아가는 데 필요한 따뜻한 보금자리로서 제 가치를 되찾아야만 할 시점에 와 있다. 이렇게 되고서야 우리는 질 좋은 사회의 주거문화라 할 수 있을 것이다. 여기서 한 가지 사실만 짚어 두는데, 위의 일자리와 주택은 실상 혼인의 기본 조건이고 그것을 해결하기 어려워진 상황에서 우리 사회가 겪고 있는 세계 제일의 저출산 국가가 배태했다고 해도 과언이 아니다.

③ 노동의 조건과 환경 : 일을 하자면 일자리가 필요하고 일 하는 곳이 일하기에 우선 안전해서 위험을 줄여야 하며 사람답게 일할 만한 주위의 환경적 조건이 물리적으로나 사회적으로 잘 갖추어져 있어야 한 것이다. 여기에는 임금을 비롯하여 각종의 특별 급여나 복지 제공 같은 것은 물론 특히 인사관리의 제도나 관행이 인간적이어야 한다는 조건을 필수적으로 포함한다. 다만 우리의 사정으로는 중소기업 부문과 대기업 부문 사이에 여러 측면의 격차가 심각한 것을 해소하지 않고서는 노동의 인간화를 확실하게 보장하기가 어려운 실정이므로 우리 사회의 질을 높이는 길로서 일하는 삶의 질적 향상에 한층 더 큰 관심과 배려를 쏟아 마땅하다 할 것이다.

④ 보건과 의료 : 품격이 있고 잘 사는 질 좋은 사회란 결국 사람들의 몸

과 마음이 편안하고 건강하게 오래 살 수 있는 여건을 구비한 사회일 것이 자명하다. 현대사회는 의료관련 생명과학 분야의 기술이 급속도로 발달하고 있어서 건강에 관한 관심이 더욱 커지는 추세이므로 이 분야의 조건은 사회의 질적인 향상을 위한 기초적인 필수요건이라 할 것이다. 우리나라는 그나마 국민 건강을 위한 보험제도가 그런대로 갖추어져 있다고 할 수 있으나 아직도 사각지대가 완전히 사라진 것이 아니므로 이 방면의 개선을 위한 노력을 전 국가적 차원에서 서둘러야 할뿐더러 의료와 보건의 질 자체도 하루 속히 더욱 향상하도록 최선을 다해야 할 것이다.

⑤ 교육기회의 확충 : 결국 질 좋은 사회는 질 좋은 사람들이 만들어간다고 할 수 있다. 사람의 질을 말할 때 핵심은 얼마만큼 교육을 받을 수 있고 교양을 쌓아서 품격 있는 인격체로 살아가느냐에 있다. 질 좋은 교육을 제대로 받아서 교양이 풍부한 사람들이 꾸려나가는 사회라면 괜찮은 사회라고 한 번 믿어 봐도 좋지 않을까 싶다. 앞에서 우리는 한국 교육의 약점에 관한 논의를 한 바 있다. 한 마디로 '교육낭만주의'의 진흥으로 우리 사회 자체의 질이 향상하도록 노력하는 것이 중요하다. 교육의 기회에 불균등이 지속하거나 악화하는 일은 신속히 방지하는 조처가 필요하고 국제적 수준의 교육을 지향하는 노력이 절실하다.

[2] 사회적 응집

인간이 사회생활을 하는 것은 스스로의 생존을 위해 필요하다는 자각에서 비롯한 것이다. 워낙 위험하고 힘든 환경에서 홀로 살아간다는 것이 너무도 어렵기 때문에 함께 살기로 작정한 셈이다. 실지로 인간의 갓난아기는 결단코 혼자 살아남을 수 있는 신체적 조건을 갖추고 태어나지 않는다. 누군가 곁에서 돌보고 살피며 키워야 하는 취약한 존재다. 그런 인간이 모여서 살지만 실은 인간의 본성에는 자기중심적인 욕망이 잠재한다. 따라서 이러한 자기중심적 성향과 사회생활의 필요성 사이에는 항상 긴장과 충돌의 여지가 있다. 아마도 Thomas Hobbes가 일찍이 갈파한 대로 인간은 인위적으로 노력하지 않은 채 자연 상태로 내버려두면 자기생존을 위해 짐승처럼 서로를 못살게 굴지도 모르는 동물이다. 그래서 사회학의 관점에서 보면 인간의 사회는 언제 해체해버릴지도 모르는 위험을 항상 안고 유지 존속하는 것으로 이해한다. 그러니까 사회의 질서, 응집(cohesion), 통합이라는 단어가 사회학의 핵심적이고 기본적인 개념으로 자리하는 것이다. 결국 질적으로 좋은 사회는 이처럼 사회가 무너지거나 해체하지 않고 잘 지탱해나가는 데 필요한 기본적인 응집력을 갖추어야 한다는 말이다. 이러한 사회적 응집은 곧 가족과 집단을 포함하는 공동체를 제대로 유지하는 필수조건이고 사회의 발전도 응집력을 바탕으로 추진하고 성취할 수 있는 것이다. 이를 위해서는 최소한도 다음과 같은 요소가 필요하다.

① 가치와 규범의 질서 확립 : 무엇보다도 사회가 사회답게 제모습을 살리면서 유지하려면 그 사회를 지지하는 것이 가치 있는 것이라는 믿음이 필수다. 이러한 가치를 실현하려면 사회를 하나로 묶어주는(응집해주는) 질서의 기초가 되는 사회적 규범, 즉 규칙과 법률 같은 것을 제대로 지킨다는 약속을 잘 이행해야 한다. 규칙을 어기고 법을 무시하면 질서가 망가지고 결국 사회는 벌집 쑤셔놓은 것처럼 혼란스러워질 것이고 마침내 와해의 위험을 감당하기 어려워진다. 사회는 어차피 개인이나 집단이 각기 자신의 이해득실을 따져 자신에게 유리한 이득과 권익을 얻기 위해 서로 경쟁하기 마련이고 그러다 보면 서로를 해치고 제거하려는 갈등도 일어나게 된다. 이런 것이 지속하면 결과적으로 사회는 해체할 수밖에 없으므로 갈등 해소에 의한 혹은 갈등을 예방하는 사회통합이 그만큼 중요하고 필요한 것이다. 최소한의 질적인 수준을 지키려면 사회는 응집과 통합을 필요로 하고 이를 위해서는 사회적 가치의 존중과 사회적 규범의 준수는 기본이다.

② 투명성(transparency) : 유리그릇에 무엇을 담아놓고 들여다보면 속이 훤히 보이게 마련이다. 그런데 아무리 봐도 안에 무엇이 있는지 알아 볼 수가 없다면 이건 투명한 그릇이 아니다. 사회도 마찬가지다. 누가 보아도 모든 제도부문이나 조직체가 하는 일들이 투명하게 보이는 사회가 질적으로 좋은 사회라는 말이다. 그 안에서 무슨 짓을 하는지 모른다는 말은 뭔가 구린내가 난다는 것을 암시한다. 요컨대 뿌연 안개를 걷고 투명하게 들여다 볼 수 있도록, 사람들이 모두 규칙을 잘 지키고 합리적으로 행동할 수 있을 때, 투명한 사회가 되는 것이다. 불투명하다는 것은 곧 부정한 일이 일어나도 모른다는 것이다. 한국이 세계에서 10위권에 속하는 경제대국이 되었음에도 이 부정부패 문제에서는 부끄러운 기록을 씻지 못하고 있다. 최근까지도 여러 국제기구가 측정 발표하는 부패인식지수(Corruption Perception Index: CPI)는 경제협력개발기구(OECD)의 34개국 중에서도 20위 후반으로 하위권에 머물러 있다. 법치주의를 확립하고 준법정신이 자리를 잡으면 경제행위의 예측가능성을 높여주기 때문에 결과적으로 지속적 경제성장도 가능해진다는 것이 경제학자들의 견해다. 경제는 둘째 치고 우선 규칙을 제대로 지키는 지 여부가 사회의 질적인 품격을 나타내는 주요 지표가 되는 것은 자명하다.

③ 신뢰(trust) : 요즘 우리 사회는 극심한 불신으로 몸살을 앓고 있다. 사회생활을 하는 사람들에게는 자기 혼자서만 해결할 수 없거나 힘든 상황이 자주 나타나게 된다. 이런 때 누군가 도와주면 힘을 얻고 일을 더 효과적으로 수행할 수 있다. 이처럼 서로를 도와주는 자산이 될 만한 인간관계적 요소를 사회학에서는 '사회적 자본'이라 하는데, 사회적 자본은 사회적 가치의 공유와 규범질서의 준수도 포함한다. 다시 말해서 사회가 중시하는 가치를 존중하는 사람들은 서로를 도와주려 할 확률이 높고, 규범을 지켜주면 나도 규칙대로 행동해서 손해 볼 일이 없다는 것을 예측할 수 있으므로 그

것도 중요한 사회적 자본이 된다. 그러나 사회적 자본 중에서 가장 요긴한 것은 역시 신뢰다. 아는 사람이건 모르는 사람이건 같은 사회에서 사는 사람이면 일단 믿어주는 것이 서로에게 도움이 된다. 그런데 평소에 잘 아는 가족, 친인척, 친구, 친지만 믿을 수 있고 모르는 사람, 외국인 등은 아예 처음부터 믿을 수 없다고 생각하기가 쉽다. 이런 사회는 개인이나 집단이 어떤 일을 도모하고자 할 때 지장이 많을 수가 있다. 서로 불신하면 아무래도 여러 가지 고려사항이 생기고 챙겨야 할 일도 많아지니까 자연히 일에는 장애가 올 수밖에 없다.

우리나라는 국제적인 맥락에서 볼 때 이 신뢰의 측면에서 전체 조사대상 국가 중 대체로 중간 수준에 머물렀다는 보고가 있었다. 이런 자료에서 주목할 사항은 우리나라 사람들이 자기와 특수한 관계에 있는 소위 '친한' 사람들 외에는 별로 믿지를 못한다는 사실이다. 그렇게 되면 결국 자기들끼리 패거리를 지어 신뢰하기 어렵다고 보는 사람들에게는 배타성이 싹트고 내부적으로는 연고에 기초한 폐쇄적인 인간관계의 그물, 즉 네트워크를 형성하는 경향이 생길 소지가 크다. 이는 곧 폐쇄적 연고 집단 중심으로 이해득실을 따지는 자기중심적 집단이기주의로 이어지게 되고 공동체나 전체 사회의 공공선과 공익적 관심을 희석시키는 결과를 초래하기 쉽다는 문제가 있다. 아울러 그러한 집단이기주의로 인한 사회적 갈등으로 사회가 응집력을 잃게 되는 수도 있다. 이런 사회가 질적으로 좋은 사회라 하기는 어려울 것이다.

④ 정체의식과 소속감 : 사회적 응집은 또한 구성원들 사이에 자기가 그 사회에 속해 있다는 주관적인 소속감이 있고 그 사회가 곧 자신의 사회라는 사회적 정체의식으로 표출하게 된다. 그 사회나 공동체에 살면서도 소속감이나 정체의식을 갖지 않는다면 그 사람도 불행할 수 있고 그런 구성원들을 가진 사회 역시 온전하게 작동하기가 어려울 것이다. 적어도 그 사회 자

체의 가치를 존중하고 모든 구성원들이 서로가 약속하여 지키기로 기대하는 규범을 잘 준수하며 따라서 모든 일이 투명하게 이루어지므로 서로를 신뢰할 수 있는 사회라면 그런 사회에 소속감을 느끼고 정체의식을 갖게 되는 것이 당연할 뿐 아니라 자랑스럽기도 할 것이다. 그런데 그와 같은 정체의식이나 소속감이 위에서 지적한 특수 관계의 연고 집단에만 한정되는 것이라면 이는 바람직한 일이 될 수 없다. 모두가 함께 동류의식을 가질 수 있어야 질적으로 좋은 사회라 할 수 있다.

⑤ 결사체 참여 : 그와 같은 사회적 응집 현상이 구체적으로 드러나는 모습은 결국 구성원들이 여러 형태의 결사체에 참여하는 데서도 나타난다. 무슨 일이든 해내려면 혼자서 하기 보다는 여러 사람들이 함께 힘을 모으는 것이 더 유리하고 효과적이므로 기왕이면 어떤 모임을 만들어서라도 더불어 일을 도모하고 서로를 도우며 어려운 처지에 놓인 이웃을 돌봐주는 자원봉사 운동 같은 것이 이루어지는 것이 유리하다. 질적으로 좋은 사회는 이처럼 구성원들이 건설적인 각종 결사체에 소속해서 공동으로 협력하는 아름다운 모습을 보일 것이 당연하다.

[3] 사회적 포용

질적으로 바람직한 사회가 되려면 무엇보다도 어떤 특별한 종류의 사람들을 '왕따'시키는 배제의 태도와 관행을 극복하고 모든 범주의 구성원을 품어 안는 포용(inclusion)의 자세와 행동을 보여줄 수 있어야 한다. 바로 위에서 자신과 특수한 관계를 맺고 있는 연고집단을 중심으로 신뢰와 불신이 갈리든지 소속감과 정체의식을 한정하든지 하는 것은 피해야 한다는 말이다. 대개 사회마다 인종, 종교, 계층적 가정배경, 출신지역, 학교 동문, 직업적 구분 등을 기준으로 따돌리고 어떤 특권이나 자원배분 상의 불이익을 주는 경향이 있는 것이 현실이다. 그러나 이런 식으로 배제하고 제척하다 보면 갈등이 일어나고 사회가 갈라지며 와해하는 위험을 가져 올 수 있다. 이는 또한 앞에서 살펴본 사회적 응집과도 충돌하는 조건이다. 사회적 포용은 [그림 9-3]의 왼쪽과 아래쪽에 있는 사회의 체계가 제도와 조직원리의 차원에서 개인의 생애에 영향을 미치는 조건이 되는 셈이다. 이와 같은 포용의 내용을 몇 가지 주된 것만을 중심으로 정리하면 다음과 같다.

① 시민권의 공유 : 특히 시민이 주인인 시민민주주의 사회에서는 모든 구성원이 시민으로서 고유하고 원초적인 권리를 누릴 수 있어야 한다. 이러한 권리는 국가적인 정책의 차원에서 불법 이민자라든지 범죄경력자와 같은 특별한 유형의 사람들에게는 거부하기도 하지만, 기본적으로 이러한 하자가 없는 한 누구에게나 시민으로서 권리를 향유하도록 여건을 제공하는 것이 바람직하다. 이념이나 이해관계에 얽매여 특정한 범주의 사람들을 제외한다면 이런 사회는 질적으로 좋은 사회라 하기 어려울 것이다.

② 노동시장 참여 : 앞서 [그림 9-3]의 (가)에 해당하는 사회경제적 안정 항목에서 이미 노동의 중요성을 강조한 바 있다. 그처럼 삶의 기본욕구 충족에 필요한 노동의 권리 자체를 박탈하는 것은 사회적 포용의 관점에서도 옳지 않은 조건이다. 누구나 심신이 건강하면 당연히 노동시장에 참여할 수 있어야 함은 물론이고 다소 심신의 장애가 있다 하더라도 노동을 할 만한 정도라면 마땅히 그런 사람에게도 노동시장 참여의 기회는 공정하게 돌아가야 한다.

③ 공적·사적 서비스의 혜택 부여 : 사회는 구성원들의 삶을 위해 각종의 서비스를 제공하는 제도를 갖추고 있다. 그것이 국가의 정책으로 시행하는 공적인 것일 수도 있고 개개인의 사적인 이익추구나 자발적 공유의 차원에서 제공하는 서비스일 수도 있다. 그 어느 것이든 역시 특정한 기준을 내세워 일정한 범주의 사람들을 배제하고 서비스를 이용하는 혜택에서 소외

시키는 것은 옳지 않다.

④ 사회적 접촉의 개방 : 위에서 사회생활에 필요한 도움을 얻고자 할 때 이용할 수 있는 사회적 자본을 구축하려면 여러 종류의 사람들과 자유롭게 접촉을 할 수 있어야 함은 더 말할 나위도 없다. 그런데 인종, 이념, 신앙, 계층, 학연, 지연 등의 특별한 사회경제적 배경이나 속성을 지닌 범주의 사람들을 처음부터 배척하고 소외시켜 꼭 필요한 사회적 접촉조차 하지 못하게 하는 것은 질 좋은 사회의 모습이 아니다. 왕따가 인간에게 얼마나 큰 심리적, 신체적 충격을 줄 수 있는지는 우리가 익히 알고 있다. 특히 오늘날 21세기의 한국사회에서는 이제 외국 국적을 가진 사람의 이백만명에 육박한다. 이른바 우리의 역사의식 속에 깊이 뿌리박고 있었던 잘못된 단일민족관이 이제는 허상이 되고 있는 실질적인 다민족·다문화 사회로 이행하는 시동이 걸린 것이다. 이런 관점에서 사회적 포용이라는 가치는 우리 사회의 질적인 향상을 위해 필수적인 요소가 되고 있음을 모두가 깊이 유의해야 할 것이다.

[4] 사회적 자율권

여기서 말하는 자율권이란 영어의 empowerment를 옮긴 말이다. 이 단어를 직역하면 '힘 실어주기' 또는 권한 부여가 가장 가까운 번역이다. 누구에게 스스로 의사결정을 내리고 자율적으로 행동할 수 있는 권한을 부여, 양도, 위임한다는 뜻이기 때문이다. 그 결과 각자는 그만큼 스스로의 삶을 좌우할 수 있는 역량을 갖추게 된다는 취지에서 쓰이는 말이다. 주로 경영학이나 행정학과 같은 조직운영을 다루는 학문 분과에서 자주 쓰는 말이다. 이것을 가족, 집단 및 공동체의 차원에서 개개인의 생애 발전에 영향을 미치는 조건으로 간주할 때는 사회가 개인으로 하여금 스스로 결정해서 행동할 수 있는 자율권을 갖도록 해준다는 의미로 풀이하면 족할 것이다. 이와 같은 자율권을 부여하게 되면 사람들은 우선 자신의 결정에 책임을 져야 하기 때문에 함부로 행동하기가 어려워지고, 그 책임을 다 하기 위해서 더욱 노력을 기울이는 자율적 행위가 따를 것이므로 결과적으로 개인의 성취가 더욱 긍정적이 되고 사회와 공동체에도 더 높은 생산성과 효율성을 가져다 줄 수 있다는 이점이 충분히 있다는 것이 지금까지 조직행동의 연구에서 얻은 결론이어서 자율권의 중요성을 더욱 강조하기에 이른 것이다. 이런 사회라면 역시 질적으로 좋은 사회라 할 만하다 하겠다. 그러한 조건의 구체적인 요소는 다음과 같은 것을 포함한다.

① 정보와 지식에 접근가능성 : 어느 사회나 사람이 살아가자면 최소한의 정보와 그것을 실생활에 활용할 수 있는 지식이 필요하다. 물론 현대의 지식정보사회에서는 정보에 접할 기회가 워낙 다양하므로 누구나 쉽게 정보를 얻을 확률은 매우 높다고 볼 수 있다. 하지만 실지로는 그렇게 흔히 널려 있는 정보조차도 제대로 접할 기회나 기기 및 활용 능력, 지식 등이 없든지 매우 부족한 집단과 계층은 아직도 존속하고 있는 것이 현실이다. 사회생활을 하는 사람이 최소한의 공동체 생활에 참여하고 적응하는 데 필요한 최소한의 정보라도 접할 수 없다면 그런 개인의 생애는 발전할 기회가 그만큼 줄어드는 셈이 된다. 그런 여건에서는 개인의 자율권 또한 그 정도로 한정적일 수밖에 없다. 이런 사회를 두고 질적으로 좋은 사회라고 말하기는 어려울 것이다. 따라서 사회의 질을 높이는 데 가장 기초적인 요건 중 하나는 누구나 최소한의 정보에 접근할 기회를 누려야 하고 그러한 정보를 실제 생활에 적절하게 활용할 수 있는 지식을 갖출 여건은 제공해야 한다는 것이다.

② 사회적 이동의 기회 : 사회학에서 사회적 이동(mobility, 다른 분야에서는 유동성이라고 번역하기도 한다)이라면 지리적, 직업적으로 옮길 수 있

는 자유, 즉 수평적인 이동과 아울러 계층적, 사회경제적 지위의 위계서열 상으로 아래 위로 이동을 할 수 있는 수직적 이동을 가리킨다. 가령 북한과 같은 아주 폐쇄적이고 전체주의적인 사회에서는 지역적인 이동조차도 당 국의 허락 없이는 자유롭지 못할뿐더러 그 사회에서 공식적으로 지정한 특 정한 계급에 속한 사람들은 아예 지리적 이동 자체를 극히 제한하는 수가 있다. 이런 사회를 두고 우리가 질적으로 좋은 사회라고 하지는 못한다. 직 업도 그렇다 북한에서는 직업선택의 여지가 대단히 제한적이다. 요컨대 수 평적인 사회이동마저 자유롭지 못하다는 것은 그만큼 개인의 자율권이 제 한 받는다는 것이다. 그런 조건에서는 애당초 개인의 자율권이라는 말이 별 로 의미가 없게 된다.

더 나아가 진정으로 사회가 자율권을 허용한다면 사회경제적 지위에서 혹은 계층적인 위치에서 상하이동이 가능하게 된다. 우리가 사회의 구조적 특징을 지적할 때 이처럼 계층적 이동이 가능한 사회를 개방사회 또는 열 린 사회(open society)라 하고 북한과 같은 사회는 폐쇄사회 혹은 닫힌 사회 (closed society)라고 한다. 자신의 능력과 노력에 기초해서 스스로 계층적인 상승이동을 하든지 혹시 사업에 실패를 하게 되면 오히려 하강이동이 일어 날 수도 있는 열린사회라는 말이다. 이러한 수직적 이동 가능성은 수평적 인 이동보다도 훨씬 더 사회적으로 중요하고 값진 기회다. 사람이 한 평생 을 살아가는 데 기왕이면 자신의 부모 세대나 또 자신의 과거 형편에 비겨 한층 더 나은 처지에서 생애를 이어가기를 원할 것이다. 그런 조건이야말로 각자의 자율적인 선택의 권한을 주지 않고서는 불가능하다. 그래서 이런 자 율권을 제공하는 사회가 질적으로 더 나은 사회라고 하는 것이다.

③ 정치적 과정과 공공 의사결정에 참여할 권한 : 인간이 일생을 살아가 는 데 있어서 항상 자기 자신의 결정에 의해서 스스로의 삶을 좌우할 수 있 는 사람은 아무도 없다. 언제나 사회라는 맥락 속에서 살아야 하므로 함께

사는 사람들의 이해와 나의 이해가 서로 충돌하기도 하고 서로의 자유와 권리를 내세워 갈등하기도 한다. 그러므로 공공의 제도적 틀을 만들어 놓고 공적으로 중요한 사안이면 공적으로 승인받은 정당한 절차를 거쳐서 의사결정을 내리게 된다. 그렇게 정당한 과정을 밟아 정해진 규칙은 이제 누구도 어길 수 없다는 사회적 약속이 이루어진 셈이다. 따라서 나의 삶을 좌우할 만한 중대사라도 나 혼자의 결정이 아니라 공적으로 정당한 절차를 투명하게 밟아서 내린 결정을 따라야 하게 된다.

이 말을 뒤집어서 얘기하면 그처럼 내게 중요한 결정을 내리는 과정에 그럼 나는 어느 정도 자유롭게 참여할 수 있느냐 하는 쟁점이 떠오른다. 남이 나를 위해 의사결정을 하는 것까지는 고마우나 내가 내 운명을 마음대로 할 수 없을 만큼 결정행사에 전혀 참여하지 못한다면 이것은 좀 억울한 처사가 될 소지가 없지 않다. 그러므로 이와 같은 공공의 장에서 공적인 수순을 밟아 내리는 결정 과정에는 가능하면 많은 사람들이 참여하는 길이 열려 있는 것이 바람직하다는 결론이 나온다. 사회의 문맥에서는 이와 같은 중대한 결정을 주로 다루는 부문이 정치다. 정치적 과정에서 대표를 선출하는 선거도 중요하지만 그 선거로 뽑힌 사람들이 대표가 되어 우리 모두를 대신해서 중요 사항을 결정하게 되는 것이 민주적 정치과정의 특징이다. 그렇다면 이처럼 중대한 의사결정을 내리는 정치나 공공 의사결정 과정 자체에 구성원들이 되도록 많이 자주 참여해서 자신들의 뜻을 밝히고 이를 관철시키고자 하는 욕구가 생긴다. 그러한 참여의 기회를 더 많이, 더 다양한 모습으로 제공하는 사회가 결국은 질적으로 좋은 사회가 됨은 물론이다. 문제는 이와 같은 공적인 의사결정 과정이 과연 얼마나 투명하고 정직하며 공정하고 신빙성이 있느냐가 관건이다. 처음부터 참여의 기회를 아예 봉쇄해버리는 경직한 닫힌 사회도 문제지만, 분명 참여의 길은 열려 있는데 실상 그 내용을 볼 때는 온갖 비리와 부정이 판을 치는 현실이라면 이는 차라리 기회를 막아버리기만도 못한 엄청난 사회적 부담을 자아낼 수도 있다는 점을 명심해야 한다. 그렇지 않으면 결코 질 좋은 사회를 만들 수 없기 때문이다.

④ 사적인 관계에서 자율성의 확보 : 인간의 사회관계에는 공적인 영역만 있는 게 아니고 사적인 관계도 일상의 생활세계에서는 매우 중요할 때가 있다. 특히 오늘날처럼 날마다 상당한 시간을 공식적인 이익사회의 조직체 안에서 업무를 중심으로 사무적이고 객관적인 관계에 매여 살다 보면 과거의 이웃이나 친구들과 나누던 친근하고 인정이 넘치는 인간적이고 공동체적인 친밀하고 정다운 관계가 점차 희박해질 수밖에 없다. 심지어 이제는 가족관계조차도 예전과는 다른 성질을 띠며 변질하고 있다. 이혼이 늘어나고 어린이들은 조부모와 같이 살지 않는다고 저들이 자신의 가족이 아니라는 인식 속에 살아간다. 부모의 노후도 책임지지 않겠다는 젊은 세대가 늘어나는가 하면 노부모 세대는 노후에 자녀들과 함께 살면서 짐이 되기 싫다고도 하는 세대다. 또한 가족이 아닌 혼자 사는 1인가구가 전체가구의 25%를 넘기고 2인 가구도 전체의 4분의 1이므로 이 둘을 합치면 1-2인 가구가 전체의 절반을 넘기는 현실이다.

이런 상황에서 사람들은 자신의 사적인 인생설계나 인간관계의 성격에 관해서 혼자서 스스로 결정하고 재구성해야 하는 새로운 부담을 안고 살아간다. 이와 같이 외로워지고 소외감이 깊어질 때 사람들은 자칫 스스로의 자율결정권이 짐스러워져서 이를 쉽게 포기하고 어떤 집합적인 권위에 자신을 내맡겨 굴종하는 경향이 있다는 것을 우리는 히틀러의 독일과 같은 역사적 상황에서 교훈을 얻어야 한다. 인간이 자아의 정체를 확고히 정립하고 자율적인 결정의 책임을 지겠다는 의지를 굳게 지니지 않으면 그와 같은 집단적 압력에 휩쓸리는 유혹에 빠지기 쉬운 것이다. 사회가 개개의 구성원으로 하여금 이와 같은 처지에 몰리도록 변질한다면 이는 결코 바람직한 사회라 할 수 없을 것이다. 그러므로 자율권이란 공적인 맥락에서만 소중한 가치가 아니라 사적인 관계에서도 충분히 중요한 요소로서 질적으로 좋은 사회를 구축하는 데 있어서는 불가결의 주요한 조건이 된다. 개인의 생애에서 이룩하고자 하는 발전도 이러한 풍부하고 푸근한 인간관계 속에서 심리적 안정을 누리면서 추구할 때 더욱 효과적으로 결실을 맺을 수 있다.

그러면 사회의 질을 드높이기 위한 제도와 정책은 어디서 나오며 어떤 방향으로 가야 할까를 따져봐야 한다. 이를 위해서는 국가적 차원의 제도 구축과 정책 시행이 주된 방법이 되겠지만 모든 일을 국가가 할 수도 없고 해도 아니 될 것이다. 시민민주주의 사회에서는 시민사회 부문이 국가부문과 적극 협력하여 사회의 질적 개선을 위한 노력을 기울여야 할 것이다. 특히 이런 과업은 너무도 복합적으로 얽힌 수많은 과제를 함축하므로 구체적인 제도나 정책의 내용을 여기에 자세히 적시할 필요는 없지만, 국가와 시민사회의 협치는 절대적으로 포기할 일이 아니다. 그리고 제도와 정책이 담아야 할 내용도 허다하지만 핵심적인 요소를 고른다면 국민 전체의 의식을 혁신하는 도덕·윤리 교육이 급선무다. 도덕·윤리 교육이라 하면 모두가 고개를 흔들겠지만 우리가 아는, 책과 교실에서만 배우는 그런 도덕교육이 아니라 가정을 비롯한 사람 중심의 현장에서 사람다운 삶을 위한 전국민적 노력이 일상적으로 이루어져야 한다.

(6) 기술적 토대와 도덕적·윤리적 기반

그러면 마지막으로 우리의 사회적 가치체계의 준거틀([그림 9-1])에서 가장 밑바닥에 놓인 두 가지 토대와 기반을 고찰할 차례다.

첫째가 기술적 토대다. 이는 영어로 표현하여 Technological Base라는 뜻으로 집을 지을 때 기초를 단단히 닦는 데 비유하려고 한다. 본 연구에서 초반에 검토한 대로 인간의 문명이 시발한 것이 기술혁신일뿐더러 사실상 현대와 또 더욱이 미래 사회에서는 이 기술이라는 요소가 인간의 삶을 결정적으로 좌우하게 될 것임이 자명한 점을 염두에 둔 접근이다. 그런데 이 요소는 단순히 기술의 혁신만을 의미하지 않고, 반드시 기술혁신의 기초가 되는 과학적 이론의 지속적인 쇄신을 포함해야 한다. 문명사적으로 보면 이론적 바탕이 없이 일어난 기술발명은 더이상 진보할 수 없었음을 확인할 수 있다. 그러므로 우리가 사회적 가치를 논의하는 맥락에서도 반드시 과학기술 혁신이라는 주제를 어떤 형태로든지 다루어야 한다.

원론적으로, 과학기술이 인간의 삶에 초래하는 사회적 충격 내지 효과는 항상 양면성을 띤다는 점을 잊어서는 곤란하다. 현대사회에서 기술의 영향이 너무도 직접적이고 강렬하기 때문에 우리는 그 현상 자체를 당연시하다시피 하는 지경에 이른 것도 부인하지 못한다. 그러나 이 문제는 인간주의적 관점을 확고히 유지하면서 매우 신중히 접근해야 한다. 과학기술이 인류에게 거의 무한정의 선택가능성을 열어 주었고 앞으로도 그리 하리라는 점은 믿어 의심하지 못하지만, 그렇다고 무조건 그 효과가 항상 긍정적이라는 보장은 없다. 이런 뜻에서 사회적 가치의 연구나 실천에서는 언제나 과학기술의 요소를 어떤 형식으로든 조심스럽지만 반드시 포함해서 다루어야할 것이다.

그리고 이 준거틀의 맨 아래쪽에 놓인 도덕적·윤리적 기반이란 Moral·Ethical Foundation을 가리키는 말이다. 이 단어도 건축의 기초를 지칭하기도 하지만 여기서는 그러한 물질적 토대가 아니라 인류의 문명이 굳건하게 서 있어야 할 정신적 세계의 근거가 되는 기반을 일컫고자 한 것임을 상기할 필요가 있다. 과학기술도 마찬가지이지만 특히 정신적 세계는 인간만이 누리는 가장 고귀한 문화적 유산이기 때문에 더욱 그러하다. 따라서 사회적 가치를 연구하든, 실천적 사업을 수행하려 하든 간에 그 과정에는 반드시 도덕과 윤리의 표준에 관한 고려와 배려가 따르는 것이 마땅하다. '가치'라는 단어 자체가 이미 도덕적 판단과 윤리적 평가를 내포하는 개념이기 때문이다.

2) 삶의 질과 삶의 기회 지표 예시

그러면 이 보편적 가치를 대변하는 사회적 가치의 준거틀에 나타난 여러 종류의 가치를 구체적으로 파악하려는 노력을 지원하는 뜻에서 한두 가지 측정을 위한 지표 몇 가지를 요약 소개하는 일로 본서의 주제를 마무리 하겠다. 여기에는 주로 삶의 질을 관찰하는 지표가 주종이고 삶의 기회 지표는 특별히 본저가 과거에 검색한 자료에서 재구성한 것이다(김경동, 1979:181-182; EPA, 1973).

삶의 질 지표는 과거 1960-70년대 이 개념이 공식적으로 등장하던 무렵 미국의 연방정부가 환경보호처(Environmental Protection Agency, EPA)를 새로 설립하면서 전문가들이 출간한 보고서에서 발췌하여 재구성한 자료(김경동, 1979:181-182; EPA, 1973)와 최근 국내에서 국민행복 지표를 만든 보고서(이용수, 2019; 한국보건사회연구원, 2019)를 참조한 것이다.

[표 9-3] 삶의 질 지표 구성 요인 예시

삶의 질 측면	사회조직 단위 수준				
	개인	가족	조직체	지역 공동체	국가사회
1. 경제적					
안전과 보장	직업보장	소득·자산 보장	사회보험 자산안정	사회보험	사회보장
성장과 향상	생활수준	소득증가	성장	생활수준 향상	경제성장

고용과 생산성	직업만족	고용기회	생산성	고용 · 생산성	
소비와 생활비	욕구충족	생활비 · 세금	세금	소비유형	투자·세제· 소비

2. 자연생태환경

공해 (공기·물·화학·약품 ·방사능오물· 소음 등)	안녕	안전	공해통제	안녕	공해통제
자연자원 개발과 보존 (토지 · 산림 · 수자원 등)	자연보호		보호개발	보호	보호개발
여가를 위한 자연환경 · 심미성	심미 · 여가		공공기여	자원확보	보호정책

3. 물리적 조건

주택과 근린집단 상하수도 · 오물 처리 · 전력 · 가스 등 가정용품	사생활 보호 밀도		주택보장	공공주택	주택정책
교통	편익	자가용	이용 · 기여	공공교통 수단	교통정책
통신 기타 서비스				공공통신 수단	통신정책

4. 사회적 환경(협의)

안정과 질서 신체적 보장	개인과 가족의 안녕		안전	범죄 · 비행	국방
보건위생	건강	위생	의료보험	보험 · 보건	보건 · 의료 정책
인적 자원 개발		사회화	직업훈련	교육 · 훈련	교육 · 고용 정책

인구	재생산	출생 · 사망	이동	이동 · 구성 · 성장	인구정책
사회관계	X	원초적 관계	이차적 관계	자발적 결사체	자발적 부문

5. 문화적 환경

정신적	신앙 · 종교		윤리	종교제도	종교정책
정서적	안정 · 만족			음악당 · 박물관	문화정책
심미적	감상 · 표현		작업환경	미술관	
상징적 · 대중매체	사고력 · 창의		창의	도서관	과학 · 교육정책

[표 9-4] 통계청 '국민 삶의 질 지표'의 지표 구성

부문	영역	하위영역	객관적 지표	주관적 지표
물질 부문	소득 · 소비 · 자산		1인당 GNI, 균등화 중위소득, 균등화 중위소비, 가구평균 순자산, 지니계수, 상대적 빈곤율	소득 만족도, 소비생활만족도
	고용 · 임금		고용률, 실업률, 근로자 평균 근로소득, 근로시간, 저임금 근로자 비율	일자리 만족도
	사회복지		공적연금 가입률, GDP대비 사회복지지출 비율, 개인부담 의료비 비중	
	주거		1인당 주거면적, 최저주거기준 미달가구 비율, 통근/통학 소요시간, 주거비용	주거환경 만족도

비물질 부문	건강	건강상태	기대수명, 건강수준별 기대여명, 고혈압 유병률, 당뇨병 유병률	주관적 건강평가 스트레스 인식 정도
		건강행위/ 환경	비만율, 규칙적 운동 실천율, 소득 계층별 의료미충족률	
	교육	교육기회	유아교육 취학률, 고등교육 이수율, 평생교육 참여율, 학업중단율	
		교육지원	학생 1인당 사교육비 지출액	
		교육성과	PISA 백분위 순위, 대졸생 취업률	학교교육의 효과 학교생활 만족도
	문화·여가	여가시간 및 활용	평균 여가시간	여가활용 만족도 시간부족 인식
		문화활동	1인당 국내외 여행일수, 문화예술 및 스포츠 관람률, 문화여가 지출 비용	
	가족· 공동체	가족관계		가족관계 만족도
		가족형태	한부모 가구 비율, 독거노인 비율	
		사회적 관계	자살률, 사회적 관계망	
		공동체 참여	사회단체 참여율	지역사회 소속감
	시민참여	정치참여	투표율	정치적 자기역량 인식
		시민적 의무	자원봉사활동 참여율	시민의식
		시민적 권리		부패인식지수
		신뢰		대인신뢰, 기관신뢰

	안전	범죄	강력범죄 발생률, 아동학대 피해 경험률, 자기보고 범죄피해율	사회안전 평가 야간보행 안전도
비물질 부문		사고	아동안전사고 사망률, 산업재해율 화재발생 건수, 도로 사망률	
	환경	환경의 질	미세먼지 농도, 1인당 도시공원 면적	기후변화불안도 체감환경 만족도
		환경서비스/ 자원관리	에너지빈곤층 비율, 하수도 보급률, 폐기물 재활용 비율, GDP 대비 온실가스배출량	
	주관적 웰빙			삶에 대한 만족도 긍정정서, 부정정서

출처 : 통계청(2018: 8-9).

[표 9-5] 삶의 기회 지표 구성 요인 예시

구조적 측면	결정행위 단위의 수준			
	조직	지역공동체	국가사회	세계
1. 배분 구조				
경제적 배분의 공정성	임금 · 급여	계급적 차등	법적 권리	국제관계
경제적 배분의 균등	이윤배당	계급적 차등	정치 · 경제적 권리	국제관계
사회적 지위	지위 차등	생태적 차등	사회적 위세	국제관계
권력의 배분	경영 참여	결정 참여권	정치적 결정 참여	국제관계
정보의 공유	×	×	×	국제적 결사
2. 선택과 결정의 자유				

삶의 근본적 선택의 기회 · 권리 · 힘	자발적 조직	자발적 결사	언론 · 결사 · 주거이동	책임추궁
공중참여	책임추궁	책임추궁 · 지방자치	책임추궁	X
민주적 정치과정	경영 참여	결정 참여	정치적 결정 참여	국제 결정 참여
3. 사회이동 기회				
능력에 의한 이동가능성	지위상승	직업이동	계급적 이동	핵심국에 이동
4. 규범적 통합과 조정				
도덕적·윤리적 규범·갈등 조정	단체협약 노사조정	이익집단 조정	자발적 부문	국제적 조정

이상으로 일단 사회적 가치의 거시적인 준거틀 구축과 이를 기초로 하여 구성한 지표의 보기를 마무리하고 간략한 결론으로 끝마치고자 한다. 다만 이런 지표는 이론적 준거틀과 1대1로 추출할 수 있도록 작성한 것이 아니고 이론의 체계 속에서 더 세밀한 요소를 찾아내고 실제 가용한 지표 형성에 필요한 재개념화 혹은 조작적 정의 형성(operationalization)을 위한 기초자료의 성격을 띤다는 점을 상기할 필요가 있다.

제10장
결론

생각보다 장황해지긴 했으나 본서를 마무리하는 결론에까지 이르렀다. 이 책에서 추구하려 한 것은 사회적 가치의 의미를 근원부터 재규정할 필요가 있다는 인식에서 사회적 가치의 철학적 의의를 성찰하고 그러한 철학을 반영하는 개념 규정과 아울러 실천과제 수행에 필요한 지표를 도출하는 이론적 준거틀(frame of reference)을 새로이 구축하여 학계에 제출하려는 일이었다. 그러한 필요성을 감지한 것은 현황 연구의 내용과 방법을 검토한 결과 아무래도 시급한 현장 적용의 수요에 대응하고자 하는 경향이 주종을 이룬다는 점에 주목하게 되었기 때문이다. 그런 까닭에 사회적 가치 내지 사회적 기업의 주제를 다루는 연구가 어느 정도 그 나름의 뜻있는 연륜을 쌓기 시작한 현 시점에 앞으로 이 분야의 연구가 더욱 활성화하고 유의미해지는 데 도움이 될 만한 색다른 연구를 시도하는 것도 필요하리라 여긴 것이다. 그런 취지에서 우선 그간의 연구가 심각하게 시도 해보지 않은 몇 가지 작업에 착수하였다.

첫째는 사회적 가치의 이론적 천착이 일천한 데 비추어 이제부터라도 아예 신선한 관점을 제시할 수 있으면 유익하리라 보고, 그 이론적 사유의 원천 자체를 일단 종래와 같이 기존의 서구 이론을 일방적으로 차용하기보다는 오히려 우리의 문화전통에서 유의미한 아이디어를 채택하기로 하였다. 그것은 다름 아닌 동방의 음양사상이다. 이 음양사상은 세상의 변화를 설명하는 데 매우 특별한 통찰을 얻을 수 있을 뿐 아니라 사물을 바라보는 자세와 태도에 관해서도 유익한 지혜를 제공하기 때문이다. 이처럼 서구중심의 학문적 패러다임에 전적으로 의존하던 데서 탈피하려는 노력을 학계에서는 '대안적 담론(alternative discourses)'이라 칭하는데, 바로 본서가 그러한 담론을 일부 소개하기로 한 것이다.

둘째, 또 하나의 새로운 시도는 사회적 가치라는 중요한 주제를 다루면서 그것의 즉각적 실용 가치에만 치중하기보다는 그 현상이 발생하여 오늘에 이르는 역사적 과정에 관한 이해도 필요하다는 점을 중시하고자 하였다. 이를 위해서는 먼저 좀더 거시적인 문명사적 관점에서 회고를 했는데, 아무래도 근대문명은 기술 중심의 문명이라는 특색을 고려하여 제1차 농업기술혁명, 제2차 공업기술혁명을 거쳐, 제3차 정보통신기술혁명에 이어 이제는 바야흐로 제4차 인공지능기술혁명의 시대로 나아가는 길목에서 사회적 가치의 미래까지도 바라보는 노력이 있어야 할 것임을 시사하였다. 이 대목에서는 또한 그동안 급격한 근대화를 경험한 한국사회 변동의 특성도 간략하게 더듬어 보았다. 이러한 성찰은 앞으로 사회적 가치 연구에서는 우리나라의 변화의 과거 행적과 아울러 미래 변동의 개연성까지도 항상 살피면서 추진하는 것을 강조하기 위해서 중요하기 때문이다.

셋째는 사회적 가치의 직접적인 배경을 돌아보지 않을 수 없다. 그러므로 근대 자본주의의 전개과정에서 드러난 인간적, 사회적 폐해에 대응하는 노력의 일환으로 등장한 사회적 경제, 사회적 가치의 생성 배경과 그 추세를 읽는 작업도 곁들였다. 그 주된 내용은 기업윤리, 기업의 사회적 책임, 기업 사회공헌과 자원봉사 운동, 공유가치 및 사회적 기업 등의 전개과정과 각각의 시대적 배경 및 의의를 살펴보는 것이었다.

넷째, 본격적으로 사회적 가치의 철학과 동시에 인간의 미래사회의 모습을 그려보는 논의를 하면서 무엇보다 우선적으로 '사회'가 무엇인지를 물었다. 이 문제에 관해서는 사회학의 이론적 관점이 몇 가지 있지만 본 연구에서는 역시 동방의 유학사상을 중심으로 사회라는 추상 개념보다는 '인간관계'라는 매우 구체적이면서 분석하기 쉬운 개념으로 이해하기로 하였다. 그리고 사회적 가치의 철학은 네 가지 조류, 1) 공공성 2) 인간주의, 3) 공동체주의, 그리고 4) 생태주의 가치임을 천명하고 그 내용을 비교적 소상하게 해설하였다. 이 논의에서도 특별히 공공성의 의괴를 인심·도심(천리지공)이라는 유가의 해석을 인간주의 철학의 핵심 가치로서 '인의예악지신'이라는 유가사상의 새로운 육덕을, 공동체주의 철학 역시 서구의 철학적, 사회학적 해석 뿐 아니라 유가사상의 질서와 화합, 향약과 공자의 대동사상 등을 소개하였다. 그리고 생태주의의 원형으로 서방의 생태론보다 앞선 동양의 총체론적 사유에 기초한 천인합일 사상을 부각시켰다.

그리고 사회적 가치의 사회학적 접근을 위해서는 일종의 삼차원적 미래사회 비전을 제안하였다. 그 주된 내용으로는 '문화적 교양으로 정화한' 성숙한 선진사회('Cultured' Mature Advanced Society)의 모델을 제시하고 선진사회의 요건, 성숙사회의 의미, 그리고 문화적 교양으로 정화한 사회의 조직원리로서 "분권적 다원적 공동체주의적 집합주의(decentralized plural communitarian collectivism)"를 제창하였다. 사회적 가치 운동도 이런 모습의 사회를 겨냥하여 정책을 수립하고 실천하기 위한 하나의 지침으로 제공한 것이다.

다섯째, 본서의 마지막 과업은 사회적 가치를 연구하는 수단으로 필요한 지표의 구성에 요긴한 기초 작업이었다. 물론 여기서는 구체적인 지표를 보여주되 그것은 어디까지나 예시에 불과하고 그보다는 더 근본적으로 그러한 지표를 구성하려고 할 때 기준이 될 만한 가치의 체계를 구축하는 일이 주된 과제였다. 이를 위해서는 우선 국내외의 공공기관을 중심으로 규정한 사회적 가치의 구성요소를 간추려 개관하고, 다음으로 서구 학계에서 그 사이 제시한 이른바 '인류사회의 보편적 가치(universal human values)'의 여러 항목을 거의 망라하다시피 수집 정리하여 소개하였다. 그리고 끝으로 본 저자가 창안한 사회적 가치의 준거틀로서 소위 '삶의 가치체계(Life Values)'를 제안하였다. 그리고 참고자료로서 그 가치체계의 준거틀이 강조하는 삶의 질과 삶의 기회를 측정하기 위한 지표구성 요소의 예시와 우리나라 통계청에서 행복 연구에 사용하는 '국민의 삶의 질' 지표구성을 소개하는 것으로 마무리하였다. 물론 이런 지표의 예는 그대로 채택할 수도 있고 또 필요에 따라서는 그러한 준거틀에 준하여 기존의 여러 지표의 타당성을 검토해보고 각기 연구자가 창안하여 사회적 가치의 측정 등 구체적 연구에 적용할 수 있다.

이 저서는 현재 활발하게 추진하고 있는 사회적 가치 연구가 이용할 수 있는 개념의 의미와 철학적·사회학적 해석을 거시적 포괄적 관점에서 논의한 하나의 시도라고 이해하면 좋을 것이다. 다만 이 모두는 어디까지나 본 저자의 개인적인 견해인 만큼 본서의 어느 부분의 내용이든 각자 연구의 목적과 방법론적 패러다임에 적합하다고 생각하면 이를 자유롭게 활용하면 될 것이다. 그 용도에 관한 간단한 방법을 소개하자면 이러하다. 우선 자신의 연구대상이 소속한 영역에서 중요하다고 보는 사회적 가치의 내용을 선정할 때 이 책의 후반부에 열거한 각종의 보편적 가치 목록에서 적절한 가치 항목들을 골라서 지표 작성을 할 수 있을 것이다. 그런데 그 가치항목들 간에는 어떤 특정 가치판단 기준에 의하면 중요성에서 상대적 차이가 있을 수 있으므로 지표 작성 과정에서 가중치를 지정할 필요가 생길 수 있다. 이때에는 본서의 전반부에 제시한 음양변증법적 이론, 문명사, 자본주의 역사, 한국사회의 변동, 우리가 희망하는 미래사회의 여러 이념형적 모델 등에 관한 담론과 마지막에 제안한 '삶의 가치의 위계 서열적 준거틀'을 참조하여 그에 준한 각각의 사회적 가치 항목의 가중치를 부여하는 식으로 접근하면 유익하리라고 본다. 그리고 마지막으로 한 가지만 더 제안하면, 내용이 적절하다고 판단할 때는 비단 연구자 뿐 아니라 사회적 가치의 실천적 프로그램을 운영하는 실무 기관이나 해당 부서에서 거기에 참여하는 실천가, 실무자 등의 교육 훈련의 교재 내지 참고자료로서도 이용 할 가치는 있을 것이다.

　무엇보다도 이 책에서 가장 중점적으로 강조하는 원칙은 중용과 유연성이라는 점을 다시 한 번 상기하고자 한다. 음양변증법적 사유에 의하면 인간이 하는 모든 일에서 사람과 사회의 의식이나 행동, 제도나 정책, 그 어떤 사회적인 삶의 단면이라도 한 쪽으로 기울거나 치우치지 않고 건전한 절제의 중도를 지키며 극단적인 방향으로만 끝까지 간다는 식의 생각과 행동은 삼가는 것이 좋다. 중용을 중시하는 자세는 언제 어디서 무슨 일을 도모하든지 가장 안전하고 건강한 태도다. 나아가 경직하고 좁은 시야로 세상을 바라보지도 말고 항상 유연하고 열린 마음으로 멀리 그리고 넓게 바라보는 시각과 자세를 유지하면서 일생을 살아가기를 권고하는 것이다. 사회적 가치의 연구와 실천에서도 그러 한두 가지 원리만 잘 따르면 인간에게 유익한 결과를 창출할 수 있을 것이다. 오늘날의 세계는 디지털 문명의 시대를 경과하면서 AI시대를 향해 소용돌이치는 가히 혼돈의 바다를 건너고 있다. 그 바다 너머에 과연 어떤 사회와 문화가 펼쳐지기를 기다리고 있을지 아무도 예측하기 어려운 시대일수록 개인이나 사회나 흔들림이 없이 중용의 길을 걸으면서 다가오는 격변을 이겨 나갈 적응력을 계속 키우고 유지하는 일이 가장 시급하고 엄숙한 과제다. 유연성을 잃지 않고 열린 포용적인 가치와 제도를 갖추었는지에 따라 인류의 운명이 번영과 쇠락의 두 갈래 길로 갈라질 것이기 때문이다.

참고문헌

강대기, 『현대사회에서 공동체는 가능한가』, 아카넷, 2004.

고동현·이재열·문명선·한솔, 『사회적 경제와 사회적 가치 : 자본주의의 오래된 미래』, 한울아카데미, 2018.

김경동, 『한국사회변동론』, 나남, 1993.

──, 『현대의 사회학 : 신정판』, 박영사, 1997.

──, 『한국교육의 사회학적 진단과 처방』, 집문당, 1998.

──, 『선진한국, 과연 실패작인가? 김경동의 문명론적 성찰』, 삼성경제연구소, 2000a.

──, 『시니시즘을 위하여 : 김경동 사회비평시집』, 민음사, 2000b.

──, 『한국사회발전론』, 집문당, 2002.

──, 『급변하는 시대의 시민사회와 자원봉사 : 철학과 과제』, 아르케, 2007.

──, 『기독교 공동체 운동의 사회학 : Koinonia의 이론과 전략』, 한들출판사, 2010a.

──, 「성숙사회의 비전과 전략」, 제1회 인간과 사회 심포지엄, 『인간다운 삶을 위한 인문사회 연구』, 4월 22 : 87-128. 이화여대 국제교육관 LG컨벤션홀. 한국연구재단, 2010b.

──, 『자발적 복지사회 : 미래지향적 자원봉사와 나눔의 사회학』, 아르케, 2012.

──, 「사회의 발전과 행복 : 사회학적 성찰」, 한국 행동과학연구소 편. 『한국사회의 발

전과 행복』 109-168. 학지사, 2016.

─────, 「현대사회에서 유학과 공동체의식은 어떤 의미를 지닐까?(Is Confu-cianism Still Relevant to the Sense of Community?)」, 한국정신문화재단 편, 『인문가치, 공동체를 꽃피우다』 21-49. 디자인하우스, 2017

김경동 · 김여진. 『한국의 사회윤리』, 철학과현실사, 2010.

김경동 외, 『사이버 시대의 사회변동』, 집문당, 2002.

김경탁, 『노자』, 현암사, 1970.

김문조, 「사이버 문화의 특성과 동학」, 『사이버 시대의 삶의 질』 231-248. 아산사회복지사업재단, 2000.

김병연, 「사회적 자본의 경제적 중요성」, 박명규 · 이재열 편, 『사회적 가치와 사회혁신 : 지속가능한 상생공동체를 위하여』: 101-127. 한울 아카데미, 2018.

김성수, 『21세기 윤리경영론 : 이론과 사례』, 삼영사, 2009.

김정년, 『윤리경영이 글로벌 경쟁력이다』, 율곡출판사, 2008.

김학주, 『맹자』, 명문당, 2002.

─────, 『논어』, 서울대학교출판문화원, 2009a.

─────, 『중용』, 서울대학교출판문화원, 2009b.

─────, 『대학』, 서울대학교출판문화원, 2009c.

김형효, 「원효대사의 화쟁사상과 그 철학적 함의」, http:/blog.naver.com/ stargaze59/30043106706; 2010년 1월 22일).

박명규 · 이재열, 『사회적 가치와 사회혁신 : 지속가능한 상생공동체를 위하여』, 한울 아카데미, 2018.

배종호, 『한국유학사』, 연세대학교 출판부, 1985.

삼성사회봉사단, 『삼성사회공헌활동백서 2009』, 삼성사회봉사단, 2009.

손인수, 『율곡의 교육사상』, 박영사, 1978.

신유근, 「기업윤리와 경영교육」, 한국경영학회, 『한국의 기업윤리 : 실상과 과제』: 35-39. 세경사, 1994.

심상달 · 고건 · 권영준 · 이승은, 『나눔과 기부 문화 활성화를 위한 사회적 기업의 역할 제고방안』, KDI 연구보고서, 한국개발연구원, 2008.

유성은,『기업윤리와 경영성과』, 한국학술정보, 2007.

이가원,『주역』, 평범사, 1980.

이강현,「제7강 : 세계와 한국의 자원봉사활동 현황 Ⅱ」김경동 · 이강현 · 정진경,『자원 봉사의 이해』, 한국자원봉사협의회. 123-133, 2011.

이민수 · 장기근,『대학, 중용, 효경』, 평범사, 1980.

이상옥,『예기 상』, 명문당, 2003a.

――――.『예기 중』, 명문당, 2003b.

――――.『예기 하』, 명문당, 2003c.

이석호,『춘추좌전 중』, 평범사 1980.

이용수,『국민행복지표 개발 연구(201-2018)』, 한국개발연구원, 2019.

이재열,「시대적 전환과 사회적 가치」, 박명규 · 이재열 편,『사회적 가치와 사회혁신 : 지 속가능한 상생공동체를 위하여』: 357-405, 한울 아카데미, 2018.

이종영,『기업윤리 : 윤리경영의 이론과 실제』, 삼영사, 2008.

임의영,「공공성의 철학적 기초」,『정부학연구』, 23(2) : 1-29, 2017.

전국경제인연합회,『2009 기업, 기업재단 사회공헌백서』, 전국경제인연합회, 2009.

조남국,『율곡의 사회사상』, 양영각, 1985.

조동성 외,『자본주의 5.0 : 공유가치창출을 위한 클러스터 중심 자본주의』, Weekly BIZ Books, 2014.

조영복,「지역공동체의 참여와 상생을 위한 사회적 기업」, 기조강연,「제17회 전국자원봉 사대축제 특별포럼 : 사회적 기업과 자원봉사」: 1-20. 2010.6.17. 충북 영동 민주 지산 자연휴양림, 2010.

조희재,「지속가능한 기업 사회공헌활동」, 전국경제인연합회,『2009 기업 · 기업재단 사 회공헌백서』53-65. 전국경제인연합회, 2009.

『조선일보』, 2011.8.21 : B8.

『조선일보』, 2019.26 : A12.

지교헌 외,『조선조향약연구』, 민속원, 1991.

최인철,『나를 바꾸는 심리학의 지혜 : 프레임』, 21세기북스, 2008.

최호철,「사이버 시대의 언어생활」, 사이버 시대의 삶의 질』, 263-288, 아산사회복지사업재단, 2000.

추병완, 「사이버 윤리의 정립 방안」, 경동 외, 『사이버 시대의 사회변동』, 231–264. 집문
    당, 2002.

하원규, 「유비쿼터스 IT 혁명이란 무엇인가?」, 한국정보사회학회 후기학술대회, 『유비쿼
    터스 사회의 조망』 1–27, 2003.

한국보건사회연구원, 『행복 연구 : 이론과 적용』, 한림대학교 행복연구팀 발표자료.

한국사회적기업진흥원 홈페이지http:/www.socialenterprise.or.kr

한국행정학회, 「사회적 가치와 공공가치에 관한 연구」, 사회적가치연구원, 2019.

한형조, 「공(公)으로 사(私)를 물리치다 : 유교적 공동체, 힐링과 참여로 공공을 구현하다」,
    형조 외, 『500년 공동체를 움직인 유교의 힘』 : 013–043. 글항아리, 2013.

현대자동차 복지지원팀, 『함께 움직이는 세상 : 2009 현대자동차사회공헌활동 백서』, 현
    대자동차, 2009.

Kerlin, Janelle, 「사회적 기업 모델과 배경의 비교」, 『사회적 기업연구』 3(2): 5–19, 2010.

Beck, Ulrich, *The Risk Society*, London : Sage, 1992.

Bell, Daniel, *The Coming of Post-Industrial Society: A Venture in Social Forecasting*, New
    York : Basic Books, 1973.

——————, *The Third Technological Revolution*, Seoul : Korea Telecom, 1990.

Bell, Wendell, *Foundations of Futures Studies: Values, Objectivity, and the Good Society, Hu-*
    man Science for a New Era vol. 2, New Brunswick (USA) and London (UK) : Trans-
    action Books, 2004.

Bowen, Howard R, *The Social Responsibilities of the Businessman*, Iowa City, IA : University
    of Iowa Press, 1953.

Brill, Steven, "My Generation was supposed to Level America's Playing Field. Instead, We
    Rigged It for Ourselves", *Time*, May 28 : 28–35, Excerpted from Brill, *Tailspin*,
    New York : Alfred A. Knopf, 2018.

Capra, Fritjof, *The Tao of Physics: An Exploration of the Parallels between Modern Physics and*
    Eastern Mysticism, Boston, MA : Shambhala Publishing, Inc, 2010.

Castells, Manuel, *The Rise of the Network Society*, Malden, MA: Blackwell, 1996.

Chan, Wing-tsit, *A Source Book in Chinese Philosophy*, Princeton, NJ: Princeton University Press, 1973.

Dahrendorf, Ralf, *Class and Class Conflict in Industrial Society*, Stanford, CA: Stanford University Press, 1959.

Dainton, Sir Frederick S, "Minimum Desiderata", pp.127-138 in Martin Kaplan(ed.), *What is An Educated Person?*, New York: Praeger, 1980.

de Bary, Wm. Theodore, "Encounter between East and West and the Creation of Global Culture", pp.13-21 in Christian Academy(ed.), *The World Community in 'Post-Industrial Society V*, Seoul: Wooseok, 1989.

de Barry, Wm. Theodore, and Irene Bloom, *Sources of Chinese Tradition*, Volume I, Second Edition, New York: Columbia University Press, 1999.

Dekker, Paul, and Loek Halman(eds.), *The Values of 'Volunteering: Cross-Cultural Perspectives,* New York: Kluwer Academic/Plenum Publishers, 2003.

DiMaggio Paul J. and Walter W. Powell, "The Iron Cage Revisited: Institutional Isomorphism and Collective Rationality in Organizational Fields", *American Sociological Review 48*(2, Apr.): 147-160, 1983.

Elias, Norbert, *The Civilizing Process. Vol. 2: State Formation and Civilization,* Oxford: Blackwell, 1982[1939].

EPA, *The Quality of Life Concept II*, Washington, DC: Environmental Protection Agency , 1973.

Ferkiss, Victor, *The Future of Technological Civilization*, New York: George Braziller, 1974.

Freud, Sigmund, "The Ego and the Id", pp.12-63 in *The Standard Edition of the Complete Works of Sigmund Freud,* London: Hogart ; New York: Macmillan, 1923[1961].

Fung Yu-lan, *A History of Chinese Philosophy. I & II*, Princeton, N.J.: Princeton University Press, 1983.

Haan, Norma, "An International Morality of Everyday Life", pp.218-250 in N. Haan, R. N. Bellah, P. Rabinow, and W. M. Sullivan(eds.), *Social Science as Moral Inquiry*,

New York: Columbia University Press, 1983.

Hall, Stuart, David Held, Don Hubert, and Kenneth Thompson(eds.), *Modernity: An Introduction to Modern Societies,* Malden, MA: Blackwell, 2006.

Hardert, R.A. et al, *Sociology and Social Issues,* San Francisco, C: Rinehart, 1974.

Harman, Willis W. and Peter Schwarts, "Changes and Challenges for Futures Research", pp.791-801 in J. Fowles(ed.), *Hanbook of Futuress Research,* Westport, CT: Greenwood Press, 1978.

Hartman, Laura P, *Perspectives in Business Ethics, Third Edition,* New York: McGrow-Hill Irwin, 2005.

Hartman, Laura P. and Joe DesJardins, *Business Ethics: Decision-Making for Personal Integrity and Social Responsibility,* New York: McGraw-Hill Irwin, 2008.

Harvard University, *Report on the Core Curriculum,* Cambridge, MA: Harvard University, 1979.

Hemming, James, *Probe: 2 The Values of Survival,* Sydney, Australia: Angus & Robertson, 1974.

Hesburgh, Theodore M, "Learning How to Do or How to Be?", *Dialogue: 55,* 1982.

Hesselbein, Frances, Marshall Goldsmith, Richard Beckard, and Richard F. Shuber 5(eds.), *The Community of the Future,* San Francisco, CA: Jossey-Bass, 1998.

Kagan, Jerome. "Core Competences", pp.122-126 in Martin Kaplan(ed.), *What is An Educated Person?,* New York: Praeger, 1980.

Kahneman, D. and A. Tversky, "Prospect Theory: An Analysis of Decision under Risk", *Econometrica* 47: 263-291, 1979.

Kearney, J, "The Values and Basic Principles of Volunteering: Complacency to Caution?", pp. 1-18 in D. J. Smith and M. Locke(eds.), *Volunteering and the Test of Time: Essays for Policy,* London: Institute for Volunteering Research, 2007.

Khatchadourian, Haig, *Community and Communitarianism.* New York: Peter Lang Publishing, 1999.

Kidder, Rushworth M, *Shared Values for a Troubled World,* San Francisco, CA: Jossey-Bass,

1994.

Kim Kyong−Dong, "Toward a Sociological Theory of Development: A Structural Perspec-
tive", *Rural Sociology* 38: 462−476, 1973.

───────────, "Reflections upon the Dilemmas of Civilization: The Wisdom of Yin−
Yang Dialectics", pp.13−33 in Kim Kyong−Dong and Hyun−Chin Lim(eds.),
East Meets West: Civilizational Encounters and the Spirit of Capitalism in East Asia,
Leiden · Boston: Brill, 2007.

───────────, *Alternative Discourses on Modernization and Development: East Asian
Perspectives,* London & New York: Palgrave Macmillan, 2017a.

───────────, *Korean Modernization and Development: Alternative Sociological Ac-
counts,* London & New York: Palgrave Macmillan, 2017b.

Lasswell, H.D, *A Pre-View of Policy Sciences,* New York: Elsevier, 1971.

───────── , "The Scope of the Conference: Postconferece Objectives." pp.41−57 in B.
Pregel, H.D. Lasswell, and J. McHale(eds.), *World Priorities,* New Brunswick, NJ:
Transaction Books, 1975[1977].

Lenski, Gerhard, *Power and Privilege,* New York: McGraw−Hill, 1966.

Lin, Nan. *Social Capital: A Theory of Social Structure and Action,* Cambridge, UK: Cam-
bridge University Press, 2001.

Lipp, John L, *The Complete Idiot's Guide to Recruiting & Managing Volunteers,* New York:
Alpha Books, Penguin Group, 2009.

Market, Christopher, *I Ching: Ancient Wisdom for Modern Decision-Making,* New York:
Weatherhill, 1998.

Maslow, Abraham, *Motivation and Personality,* New York: Harper and Row, 1954.

Mead, George H, *Mind, Self, and Society: From the Standpoint of a Social Behaviorist,* Chi-
cago: University of Chicago Press, 1935.

Meyer, W.B., T.C.N. Luong, P.R. Ward and G. Tsourtos, "Operationalizing the Theory
of Social Quality: Analysis of an Instrument to Measure Social Quality", *Develop-
ment and Society* 39(2): 329−358, 2010

Molitor, G.T.T, "A Hierarchy of Needs and Values", pp.203—208 in EPA, *The Quality of Life Concept II*, Washington, DC: Environmental Protection Agency, 1973.

Musick, Marc A. and John Wilson, *Volunteers: A Social Profile,* Bloomington, IN: Indiana University Press, 2008.

Naroll, Raoul, *The Moral Order*, Beverly Hills, CA: Sage, 1983.

Needham, Joseph, *Chinese Science: Explorations of an Ancient Tradition*, Ed Shigeru Nakayama, Nathan Sivin, Cambridge, MA: MIT Press, 1973.

Novak, Michael, "Was Western Civilization a Bad Idea?", *AEI Newsletter* (March), Washington, DC: American Enterprise Institute for Public Policy, 1994.

Paine, Lynn Sharp, *Value Shift: Why Companies Must Merge Social and Financial Imperatives to Achieve Superior Performance*, New York: McGraw—Hill, 2003.

Parsons, Talcott, *Societies: Evolutionary and Comparative Perspectives*, Englewood Cliffs, N.J.: Prentice—Hall, 1966.

Piaget, Jean, *The Construction of Reality in Child*, (Trans by M. Cook), New York: Basic Books, 1954.

Pieper, Josef, *The Four Cardinal Values: Prudence, Justice, Fortitude, Temperance*, (Trans by R. Winston, C. Winston, et al.) Notre Dame, IN: University of Notre Dame Press, 1966.

Polanyi, Karl, *The Great Transformation: The Political and Economic Origins of Our Time*, Boston: Beacon Press, 1944[1957].

Porter, M.E. and Kramer, M.R, "Creating Shared Value", *Harvard Business Review* 89(1/2, Jan/Feb): 62—77, 2011.

Putnam, Robert D, *Bowling Alone: The Collapse and Revival of American Community*, New York: Simon & Schuster, 2000.

Rafaeli, S., and J. Newhagen, "Why Communication Researcher Should Study the Internet: A Dialogue", *Journal of Communication* 46(1), 1996.

Rokeach, Milton, *The Nature of Human Values*, New York: Free Press, 1973.

——————, *Understanding Human Values*, New York: Free Press, 1979.

Robbins, Stephen P., and Timothy A. Judge, *Organizational Behavior*, 12th Edition. Upper Saddle River, NJ: Pearson Prentice Hall, 2007.

Rochester, Collin, Angela Ellis Paine, Steven Howlett, with Meta Zimmeck, *Volunteering and Society in the 21st Century*, Hampshire, UK: Palgrave Macmillan, 2010.

Rokeach, Milton, *The Nature of Human Values*, New York: Free Press, 1973.

Rokeach, Milton, *Understanding Human Values*, New York: Free Press, 1979.

Salaman, L. et al, *Global Civil Society: Dimensions of the Nonprofit Sector vol. II*, Bloomfield, CT: Kumarian Press, 2004.

Schermorhorn, R. A, *Society and Power*, New York: Random House, 1961.

Shaw, William H, *Business Ethics*, Sixth Edition, Belmont, CA: Wadsworth Thomson, 2008.

Shultz, James, "The Voluntary Society and Its Components", pp.25–38 in *Voluntary Action Research*, edited by D.H. Smith. Lexington, MA: D.C. Heath, 1972.

Sims, Ronald R, *Ethics and Corporate Social Responsibility: Why Giants Fail*, Westport, CT: Prager, 2003.

Smith, Adam, *The Theory of Moral Sentiments*, New York: Kelley, 1759[1966].

——————, *An Inquiry into the Nature and Causes of the Wealth of Nations*, Edited by Edwin Cannan, London: Methuen, 1776[1950].

Soros, George. "The Capitalist Threat", *The Atlantic Monthly*, 279(2; February), 1997.

Sorokin, Pitirim A., *Social and Cultural Dynamics*, Boston: Porter Sargent., 1962.

Stiglitz, Joseph, "Turn Left for Growth", guardian.co.uk. 6 August 2008, 2008.

Szalai, Alexander and Frank M. Andrews(eds.), *The Quality of Life.* Beverly Hills, CA: Sage, 1980.

Toffler, Alvin, *The Third Wave*, London: Pan Books, 1981.

Tschirhart, Mary and Lynda St. Clair, "Corporate Community Service Programs: Enahcing Community Capacity?", pp.59–75 in A. Brooks (ed.), *Gifts of Time and Money: The Role of Charity in America's Communities*, Lanham, MD: Rowman & Littlefield, 2005.

Turner, Johnathan J. "Analytical Tehorizing", pp.157−194 in Anthony Giddens and J. H. Turner(eds.), *Social Theory Today*, Stanford, CA: Stanford University Press, 1987.

UNV(United Nations Volunteers), *Expert Working Group Meeting on Volunteering and Social Development*, New York: November 29−30, UN, 1999.

van Dijk, Jan, *The Network Society: Social Aspects of New Media*, ISBN 978−1−4462−4896−6, (original Dutch edition), 1991.

Warriner, C.K, "The Altruistic Impulse and the Good Society", pp. 343−355 in D.H. Smith(ed.), *Voluntary Action Research: 1972*, Lexington, MA: D.C. Heath, 1972.

Walker, A. "The Social Quality Approach: Bridging Asia and Europe", *Development and Society* 38(2): 209−235, 2009.

Weber, Max, *Economy and Society: An Outline of Interpretive Sociology*, Edited by G. Roth and C. Wittich. New York: Bedminster, 1968.

Wikipedia, 2019.

Williams, Robin M. Jr, *American Society*, Third Edition, New York: Alfred Knopf, 1970.

Wirth, Louis, "Urbanism as a Way of Life", *American Journal of Sociology* 44: 3−24, 1938.

Zavalloni, Marisa, "Values." pp.73−120 in H.C. Triandis and R.W. Brislin(eds.), *Handbook of Cross-Cultural Psychology*, Vol.5. "Social Psychology." Boston: Allyn and Bacon, 1980.

梅津光弘,『ビジネスの倫理學』, 東京:丸善株式會社, 2002.

中村瑞穂,『日本の企業倫理:企業倫理の研究と實踐』, 東京:白桃書房, 2007.

찾아보기

저자 약력 **김경동** 金璟東

경북 안동에서 태어나 서울대학교 사회학과를 졸업하고, 미시간대학교(University of Michigan)에서 석사, 코넬대학교(Cornell University)에서 박사학위를 받았다. 노스캐롤라이나주립대학교(North Carolina State University)에서 가르치고 서울대학교에서 정년퇴임하였다. 프랑스 파리의 사회과학고등연구원(L'Ecole des Hautes Etudes en Sciences Sociales), 듀크대학교(Duke University), KDI 국제정책대학원, KAIST 경영대학의 초빙교수, 워싱턴 DC의 우드로윌슨국제센터(Woodrow Wilson International Center for Scholar)의 회원(Fellow)을 지냈다. 한국사회학회 회장, 한국정보사회학회 초대이사장, 한국자원봉사포럼 회장, 국회공직자윤리위원회 위원, 서울시도시계획위원, 경제기획원, 문교부, 통일원, 문화부, 과학기술처, 노동부, KBS, KT, 유네스코 한국위원회, 한국국제교류재단 등의 정책자문위원 및 서울대학교 사회과학연구소장, 기획실장 등을 역임하였다. 주요 연구 분야는 근대화와 발전, 노사관계, 사회학 이론 및 방법론으로, 2017년에는 영문 저서 *Alternative Discourses on Modernization and Development: East Asian Perspectives*, *Korean Modernization and Uneven Development: Alternative Sociological Accounts* 그리고 *Confucianism and Modernization in East Asia: Critical Reflections* 3권을 팰그레이브 맥밀런(Palgrave Macmillan)에서 출간하였고, 『자발적 복지사회 : 미래지향적 자원봉사와 나눔의 사회학』『기독교 공동체 운동의 사회학 : Koinonia의 이론과 전략』『한국의 사회윤리 : 기업윤리, 직업윤리, 사이버윤리』『사회조사연구방법 : 사회연구의 논리와 기법 – 개정판』『급변하는 시대의 시민사회와 자원봉사 : 철학과 과제』『한국사회 발전론』『미래를 생각하는 사회학』『선진한국, 과연 실패작인가? 김경동의 문명론적 성찰』『한국교육의 사회학적 진단과 처방』『현대의 사회학 – 신정판』『한국사회 변동론』『한국인의 가치관과 사회의식』『사회학의 이론과 방법론』『노사관계의 사회학』『발전의 사회학』『인간주의 사회학』 외 다수의 저서와 논문을 국내외에서 출간, 발표하였다. 옥조근정훈장, 대통령표창, 인촌상, 경암상, 성곡학술문화상, 중앙문화대상, 탄소문화상대상 등의 수훈과 더불어 마르퀴스 후즈후(Marquis Who's Who in the World 2010) 등에 이름을 올렸다. 현재 서울대학교 명예교수, 대한민국학술원 회원이다.

사회적 가치

: 문명론적 성찰과 비전